1914

Andreas Thier, Lea Schwab (Hrsg.)

1914

v/d|f

vdf Hochschulverlag AG an der ETH Zürich

Interdisziplinäre Vortragsreihe der Eidgenössischen Technischen
Hochschule Zürich und der Universität Zürich

Herbstsemester 2014

Coverabbildung: Bundesarchiv, Koblenz, Bild 183-R05148 / Foto: o. Ang.

Bibliografische Information der Deutschen Nationalbibliothek
Die Deutsche Nationalbibliothek verzeichnet diese Publikation in der Deutschen Nationalbibliografi
detaillierte bibliografische Daten sind im Internet über http://dnb.dnb.de abrufbar.

Reihe Zürcher Hochschulforum, Bd. 56
© 2018
vdf Hochschulverlag AG an der ETH Zürich

ISBN 978-3-7281-3636-7
www.vdf.ethz.ch
verlag@vdf.ethz.ch

**Dem Gedenken von
Rüdiger vom Bruch**

(*19. Dezember 1944; † 20. Juni 2017)

Inhaltsverzeichnis

Vorwort

Die Beiträge dieses Bandes gehen auf die Ringvorlesung „1914" im Herbstsemester 2014 an der Universität Zürich zurück. Diese Veranstaltung wurde durch die Unterstützung der Kommission *UZH interdisziplinär* und der Universitätsleitung ermöglicht, denen auch hier nochmals herzlich gedankt sei. Zu großem Dank sind wir Dr. Deborah Keller verpflichtet, die als Geschäftsführerin der Kommission *UZH interdisziplinär* wesentlich zum Gelingen der Vorlesungsreihe beigetragen hat. Ein ebenso herzlicher Dank gebührt Karin Wittkämper, Mitarbeiterin am Lehrstuhl für Rechtsgeschichte, Kirchenrecht, Rechtstheorie und Privatrecht, die die Ringvorlesung administrativ und organisatorisch mit Umsicht und Nachhaltigkeit begleitet hat. Besonderen Dank schulden wir Hanno Menges, ebenfalls an diesem Lehrstuhl tätig, der bei der editorischen Gestaltung der Beiträge eine wichtige Hilfe war. Unseren Dank ausdrücken möchten wir auch gegenüber dem vdf Hochschulverlag, allen voran Frau Angelika Rodlauer, die die Drucklegung umsichtig betreut hat. Gerne möchten wir auch den folgenden Institutionen danken, die uns freundlicherweise eine Fülle von Bildmaterial für dieses Buch zur Verfügung gestellt haben: IWM London; Curtis Brown Group Ltd, London; National Army Museum, London; Bundesarchiv, Koblenz; ProLitteris, Zürich; Deutsches Historisches Museum, Berlin; Stadtarchiv der Stadt Luzern; Zentral- & Hochschulbibliothek Luzern, Sondersammlung Bild; Steiermärkisches Landesarchiv, Graz; Robert D. Farber University Archives & Special Collections Department, Brandeis University, Waltham MA; Museo

Nazionale del Cinema, Turin; Société française de photographie, Paris; Dukas Presseagentur, Zürich.

Kurz vor dem Abschluss der Arbeiten an diesem Buch ist mit *Rüdiger vom Bruch* einer der Referenten der Ringvorlesung unerwartet verstorben. Mit ihm verliert die Geschichtswissenschaft nicht nur einen der besten Kenner der Universitäts- und Wissenschaftsgeschichte des 19. und 20. Jahrhunderts. Rüdiger vom Bruch wird mit seiner Leidenschaft für seine Themen und Fragestellungen, seiner Freude an der Diskussion über Fachliches und Außerfachliches und nicht zuletzt mit seiner Präsenz in großen und kleinen Gesprächsrunden unvergesslich bleiben. Seinem Andenken ist dieser Band gewidmet. Wir trauern um ihn.

Zürich, im Juli 2017

Andreas Thier
Lea Schwab

Andreas Thier

Einleitung

Im Jahr 2014 jährte sich der Ausbruch des Ersten Weltkrieges zum hundertsten Mal. Das hat zu einer geradezu unübersehbaren Vielfalt von unterschiedlichen Formen und Arten der Vergegenwärtigung, der Erinnerung und vor allem der analytischen Auseinandersetzung mit dem Weltkriegsgeschehen geführt.[1] Monografien wie die Werke von Christopher Clarke[2], Gerd Krumeich[3], Jörn Leonhard[4] oder Herfried Münkler[5], große Handbücher wie die „Cambridge History of the First World War"[6] oder die zweite Auflage der „Enzyklopädie Erster Weltkrieg"[7], vergleichende Retrospektiven[8] und nicht zuletzt eine Vielzahl von Internetangeboten[9] zeugen von der prägenden Wirkung der Geschehnisse von 1914 bis 1918 für die kollektive Erinnerung der Gegenwart.[10]

Der vorliegende Band versteht sich nicht zuletzt auch als Teil solcher Erinnerungsbemühungen. Er soll aber vor allem Einblicke in die vielfältigen Dynamiken verschaffen, die im Titel dieses Buches mit der Chiffre „1914" umschrieben worden sind. Dabei stehen die militärisch-politischen Entwicklungen naturgemäß am Ausgangspunkt der Betrachtung, denn sie waren es, die die Zeit zwischen 1914 und 1918 entscheidend bestimmen sollten. Dass der Ausbruch des Ersten Weltkrieges ein bemerkenswertes Beispiel für die Limitierungen des Politischen ist, macht *Jörn Leonhard* deutlich. Denn er zeigt in seinem Beitrag, dass und wie sich die politischen wie militärischen Akteure im Vorfeld des Kriegsausbruchs mehr und mehr in einer verhängnisvollen Kombination aus verengten

Wahrnehmungshorizonten und vermeintlich zwingenden Handlungslogiken verfingen. Wesentlich dafür wurde, und auch in diesem Punkt zeigen sich offensichtliche Problemfelder politischen Handelns, der fortlaufende, regelrecht galoppierende Vertrauensverlust. Auch wenn die Studie von Jörn Leonhard eine dezidiert historische Perspektive einnimmt, verweist sie mit solchen Befunden auch auf die Gegenwart des Politischen. Solche Gegenwartsbezüge macht *Herfried Münkler* explizit, wenn er im Vergleich der „Mittellagen" von 1914 und 2014 insbesondere die deutsche Politik zur Begrenzung von Konflikten in der Peripherie Europas auffordert. Diese Überlegung ist letztlich das Resultat einer vergleichenden Betrachtung der geostrategischen Antworten, die die deutschen Staats- und Militärleitungen in der Zeit zwischen 1914 und 1918, aber auch im Zweiten Weltkrieg auf die Herausforderungen der Mittellage suchten und bei deren Ausgestaltung immer wieder Lernprozesse beobachtbar sind. Diese Beobachtungen werden gleichsam plastisch durch den Beitrag von *Rudolf Jaun*. Hier nämlich zeigt sich, dass und wie die militärischen Strategien in der Zeit zwischen 1914 und 1918 mehrfach wechselten. Zugleich aber wird eindringlich dargelegt, wie sehr der Krieg zunehmend durch den Wettstreit von Technologien und durch die berüchtigten Abnutzungsstrategien im Zusammenhang mit den Ressourcen des Gegners geprägt war. Aber, so macht *Dirk Schumann* in seinem Beitrag eindringlich deutlich, die damit verbundene Kriegsgewalt, verstanden als physische Kraftentfaltung mit dem Ziel des Zerstörens von Sachen oder des (auch tödlichen) Verletzens von Menschen, war ungeachtet ihrer Intensität in ihrer Qualität doch deutlich weniger neuartig, als im Ausgangspunkt zu vermuten wäre. Das galt auch im Blick auf die Bedeutung von Gewalterfahrungen für die Nachkriegsgesellschaften, sprechen doch die regionalen Unterschiede gegen die Existenz eines uniformen Entwicklungspfades hin zu einem qualitativen Mehr von Gewalt.

Dass trotz der unsäglichen Intensität kriegerischer Gewaltentfaltung rechtliche Normativität und Rechtswissen gleichwohl auch im Zusammenhang des Kriegsgeschehens (wenn auch bisweilen nur sehr begrenzt) präsent waren, wird im zweiten Abschnitt dieses Bandes sichtbar. Allerdings musste rechtliche Normativität nicht unbedingt eine Limitierung des Kriegsgeschehens bewirken. Denn, so argumentiert *Oliver Diggelmann*, das Völkerrecht lieferte mit dem *ius ad bellum* und dem Repressalienrecht Deutungsraster und Rechtfertigungsmöglichkeiten für den Ausbruch des Konflikts, es wurde damit zum fördernden Element. Umgekehrt wirkten völkerrechtliche Regelungen zunächst konturenlos wie beim Umgang mit den neuen Waffentechnologien oder aber sie wurden offensichtlich missachtet wie bei Besatzungen und im Umgang mit Kriegsgefangenen. Das hierin zutage tretende Spannungsverhältnis zwischen dem staatlichen Herrschafts- und Sicherheitsanspruch einerseits und den Individualrechten insbesondere an Freiheit, Gesundheit und Eigentum andererseits steht im Zentrum des Beitrags von *Arnd Bauerkämper*. Dabei richtet sich der Blick aber weniger auf die zwischenstaatliche Ebene, sondern vielmehr auf das innerstaatliche Handeln im Umgang mit den Zivilisten aus sog. „Feindstaaten“. Eindringlich wird dabei gezeigt, wie sich – letztlich wohl auch in Kontinuität der in der Vormoderne entstehenden Traditionen hoheitlicher Sicherheitsverantwortung[11] – sehr weitreichende staatliche Interventionsmechanismen ausformten, die insbesondere zu Internierungen führten. Allerdings suchten die Regierungen und Verwaltungen hierfür grundsätzlich zumindest nach rechtlichen Ermächtigungen. Immerhin gelang es nationalen und internationalen Vereinigungen wie dem IKRK, zumindest in Einzelfällen die Beachtung von humanitären Regeln herbeizuführen, auch wenn dabei offensichtlich weniger deren normative Verbindlichkeit wirksam wurde als vielmehr das politische Kalkül der administrativen Akteure.

Die gewaltige Steigerung staatlicher Macht im Verlauf des Krieges bildete sich allerdings auch und gerade im Verhältnis zur Wirtschaft ab, der der nächste Abschnitt dieses Bandes gewidmet ist. Damit ist das zentrale Thema im Beitrag von *Jakob Tanner* angesprochen. In einer vielschichtigen Analyse der staatlichen Kriegsökonomien zeigt Jakob Tanner, wie die kriegsführenden Staaten mit Mitteln bis hin zum moralischen Appell zur Zeichnung von Kriegsanleihen um die Mobilisierung ökonomischer Ressourcen bemüht waren. Auf diese Weise gewann der staatliche Zugriff auf die Wirtschaft eine im wahrsten Sinne des Wortes „umfassende“ Qualität, die zudem von einem kontinuierlichen Streben nach Effizienzmaximierung geprägt war. Dass die Wirtschaftsordnung der Gegenwart in einem ihrer zentralen Bereiche, dem Finanzsektor, einen markanten Zuwachs des staatlichen Zugriffs in Form insbesondere intensiverer Regulierungsmechanismen braucht, wird im Essay von *Marc Chesney* hervorgehoben. Damit wird das Weltkriegsgeschehen ähnlich wie im Beitrag von Herfried Münkler zu einer wesentlichen Referenz für die Deutung unserer Gegenwart. Hierin wird ein Umgang mit „1914“ präsentiert, der, jenseits spezifisch historiografischer Analyse liegend, in seinem appellativen Nachdruck über die Vergegenwärtigung von Vergangenem bereits auf die Zukunft künftigen, vor allem normsetzenden Handelns verweist.

Strikt historisch ausgerichtet sind dagegen die drei Beiträge des nachfolgenden Abschnitts, in dem aus verschiedenen Perspektiven die Diskurse in der schweizerischen und deutschen Kriegsgesellschaft exemplarisch in den Blick genommen werden. So wurde, wie *Carlo Moos* nachdrücklich deutlich macht, die völkerrechtliche Neutralität der helvetischen Eidgenossenschaft zu einem von mehreren Bezugspunkten von innenpolitischen und auch sozialen Spannungslagen, die auch in die Zeit nach 1918 hineinwirken sollten. Das zeigte sich 1920 besonders deutlich im knappen Abstimmungsergebnis über den Beitritt zum Völkerbund, das allerdings gleichwohl auch ein Stück weit die außen- und insofern neutralitätspolitische Öffnung der Schweiz signalisieren sollte. Wie tief das Kriegsgeschehen auch andere gesellschaftliche Diskurse beeinflusste, zeigt *Georg Pfleiderer* in seiner Auseinandersetzung mit der Deutung des Krieges durch die deutschen protestantischen Theologen. In der Entstehung von „Kriegstheologien", die sich bisweilen mit bemerkenswerten geschichtstheologischen Perspektivbildungen verbanden und den Krieg fast schon zu einem heilsgeschichtlichen Geschehen werden ließen, wird eine teilweise markant nationalistische Prägung selbst der Universitätstheologie sichtbar. Die hierin sichtbar werdende deutliche Interdependenz von zeitgenössischen Weltdeutungen und theologischen Diskursen zeigte sich indirekt auch in der Zeit etwa seit Kriegsende, als von Karl Barth und seinen Anhängern in der Auseinandersetzung mit der kriegerischen Katastrophe neue Konzeptionen theologischer Sinnfindung auch mit geschichtstheologischen Elementen präsentiert wurden. Die bisweilen euphorische Kriegsbegeisterung der protestantischen Theologen 1914 fand ihre Entsprechung auch in anderen Kreisen deutscher Wissenschaft und Kultur. Das zeigt eindringlich *Rüdiger vom Bruch* in der Analyse des berühmt-berüchtigten „Manifests der 93", gerichtet „An die Kulturwelt" vom 4. Oktober 1914, dem Versuch von Wissenschaftlern und Künstlern, die Vorwürfe gegen das politisch-militärische Handeln des Deutschen Reiches zu entkräften. Diese bedingungslose Unterstützung des staatlichen Kampfes um die Deutungshoheit über das Kriegsgeschehen war zwar nicht völlig einmütig, aber sie bildete doch und dies gerade in den Geistes- und Sozialwissenschaften die Regel.

Gleichsam quer zu diesen Diskursen lagen die häufig miteinander verflochtenen Wahrnehmungen von Körperlichkeit und Geschlecht, die je länger desto mehr auch von den Fliehkräften des Kriegsgeschehens erfasst und beeinflusst wurden. Das zeigt sehr nachdrücklich der Beitrag von *Karen Hagemann* zum Kriegseinsatz von Frauen. Dabei wird deutlich, wie Frauen mit ihrem Einsatz insbesondere in der Kriegswirtschaft, in der Krankenpflege, aber auch an den Kriegsfronten selbst mehr und mehr die überkommenen Rollengrenzen zwischen den Geschlechtern transzendierten. Die damit einhergehenden Wandlungen des Frauenbildes werden durch eine Vielfalt zeitgenössischer Illustrationen veranschaulicht. Allerdings, auch das zeigt sich, verliefen solche Übergänge nicht immer konfliktfrei, und so ist es bezeichnend, dass in der Zeit nach dem Krieg von der Politik sehr rasch versucht wurde, die traditionellen Geschlechterpositionen zu restituieren. Einen der wichtigsten Hintergründe für diese Entwicklungen skizziert *Flurin Condrau* in seinem Beitrag zur Medizingeschichte des Kriegs. Dazu gehören nämlich auch und gerade die, verglichen mit älteren kriegerischen Konflikten, gigantischen Zahlen von Toten und Verletzten auf allen Seiten, durch die überhaupt erst der Einsatz von Frauen zur Option und dann zur Notwendigkeit wurde. Zugleich bedeuteten die enormen Zahlen von Verletzten auch eine beispiellose Herausforderung für alle medizinischen Fachgebiete, die indes verschiedene bereits vor dem Krieg einsetzende Entwicklungstendenzen zum Teil wesentlich verstärken sollten. Das zeigt sich insbesondere im Blick auf die Chirurgie, die zum führenden medizinischen Fach wurde, es galt aber auch für die Professionalisierung der Pflegeberufe. Diese Wandlungen medizinischer Praxis und medizinischen Wissens konnten allerdings gleichwohl nicht verhindern, dass die 1918 ausbrechende Influenza mit weltweit mindestens 50 Mio. Todesopfern auch zur medizinischen Katastrophe wurde. Der Beitrag von *Julia Barbara Köhne* steht nicht zufällig am Ende dieses Abschnitts, vereint er doch ein Stück weit Perspektiven und Themen der beiden anderen Aufsätze. Sie nämlich untersucht am Beispiel von zwei Filmen von 1899 und 1908 über weibliche „Hysterie" und einem Film über Kriegshysterie von 1918, wie sich die kinematografische Medialisierung, die Zuschreibung von Geschlechterrollen und die Deutung von seelischen Pathologien – ausgedrückt und bisweilen auch inszeniert in abnormen Bewegungsabläufen und damit in der Dimension von Körperlichkeit – zu einem Ganzen verbinden. Besonders auffallend ist der Umstand, dass dabei die vor dem Krieg entstehenden Filme über weibliche Hysterie dem Arzt eine kontrollierende Position zuweisen und damit Heilung verheißen, während im Film des Jahres 1918 gerade alle Zeichen der Besserung fehlen. In Deutschland fanden solche Befunde ihre erschreckende Entsprechung in der Verfestigung der sog. „Degenerationshypothese", wie Flurin Condrau deutlich macht. Auffallend ist aber auch die Verschiedenheit der filmischen Inszenierung von zumindest denkbarer Heilung vor dem Krieg und dauerhafter Pathologisierung im Krieg. Hier zeichnet sich ein Wechsel der Deutungsperspektiven im Verhältnis der Vorkriegs- und der Kriegszeit ab, der auch in den beiden anderen Beiträgen dieses Abschnitts immer wieder deutlich wird wie etwa im Blick auf die kriegsbedingte Veränderung der Frauenrollen oder die neue Wertschätzung der Chirurgie.

Solche Beobachtungen verweisen zurück auf einen Befund, der auch in den anderen Beiträgen dieses Bandes immer wieder greifbar wird: Der Kriegsausbruch bedeutete eine markante Zäsur und den Untergang von vermeintlichen Gewissheiten. „1914" markierte, so hat es *Michael Stolleis* einmal sehr plastisch formuliert, „sicheres Ende und unsicheren Neuanfang".[12] So steht „1914" geradezu paradigmatisch für einen Epochenwechsel, der, das sollte das thematische Spektrum dieses Bandes zumindest andeuten, eine bis zu diesem Zeitpunkt seltene Breite und Tiefe erlangen sollte.

Anmerkungen

[1] Als Überblick und Einführung: *Martin Bayer*, Der Erste Weltkrieg in der internationalen Erinnerung, in: Aus Politik und Zeitgeschichte 16 (2014), 192–220. Näher die Beiträge in: *Monika Fenn, Christiane Kuller* (Hrsg.), Auf dem Weg zur transnationalen Erinnerungskultur? Konvergenzen, Interferenzen und Differenzen der Erinnerung an den Ersten Weltkrieg im Jubiläumsjahr 2014, Schwalbach 2016. Für Großbritannien s. etwa: *Ross J. Wilson*, Cultural Heritage of the Great War in Britain, Farnham 2013.
[2] *Christopher Clarke*, The Sleepwalkers. How Europe Went to War in 1914, London 2012, deutsche Ausgabe in der Übersetzung von *Norbert Juraschitz* unter dem Titel: *Christopher Clarke*, Die Schlafwandler. Wie Europa in den Ersten Weltkrieg zog, München 2013.
[3] *Gerd Krumeich*, Juli 1914. Eine Bilanz, Paderborn 2014.
[4] *Jörn Leonhard*, Die Büchse der Pandora. Geschichte des Ersten Weltkriegs, 5. Aufl., München 2014.
[5] *Herfried Münkler*, Der Große Krieg. Die Welt 1914 bis 1918, Berlin 2013.
[6] Vgl. *Jay Winter, The Editorial Committee of the International Research Centre of the Historial de la Grande Guerre* (Hrsg.), The Cambridge History of the First World War, 3 Bde., Cambridge 2014.

[7] *Gerhard Hirschfeld, Gerd Krumeich, Irina Renz* (Hrsg.), Enzyklopädie Erster Weltkrieg, 2. Aufl., Paderborn 2014.

[8] *Nicolas Beaupré, Gerd Krumeich, Nicolas Patin, Arndt Weinrich* (Hrsg.), La Grande Guerre vue d'en face. Vue d'Allemagne. Vue de France – Nachbarn im Krieg. Französische Sicht. Deutsche Sicht, Paris 2016.

[9] Besonders ambitioniert das Angebot *1914-1918* online: *Ute Daniel* et al. (Hrsg.), 1914-1918 online. International Encyclopedia of the First World War, online verfügbar, URL: <https://encyclopedia.1914-1918-online.net/home/> (zuletzt besucht am 30.07.17); eindrucksvoll auch das Angebot des Deutschen Bundesarchivs, 100 Jahre Erster Weltkrieg, URL: <https://www.ersterweltkrieg.bundesarchiv.de> (zuletzt besucht am 30.07.17). Eine Übersicht zu den Website-Angeboten zum Ersten Weltkrieg unter <http://www.1914-1918-online.net/06_WWI_websites> (zuletzt besucht am 30.07.17).

[10] Für einen aktuellen Überblick zur Geschichte der kollektiven Erinnerungskultur des Ersten Weltkriegs s.: *Susanne Brandt*, Memory of the War: Popular Memory 1918–1945, 1945 to the Present (Version 1.1), in: 1914-1918 online. International Encyclopedia of the First World War (Anm. 9), URL: <https://encyclopedia.1914-1918-online.net/article/memory_of_the_war_popular_memory_1918-1945_1945_to_the_present/2017-05-24?version=1.1> (zuletzt besucht am 30.07.17). S. a. bereits *Wilson*, Heritage (Anm. 1).

[11] *Karl Härter*, Security and "Gute Policey" in Early Modern Europe: Concepts, Laws, and Instruments, in: Historical Social Research 35 (2010), 41–65.

[12] *Michael Stolleis*, Der lange Abschied vom 19. Jahrhundert. Die Zäsur von 1914 aus rechtshistorischer Perspektive, Berlin 1997, 8.

Politische und militärische Entwicklungsdynamiken vor,
in und nach dem Großen Krieg

Jörn Leonhard

Die Inkubation des Krieges, oder: Wann beginnt die Vorgeschichte des Ersten Weltkriegs?

Ein Jahr vor den Schüssen von Sarajewo am 28. Juni 1914 war in Berlin bereits in fünfter Auflage ein Roman erschienen. Er schilderte in der damals populären Form einer Zukunftsfiktion den möglichen Ablauf eines Kriegsausbruchs und einer allgemeinen Mobilmachung in Deutschland: „Von Mund zu Mund wurde es geflüstert. Mit Windeseile flog die Sorge über die Riesenstadt und hinterließ eine bleierne Ruhe. Die Büros wurden geschlossen, die Fabriken machten Feierabend, der Kaufmann ließ die Jalousien vor dem Ladenfenster herunter, die Restaurants waren leer. Blasse Männer eilten nach Hause. Die Bahnen in die Vororte wurden bestürmt. Von Jubel war nirgendwo etwas zu bemerken, aber auch nicht von Angst. Ein entschlossener Ernst sprach aus allen Gesichtern. Um vier Uhr war Berlin wie ausgestorben. Gegen fünf Uhr strömte es von den Vororten wieder nach Berlin herein. Heute Abend musste die endgültige Entscheidung fallen […] In geschlossenen Gruppen zog die Menge durch die Straßen. Viel gesprochen wurde nicht. Auch für die Polizisten gab es keine Arbeit. Ein Bann lag über allem […] Da kam Leben in die Menge. Ein Strom floss die Linden herunter. Plötzlich leuchteten die elektrischen Lichtreklamen, die bisher erloschen waren, auf. Ihre Flammenzeichen schrien hinaus: Krieg, mobil! Und die Menge schrie mit: ‚Krieg, Krieg‘.“[1] Ausgangspunkt dieses Zukunftsromans „Krieg-mobil“ war die Situation in der deutschen Metropole nach dem Eingang eines russisch-französischen Ultimatums.

Der große Erfolg dieses und vieler anderer Zukunftsromane unterstrich, wie sehr der Krieg die Zeiterwartungen der Menschen 1913 prägte. Aber war der große Krieg deshalb determiniert? War er eine gleichsam naturnotwendige Konsequenz aus immer kürzer aufeinanderfolgenden Krisen und Konflikten, Drohgebärden und Rüstungsspiralen? War der Ausbruch eines großen Krieges nur eine Frage der Zeit? Kam es im Sommer 1914 also wie es kommen musste?

Die folgenden Überlegungen fragen nach längeren und kürzeren Wegen in den Krieg von 1914, fragen nach den Stadien von Inkubation und Eskalation – ausdrücklich nicht im Sinne einer klassischen Aufzählung von Krisen und Konflikten und Bündnisabsprachen, sondern gleichsam in verschiedenen Grabungsschichten. Dieses Vorgehen erfolgt in vier Schritten, und es orientiert sich in gewisser Weise auch an Hypothesen und Erklärungsversuchen zum Ausbruch des Krieges. In einem ersten Schritt werden zeitgenössische Denkweisen zu Krieg und Frieden vor 1914 beleuchtet, in einem zweiten historiografische Meistererzählungen vorgestellt und auf ihre Erklärungskraft hin untersucht, bevor in einem dritten Schritt konkrete Anlässe und politische Motivstränge analysiert werden. Ein abschließender vierter Schritt interpretiert den Ausbruch des Weltkrieges systematisch als doppelte Krise von Vertrauensbildung und politischer Kommunikation. Dabei soll es im Kern darum gehen, die Logik des Rückblicks aufzubrechen, die unser Denken über die Ursachen des Ersten Weltkriegs noch immer stark prägt: eine Logik, die aus dem Wissen um den Ausbruch des Krieges und seine Konsequenzen die Geschichte vor 1914 zur Vorgeschichte reduziert, zu einer Abfolge von Krisen, die scheinbar alternativlos nichts anderes zuzulassen schien als den August 1914.[2]

I.   Sehr lange Wege: Krieg und Frieden denken vor 1914

Ohne Zweifel: Seit den 1890er-Jahren schien sich auf den ersten Blick der Rhythmus der internationalen Konflikte zu verschärfen.[3] Die Rüstungsausgaben, die rassisch begründete Gewalt in der kolonialen Kriegspraxis außerhalb Europas, der Aufstieg der Vereinigten Staaten 1898 gegen Spanien und Japans 1904/05 gegen Russland zu neuen Akteuren der internationalen Politik, die immer kürzeren Abstände zwischen neuen Konflikten – all diese Entwicklungen bewirkten den Eindruck einer krisenhaften Gegenwart. Aber eine einfache Linie von diesen Entwicklungen zu einem großen europäischen Krieg lässt sich nicht ziehen. Denn parallel zu diesen Konflikten entwickelten sich vielfältige Formen transnationaler Kooperationen, für welche die zahllosen internationalen Kongresse von Experten und Wissenschaftlern, die vielen Abkommen zur Vereinheitlichung, die von völkerrechtlichen Regelungen bis zu Postabkommen reichten, aber auch die globale Dimension großer Unternehmen und der Finanzströme standen, die nicht an nationalen Grenzen Halt machten. Und in den rund 20 Jahren vor dem Weltkrieg erreichte nicht zuletzt der internationale Pazifismus eine nie dagewesene Sichtbarkeit und zog die Aufmerksamkeit der Öffentlichkeit auf sich.[4]

Gerade vor 1914 erlebten die in der Sozialistischen Internationale organisierten Arbeiterparteien in Europa einen erheblichen Aufschwung. An dem von ihr veranstalteten Basler Friedenskongress nahmen vor dem Hintergrund der Balkankriege im November 1912 nicht weniger als 555 Delegierte der sozialdemokratischen und sozialistischen Parteien aus 23 Ländern teil. Doch die selbstbewussten Appelle, die Forderungen für Abrüstung und Schiedsgerichte, der Optimismus, einen Krieg verhindern zu können, waren nur die eine Seite dieses pazifistischen Internationalismus. Die andere war die Einsicht nicht zuletzt deutscher Teilnehmer, dass man die Grenzen der eigenen Macht im Nationalstaat nicht verkennen dürfe. Eine gemeinsame Haltung zur Möglichkeit eines Militärstreiks kam nicht zustande; eine solche Strategie hätte in den Augen von Vertretern gerade besonders erfolgreicher Linksparteien die Errungenschaften infrage gestellt, die man als parlamentarische Kraft und auf evolutionärem Wege erreicht hatte.[5]

Das Ambivalente der Zeit um 1900 lag nicht zuletzt in diesem Widerspruch zwischen Konfliktdichte und Krisenwahrnehmung einerseits sowie transnationaler Kooperation und friedlichem Internationalismus als Zeichen des Fortschritts andererseits. In seinem weitverbreiteten Band über die Pariser Weltausstellung im Epochenjahr 1900 hob Georg Malkowsky das „Riesenbild" hervor, in dem Gegenwart und Geschichte repräsentiert werden sollten, „galt es doch, die gewaltigen Fortschritte der Kunst, der Wissenschaft und der Technik innerhalb des letzten Decenniums im Zusammenhange mit der unmittelbaren Vergangenheit begreiflich zu machen". Das zeitgenössische Schlagwort vom „friedlichen Wettstreit der Nationen" begriff er gerade nicht als Konkurrenzkampf, der unrettbar auf einen Krieg hinauslaufen musste: „Nicht um ein Konkurrieren allein handelte es sich, sondern vor allem um ein Lernen. Wie sehr man bestrebt war, die Arena in ein Gymnasium zu verwandeln, dafür zeugte die Unzahl der Kongresse, die Gelehrte und Techniker, Handels- und Socialpolitiker, Künstler und Literaten aller Nationen zum Austausch ihrer Meinungen und Erfahrungen auf dem Ausstellungsterrain zusammenführte."[6]

Neben diesem optimistischen Nebeneinander von Fortschritts- und Sicherheitserwartung, das die Weltausstellung für viele Zeitgenossen symbolisierte, intensivierte sich seit den 1880er-Jahren und zumal um 1900 jedoch auch die Auseinandersetzung um den Krieg, um mögliche Zukunftsszenarien und die Möglichkeiten seiner Verhinderung. Schon 1883 hatte der damalige Generalleutnant Colmar Freiherr von der Goltz seinem in vielen Auflagen publizierten Buch den bezeichnenden Titel „Das Volk in Waffen" gegeben und damit bewusst an die antifranzösischen Kriege seit 1813 angeknüpft. Er verband damit aber nicht eine gefährliche Bewaffnung des Volkes, die im Zeichen von allgemeiner Wehrpflicht und Millionenheeren für andere Militärs zum Revolutionsrisiko geworden war, sondern eine notwendige Mobilisierung aller sozialen, ja psychischen Ressourcen. Der Krieg der Zukunft würde ein entgrenzter Krieg zwischen Nationen sein: „In der Lösung ihrer Kulturaufgaben stoßen die Nationen auf einander […] Wo solche Gewalten die großen Mittel in Bewegung setzen, scheint es, dass die Kriege erst mit völliger Vernichtung eines ihrer beiden Teile oder mit der gänzlichen Erschöpfung beider enden könnten. In der Tat hat das wachsende nationale Bewusstsein und die politische Verwirklichung des Nationalitäts-Prinzips die Widerstandskraft der Staaten in merkwürdiger Weise gesteigert."[7]

Es ist bemerkenswert, dass gerade Alfred Graf von Schlieffen, der mit seinem gleichnamigen Plan auf den ersten Blick eine Möglichkeit anbot, einen künftigen Krieg durch eine frühe Entscheidungsschlacht zu begrenzen, 1909 ein eigenes Kriegsszenario entwarf, das dieser unterstellten Wirkung seines eigenen Plans grundsätzlich widersprach. Aus der Sicht des militärischen Experten waren vor allem die technologischen Veränderungen fundamental, weil sie alle bisherigen Annahmen über den Krieg infrage stellten: „Die Waffentechnik feiert ihre herrlichsten Triumphe. Das aber, was Deutschland wie Frankreich erstrebt und was sich alle übrigen Mächte gewünscht hatten: eine Erleichterung im Kampfe, eine Überlegenheit über den Gegner brachte sie niemand." Das mache eine „völlige Änderung der Taktik" notwendig. Man könne nicht mehr wie im 18. Jahrhundert in Schützenlinien aufeinander marschieren und dann je nach Reichweite der Waffen den Feind aus der Nähe beschießen. Im Blick auf die Wirkung neuer Maschinengewehre betonte er: „Innerhalb weniger Minuten würden beide Armeen durch Schnellfeuer vom Erdboden vertilgt sein." So müssten künftige Gefechtsfelder eine viel größere Ausdehnung haben und würden sich dem Betrachter völlig anders als in der Vergangenheit darstellen: „So groß aber auch die Schlachtfelder sein mögen, so wenig werden sie dem Auge bieten. Nichts ist auf der weiten Öde zu sehen. Wenn der Donner der Geschütze nicht das Ohr betäubte, so würde nur schwaches Feuerblitzen die Anwesenheit von Artillerie verraten." Der klassische Feldherr mit seiner Aura von Übersicht auf dem Feldherrnhügel sei Geschichte, und die Zukunft gehöre den Kommunikationsexperten: „Kein Napoleon, umgeben von einem glänzenden Gefolge, hält auf einer Anhöhe [...] Der Feldherr befindet sich weiter zurück in einem Hause mit geräumigen Schreibstuben, wo Draht- und Funktelegraph, Fernsprech- und Signalapparate zur Hand sind, Scharen von Kraftwagen und Motorrädern, für die weitesten Fahrten gerüstet, der Befehle harren." Vor allem aber war für Schlieffen kaum vier Jahre nach der Abfassung seines Plans der Krieg der Zukunft nicht mehr mit einer kühnen Angriffsstrategie zu entscheiden, sondern stellte sich als mühsamer Abnutzungskrieg von Staaten und Gesellschaften dar: „Der Feldzug schleppt sich hin. Solche Kriege sind aber zu einer Zeit unmöglich, wo die Existenz der Nation auf einen ununterbrochenen Fortgang des Handels und der Industrie begründet ist, und durch eine rasche Entscheidung das zum Stillstand gebrachte Räderwerk wieder in Lauf gebracht werden muss. Eine Ermattungsstrategie lässt sich nicht treiben, wenn der Unterhalt von Millionen den Aufwand von Milliarden erfordert."[8]

Im Gegensatz zu diesen Szenarien und der Interpretation des Krieges als notwendiger Prüfung der Nation standen andere Positionen. Kaum ein europäischer Politiker glaubte an langfristige Wirkungen von Abrüstungsproklamationen, aber die erste Haager Friedenskonferenz von 1899 endete immerhin mit einer Konvention zur Kriegführung, die den Gebrauch bestimmter Waffen verbot, etwa den Abwurf von Geschossen und Sprengstoffen aus Luftschiffen, den Gaskrieg sowie die Verwendung von Dumdum-Geschossen beinhaltete und eine bessere Behandlung von Verwundeten und Gefangenen vorsah. Eine obligatorische internationale Schiedsgerichtsbarkeit scheiterte nicht zuletzt am deutschen Widerstand. Auch die zweite Haager Friedenskonferenz von 1907 brachte mit der Haager Landkriegsordnung zwar ein kodifiziertes Kriegs- und Neutralitätsrecht hervor, aber Rüstungsbegrenzungen, vor allem zur Flotten-rüstung, ließen sich angesichts des Widerstandes zahlreicher Teilnehmer nicht durchsetzen. Dennoch zeigten die Konferenzen und nicht zuletzt ihr Widerhall in der Öffentlichkeit, dass der Krieg als gleichsam notwendiges Übel keineswegs allgemein akzeptiert war.

1898, genau in dem Jahr also, in dem von Nordafrika bis Südafrika und Amerika, über die Faschoda-Krise und den Spanisch-Amerikanischen Krieg bis zum Konflikt zwischen Briten und Buren im südlichen Afrika viele globale Konflikträume sichtbar wurden, erschien das nicht weniger als 4'000 Seiten umfassende Werk „Der Krieg" von Ivan Bloch, einem russischen Geschäftsmann, der durch Eisenbahnbau zum Millionär ge-worden war und sich rühmte, Zar Nikolaus habe nach der Lektüre den Plan für eine internationale Friedenskonferenz entworfen. Europäische Übersetzungen von Blochs Buch folgten bald. Anders als den meisten zeit-genössischen Pazifisten ging es Bloch nicht darum, den Krieg moralisch zu disqualifizieren. Vielmehr begründete er dessen Sinnlosigkeit rational und empirisch, indem er dem Leser akribisch die Konsequenzen der industriel-len und technologischen Dynamik für einen Krieg der Zukunft vorführte. Schon 1884 hatte Herbert Spencer in „The Man versus the State" den Krieg mit einem traditionalen Typ von Gesellschaft identifiziert, der durch den Fortschritt des „industrial type" der Gegenwart überwunden werde.[9]

Nun verwies Bloch darauf, dass mit dem rauchlosen Pulver, der neu-en Technik der in allen Armeen verwendeten Repetiergewehre, die auf bis zu 1'500 Meter treffsicher waren und die Feuergeschwindigkeit von ehemals ein bis zwei auf vier bis fünf Schuss pro Minute steigerten, so-wie mit neuen Waffen wie dem Maxim-Maschinengewehr und schweren Artilleriewaffen jede Verteidigungsposition so stark werde, dass sie den klassischen Infanterieangriff in Schützenlinie mit aufgepflanzten Bajonet-ten unmöglich mache. Die Folge sei ein ganz verändertes Gefechtsfeld, denn gegnerische Armeen müssten sich entlang der langen Frontlinien eingraben. Eine große Entscheidungsschlacht werde es nicht mehr ge-ben, dafür zöge sich der Krieg der Zukunft lange hin. Vor allem Blochs Prognosen zur Rückwirkung der neuen Waffentechnologien auf die Hei-matgesellschaften war bemerkenswert: Denn der unabsehbar lange Krieg werde die Gesellschaften ökonomisch und sozial ausbluten und am Ende zusammenbrechen lassen: „Der Krieg ist jetzt in Folge der außerordent-lichen Fortschritte der Waffentechnik, der hochgesteigerten Präzision der Feuerwaffen und ihres enormen Vernichtungsvermögens furchtbarer geworden. Vom nächsten großen Kriege kann man als von einem Rendez-vous des Todes sprechen!" Zu rechnen sei mit „nicht minder furchtbaren wirtschaftlichen und sozialen Erschütterungen in Folge der Einberufung fast der gesamten männlichen Bevölkerung, der Stockungen in Handel und Industrie, der ungeheueren Teuerung, Aufhören des Kredits, der Budgetschwierigkeiten, der Schwierigkeit des Unterhalts der zurückbleibenden Teile der Bevölkerung. Und endlich – wenn in Folge der allgemeinen Erschöpfung der Krieg eingestellt wird – werden die Soldaten, die ja zum Teil aus sozialistischen Distrikten stammen, gutwillig sich entwaffnen lassen?"[10]

Es gab also nicht nur die Kriegsszenarien als populäre Bestseller, sondern ebenso die Friedensszenarien – nicht nur ethisch grundiert, sondern bei Ivan Bloch oder etwa Norman Angell auch rational, empirisch, gleichsam wissenschaftlich-exakt. Gerade der Blick auf den Fortschritt der Industriegesellschaften schien zu beweisen, dass moderne Staaten sich Krieg gar nicht mehr leisten konnten.[11]

II.   Lange Wege, wenige Auswege: Meistererzählungen und Krisenräume

An strukturellen Erklärungen für den Ausbruch des Krieges mangelt es in der Historiografie keinesfalls, und viele von ihnen sind inzwischen zu klassischen Erklärungsmustern, ja zu eigenen Meistererzählungen geworden.[12] Vor allem Imperialismus, Nationalismus und Militarismus werden in diesem Zusammenhang immer wieder zitiert, weil mit diesen Leitmotiven nicht zuletzt die Vorgeschichte bis zum Juli 1914 sehr suggestiv strukturiert werden kann. Doch bei näherem Hinsehen werden auch die Grenzen dieser Ansätze erkennbar.[13]

(1) Zeitgenössische Kritiker der kolonialen Expansion aus ganz unterschiedlichen Lagern wie John Atkinson Hobson und Wladimir Iljitsch Lenin verwiesen auf den Hochimperialismus vor 1914 als Kriegsgrund. Die besondere deutsche Variante dieser Interpretation, der Verweis auf den Sozialimperialismus als Ablenkung von gesellschaftlichen Spannungen und Integrationsdefiziten im Deutschen Kaiserreich und auf den Primat der Innenpolitik verstand das Nebeneinander von Schlachtflottenbau und Schutzzollpolitik als Ausgleich zwischen großagrarischen und industriellen Interessen und insofern als Teil der Systemstabilisierung.[14] Die

wilhelminische Weltpolitik erschien danach als Versuch, die traditionellen Eliten des verspäteten Nationalstaates gegen die innere Bedrohung von links und von unten abzuschirmen. Doch internationale Konflikte auf einen zunehmend krisenhaften Kapitalismus zurückzuführen, bedeutet, als Kriegsursache auf eine Systemkrise abzuheben, die es in dieser zugespitzten Form vor 1914 überhaupt nicht gab: In den meisten der später kriegführenden Gesellschaften stand nicht die soziale Revolution auf der Tagesordnung der Politik, sondern der Ausgleich ökonomisch bedingter Gegensätze. Es war vor diesem Hintergrund kein Zufall, dass gerade vor 1914 in den beiden am meisten fortgeschrittenen Industriegesellschaften Europas, in Deutschland und Großbritannien, der interventionsbereite Wohlfahrtsstaat und die Diskussion um den sozialen Liberalismus einen erheblichen Aufschwung nahmen. Vor einer sozialen Revolution standen allen rhetorischen Bekenntnissen zum Trotz weder Frankreich oder Großbritannien noch Deutschland, und selbst die Chancen, durch einen Militärstreik der Arbeiter einen großen Krieg zu verhindern, schienen gering. Vor allem erklärt der Verweis auf Hochimperialismus und Sozialimperialismus nicht, warum der Krieg schließlich aus dem südosteuropäischen Krisenherd heraus entstand und durch keine sozialistische Internationale des Friedens eingedämmt werden konnte.

(2) Ohne Zweifel hatte sich im Verlauf der zweiten Hälfte des 19. Jahrhunderts der Nationalismus nach der Etablierung neuer Nationalstaaten wie Italien und Deutschland, im Zuge der imperialen Expansion, des zunehmenden Wettbewerbs und angesichts der Kritik an der Massengesellschaft verschärft. Rassische und sozialdarwinistische Vorstellungen, hinter denen die Angst stand, die eigene Nation könne als nicht mehr zukunftsfähig eingeschätzt werden, gewannen in allen Gesellschaften an Boden. Doch führte von hier kein direkter Weg in den Krieg, denn weder waren Diplomatie und internationale Beziehungen allein von diesen Tendenzen bestimmt, noch war die neue Rechte politisch stark genug, um diese Position konkret durchzusetzen. Obwohl die Bedeutung der Medien, zumal der Tageszeitungen, in allen europäischen Gesellschaften zunahm, gab es keine „demokratisierte Außenpolitik", die einen eigenen Kriegsgrund dargestellt hätte. Diplomatie, das zeigten die zahllosen internationalen Treffen, aber auch die internen Besprechungen und Memoranden der militärischen Eliten und der Regierungsvertreter, blieb weitgehend ein Arkanbereich, in dem man allerdings deutlich aufmerksamer auf die Presseberichte im eigenen Land und im Ausland reagierte.[15] Eine wirklich

konfliktverschärfende Wirkung hatte der aggressive Nationalismus in erster Linie dort, wo multiethnische und multireligiöse Bevölkerungen lebten und Abspaltungen aus dem Verband von Großreichen wie dem Osmanischen Reich oder der Habsburgermonarchie mit dem Ideal ethnisch homogener Nationalstaaten einhergingen, wo es für diese Bewegungen Unterstützung von außen gab und die regionale Gewalteskalation jederzeit internationalisiert werden konnte. Hier, das zeigten die Balkankriege 1912/13, sank alsbald auch die Schwelle zur Anwendung von Gewalt gegenüber der Zivilbevölkerung.

(3) Auch vom Militarismus der Vorkriegsgesellschaften auf den Kriegsausbruch zu schließen, fällt schwer. Denn die gesellschaftliche Präsenz des Militärs in den zahllosen Krieger-, Veteranen-, Flotten- und Wehrvereinen hatte viel mit jenem folkloristischen Kult um die „Nation in Waffen" zu tun, der in den kontinentaleuropäischen Gesellschaften, zumal in Frankreich und Deutschland, dominierte. Mit Beginn des Krieges aber verschwanden öffentliche Paraden und bunte Uniformen schlagartig, und an die Stelle der volksfestartigen Nationalfeiertage im Zeichen des nationalen Militärs traten alsbald ernste Rituale und ein von Waffentechnik, technologischer Überlegenheit, von Sachlogik und Ressourcendenken bestimmtes Bild des Militärs.[16] Jenseits des Kults um den Krieg als Instrument der vitalistischen Erneuerung und der Auslese der stärksten Staaten und Völker, jenseits auch des Kults um Offensivkrieg und Entscheidungsschlacht und des Problems der zivilen Kontrolle des Militärs vor allem in Deutschland gab es, wie oben angedeutet, einen ausgesprochen rational argumentierenden Anti-Bellizismus. Hier wurde der Krieg nicht aus moralischen oder ethischen Gründen, sondern in rationaler Abwägung, im Blick auf moderne Waffentechniken, Rüstungen und Wirtschaftsentwicklung als überholt und sinnlos verstanden, weil das Risiko der Konsequenzen eines einmal ausgebrochenen Krieges jeden möglichen Prestigegewinn bei Weitem überstieg.

Dennoch darf ein neuer Faktor nicht unterschätzt werden: Es gab aus den militärischen Stäben heraus, und nicht nur in Deutschland, eine erkennbare Tendenz, in scheinbar alternativlosen Szenarien zu denken. Dazu trugen Rüstungswettläufe, die wahrgenommene Verfestigung von Bündnisblöcken, vor allem aber die Eigenlogik der Angriffspläne, der Mobilisierungsdynamik von Massenheeren im Kriegsfall, ihrer Einberufung, Ausrüstung und ihres Transports bei. Das spielte vor allem in Deutschland eine wesentliche Rolle, weil hier ein funktionierendes ziviles

Gegengewicht, eine wirksame Kontrolle des Militärs fehlte, und so ein Vakuum entstand, in der panikartige Einkreisungsvorstellungen und die vorschnelle Festlegung auf bestimmte Reaktionsmuster ein Übergewicht gewinnen konnten. Auch von hier aus gab es keinen einfachen Weg in die Entscheidungen der Julikrise 1914, aber das Denken ohne Alternativen und unter Ausblendung möglicher Konsequenzen musste eine Belastung in einer großen internationalen Krise bedeuten.

(4) Ein anderer Ansatz zur Erklärung des Weltkriegs, der vor allem nach Kriegsende besondere Bedeutung erlangte, bezieht sich auf die internationale Staatenordnung und die Tradition der Geheimdiplomatie. Ohne Zweifel gab es im Laufe des 19. Jahrhunderts einen Wandel in den internationalen Beziehungen: Das zunächst relativ flexible System von kurzfristigeren Bündnissen zur Verhinderung von Machtungleichgewichten büßte vor 1914 an Elastizität ein, aber es war keinesfalls so sklerotisch, dass der Ausbruch des großen Krieges nur mehr eine Frage der nächsten Krise war. Weder der Dreibund zwischen Deutschland, Österreich-Ungarn und Italien noch die Vereinbarungen zwischen Frankreich, Russland und Großbritannien stellten Offensivallianzen dar. Interessengegensätze, sei es zwischen Österreich und Italien im Blick auf die von Italien geforderten Irredenta, die „unerlösten" Gebiete des Trentino, Istriens und Dalmatiens, oder latent noch immer zwischen Großbritannien und Russland hinsichtlich der Grenzen des britischen Empire, widersprachen der Vorstellung homogener Blöcke, zwischen denen es keine Verständigung mehr geben konnte. Letztlich existierten in Europa keine Angriffsbündnisse mit dem Ziel, den politischen und territorialen Status quo grundlegend zu verändern, sondern immer detailliertere diplomatische Frühwarnsysteme, die auf jedes geringste Zeichen reagierten und dazu neigten, eine Eigendynamik durch Überinterpretationen auszulösen.[17]

(5) Eine Analyse der Kriegsursachen, die sich allein auf die quantitative Zunahme internationaler Krisen und die vermeintliche Geheimdiplomatie seit der Jahrhundertwende konzentriert, greift daher zu kurz. Die bloße Häufung der Krisen sagt per se noch wenig aus; erst im Wissen um den Ausgang, also aus der Retrospektive, wurde jede neue Krise zu einem weiteren Schritt in einer ausweglosen Entwicklung. Kehrt man die Perspektive aber um, so belegte jede gelungene Deeskalation die Leistungsfähigkeit und relative Elastizität des internationalen Systems, einen großen Krieg zu verhindern. Vor diesem Hintergrund bildete die historische Phase zwischen 1871 und 1914 eine der längsten Friedens-

phasen in der europäischen Geschichte, in der es nicht zuletzt durch die Ableitung von Spannungen an die südöstliche Peripherie – im Falle von Österreich-Ungarn und Russland – oder in imperiale Vorfelder – im Falle Großbritanniens, Frankreichs und Deutschlands – gelang, Konflikte zwischen zwei oder mehr europäischen Großmächten zu verhindern. Aber der Preis dieser Entwicklung bestand darin, dass dadurch die Situation in diesen Gebieten umso konfliktträchtiger wurde.[18]

(6) Die Krisenverdichtung machte einen Krieg aber wahrscheinlicher, weil sie das Denken der Zeitgenossen an die Möglichkeit des Krieges gewöhnte, ja bei manchen sogar darauf fixierte. Doch auch vor diesem Hintergrund sprachen gegen die Determination des Geschehens die Beispiele gelungener Deeskalationen, etwa in der Zusammenarbeit zwischen Großbritannien und Deutschland in den Balkankriegen 1912/13. Wirklich problematisch war die zunehmende Kluft zwischen immer noch möglichen politischen Handlungsalternativen und der sich selbst verstärkenden negativen Wahrnehmung aller Krisen und Veränderungen als Bedrohungen, auf die man zu reagieren habe; das kennzeichnete die deutsche Führungselite, den Monarchen und die militärischen Führer, aber nicht sie allein: Ganz ähnliche Muster ließen sich auch in Wien, Paris, St. Petersburg und London erkennen. Die subjektive Kriegserwartung verringerte die Handlungsoptionen und ließ dadurch einen Zeitdruck entstehen, der jedes Abwägen von Konsequenzen in den Hintergrund drängte und gleichzeitig der unterstellten Eigenlogik von Bündnisabsprachen, von Dominoeffekten und der Eigendynamik militärischer Reaktionen ein gefährliches Übergewicht einräumte.

(7) Es mangelte vor 1914, wie gezeigt, keinesfalls an Kriegsszenarien. Militärexperten und Stabsoffiziere wie Pazifisten hoben die unabsehbaren Risiken eines einmal ausgebrochenen Krieges hervor, die sich von allen früheren Kriegen unterscheiden würden. War dieser Wandel der Kriegsrealität hier noch größtenteils theoretisch antizipiert, brachten der amerikanische Bürgerkrieg und die Kriege der europäischen Mächte in ihren Kolonien vor 1914 eine neue konkrete Gewalterfahrung mit sich. Hier, aus der Perspektive der europäischen Großmächte an den Peripherien, lösten sich die Konturen von klassischen Kabinetts- und Staatenkriegen, die Prinzipien von Agonalität und souveränen Staaten als Kriegsakteuren auf. Hier wurde die Asymmetrie von Kriegsgewalt zum ersten Mal als Massenphänomen fassbar. Diese Gewaltenthemmung im Zeichen kolonialer, experimenteller Herrschaft blieb gegenüber den Versuchen seit

Jörn Leonhard

der zweiten Hälfte des 19. Jahrhunderts, Kriegsgewalt etwa durch die Ächtung bestimmter Waffen und Praktiken in der Haager Landkriegsordnung zu begrenzen, abgeschirmt.

(8) War der Ausbruch eines großen Krieges also keinesfalls naturgesetzlich in der Erosion der internationalen Beziehungen, ihrem Übergang in ein System abgeschlossener Bündnisse mit unvereinbaren Zielen und festgelegten Reaktionsmustern angelegt, so existierten doch vor 1914 deutliche Krisenfaktoren, die einen Krieg wahrscheinlicher machten und bei vielen Zeitgenossen die subjektive Gewöhnung an den Gedanken eines großen bewaffneten Konflikts verstärkten. Dazu zählten aber weniger die imperialen Ausgriffe und Konflikte der europäischen Großmächte, deren Konsequenzen man, wie britische Diplomaten im Falle Deutschlands, immer wieder eindämmen zu können hoffte.

Am Ende brach der Krieg nicht in den europäischen Kolonien aus, weder in Asien noch in Afrika, sondern in jener Region Europas, in der sich mehrere Risiken überlagerten und gegenseitig verstärkten, die in anderen potenziellen Krisenregionen nur isoliert auftraten: Nur im südöstlichen Europa, auf dem Balkan, steigerte sich die ethnische und religiöse Vielfalt der Bevölkerung zu einem radikalen Gegensatz zwischen den multiethnischen Großreichen, also des Zarenreichs, der Habsburgermonarchie und des Osmanischen Reiches, und einem aggressiven Nationalismus, der auf die Sezession neuer Nationalstaaten aus den Großreichen setzte und der mit Gewalt, Vertreibung und Bevölkerungstausch das Ziel ethnischer Homogenität verfolgte. Nur hier war mit dem Machtzerfall des Osmanischen Reiches ein Vakuum entstanden, in dem diese Ansprüche zunehmend unkontrolliert um sich griffen und zugleich die zum Teil unterstellten Integrationsideologien der drei benachbarten Großreiche – Pangermanismus, Panslawismus, Panturkismus – aufeinandertrafen.[19] Und nur hier entzündete sich hinter der Stellung Serbiens und der südslawischen Frage mehr als ein bloßer Stellvertreterkonflikt zwischen Österreich-Ungarn und Russland. Denn dahinter stand die Frage, wo und wie die Habsburgermonarchie ihre Überlebensfähigkeit glaubwürdig demonstrieren konnte – das aber spielte all jenen in die Hände, die wie der Generalstabschef Conrad von Hötzendorf bereits 1911 einen Präventivkrieg gegen Serbien gefordert hatten. Nur hier gab es seit der Bosnischen Annexionskrise von 1908 einen Konfliktherd, der jederzeit eskalieren konnte, und seit dem letzten Drittel des 19. Jahrhunderts eine relative Kontinuität von Kriegen und damit auch eine Kultur der Gewalt gegen die ethnisch und religiös differente Zivilbevölkerung, welche die Hemmschwellen zur Gewaltanwendung senkten. Nirgendwo sonst war der Grat zwischen dem Vertrauen auf eine mögliche internationale Eindämmung des regionalen Konflikts und der Gefahr einer Eskalation des Konflikts durch Internationalisierung schmäler.

Vor diesem Hintergrund markierten die Balkankriege 1912/1913 eine historische Wasserscheide: Einerseits kam es zu enthemmter ethnischer Gewalt gegen die Zivilbevölkerung, andererseits bewies der Konflikt die mögliche Détente, die Deeskalation durch eine von Berlin und London initiierte Botschafterkonferenz. Hinter dieser gelungenen Begrenzung aber zeichnete sich die Internationalisierung des Konfliktraums Balkan ab: in der faktischen Balkanisierung der französischen Außenpolitik, ihrer Bindung an das russische Vorgehen bei einer künftigen Unterstützung Serbiens wie in der Entschlossenheit in Wien, kein zweites Mal Zurückhaltung zu üben. Vor allem endete mit der Verteilung der letzten europäischen Territorien des Osmanischen Reiches die Funktion des südöstlichen Europa, „Blitzableiter" von Großmachtkonflikten zu sein. Erst jetzt entstand wirklich das „Pulverfass".

Und dennoch: In diesen Krisenketten und Konflikträumen ging die Wahrnehmung der Zeit um 1913 nicht auf.[20] Die eine neue Balkankrise schien in dieser Vielzahl weltweiter Ereignisse fast unterzugehen. Lakonisch ließ Robert Musil seinen Helden Ulrich in seinem Roman „Der Mann ohne Eigenschaften" fragen: „War eigentlich Balkankrieg oder nicht? Irgendeine Intervention fand wohl statt; aber ob das Krieg war, er wusste es nicht genau. Es bewegten so viele Dinge die Menschheit. Der Höhenflugrekord war wieder gehoben worden; eine stolze Sache. Wenn er sich nicht irrte, stand er jetzt auf 3'700 m, und der Mann hieß Jouhoux. Ein Negerboxer hatte den weißen Champion geschlagen und die Weltmeisterschaft erobert; Johnson hieß er. Der Präsident von Frankreich fuhr nach Russland; man sprach von der Gefährdung des Weltfriedens. Ein neuentdeckter Tenor verdiente in Südamerika Summen, die selbst in Nordamerika noch nie dagewesen waren. Ein fürchterliches Erdbeben hatte Japan heimgesucht; die armen Japaner. Mit einem Wort, es geschah viel, es war eine bewegte Zeit, die um Ende 1913 und Anfang 1914."[21]

III. Kürzere Wege in den Konflikt: Anlässe und Motivstränge

Das Attentat von Sarajewo kam nicht ohne Vorwarnung, und es machte den Krieg nicht unabwendbar.[22] Nach einem ersten Attentat auf den österreichischen Thronfolger Erzherzog Franz Ferdinand am Vormittag des 28. Juni, bei dem mehrere Mitglieder der Delegation verletzt wurden, beschloss man eine Routenänderung, um die Verletzten im Krankenhaus zu besuchen. Doch wusste der Fahrer des ersten Wagens in der Fahrzeugkolonne davon nichts und folgte der ursprünglichen Route. Weil sein Wagen über keinen Rückwärtsgang verfügte, musste ein langsames Wendemanöver von Hand eingeleitet werden. In diesem Moment präsentierten sich der Thronfolger und seine Frau völlig schutzlos dem Attentäter.[23] Wäre die Weltgeschichte des 20. Jahrhunderts also anders verlaufen, wenn der Wagen des Erzherzogs einen Rückwärtsgang gehabt hätte? Wer so argumentiert, folgt der verständlichen Suche nach dem „point of no return", nach dem einen ursächlichen Moment – aber das Attentat von Sarajewo am 28. Juni eignet sich dazu nicht. Zwischen dem Attentat und der Zuspitzung der Krise durch das österreichisch-ungarische Ultimatum lagen vier Wochen Zeit – eine Phase, in der sich die politischen Entscheidungsprozesse immer weiter vom konkreten Anlass der Krise entfernten. Wie ist die Eskalation vom Attentat über die regionale Krise zum Weltkrieg im Sommer 1914 zu erklären? Auf einer ersten Ebene lassen sich die unterschiedlichen Motive der einzelnen Akteure skizzieren.

Österreich-Ungarns Politik- und Militärführung drängte auf eine Bestrafung Serbiens, um damit in einer zugespitzten internationalen Konkurrenzsituation seine Existenz als multiethnisches Großreich zu behaupten. Dabei spielte nicht nur das Negativbeispiel des Osmanischen Reiches eine Rolle, an dem sich der Zusammenhang von territorialer Erosion und innerer Destabilisierung beobachten ließ, sondern auch die Erfahrung der Balkankriege. Die Reaktionen der politischen und militärischen Elite zeigten, dass es mit Außenminister Berchtold Kriegsbefürworter und mit dem Generalstabschef Conrad von Hötzendorf auch Anhänger eines Präventivkrieges gegen Serbien gab.[24] Doch zeigte sich ebenso, wie wenig die Doppelmonarchie auch nur auf einen regionalen Krieg, geschweige denn einen kontinentaleuropäischen Konflikt mit mehreren Fronten vorbereitet war. Zudem fehlte eine detaillierte militärische Absprache mit Deutschland, auf dessen politische Unterstützung man während der Krise baute, so wie man bald nach Ausbruch des Krieges seine militärische Hilfe benötigen sollte. Auch die lange Phase zwischen dem Attentat und der Zuspitzung der Krise durch das österreichische Ultimatum sprach gegen eine konsistente Strategie; jedenfalls verstärkte sie den Eindruck unklarer Signale. Eher handelten die Akteure unter dem Eindruck einer situativen Rationalität, die aber die umfassenden Konsequenzen nicht berücksichtigte.

Die politische Führung Russlands hatte in der Bosnienkrise 1908 und auch noch in den Balkankriegen vor einer Intervention zurückgeschreckt, sich aber durch die Ergebnisse zugleich international geschwächt, ja gedemütigt gefühlt. Gerade nach den Erfahrungen der Niederlage von 1904/05 und angesichts der innenpolitischen Spannungen war hier das Prestigedenken besonders ausgeprägt. Im Gegensatz zum Zaren, der bis zum Schluss trotz widersprüchlicher Äußerungen zumindest Zweifel an den möglichen Folgen eines großen Krieges hegte, drängte die Gruppe um Außenminister Sazonov darauf, die Drohpolitik Österreich-Ungarns und Deutschlands nicht weiter zu tolerieren, die 1912/13 in den Balkankriegen noch zur Mäßigung Serbiens durch Russland beigetragen hatte.[25]

Das Deutsche Reich war zunächst durch das Attentat von Sarajewo nicht direkt in seinen Interessen berührt. Die besondere Verantwortung seiner politischen Führer lag daher in der Zusicherung deutscher Unterstützung für Österreich-Ungarn Anfang Juli, die ohne Konditionen formuliert wurde und daher auch den Angriffs- und nicht nur den Verteidigungsfall abdeckte.[26] Insbesondere für die militärischen Befehlshaber, die in Deutschland im Vergleich zu den anderen Staaten über eine besonders weitgehende Autonomie verfügten und keine politische Kontrolle oder gar ein parlamentarisches Gegengewicht fürchten mussten, kam eine eigene Handlungslogik zum Tragen, die von zwei Faktoren bestimmt wurde: von der Angst vor einer sich insgesamt verschlechternden internationalen Situation und von der Kalkulation der militärischen Experten um Moltke, die weniger mit einem kurzen Krieg rechneten, sondern eine gute Ausgangsposition für einen längeren Krieg sichern wollten. Gerade in Deutschland waren militärische Kriegsplanungen, längerfristige Kriegsvorbereitungen und strategische Kriegsziele in keiner Weise aufeinander abgestimmt. Schon im Augenblick der Kriegserklärungen mussten Kriegsziele und Rechtfertigungen jenseits der unterstellten Bündnismechanismen improvisiert werden; das unterschied die Situation von 1914 grundlegend von früheren Kriegen wie 1866 und 1870 und auch von der Situation am

Vorabend des Zweiten Weltkriegs. Gegen die Vorstellung, die gesamte deutsche Führung habe langfristig einen aggressiven Präventivkrieg mit klar definierten Kriegszielen verfolgt, sprachen die immer wieder erratischen Äußerungen fast aller Akteure, die vielfältigen Widersprüche und bis in die letzten Augenblicke hinein immer wieder die naive Vorstellung, den Krieg doch noch begrenzen zu können: wenn nicht mehr auf einen regionalen, dann immerhin noch auf einen kontinentaleuropäischen Konflikt unter Ausschluss Großbritanniens. Aus dieser diffusen Situation, erheblich erschwert durch die nicht koordinierten, ja zuweilen entgegenlaufenden Agenden der politischen Reichsleitung, des Monarchen und des Generalstabs, resultierte eine besondere Verantwortung des Deutschen Reiches für den Ausbruch des Krieges. Aber solche Widersprüche zeigten sich auch bei anderen Akteuren, zumal in Russland und Frankreich. Die später behauptete Alleinschuld Deutschlands am Ausbruch des Krieges zu relativieren, indem man die Verantwortung aller Akteure der Krise miteinbezieht, bedeutet keine unangemessene Apologetik.

Frankreich und Großbritannien hatten zwar durch die Entente Cordiale ihre Kolonialkonflikte beigelegt, was auch zwischen Russland und Großbritannien gelungen war, doch durfte man diese Verständigungen ebenso wenig wie im Falle des Dreibundes als eine widerspruchsfreie Allianz oder gar ein offensiv ausgerichtetes Militärbündnis missverstehen. Beide Länder hatten auf dem Balkan keine vitalen Interessen zu verteidigen. Trotz der zweifellos gewachsenen deutsch-französischen Spannungen seit den Marokkokrisen wurde die politische Führung Frankreichs von der Julikrise letztlich überrascht. In der entscheidenden Krisenphase waren Staatspräsident und Regierungschef nur eingeschränkt handlungsfähig, weil sie auf dem Seeweg von einem Staatsbesuch in Russland zurückkehrten. Dennoch bestärkten sowohl Poincaré als auch der französische Botschafter in St. Petersburg Maurice Paléologue die russische Kriegspartei um Sazonov in ihrem Widerstand gegen die Zweifel des Zaren – hier wurde die Balkanisierung der französischen Außenpolitik akut und wirkte als einer von drei Blankoschecks, neben dem der Berliner Regierung für Wien und dem der russischen Regierung für Serbien angesichts des Ultimatums.[27]

Aufgrund seiner außenpolitischen Orientierung, dem Fokus auf die Sicherung des Empire, und vor dem Hintergrund seiner innenpolitischen Situation, insbesondere der drohenden Eskalation der Konflikte in Irland über die Frage der Home Rule, hatte Großbritannien von allen europäischen Großmächten sicher am wenigsten Interesse an einer Eskalation der Krise. Dies zeigte sich auch in den Entscheidungsprozessen im Juli und August. Vor allem aber führte es zu hoch ambivalenten Zeichen gegenüber dem Deutschen Reich. Das Foreign Office unter Außenminister Grey warnte die Regierung in Berlin zwar mehrmals vor der Gefahr einer Eskalation durch britisches Eingreifen, aber es signalisierte gleichzeitig bis in die Endphase der Krise immer wieder eine Bereitschaft zu Verhandlungen und einer internationalen Vermittlung. Genau diese Unklarheit nährte Hoffnungen aufseiten der Reichsleitung, vor allem bei Bethmann Hollweg persönlich, Großbritannien werde neutral bleiben, sodass sich der Konflikt wenn schon nicht auf das südöstliche Europa, so doch auf Kontinentaleuropa beschränken ließe. Indirekt stärkte diese Wahrnehmung, die auf unklaren Signalen beruhte, die Befürworter eines Krieges.

IV. Kurze Wege in den Krieg: Kommunikationskrise und Vertrauenserosion

Waren die europäischen Protagonisten 1914 also „Schlafwandler", umsichtig, doch ohne die Fähigkeit zu sehen, in Traumbildern befangen, blind für die Schrecken, die ihr vor sich hintreibendes Gewährenlassen in die Welt brachte?[28] Sie waren sicher keine Schlafwandler im Sinne eines unbewussten Handelns; sie waren wach und in vieler Hinsicht übersensibilisiert; die physische und psychische Überforderung stellte sich ein, als den Akteuren klar wurde, dass sich die Eskalation nicht mehr aufhalten ließ.[29] Es war auch nicht so, dass es bei den militärischen Spezialisten kein Wissen um den Charakter eines modernen Krieges gegeben hätte, weder um die geringe Wahrscheinlichkeit eines kurzen Krieges noch um die Konsequenzen eines langen Krieges. Dennoch: Das ganze Ausmaß dessen, was 1916 oder 1918 auf den Schlachtfeldern passieren würde, die Dimension von über zehn Millionen Toten, lag für die Mehrheit der Politiker und Militärs außerhalb ihres Vorstellungshorizonts. Wenn es ein Wissen um die Potenziale des Krieges gab, so blieb dies abstrakt, blieb ein Szenario, ein Teil des zeitgenössischen Möglichkeitsbewusstseins. Aber einen Maßstab für die Konsequenzen, ein Gefühl für ihre Dimensionen besaßen sie nicht – und es gab keinen historischen Bezugspunkt, keinen zurückliegenden Krieg als Warnung, an dem man sich im Blick auf die

Folgen hätte orientieren können. Darin bestand ein fundamentaler Unterschied zwischen der Situation im August 1914 und im September 1939.[30]

Schlafwandler waren sie auch nicht im Sinne späterer hilfloser Erklärungsversuche, mit denen Zeitgenossen aus dem Wissen um die Konsequenzen des Krieges und der problematischen Friedensschlüsse nach 1918 nach Versöhnungsformeln suchten. So gelangte der ehemalige britische Kriegspremier David Lloyd George in den 1920er-Jahren zu der suggestiven Metapher, alle Staaten seien 1914 mehr oder weniger blind in die Katastrophe „geschlittert".[31] Problematisch waren eher die übernervösen Reaktionen, die vielfachen Frühwarnsysteme, mit denen die konkreten Personen immer wieder überfordert waren, die Neigung, in Szenarien die Risikobereitschaft der jeweiligen Gegenseite auszutesten. Psychische und physische Zusammenbrüche der beteiligten Politiker und Militärs gehörten deshalb nicht zufällig zu dieser Krise.

Jenseits der moralischen Kategorie der Schuld kommt keine Analyse der Julikrise ohne den Blick auf die besondere Verantwortung der Akteure aus. Keiner der europäischen Staaten plante im Augenblick der Schüsse von Sarajewo am 28. Juni 1914 einen Angriffskrieg. Aber es gab bei den führenden Militärs in den kontinentaleuropäischen Mächten ein Denken in den Kategorien eines Präventivkrieges – nicht nur in Berlin und Wien, sondern auch in Paris und St. Petersburg. Nicht nur im deutschen Generalstab und in der deutschen Reichsregierung, die von ihm unter Druck gesetzt wurde, dominierte ein Denken des „besser jetzt als später". Auch in London fürchtete man ein in einigen Jahren so starkes Russland, dass von ihm eine Gefahr für das britische Empire in Indien ausgehen könne. Aus Berliner Sicht musste man mit einem künftigen Krieg mit Russland rechnen, und er schien 1916 oder 1917 sehr viel gefährlicher als jetzt, im Sommer 1914. Das aber erhöhte die Bereitschaft, mit der eigenen Politik ein deutlich höheres Risiko einzugehen.

Entscheidend für die Frage der Verantwortung in der Julikrise ist aber nicht allein die Frage der Eskalation – zu ihr trugen alle Beteiligten bei: in Belgrad, Wien und Berlin genauso wie in St. Petersburg, Paris und London. Von mindestens ebenso großer Bedeutung ist die Frage, wo der Schlüssel zur Deeskalation lag.[32] Gerade hier aber kam Deutschland und auch Großbritannien eine ganz besondere Verantwortung zu: Beide hatten 1912/13 bewiesen, wie eine erfolgreiche Krisenlösung aussehen konnte. Aber mit dem deutschen Blankoscheck für Österreich-Ungarn zu einem frühen Zeitpunkt der Krise ging man in Berlin bewusst ein enormes

Risiko ein. Man wollte die Krise zwischen Österreich-Ungarn und Serbien zum Testfall machen – im klaren Bewusstsein dafür, dass sich diese Krise zum Weltkrieg auswachsen konnte. Die deutsche Risikostrategie, es darauf ankommen zu lassen, wie weit Russland gehen würde und ob es zum Krieg letztlich bereit war oder nicht, traf zugleich auf die russisch-französische Bereitschaft, die Balkankrise zum Anlass für einen großen Konflikt zu machen. Die britische Position schließlich blieb zu lange zu unklar und nährte immer wieder widerstreitende Hoffnungen: auf eine britische Neutralität bei den Regierungen in Berlin und Wien oder eine Intervention in Paris und St. Petersburg. Diese Konstellation schränkte den Spielraum für eine Deeskalation der Krise im Gegensatz zu 1912/13 massiv ein.

Aber es gab weitere Faktoren, die über die unterschiedlichen Motivlagen der Akteure hinausgingen. Erst aus den Interaktionen zwischen ihnen ergab sich eine Dynamik, in der sich in der subjektiven Wahrnehmung die Handlungsspielräume immer mehr verengten:

(1) Der Krieg als Prinzip, als Szenario, als Möglichkeit war vor 1914 vielfach präsent. Aber Europa erlebte seit 1871 auch die längste anhaltende Friedensperiode seiner Geschichte, und allen imperialen Expansionen zum Trotz eskalierte keine der aus ihnen resultierenden Krisen zu einem großen europäischen Krieg. Eine einfache kausale Kontinuität von den außereuropäischen Konfliktzonen und der besonderen Gewalt in Kolonialkriegen zum August 1914 gab es nicht. Im Gegenteil bewies jede Krise, die vor 1914 erfolgreich eingedämmt wurde, dass das internationale System in der Lage war, Interessengegensätze und Machtkonflikte in den Kolonialräumen oder in den europäischen Peripherien wie auf dem Balkan zu lösen – doch gerade hier war auch der Preis für diese Deeskalation besonders erkennbar: Denn die Bereitschaft zum Kompromiss sank im gleichen Ausmaß, in dem die Regierungen ihr Prestige durch die Versuche der Einhegung von Kriegen beschädigt sahen. Diese Schwelle war spätestens mit den Balkankriegen für Österreich-Ungarn und Russland erreicht. In diesem Moment begann eine mögliche Vorgeschichte des großen Krieges.

(2) Ein weiterer Faktor war das Missverhältnis zwischen Kriegsszenarien und Kriegsplanungen einerseits und Kriegsvorbereitungen sowie Kriegszielen andererseits: Wohl existierten vor 1914 auf allen Seiten zahlreiche detaillierte Kriegsplanungen und Szenarien, mit denen die militärischen Experten auf einen Kriegsausbruch reagieren würden: der

deutsche Schlieffenplan, der französische Plan XVII, die russischen Aufmarschpläne für einen Angriff auf Ostpreußen und Galizien – aber eine präzise Definition von konkreten Kriegszielen und eine ihnen entsprechende Vorbereitung auf die Möglichkeit eines langen Krieges fehlte auf allen Seiten. Je detaillierter die militärischen Planungen sich vor 1914 entwickelten, je vehementer die Militärs auf die Eigenlogik und Eigendynamik von Rüstungen und Mobilmachungen verwiesen und damit einen Zeitdruck für anstehende Entscheidungen aufbauten, umso deutlicher fiel dieser Unterschied auf. Daraus resultierte eine Mischung aus weitgehender Konzeptionslosigkeit und einem Vakuum in den Entscheidungsprozessen selbst.[33]

Diese Uneindeutigkeit aber ließ Interpretationsspielräume zu, die wiederum Fehlentscheidungen begünstigten. Die in Berlin bis zum Schluss verbreitete Annahme, Großbritannien werde sich neutral verhalten, war vielleicht das wichtigste und folgenreichste Beispiel dafür. Die individuellen Reaktionen erwiesen sich immer wieder als höchst situativ, erratisch und damit unberechenbar. Erst vor diesem Hintergrund konnten die von den Militärs vorgetragenen operativen Handlungszwänge ein Eigengewicht erlangen, denn sie versprachen in einer Situation vielfältiger, auch einander widersprechender Informationen immerhin eine scheinbar rationale Handlungsgrundlage. Den deutschen Politikern und Militärs vor diesem Hintergrund – bei aller Verantwortung für die Krise des Juli 1914 – eine langfristige, ungebrochene Intention zum Angriffskrieg zu unterstellen, hieße, den beteiligten Akteuren eine Wahrnehmungsstärke und Handlungsrationalität zu unterstellen, die gerade in den entscheidenden Wochen, Tagen und Stunden fehlte. Die entscheidenden Phasen der Krise offenbarten weniger kühle Rationalität und Konsequenz, sondern vielmehr persönliche Überforderung.

(3) Paradox war, was man etwas zugespitzt ein asymmetrisches Risikomanagement nennen könnte. Während das Risiko eines Kriegsausbruchs durch die realen Kriegsmittel – von der Wehrpflicht und den Massenheeren bis zum Maschinengewehr und der enorm verstärkten Feuerkraft der Artillerie – bis zum Sommer 1914 begrenzt wurde, war das Risiko der Konsequenzen eines einmal ausgebrochenen Krieges umso größer. Aber das auf Gleichgewichtsvorstellungen beruhende Staatensystem setzte die Möglichkeit zum Krieg voraus, um glaubwürdig funktionieren zu können, so wie ohne das prinzipielle Mittel des Krieges als legitimes Mittel der

Politik staatliche Souveränität für die meisten Zeitgenossen nicht vorstellbar war. Eine supranationale Konzeption internationaler Sicherheit mit Aussicht auf konkrete Umsetzung war vor 1914 nicht erkennbar. All dies blendete aber die Folgen eines Krieges weitgehend aus.

(4) Schließlich ergab sich ein weiterer Aspekt im Blick auf den Charakter der internationalen Bündnisse und Absprachen. Die zeitgenössische Wahrnehmung wie auch die spätere Beurteilung durch die Historiker lief auf eine vor 1914 intensivierte Blockbildung zwischen Dreibund und sogenannter Triple Entente hinaus. Diese festen Allianzen hätten alternative Optionen immer weniger zugelassen und die Flexibilität des internationalen Systems eingeschränkt. Die bei deutschen Politikern und Militärs so prominente Furcht vor der „Einkreisung" verstärkte dieses Denken in den Kategorien der Zugehörigkeit zu vermeintlichen Bündnissystemen. Doch handelte es sich keinesfalls um kohärente Bündnisse, im Gegenteil. Die britischen Ententes mit Frankreich und Russland waren zunächst genau das: Verständigungen, die vor 1914 zwar auch militärische Kooperationen zuließen, aber nicht in kohärenten Offensivbündnissen mündeten. Im Sommer waren koloniale Krisenpunkte entschärft, aber eine Garantie für die Zukunft, zumal in Asien, war das nicht. Im Dreibund waren die Interessengegensätze zwischen der Habsburgermonarchie und Italien um die Irredenta offenkundig. Daher trug nicht die Verfestigung der Bündnissysteme vor 1914, sondern im Gegenteil die unabgeschlossene Blockbildung zur Kriseneskalation bei, weil davon wiederum ein Moment der Uneindeutigkeit und Unberechenbarkeit ausging.

In der Julikrise spekulierte man immer wieder über die Möglichkeit, die Bündnisse aufzubrechen und einzelne Akteure aus dem Konflikt herauszuhalten, so in der österreichischen Hoffnung auf Zurückhaltung Russlands bei Übergabe des Ultimatums an Serbien oder in der deutschen Hoffnung auf die britische Neutralität bei einem deutschen Angriff auf Frankreich über Belgien. Das aus der Hoffnung, bestimmte Großmächte aus dem Konflikt heraushalten zu können, abgeleitete Handeln führte aber erst recht dazu, dass diese Mächte sich in den Konflikt einschalteten. Das galt für Russland und mehr noch für Großbritannien. Gegenseitige Fehlwahrnehmungen und unklare Signale ließen das Kapital der Berechenbarkeit erodieren.

Trotz des hohen situativen Risikos, der Kriegsträchtigkeit der Konstellation im Sommer 1914, hätte eine erfolgreiche Krisenlösung auch ganz andere Entwicklungsperspektiven für die internationalen Beziehungen eröffnen können. Ein überzeugend starkes Bündnis zwischen Russland, Frankreich und Großbritannien hätte auf der Seite Deutschlands und Österreich-Ungarns auch die Kompromissbereitschaft verstärken können, und mit den außereuropäischen Kolonien existierten zugleich Räume, die für Kompensationen infrage kamen. Das mochte in der konkreten Situation von 1914 unwahrscheinlicher geworden sein, als es noch in den Krisen von 1911 bis 1913 gewesen war. Aber ausgeschlossen war es nicht. Auch hier erscheint es wesentlich, sich die relative Offenheit der historischen Situation nicht vorschnell vom historischen Ergebnis her verstellen zu lassen.[34]

(5) War der Krieg also absurd angesichts des Kontrasts zwischen Überplanung, Gewaltexplosion und schier unendlichen Mobilisierungsenergien auf der einen und dem Vakuum an Zielen und Vorbereitungen auf der anderen Seite? War er gar ironisch, weil sich schon hier das Ungleichgewicht von Erwartungen und Realitäten andeutete?[35] Absurdität und Ironie sind Kategorien, die sich vor allem aus der Retrospektive einstellen. Die Zeitgenossen selbst, zumal die politischen und militärischen Akteure, handelten unter dem Eindruck zahlreicher Informationen und vieler subjektiver Wahrnehmungen in immer kürzerer Frist. Ihre Folgerungen daraus mündeten häufig in Unterstellungen darüber, welche Pläne die Gegenseite verfolgte. Dabei dominierte das, was auch nachfolgende Historiker immer wieder getan haben: Auch die unmittelbaren Zeitgenossen operierten mit der unterstellten Rationalität der Gegenseite, mit Wirkungs- und Zielannahmen, setzten also Intentionen voraus, von denen man nicht wissen konnte, ob sie so zutrafen. Aus diesem diffusen Zusammenwirken von Ereignissen und Unterstellungen entstand im Juli 1914 eine eigene Realität, eine Wirklichkeit der subjektiv fortschreitend reduzierten Handlungsoptionen. Es gab im Sommer 1914 wohl immer wieder eine je eigene Logik und Rationalität einzelner Akteure im Blick auf das eigene Handeln. Aber immer wieder ließ dies die Abschätzung von Folgewirkungen und möglichen Wahrnehmungen dieser Handlungen bei anderen außer Acht.

(6) Alle Seiten und alle Akteure operierten mit der Möglichkeit des Krieges an sich, eines erwünschten oder befürchteten, jedenfalls eines imaginierten Krieges. Das aber war nicht der Krieg, der sich dann sehr rasch in der Wirklichkeit entfaltete, und nie zuvor fielen verbreitete Kriegsvorstellungen und Kriegswirklichkeiten so radikal auseinander wie nach dem 4. August 1914. Auch wenn sich seit 1900 die Wahrscheinlichkeit eines

größeren Konflikts zwischen den rivalisierenden, von innen und außen bedrohten multiethnischen Großreichen Russlands, der Doppelmonarchie und des Osmanischen Reiches im südöstlichen Europa erhöhte: Weder der Kriegsausbruch im Sommer 1914 noch die Eskalation des regionalen Konflikts in den europäischen und globalen Krieg waren determiniert. Andere Szenarien waren sehr wohl möglich. Das zu konstatieren heißt wiederum nicht, die besonderen Kennzeichen der Krise des Sommers 1914 und die spezifischen Ausgangslagen der einzelnen Staaten zu übersehen. Beides gehört zur Analyse dieser verdichteten historischen Situation.

Anders als in früheren Krisen kamen im Sommer 1914 weder die für die internationalen Beziehungen bis dahin charakteristische Flexibilität noch die Fähigkeit zum Kompromiss zum Tragen, auch wenn es einzelne Ansätze dazu bis zum Schluss gab, etwa in den Versuchen, die Krise mit einer Art von Strafexpedition, etwa einer zeitweisen Besetzung Belgrads zu lokalisieren und zugleich durch eine Konferenz der Großmächte die Krisenlösung zu internationalisieren. Aber zu diesem Zeitpunkt waren solche Handlungsoptionen bereits verbaut, weil sie in der Wahrnehmung zumal in Wien und St. Petersburg bereits mit einer Einbuße an Prestige verbunden gewesen wären. Hinzu traten die zunehmend reduzierten politischen Reaktionszeiten. Dies ging wesentlich auf das Drängen der Militärs zurück. Vor allem in Deutschland und Österreich fehlten letztlich starke politische Gegengewichte in den Regierungen und Parlamenten, um diese militärischen Eigenlogiken und Mechanismen noch einmal zu durchbrechen. Vor diesem Hintergrund gewannen subjektive Einschätzungen, auch Panikreaktionen, durch Überforderung hervorgerufene Widersprüche und Unklarheiten ein Eigengewicht, das nicht mehr korrigiert werden konnte, weil jede Suche nach Alternativoptionen in der Endphase der Krise als Schwäche erschien, als vergebene Chance schon am Beginn des Krieges – dafür aber wollte sich niemand später verantworten müssen.

(7) Hier wird eine vielleicht entscheidende Dimension erkennbar. Die Julikrise war eine exemplarische Vertrauenskrise. Als solche erschwerte sie den Umgang mit Sicherheitsrisiken und verhinderte selbst ein Minimum an Berechenbarkeit. Mit Niklas Luhmann kann man Vertrauen als Möglichkeit verstehen, Komplexität zu reduzieren, um damit Risiken besser kalkulieren zu können: Weil der Mensch nie alle Handlungen eines anderen einschätzen und lenken kann, und die perfekte Kontrolle des anderen unmöglich ist, entspricht es einer rationalen Strategie, dem anderen ab einem gewissen Punkt zu vertrauen und so einen Austausch

zwischen Akteuren zuzulassen, der die Eigenlogik von gegenseitigen Unterstellungen und Fehlwahrnehmungen durchbricht. Weil dieses Vertrauen aber in der Krise 1914 fehlte, gab es kein Regulativ für die durch immer mehr Akteure und Handlungsebenen zunehmende Komplexität und die Vielzahl von unterstellten Plänen und Zielen, welche die einzelnen Akteure überforderten. Das in bestimmten Momenten noch aufkeimende Vertrauen in Individuen im Sinne des englischen „trust", wie es zwischen den Monarchen oder auch zwischen einzelnen Politikern und Botschaftern aufschien, konnte den Mangel an Vertrauen auf Institutionen, an Systemvertrauen im Sinne von „confidence" nicht mehr kompensieren: Eine Grundkategorie politischer Ordnung versagte.[36] Als soziales Kapital, das es zu erhalten und vermehren galt, um nicht nur die Leistungsfähigkeit von Gesellschaften, sondern auch die der internationalen Beziehungen aufrechtzuerhalten, fiel diese Kategorie im Juli 1914 aus, und der Verlust dieses Vertrauenskapitals ließ sich auch nicht mehr ausgleichen. In dieser Krise zeigte sich, dass die Hauptbedingung von Vertrauenserfordernissen weniger im Fehlen von Macht, sondern im Fehlen von verlässlichen Informationen lag.[37]

Warum aber fehlte in dieser Krise das gegenseitige Vertrauen, das ein Minimum an Berechenbarkeit möglich gemacht hätte? Vertrauen setzt eine bestimmte Risikobereitschaft voraus, die wiederum die Fähigkeit bedingt, eine mögliche zukünftige Entwicklung abzuschätzen. Das Risiko der möglichen Folgen eines einmal ausgebrochenen Krieges schien vielen führenden Akteuren von 1914 offenkundig geringer als das Risiko, durch eine deeskalierte Krise einen internationalen Ansehensverlust zu erleiden. Vor diesem Hintergrund fehlte es an Vertrauen, weil die meisten Akteure fürchteten, man könne die Vertrauensvorleistung als Ausdruck einer geschwächten Position deuten. Dazu trug wesentlich das durch die vorherigen Konfliktsituationen enorm verstärkte Prestigedenken bei, das sich mit zunehmender Dauer der Krise immer mehr vom Attentat von Sarajewo als ursprünglichem Kern des Konflikts abkoppelte. In gewisser Weise war das der Preis für die früher gelungenen Deeskalationen in den Marokkokrisen und Balkankriegen. Die führenden Politiker und Militärs glaubten sich auf ihre eigene Stärke, wenn nicht Autonomie, auf die Überlegenheit der eigenen Pläne, Armeen und Waffen verlassen zu können, die vor allem von den deutschen Militärs angesichts der subjektiv wahrgenommenen internationalen „Einkreisung" stark betont wurde. Mit der Anwendung massiver Kriegsgewalt schien eine radikale Alternative zur Verfügung zu stehen, um der Komplexität der Konstellation zu entkommen. Schließlich verminderte der subjektiv wahrgenommene Zeit- und Problemdruck nach der Überschreitung bestimmter Krisenschwellen die Chancen, noch eine wirksame Vertrauensbasis zwischen den Akteuren herzustellen.

(8) In Robert Musils Roman „Der Mann ohne Eigenschaften" beschließt der Mathematiker Ulrich 1913, für ein Jahr „Urlaub vom Leben" zu nehmen. Doch sein Vater bewegt ihn, sich bei einem einflussreichen Beamten um eine Stelle zu bewerben. Es geht um die Vorbereitung eines Doppeljubiläums, des siebzigjährigen Thronjubiläums von Kaiser Franz Joseph und des dreißigsten Regierungsjahres Kaiser Wilhelms II. im Jahr 1918. Der Vorbereitungskreis nennt sich daher „Parallelaktion". An dieser Aufgabe aber scheitern im Roman alle Protagonisten, die nur noch spezialisierte Lebensbereiche vertreten, aber keine universelle Idee mehr finden, auf die sich alle einigen könnten. So scheiterten auch die Akteure im Sommer 1914 – Monarchen und Regierungschefs, Außenminister und Militärs – an konkurrierenden und widerstreitenden Handlungslogiken, an gegenseitigen Unterstellungen und Wahrnehmungen, die ihre eigene Realität schufen. Die Stabilität der internationalen Ordnung und die Friedenssicherung als übergreifende Ideen waren zu einem Deckmantel geworden, unter dem sich die Interessengegensätze nicht mehr ohne Prestigeverlust ausgleichen ließen, während sich die subjektive Wahrnehmung möglicher alternativer Wege aus der Krise immer mehr verengte. Robert Musil versuchte, die doppelte Dimension der Wirklichkeit seiner Gegenwart mit den Begriffen des Möglichkeits- und des Wirklichkeitssinns zu erfassen: „Wenn es aber Wirklichkeitssinn gibt [...] dann muss es auch etwas geben, das man Möglichkeitssinn nennen kann. Wer ihn besitzt, sagt beispielsweise nicht: Hier ist dies oder das geschehen, wird geschehen, muss geschehen; sondern er erfindet: Hier könnte, sollte oder müsste geschehn; und wenn man ihm von irgend etwas erklärt, dass es so sei, wie es sei, dann denkt er: Nun, es könnte wahrscheinlich auch anders sein. So ließe sich der Möglichkeitssinn geradezu als die Fähigkeit definieren, alles, was ebensogut sein könnte, zu denken und das, was ist, nicht wichtiger zu nehmen als das, was nicht ist."[38] In diesem Sinne fehlte den Akteuren in der Krise des Sommers 1914 beides: Ihr Wirklichkeitssinn wurde geprägt von eingeschränkten Perspektiven und speziellen Handlungszwängen, vom Denken in Zeitfenstern wie zumal bei den Militärs. Ihr Möglichkeitssinn aber war kein Denken in alternativen Szenarien, sondern äußerte sich als Unterstellung und negative Handlungslogik: Gegen

die der Gegenseite unterstellten Absichten musste man sich verteidigen. Um nicht von vornherein in eine schwache Position zu geraten, musste man auch immer wieder präventiv handeln. Das subjektive Selbstbild aller, angegriffen worden zu sein und sich auf legitime Art zu verteidigen, konnte die Spirale der Eskalation am Schluss nicht mehr stoppen.

V. Ausblick: Hermetische Logiken und Möglichkeitswissen

Als man einige Monate nach Kriegsausbruch, schon mitten im Krieg, in den Stehsatz-Regalen im Berliner Ullstein-Haus nach Blei suchte, fand sich dort der bereits gesetzte Leitartikel des Berliner Journalisten Arthur Bernstein für die „Berliner Morgenpost" vom 31. Juli 1914.[39] Wegen der Verkündung drohender Kriegsgefahr war er nicht veröffentlicht worden. Der Artikel analysierte klarsichtig die Situation mit dem Wissen eines gut informierten zeitgenössischen Journalisten ohne besonderes Geheimwissen von diplomatischen Akteuren, und er kam zu dem Schluss, dass die Prämissen der Kriegsbefürworter sämtlich falsch waren. Das Ergebnis würde ein europäischer Krieg mit weltweiten Konsequenzen und eine neuartige Verbindung von Krieg und Revolution sein: „Darum also im letzten Augenblick: Die Kriegshetzer verrechnen sich. Erstens: Es gibt keinen Dreibund. Italien macht nicht mit, jedenfalls nicht mit uns; wenn überhaupt, so stellt es sich auf die Seite der Entente. Zweitens: England bleibt nicht neutral, sondern steht Frankreich bei; entweder gleich oder erst in dem Augenblick, da Frankreich ernstlich gefährdet erscheint. England duldet auch nicht, dass deutsche Heeresteile durch Belgien marschieren, was ein seit 1907 allgemein bekannter strategischer Plan ist. Kämpft aber England gegen uns, so tritt die ganze englische Welt, insbesondere Amerika, gegen uns auf [...] Drittens: Japan greift Russland nicht an, wahrscheinlich aber uns in freundlicher Erinnerung an unser feindliches Dazwischentreten beim Frieden von Schimonoseki. Viertens: Die skandinavischen Staaten (unsere ‚germanischen' Brüder) werden uns verkaufen, was sie entbehren können, aber sonst sind sie uns nicht zugeneigt. Fünftens: Österreich-Ungarn ist militärisch kaum den Serben und Rumänen gewachsen. Wirtschaftlich kann es sich gerade drei bis fünf Jahre selbst durchhungern. Uns kann es nichts geben. Sechstens: Eine Revolution in Russland kommt höchstens erst dann, wenn die Russen unterlegen sind. Solange sie gegen Deutschland mit Erfolg kämpfen, ist an eine Revolution nicht zu denken."[40]

In den wesentlichen Punkten nahm diese Analyse die weiteren Entwicklungen zutreffend vorweg. Bernstein bewies, dass dieses Möglichkeitswissen vorhanden war. Liest man den Text vor dem Hintergrund der zeitgleich eskalierenden Krise, der politischen und militärischen Entscheidungsabläufe und der immer wieder konkurrierenden Handlungslogiken, dann offenbart er, wie hermetisch abgeschlossen diese Ebenen und Akteurskreise längst waren und wie sehr sich hier eine eigene, gleichsam imaginierte Wirklichkeit herausgebildet hatte, in der vermeintlich ausweglose Szenarien dominierten, in der solche klarsichtigen Analysen der Gesamtsituation und ein Denken in alternativen Abläufen nicht mehr möglich waren. Das machte den Krieg immer noch nicht zu einer Notwendigkeit, aber es erhöhte seine Wahrscheinlichkeit erheblich.

Anmerkungen

[1] Krieg-mobil, zitiert nach: *Bernd Ulrich, Jakob Vogel, Benjamin Ziemann* (Hrsg.), Untertan in Uniform. Militär und Militarismus im Kaiserreich 1871–1914. Quellen und Dokumente, Frankfurt a.M. 2001, 215–216.

[2] Die Argumentation und Darstellung folgt meinen Überlegungen in *Jörn Leonhard*, Die Büchse der Pandora. Geschichte des Ersten Weltkriegs, 5. Aufl., München 2014, Kap. II.3. und II.4. sowie III.1.

[3] Vgl. im Folgenden ebd., 48–74.

[4] *Madeleine Herren*, Hintertüren zur Macht. Internationalismus und modernisierungsorientierte Außenpolitik in Belgien, der Schweiz und den USA, München 2000, 18–51; dies., Internationale Organisationen seit 1865. Eine Globalgeschichte der internationalen Ordnung, Darmstadt 2009, 26–42.

[5] *Bernard Degen*, Basel im Zentrum der Friedensbewegung, in: ders., Heiko Haumann, Ueli Mäder, Sandrine Mayoraz, Laura Polexe, Frithjof Benjamin Schenk (Hrsg.), Gegen den Krieg. Der Basler Friedenskongress 1912 und seine Aktualität, Basel 2012, 30–41; *Bernard Degen*, Die europaweite Ausstrahlung des Kongresses, in: ebd., 142–149.

[6] *Georg Malkowsky* (Hrsg.), Die Pariser Weltausstellung in Wort und Bild, Berlin 1900, V.

[7] *Colmar von der Goltz*, Das Volk in Waffen. Ein Buch über Heerwesen und Kriegführung unserer Zeit, Berlin 1899, 424–429, zit. nach: Ulrich, Vogel, Ziemann (Hrsg.), Untertan in Uniform (Anm. 1), 202–203.

[8] *Panajotis Kondylis*, Theorie des Krieges. Clausewitz – Marx – Engels – Lenin, Stuttgart 1988, 119–121; [*Alfred Graf von Schlieffen*], Der Krieg in der Gegenwart, in: Deutsche Revue. Eine Monatsschrift 34 (1909), 13–24, 15, 18–19 und 24, zit. nach: Ulrich, Vogel, Ziemann (Hrsg.), Untertan in Uniform (Anm. 1), 193–195.

[9] *Herbert Spencer*, The Man versus the State, in: *ders.*, Political Writings, Cambridge 1994, 61–175, 170–172.

[10] *Johann von Bloch*, Der Krieg. Übersetzung des russischen Werkes des Autors: Der zukünftige Krieg in seiner technischen, volkswirtschaftlichen und politischen Bedeutung, 6 Bde., Berlin 1899, hier: Bd. 1, XV und XVII–XVIII; *James J. Sheehan*, Kontinent der Gewalt. Europas langer Weg zum Frieden, München 2008, 54–56.

[11] *Norman Angell*, The Great Illusion, A Study of the Relation of Military Power to National Advantage, 3. Aufl., London 1911, 40–43; *Sheehan*, Kontinent der Gewalt (Anm. 10), 58–60; *Martin Ceadel*, Living the Great Illusion. Sir Norman Angell, 1872–1967, Oxford 2009, 87–152.

[12] Vgl. im Folgenden *Leonhard*, Die Büchse der Pandora (Anm. 2), 74–82.

[13] *Wolfgang Kruse*, Imperialismus und Kriegspolitik, in: ders. (Hrsg.), Eine Welt von Feinden. Der Große Krieg 1914–1918, Frankfurt a.M. 1997, 11–54, 12–25.

[14] *Eckart Kehr*, Schlachtflottenbau und Parteipolitik, 1894–1901. Versuch eines Querschnitts durch die innenpolitischen, sozialen und ideologischen Voraussetzungen des deutschen Imperialismus, Berlin 1930, 445–448; *Volker Rolf Berghahn*, Der Tirpitz-Plan. Genesis und Verfall einer innenpolitischen Krisenstrategie unter Wilhelm II., Düsseldorf 1971, 129–157; *Hans-Ulrich Wehler*, Deutsche Gesellschaftsgeschichte, Bd. 3: Von der Deutschen Doppelrevolution bis zum Beginn des Ersten Weltkrieges 1849–1914, München 1995, 1152–1168.

[15] *William Mulligan*, The Origins of the First World War, Cambridge 2010, 175–176; *Kruse*, Imperialismus und Kriegspolitik (Anm. 13), 17–20.

[16] *Jakob Vogel*, Nationen im Gleichschritt. Der Kult der „Nation in Waffen" in Deutschland und Frankreich, 1871–1914, Göttingen 1997, 279.

[17] *Patrick Bahners*, System der Hellhörigkeiten. Die europäischen Mächte vor dem Ersten Weltkrieg, in: Frankfurter Allgemeine Zeitung 273 (1993), N5; *Friedrich Kießling*, Gegen den „großen Krieg"? Entspannung in den internationalen Beziehungen 1911–1914, München 2002, 324.

[18] *Jörg Fisch*, Europa zwischen Wachstum und Gleichheit 1850–1914, Stuttgart 2002, 351–359.

[19] *Jörn Leonhard, Ulrike von Hirschhausen*, Empires und Nationalstaaten im 19. Jahrhundert, 2. Aufl., Göttingen 2010.

[20] *Frederic Morton*, Thunder at Twilight. Vienna 1913/1914, Cambridge 2001; *Florian Illies*, 1913. Der Sommer des Jahrhunderts, 4. Aufl., Frankfurt a.M. 2012; *Charles Emmerson*, 1913. In Search of the World before the Great War, New York 2013.

[21] *Robert Musil*, Der Mann ohne Eigenschaften, Bd. 1: Erstes und Zweites Buch, Hamburg 1978, 476; *Philipp Blom*, Der taumelnde Kontinent. Europa 1900–1914, München 2008, 476.

[22] Vgl. im Folgenden *Leonhard*, Die Büchse der Pandora (Anm. 2), 83–127.

[23] *Josef Kohler*, Der Prozess gegen die Attentäter von Sarajewo, nach dem amtlichen Stenogramm der Gerichtsverhandlung aktenmäßig dargestellt, Berlin 1918, 158–159; *Peter Koerner* (Hrsg.), Der Erste Weltkrieg 1914–1918, Bd. 1: Vormarsch und Stellungskrieg, München 1968, 16–18; *Annika Mombauer*, Die Julikrise. Europas Weg in den Ersten Weltkrieg, München 2013, 32–33.

[24] *Lawrence Sondhaus*, Franz Conrad von Hötzendorf. Architekt der Apokalypse, Wien 2003, 140–142.

[25] *Christopher Clark*, The Sleepwalkers. How Europe Went to War in 1914, London 2012, 404–412.

[26] *Klaus Hildebrand*, Bethmann Hollweg – der Kanzler ohne Eigenschaften? Urteile der Geschichtsschreibung, Düsseldorf 1970, 30; *Wolfgang Justin Mommsen*, Die deutsche

Kriegszielpolitik 1914–18, in: Walter Laqueur, George L. Mosse (Hrsg.), Kriegsausbruch 1914, 2. Aufl., München 1972, 60–100, 283–297.

27 *Stefan Schmidt*, Frankreichs Außenpolitik in der Julikrise 1914. Ein Beitrag zur Geschichte des Ausbruchs des Ersten Weltkrieges, München 2009, 355–378; *Gerd Krumeich*, Aufrüstung und Innenpolitik in Frankreich vor dem Ersten Weltkrieg. Die Einführung der dreijährigen Dienstpflicht, Wiesbaden 1980, 219–271.

28 *Clark*, The Sleepwalkers (Anm. 25), 562.

29 Vgl. im Folgenden *Leonhard*, Die Büchse der Pandora (Anm. 2), 118–127.

30 *Clark*, The Sleepwalkers (Anm. 25), 555–562.

31 Zit. nach: *Mombauer*, Die Julikrise (Anm. 23), 10.

32 *Volker Ullrich*, Zündschnur und Pulverfass, in: Die Zeit 38 (2013), 53.

33 *Stig Förster*, Im Reich des Absurden: Die Ursachen des Ersten Weltkrieges, in: Bernd Wegner (Hrsg.), Wie Kriege entstehen. Zum historischen Hintergrund von Staatenkonflikten, Paderborn 2000, 217–252, 248–250; *ders.*, Vorgeschichte und Ursachen des Ersten Weltkrieges, in: Rainer Rother (Hrsg.), Der Weltkrieg 1914–1918. Ereignis und Erinnerung, Berlin 2004, 34–41, 41.

34 *Fisch*, Europa zwischen Wachstum und Gleichheit (Anm. 18), 358.

35 *Paul Fussell*, The Great War and Modern Memory. With a New Introduction by Jay Winter, Oxford 2013, 7; *Förster*, Vorgeschichte und Ursachen (Anm. 33), 41; *Roger Chickering*, Ein Krieg, der nicht vergehen will. Zur Frage des methodischen Fortschritts in der Historiographie des Ersten Weltkriegs, in: Sven Oliver Müller, Cornelius Torp (Hrsg.), Das Deutsche Kaiserreich in der Kontroverse, Göttingen 2009, 281–289, 283.

36 *Niklas Luhmann*, Vertrauen. Ein Mechanismus der Reduktion sozialer Komplexität, 3. Aufl., Stuttgart 1989, 1–8; *Adam B. Seligman*, The Problem of Trust, Princeton 2000, 169–175; *Ute Frevert*, Vertrauen – eine historische Spurensuche, in: dies. (Hrsg.), Vertrauen. Historische Annäherungen, Göttingen 2003, 7–66.

37 *Anthony Giddens*, Konsequenzen der Moderne, Frankfurt a.M. 1995, 48; *Martin Hartmann*, Einleitung, in: ders., Claus Offe (Hrsg.), Vertrauen. Die Grundlage des sozialen Zusammenhalts, Frankfurt a.M. 2001, 7–34, 15.

38 *Musil*, Der Mann ohne Eigenschaften (Anm. 21), Bd. 1, 16.

39 Vgl. im Folgenden *Leonhard*, Die Büchse der Pandora (Anm. 2), 105–106.

40 Zit. nach: *Peter de Mendelssohn*, Zeitungsstadt Berlin. Menschen und Mächte in der Geschichte der deutschen Presse, Berlin 1959, 253; *Emil Ludwig*, Juli 14. Vorabend zweier Weltkriege, Hamburg 1961, 97–98; *Kurt Koszyk*, Deutsche Pressepolitik im Ersten Weltkrieg, Düsseldorf 1968, 99.

Rudolf Jaun

Strategie, Taktik, Technologie: Wandel der Kriegführung 1914–1918

Der Erste Weltkrieg wurde sehr rasch nicht mehr so geführt, wie er angedacht und begonnen wurde. Ein mit Tempo geführter Bewegungskrieg versank im Westen wörtlich im Dreck des Grabenkrieges und an der Ostfront gab es zwar Bewegung und Schlachtensiege, aber vorerst keine definitiven militärischen Entscheidungen.[1]

Da der Krieg ganze vier Jahre dauerte, deutet dies darauf hin, dass sich der Zusammenhang von Strategie, Taktik und Technologie der Kriegführung grundlegend veränderte. Bei Kriegsbeginn wurde von den beteiligten Streitkräften angenommen, dass Taktik der Strategie folgt und die konkret ins Auge gefassten taktischen Vorgehensweisen der Kampfführung der Strategie zum Erfolg verhelfen würden.[2] Durch die waffentechnologische Entwicklung des 19. Jahrhunderts wurde dieser Zusammenhang jedoch grundsätzlich infrage gestellt.[3] Bereits um 1900 wurde die These formuliert, dass die Wirkung der Feuerwaffen derart angestiegen sei, dass ein Einbrechen in die gegnerischen Linien nicht mehr möglich geworden sei und damit ein Durchbruch der Front, eine anschließende Umfassung und allfällige Verfolgung und Vernichtung des Gegners unmöglich geworden sei. Das verteidigende Feuer und das angreifende Feuer werden sich immer wieder aufheben. Diese waffentechnologisch begründete These sollte sich zu mindestens für die Westfront bewahrheiten und eine Umkehrung des Verhältnisses von Mitteln und Zielen und von Strategie und Taktik bewirken. Die Taktik des Durchbruchversuchs verlangte derart viele Ressourcen an Waffen, Munition, Material, Versorgungsgüter und Truppen, dass diese Taktik die Strategie zu determinierten begann: Das taktische Vorgehen nötigte zu einer Strategie der Abnützung der Ressourcen des Gegners. Wer zuerst das Verhältnis der Ressourcenpotenziale mehrfach zu seinen Gunsten verändert hatte, gewann den Krieg.[4]

Dieser Beitrag macht sich zur Aufgabe, als Erstes zu erläutern, was militärische Taktik und Strategie im 19. und frühen 20. Jahrhundert benennen konnte, um dann den Wandel des Zusammenhangs von Strategie, Taktik und Technologie im Laufe des Ersten Weltkrieges am Beispiel der Westfront zu erörtern. Es wird gezeigt, mit welchen Waffen die Kriegführenden aufmarschierten, was diese zu leisten vermochten, wie sie eingesetzt wurden und weshalb sie dazu beitrugen, dass der Kampf nicht so geführt werden konnte, wie er angedacht war. Dann wird dargelegt, wie versucht wurde, den militärischen Durchbruch durch die erstarrten Fronten doch noch zu schaffen, und wie es dazu kam, dass sich das Verhältnis von Strategie und Taktik umkehrte. Sodann wird gezeigt, mit welchen alternativen Kampfverfahren und Technologien versucht wurde, den Gegner doch noch niederzuringen. Abschließend wird gezeigt, wie die Ressourcenüberlegenheit der Entente die ausgebrannten Streitkräfte der Mittelmächte zwang, den Kampf aufzugeben, und wie die militärischen Erfahrungen des Ersten Weltkrieges die Zukunft der Kampfführung beeinflussten.

I.   Strategie und Taktik

Die Militärtheorie des langen 19. Jahrhunderts arbeitete nach wie vor primär mit den im Ancien régime ausformulierten Kategorien Strategie und Taktik.[5] Die jeweilige Festlegung der militärischen Zielsetzung des Krieges im Rahmen der politischen Zwecksetzung des Krieges und der militärischen Zielsetzungen der Gesamtstreitkraft wurde als Strategie bezeichnet; die Ziele und Vorgehensweisen einzelner Kampfaktionen und die Aufstellung und Verwendung von Truppenverbänden als Taktik. Die Ausformulierung einer Strategie gab Auskunft, wie, wann und wo die großen Hauptgefechte, d. h. „Schlachten", geplant wurden und was damit in Bezug auf den Ausgang des Krieges bezweckt werden sollte. Sollte eine Offensive gegen einen Gegner lanciert werden? Sollte gewartet werden, bis der Gegner angreift, und in der Defensive der Erfolg gesucht werden?

Mit welchen Allianzpartnern sollte ein Krieg geführt werden? Sollten andere als rein militärische Kampfmittel ergriffen werden: Seeblockaden, Pressionen und Anstiftung zum Verrat, politische Regimewechsel usw.? Sollte ein Gegner aufgesucht, „geschlagen", aber nicht kampfunfähig gemacht werden, sodass innerhalb von Wochen, Monaten, Jahren mit einer neuen Schlacht zu rechnen war? Sollte ein Gegner nicht nur besiegt, sondern „vernichtet" werden, d. h. auf längere Zeit kampfunfähig gemacht werden? Dazu musste er nicht nur geschlagen, sondern verfolgt werden, seine Waffen weggenommen oder zerstört werden, seine Truppen gefangen, verjagt oder getötet werden.

Seit den Napoleonischen Kriegen wurde die Vernichtung eines Gegners mehr und mehr als ideales militärischen Kriegsziel wahrgenommen. Um 1914 galt dies als Standard, falls die vorhandenen Mittel an Personal und Waffen ein solches Vorgehen zuließen. Der militärische Terminus „Vernichtung" meinte die Aktionsunfähigkeitmachung der gegnerischen Streitkraft, nicht der Bevölkerung des Gegners. Repressalien gegen Zivile gab es, Vernichtung zielte jedoch auf das Funktionieren einer Streitkraft. In den Kolonialkriegen kam es zu massenweisen Erschießungen von widerständigen Bevölkerungsteilen. 1915 wurde mit dem Genozid an den Armeniern eine Schwelle überschritten und Großteile einer Ethnie, welche von der Türkei als Komplizen Russlands angesehen wurden, in den Tod geführt. Im Rahmen des strategischen und taktischen Denkens der europäischen Streitkräfte bedeutete Vernichtung die Kampfunfähigkeit des Gegners und die dazu notwendigen Kampfaktionen.

Mit Taktik wird die Aufstellung und Verschiebung von formalisierten Truppen sowie deren Kampfweise verstanden, insbesondere das Vorgehen gegen den Gegner.

Auch hier sind Angriff und Verteidigung die wichtigsten Kampfformen. Auch hier ist das ins Auge gefasste Ziel für das Vorgehen entscheidend: Sieg, d. h. Kampfaufgabe des Gegners oder Abwehr des Gegners und Weichen des Gegners. Oder einfach Verteidigung durch Sperren und Halten der eingenommenen Positionen im eigenen Territorium. Oder Binden des Gegners, damit er nicht anderswo seine Kräfte einsetzen kann, oder Verzögern, d. h. den Gegner für ein gewisse Zeit hinhalten, damit Zeit gewonnen werden kann, um sich z. B. besser zu gruppieren und aufzustellen. Das alles wurde bei allen Streitkräften generisch in den Exerzierreglementen und Weisungen festgelegt, während Jahren geübt und nach Ausbruch eines Krieges, situativ je nach Lagebeurteilung angewandt.

Welchen Einfluss hatte die technologische Entwicklung auf die taktischen Möglichkeiten, wie sie grundsätzlich gedacht und für möglich gehalten wurden? Welche Probleme der Kampfführung ergaben sich angesichts der rasanten technologischen Verbesserungen der Feuerwaffen seit dem letzten Drittel des 19. Jahrhunderts?

Um 1900 erreichten die Feuerwaffen eine Wirkung, die es kaum mehr möglich machten, an den Gegner ranzukommen und ihn mit einem Bajonett-Angriff in die Flucht zu schlagen. Wie kam es dazu? Im Laufe des 19. Jahrhunderts hatten sich Schusskadenz, Reichweite, Zerstörungswirkung und Trefferwartung der Feuerwaffen durch die infolge der Erfindung der Zündnadel möglich gemachte Hinterladung, Magazin-Mehrladung und Gradzug-Verschluss derart erhöht, dass eine Annäherung an die Positionen des Gegners und die Auslösung eines Bajonett-Angriffs praktisch unmöglich geworden war. Die waffentechnologischen „Verbesserungen" galten insbesondere auch für die Maschinengewehre und die Feldartillerie, welche nun über rückstoßfreie Schnellfeuerkanonen verfügte. Unter diesen Bedingungen war die Wahrscheinlichkeit eines schnellen taktischen Erfolgs nur noch durch eine kühne Umfassung oder einen verlustreichen Frontalangriff möglich. Mit einem ungebrochenen Angriffswillen sollte die Wirkungskraft der gegnerischen Waffen und der Kampfwille des Gegners überwunden werden. Ein von Männlichkeits- und Angriffskult geprägter Glaube an die Willenskraft von Soldaten und Führung sollte eine (erfolgreiche) Kampfführung überhaupt noch möglich machen.[6]

Dazu kamen eine Menge innovationsreifer Inventionen (Erfindungen), welche bereits zu Beginn des Krieges zur Verfügung standen oder während des Krieges bei den Truppen eingeführt wurden: Kampfflugzeuge, Motorwagen, Telefonie, Funk, Handgranaten, Stacheldraht usw. Auf der andern Seite des Lebenszyklus stand die Kavallerie: Als aufgesessene Schock- und Sturmwaffe nicht mehr verwendbar, wandelte sie sich zur berittenen Infanterie und zur Lieferantin von Zugpferden, die überall sehr gesucht waren, da die Verbrennungsmotoren noch schwach waren. Kanonen und Haubitzen waren durchwegs pferdebespannt. Noch immer sollte aber die Infanterie im Gefecht als Schützenlinie oder Schützenschwarm frontal angreifen und zusammen mit der indirekt aus verdeckten Stellungen schießenden Artillerie den Gegner durch Feuerüberlegenheit mittels Durchbruch oder Umfassung niederringen.

II. Deutscher Schlieffenplan und französischer Plan XVII: Großtaktik als Strategie

Welches war die strategische Situation für Deutschland und Frankreich vor dem Ersten Weltkrieg und welches waren die letzten Planungen, bevor es dann im August 1914 zum Krieg kam?

Es ist hier nicht möglich, auf die gesellschaftlichen, kulturellen und politischen Voraussetzungen der Kriegsbereitschaft der europäischen Nationen einzugehen. Möglich waren die Kriegsplanungen und die Auslösung des Krieges nur, weil es in den europäischen Gesellschaften eine außerordentliche „Kriegsorientierung" gab, welche die geschilderte Art der Kriegführung möglich machte, und Krieg als politisches Mittel notwendig und als legitim dargestellt werden konnte.[7] Aber auch, weil es ein gesellschaftlich getragenes Funktionssystem „Militär" gab, welches in den letzten beiden Jahrhunderten sehr ausgefeilte, differenzierte Vorgehensweisen der Kriegführung und die dazu notwendigen Waffensysteme entwickelt hatte.

Ich möchte dieses Funktionssystem die „militärische Kirche" nennen, die nicht übernational wie die Kirche der Katholiken organisiert war, aber transnational genotypisch identisch, phänotypisch aber national differenziert. Alle bildeten Truppen nach dem gleichen Muster und gliederten sie ähnlich, kannten Kommandolinie und Stabsorganisation, exerzierten ähnlich und unterschieden Infanterie, Artillerie und Kavallerie, teilten die Streitkräfte in Divisionen und fassten sie in Armeekorps und Armeen zusammen.

Für Deutschland stellte sich die militärstrategische Lage seit den 1890er-Jahren so dar: Frankreich und Russland waren militärisch miteinander verbündet. Deutschland musste also mit zwei Kriegsfronten rechnen. Dies hatte zwar den Vorteil, dass die beiden Allianzpartner ihre Kräfte nicht zusammenlegen und so eine erdrückende Überlegenheit bilden konnten. Aber sie konnten zeitgleich angreifen und so die deutschen Kräfte aufsplittern.

An zwei Fronten strategisch zu verteidigen war heikel, weil die Gegner bei einem deutschen, mit vielen Verlusten erkauften Abwehrerfolg an der anderen Front wieder mit aller Kraft angreifen konnten. Die strategische Lösung dieses Dilemmas des berühmten Generals Schlieffen war die: Die gesamthaft quantitativ und qualitativ unterlegenen deutschen Gesamtkräfte zuerst siegreich gegen das leicht unterlegene Frankreich werfen und dann gegen das in der Mobilmachung und im Aufmarsch langsamere Russland losschlagen und dieses auch besiegen. Frankreichs Streitkräfte mussten also schnell und vernichtend geschlagen werden.[8]

Frankreichs Armee durfte nach der Niederlage nicht innert Wochen und Monaten wieder kampfbereit sein, sonst hätten von der russischen Front wieder Truppen abgezogen werden müssen: Die französische Armee musste vernichtet werden, so das strategische Teilziel.

Wie sollte nun Frankreich niedergeworfen werden? Damit sind wir bei der Festlegung der Taktik, der Aufstellung und des Vorgehens der strategisch offensiven Truppen. *Schlieffen* war ein unbedingter Anhänger des Bewegungskrieges und der Umfassung des Gegners. Dies hatte seine Gründe auch in der Entwicklung der Waffentechnologie, die einen Frontalaufmarsch wenig erfolgreich erscheinen ließ, wie weiter oben gezeigt wurde.

Schlieffen entwickelte das Konzept, Frankreich *über Belgien überfallmäßig mit Tempo* und mit einem überstarken rechten Flügel anzugreifen; in einer Serie von Schlachten zu besiegen, Richtung Schweizer Grenze zu drücken und dann zu vernichten, d. h., für weitere Kämpfe unfähig zu machen. Dann sollten die Truppen auf der inneren Linie per Bahn an den russischen Kriegsschauplatz geführt werden.

Folgende Randbedingungen sind hier von Belang: die belgische Neutralität musste verletzt werden, sonst wäre der gigantische Aufmarsch gegen Frankreich nicht möglich gewesen. Schlieffen wollte eine Zeitlang auch die Niederlande ins Aufmarschgebiet einbeziehen. Die belgischen Eisenbahnknotenpunkte der riesigen Drehbewegung Brüssel, Lüttich, Namur, Dinant mussten rasch in deutscher Hand sein, um die Truppen durchzuschleusen. Es stellte sich die Frage, ob rechts, d. h. nordwestlich von Paris, oder links, d. h. südöstlich an Paris, vorbei vorzustoßen sei. Solange Schlieffen deutscher Generalstabschef war, wurde dies in jährlichen Generalstabreisen, Übungen und Anpassungen der Aufmarschpläne in beiden Varianten durchgespielt. Sein Nachfolger Moltke d. J. machte dann einige Abänderungen des Planes, bevor er dann im August 1914 den Plan wirklich umsetzte: Die Westarmee wurde zugunsten der Ostarmee geschwächt, da die Russen bei der Rüstung und den Aufmarschlinien aufgeholt hatten. Im Westen wurde der rechte Flügel zugunsten des linken Flügels geschwächt, da durchgesickert war, die Franzosen könnten dort massiv angreifen.

Dieser sogenannte Moltkeplan war also nicht identisch mit dem Schlieffenplan, aber die strategische Grundüberlegung war identisch und die taktischen Abänderungen von Bedeutung. Bei genauerem Hinschauen muss auffallen, dass die deutsche, rein militärische Strategie mindestens 1914 nicht mit einem Kriegszweck verbunden war: außer einfach auf taktischer und damit zugleich strategischer Ebene zu siegen und dann mal zu schauen, wie dies außen- und innenpolitisch ausgemünzt werden konnte. Eine politisch-militärische Gesamtstrategie gab es nicht und eigentlich war auch die Militärstrategie ein großtaktischer Ansatz von Einkesselung, Vernichtung, Verschiebung auf der innern Linie und nochmals Umfassung und Vernichtung.[9]

Das alles war höchst riskant: sowohl strategisch wie taktisch offensiv, keine strategische Reservebildung, eher Überstrapazierung der militärischen Mittel und absolut kein Spielraum für politische Lösungen. Wurde die Mobilmachung für den Moltkeplan 1914 einmal ausgelöst, gab es keine Stunde des Hinhaltens und Verhandelns mehr, die Truppen mussten durch Belgien durch und Frankreich überrascht werden.

Was planten nun die Franzosen? Nach der Niederlage von 1870/71 sehr lange eine strategische Defensive. Die Franzosen waren der festen Überzeugung, dass nur mit den aktiven Truppen, die gerade ihren zwei- oder dreijährigen obligatorischen Wehrdienst leisteten, an die Front gezogen werden konnte, während sie die Reserveformationen nicht für fronttauglich hielten. 1910/11 wechselte der französische Generalstab unter General Joffre aber auf die strategische Offensive, d. h. den Plan XVII: Deutschland sollte im Kriegsfall angegriffen und im eigenen Land besiegt werden.[10]

Wie für Deutschland stellte sich für Frankreich das Problem des Aufmarsches. Der Raum im Elsass und in Lothringen war zu eng: die Vogesen und die Cevennen standen im Weg. So forderte Joffre ebenfalls einen Aufmarsch über Belgien und damit die Verletzung der belgischen Neutralität. Da spielte aber die französische Regierung nicht mit, die in militärischen Dingen viel mehr zu sagen hatte als die deutsche. Man wollte es sich mit den Engländern, mit denen man sich eben in der Entente gefunden hatte, nicht verderben und das zugesicherte englische Expeditionskorps von 150'000 erfahrenen Berufssoldaten nicht aufs Spiel setzen. Joffre blieb aber bei der vor allem taktisch ausgerichteten „offensive à outrance" und fasste ins Auge, den linken Flügel der Deutschen einzurennen und so allenfalls einen Durchbruch an den Rhein zu erzielen.

Der französische Generalstab war über den Schlieffen- sowie den Molt-keplan nur indirekt im Bilde, weil er beobachtete, wie die Eisenbahnlinien für den Aufmarsch über Belgien von den Deutschen ausgebaut wurden. Große Hoffnungen hatte die französische Armeeführung auf die Russen, deren Aufmarschlinien gegen Deutschland sie auszubauen mithalfen. Sie bedrängte die Russen, nicht zu viele Kräfte gegen Österreich-Ungarn vorzusehen, sondern die Armee des deutschen Kaiserreiches möglichst schnell zu bedrängen und hinzuhalten und so die Franzosen zu entlasten.

Weshalb wechselten auch die Franzosen auf eine taktische und strate-gische „offensive à outrance", d. h. Angriff bis zum Exzess? Es waren im Wesentlichen die oben geschilderten waffentechnologischen Innovationen und die Herausforderungen der Taktik und des Kampfverfahrens und die Gewissheit, dass Deutschland strategisch und taktisch angriffsweise vorgehen würde. Mit letztem Kampfwillen sollte der Kampf durchge-halten und der angreifende Gegner so massiv deroutiert werden, dass er überwunden werden konnte.[11]

Die geplanten und auch ausgelösten Vorgehensweisen zeitigten auf beiden Seiten wie erwartet hohe Verluste, aber den Deutschen gelang es beinahe, wie 1870 den Gefechtserfolg zu erringen, wäre der westliche Teil der Massenarmee durch den Entschluss, östlich an Paris vorbei durch-zustoßen, gegenüber den Franzosen nicht in eine Lage geraten, welche die Frontlinie aufriss und es den Briten und Franzosen erlaubte, in die aufgegangene Lücke zu stoßen und deutsche Heeresteile auf den Flanken zu bedrohen. Die desorientierte deutsche Heeresführung entschloss sich darauf, die Front zurückzunehmen. Dies bedeutete an der Westfront das Ende des Bewegungskrieges, da die Versuche, in einem Wettlauf an die Nordsee es beiden Seiten nicht gelang, den Gegner auszuflanken und zu umfassen. Beide Seiten begannen sich einzugraben und den Kampf aus geschützten Stellungen weiterzuführen. Die Gräben waren in die Erde versenkte Befestigungen, welche die Truppen wirksam vor Feuer schütz-ten. Die Verlustzahlen pro Kampftag sanken. Die Kampfführung wurde vorerst auf Belagerung und Abnützung umgestellt.[12]

III. Grabenkrieg und Durchbruchsversuche

Die Reduktion der militärischen Strategie des Schlieffenplanes und des Plans XVII auf ein großtaktisches Vorgehen war nicht aufgegangen. Die offensive Strategie und die Angriffstaktik hatten ein Fiasko erlitten. Ein Opting-out aus dem Krieg an der Westfront war aus politischen, vor allem innenpolitischen Gründen nicht möglich. Militärisch war die nächste Phase des Krieges an der Westfront durch Belagerungen und Durchbruchsversuche gekennzeichnet.[13] Aber auch die großen Durchbruchsversuche des Jahres 1916 der Deutschen in Verdun und der Entente an der Somme scheiterten. Insbesondere der deutsche Angriff bei Verdun wurde während der Schlacht mit dem angeblichen Ziel, die Franzosen auszubluten, zur Abnützungsschlacht umgedeutet. Auch die Franzosen begannen damit den Gegner abzunützen.

Der Versuch, mittels Großoffensiven einen taktischen Frontdurchbruch zu erzielen und in einen strategischen Sieg auszumünzen, machte die Ressourcenproduktion zum strategischen Faktor. Die Großoffensiven wurden durch tagelangen artilleristischen Beschuss auf die gegnerischen Feldbefestigungen eingeleitet. Die Artillerie sollte erobern und die Infanterie besetzen, was eine Umkehrung des gewohnten taktischen Vorgehens bedeutete. Das ressourcenintensive, taktische Kalkül der Großoffensiven begann die Gesamtstrategie der Kriegführung zu determinieren. Eine Großoffensive konnte nur mit einem enormen Ressourcenaufwand betrieben werden, welcher größte Auswirkungen auf die Ökonomie und die Gesellschaft an der Heimfront hatte. Insbesondere die Munitionsproduktion, aber auch die Waffenproduktion und die Versorgung der laufend nachrekrutierten Truppen stiegen ins Gigantische. Die Industrieproduktion wurde zunehmend staatlich reguliert, die Agrarproduktion auf die Versorgung der Millionenheere ausgerichtet. Der Durchhaltewille der Kriegsnationen wurde durch psychologische Kriegführung zu unterminieren versucht. Zur Finanzierung wurden laufend neue Kriegsanleihen aufgelegt.

IV. Grabenkrieg und Durchbruchsversuche führen zum Abnützungskrieg

Der Ausgang des Krieges zwischen der Entente und den Mittelmächten begann sich auf die Ebene der nationalen Kriegsgesellschaften zu verlagern. Die Koalition, welche mehr Kriegsressourcen zu mobilisieren vermochte, hatte die Aussicht, den Krieg zu gewinnen. Dies führte nach 1917 zu einer Totalisierung der Kriegführung, welche die Lebensbedingungen der Kriegsgesellschaften gravierend verschlechterte. Die Beeinflussung der öffentlichen Meinung und der Stimmungslage der Kriegsgesellschaften, aber auch der Truppen an den Fronten löste eine Verstärkung der psychologischen Kriegführung aus. Zur Diffamierung des Gegners und der Legitimation der eigenen Kriegsanstrengungen kamen die Appelle, bis zum Sieg durchzuhalten, hinzu.[14]

Nach dem Kriegseintritt der USA 1917 hatten die Alliierten den Vorteil, über eine strategische Reserve zu verfügen und mit dem Einsatz der amerikanischen Truppen ab 1918 den kriegsmüden Truppen und Gesellschaften Frankreichs und Großbritanniens das Durchhalten bis zum Enderfolg zu erleichtern. Neben dem Wettlauf um die Ressourcenüberlegenheit sind eine mit Verve betriebene Erneuerung der Kampfverfahren und der Einsatz neuer Waffentechnologien zu beobachten.

Dort, wo die Ressourcen verbrannt wurden, d. h. an den Fronten, herrschte alles andere als technologischer und taktischer Stillstand.[15] Für beide Seiten ging es darum, einen Einbruch in die Frontlinien möglich zu machen und zu raumgreifenden Kampfverfahren zu gelangen, welche die Chance auf einen Frontdurchbruch eröffneten, aber auch darum, die Verteidigung bei Ressourcenknappheit effizienter zu machen.

V. Alternative Kampfverfahren und technologische Innovationen

Als Vorreiter alternativer Kampfverfahren gilt das deutsche Heer. Unter der Bezeichnung Stoßtrupptaktik entwickelten Spezialeinheiten (Sturmbataillone) des deutschen Heeres zum Teil an der Ostfront, zum Teil an Nebenfrontabschnitten wie im Elsass ein Verfahren, dass die frontale Feuerkonfrontation überwinden sollte. Stoßtrupps rücken unter der Leitung von Unteroffizieren und Subalternoffizieren dicht hinter einer massiven Feuerwalze der eigenen Artillerie Richtung Gegner vor und versuchen die erste gegnerische Linie teilweise aufzureiben, zu infiltrieren und durcheinanderzubringen, um gleich unter Umgehung gegnerischer Kräfte weiterzustoßen,[16] um darauf mit massierten Stoßtrupps nachzustoßen und zu versuchen, den Gegner zu unterwerfen und in die Flucht zu schlagen. Dazu brauchten diese Infanterieformationen so etwas wie eine eigene leichte Artillerie, die sie selbst individuell mitführen konnten. Dies führte zur Entwicklung von Minen- und Flammenwerfern, Infanteriegeschützen und zum systematischen Einsatz von Handgranaten. Die Stoßtrupps hatten selbstständig, ohne ständige Befehle von oben zu agieren und die sich eröffnenden Chancen des Kampfes auszunutzen, dies galt auch für nachrückende Bataillone. Gegenangriffe waren sofort zurückzuschlagen und das gewonnene Terrain sollte gehalten werden, zeitigte aber oft hohe Verluste. Dieses Vorgehen führte zu Erfolgen, die einen Einbruch, sogar tiefen Einbruch in die feindliche Linie erlaubten, aber nicht zum Durchbruch durch die feindliche Front. Dies lag allerdings mehr daran, dass nur schon Maschinengewehre und schwere Waffen sowie Versorgung nicht schnell genug nachgeführt werden konnten oder zunehmend nicht mehr vorhanden waren. Nach der gescheiterten Frühjahresoffensive der Deutschen 1918 fehlten immer mehr die notwendigen Mannschaften, um die vorhandenen Waffen und Geräte nachzuführen und zu bedienen. So vermochten die Deutschen zwar den alliierten Truppen immer noch Widerstand zu bieten, verloren aber immer mehr an Kampfkraft, auch weil ein innerer Zersetzungsprozess bei der Truppe einsetzte und die deutschen Streitkräfte zur ausgebrannten Schlacke werden ließ, die nicht mehr fähig war, den Vormarsch der Alliierten aufzuhalten, obwohl sie immer noch in Belgien und Frankreich stand, als am 11. November 1918 der von den Deutschen nachgesuchte Waffenstillstand ausgerufen wurde.[17]

VI. Panzerfahrzeuge und Kampfflugzeuge: Technologien des Frontdurchbruchs?

Militärflugzeuge gab es seit der Jahrhundertwende, und einzelne Streitkräfte wie die französischen bauten bereits vor dem Ersten Weltkrieg eine Systemflotte auf, während bei anderen Streitkräften wie der deutschen die dem Militär zur Verfügung stehenden Flugzeuge nicht diesen Stellenwert hatten. Verwendet wurden die Militärflugzeuge zusammen mit Fesselballonen zu Beginn des Krieges fast ausschließlich als Plattformen für die Beobachtung der Feuerwirkung der Artillerie. Es gab allerdings erste Bombardements mit sehr wenig Wirkung. Die Flugzeuge bekämpften sich aber zunehmend gegenseitig im Luftkampf und neben improvisierter Fliegerabwehr mit Infanteriewaffen und leichten Kanonen wurden eigentliche Fliegerabwehrgeschütze entwickelt und zum Einsatz gebracht.

Im Gegensatz zu den Militärflugzeugen gab es zu Beginn des Krieges keine Panzerkampfwagen, da eine bewegliche Kampfführung mit Infanterie und Artillerie immer noch für möglich gehalten wurde. Die Infanterie auf geschützte Motorwagen zu setzen und unwiderstehlich vorwärts fahren zu sehen, war angesichts des Grabenkrieges eine verlockende Idee. Die Versuche, zweiachsige, motorgetriebene Fahrgestelle zu panzern und die gegnerischen Maschinengewehr-Nester zu überfahren, scheiterten, da sie zu wenig schnell und zu reparaturanfällig waren und einfach abgeschossen werden konnten. Mehr Potenzial hatten die sogenannten Tanks, welche den für die Wasserversorgung an der vordersten Front nachgebildeten Fahrzeugen auf Raupen nachgebildet wurden. Insbesondere die britische und die französische Armee entwickelten eigentliche Panzerkampfwagen, welche, nachdem sie 1917 an der Somme erstmals zum Einsatz gekommen waren, laufend weiterentwickelt wurden. Die deutsche Armee kam über einen sehr primitiven Radpanzer nicht hinaus und verlegte sich mehr auf die Wiederherstellung von britischen Beutepanzern, die zusammen mit der Infanterie in spärlicher Weise eingesetzt wurden.

Auch die britischen und französischen Panzerkampfwagen waren höchst schadenanfällig; die Antriebsmotoren waren schwach und der Einsatz anspruchsvoll, zumal die Panzer einfach abgefackelt werden konnten und die Mannschaften elendiglich verbrannten. Bei Cambrai gelang den britischen Panzern 1917 erstmals ein erfolgreicher Einbruch in die gegnerische Front, aber auch hier konnte der Einbruch durch einen massiven Feuerschlag der deutschen Artillerie zurückgeschlagen werden. Was die Maschinengewehr-Nester bei den infanteristischen Durchbrüchen waren, war die massierte Artillerie bei den mechanisierten Einbrüchen in die Front.[18]

In der Endphase des Krieges 1918 entwickelten jedoch die alliierten Flugzeuge und Panzer eine nicht zu unterschätzende Kampfkraft, der die Mittelmächte nichts entgegenzusetzen hatten, so 1918 bei Amiens. Insbesondere der zeitgleiche Einsatz der beiden Kampfmaschinen ließ eine neue Gefechtstechnik und Taktik erkennen: Kampf der verbundenen Waffen. Nach dem Ersten Weltkrieg wurde dies eines der großen Themen der Taktikentwicklung.

Eine weitere kampftechnische Innovation des Ersten Weltkrieges war die Anwendung von Kampfgasen. Die direkte Anwendung erwies sich jedoch als risikoreich, weil die aus Kanistern freigesetzten Gase sich bei wechselnden Windverhältnissen auf die „falsche Seite" entwickeln konnten oder bei einer Ausbreitung auf die „richtige Seite" die Möglichkeiten des Vorrückens und der Lähmung des Gegners nicht richtig erkannt wurden. Gasgranaten wurden jedoch insbesondere von der deutschen Artillerie in hoher Zahl verschossen. Die Entwicklung von Gasmasken und die Produktion von Kampfgasen gehörten zu den umstrittensten technologischen Innovationen des Ersten Weltkrieges. Sie wurden zwar nach dem Krieg weiterhin produziert, kamen aber im Zweiten Weltkrieg nicht zum Einsatz.[19]

VII. Erster Weltkrieg: Versuchslabor der Kampfführung für den Zweiten Weltkrieg?

Eigentlich könnte das Fragezeichen weggelassen werden. Der Erste Weltkrieg war das Versuchslabor für den Zweiten Weltkrieg sowohl für die Waffentechnologie wie für die Kampfverfahren aller Stufen. Der Erste Weltkrieg war auch der transnationale Erfahrungsraum der Generalität des Zweiten Weltkrieges, welche den Ersten Weltkrieg in subalternen, kampfnahen Positionen erlebt hatte. Viele waren an den neuen taktischen Lösungen beteiligt und konnten im Zweiten Weltkrieg nun „operativ", in die räumliche Tiefe gedachte Ansätze der verbundenen Waffen erproben.

Bei der Infanterie war an eine Rückkehr zur linearen Vorgehensweise wie vor dem Krieg nicht zu denken. Eine in die Tiefe und Fläche gestaffelte Aufstellung und die Ausrüstung mit schweren Infanteriewaffen wie Minenwerfer und Infanteriekanonen wurden zur Norm.

Am interessantesten ist die Weiterentwicklung des Einsatzes von Panzern. Es stellte sich die grundsätzliche Frage, ob Panzer als Infanteriebegleitwaffen oder eigenständig en bloc eingesetzt werden sollten. In Frankreich, welches bereits während des Krieges leichte Panzer eingesetzt hatte, wurden die Panzerkampfwagen als Infanteriebegleitwaffe in die Infanterieverbände integriert. In Großbritannien wurde intensiv mit Panzerverbänden experimentiert, schlussendlich aber auf die Bildung von Panzerverbänden verzichtet und mit dem Aufbau einer strategischen Bomberflotte für den Einsatz auf dem Kontinent der Vorzug gegeben.

Dagegen wurden in der Sowjetunion und auch in Deutschland Konzepte für in die Tiefe gestaffelte Offensivaktionen mit Panzerangriffen als Speerspitze entwickelt. In der Sowjetunion führte dies zum Konzept der *deep battle* sowohl beim Angriff wie bei der Verteidigung, in Deutschland zum Konzept der massierten Verwendung von Panzern in eigenständigen Panzerverbänden, welche den Angriffskräften vorauseilen sollten. In

Deutschland und in der Sowjetunion wurde der Kampf der verbundenen Waffen mit Kampfflugzeugen, Fallschirmjägern, Panzern und motorisierten Schützendivisionen bis in die Tiefe von 200 bis 300 Kilometern perfektioniert und später auch innoviert und angewendet.[20]

Ganz anders wurde vom französischen Militär auf die Erfahrungen des Ersten Weltkrieges reagiert. Die enormen Verluste und die gescheiterten Durchbruchsversuche führten dort zu einem Kampfverfahren, welches unnütze Verluste an Menschen und vergebliche Terraingewinne vermeiden sollte. Es wurde ein – *bataille conduite* – „geführte Schlacht" genanntes Vorgehen entwickelt, welches sich durch ein systematisches Vorgehen mit gemischten Infanterie- oder Panzerverbänden auszeichnete. Taktgeber blieben aber die verbundene Artillerie und Infanterie. *Step by step* sollte aus gesicherten Stellungen heraus der Gegner bezwungen werden. Immer noch wurde an die Dominanz des kombinierten Artillerie- und Infanteriefeuers geglaubt und eine Rückkehr der beweglichen Gefechtsführung nicht für möglich gehalten.[21]

Das Verhältnis von Strategie, Taktik und Technologie während des Ersten Weltkriegs zeigt ein janusköpfiges Gesicht. Das Scheitern der 1914 angewandten Konzepte der Kampfführung legte das Risiko der Missachtung des technologischen Standes der Feuerwaffen und der Reduktion der Strategie auf Taktik offen und führte im Laufe des Krieges zu einer Verkehrung des Verhältnisses von Strategie und Taktik. Die taktisch angelegten Durchbruchsversuche führten zur Strategie der Ressourcenüberlegenheit und in den beiden letzten Kriegsjahren zu Ansätzen totaler Kriegführung. In der zwölften und letzten Isonzoschlacht (Caporetto) und während der finalen Offensive der Allierten 1918 zeigten sich jedoch Ansätze einer beweglichen Kampfführung und einer Vorgehensweise mit verbundenen Waffen, welche während des Ersten Weltkriegs technologisch weiterentwickelt worden waren. Die Versuche, den Krieg durch einen Ressourcenkampf zu entscheiden, hatten jedoch zu einem Tiefpunkt in der militärischen Kampfführung geführt: der sinnlosen Aufopferung von Menschen und Gütern, welche die Zivilbevölkerung in den Krieg miteinbezog und sie größten Entbehrungen aussetzte.

Zugleich wurden während des Ersten Weltkriegs von den Armeeführungen Ansätze einer technologisch induzierten mobilen Kampfführung entwickelt, welche schnelle militärische Entscheide erlauben sollten, aber alles andere als davor gefeit waren, durch totalitäre Regimes missbraucht zu werden.

66

Anmerkungen

1 Allgemein zur Krieg- und Kampfführung während des Ersten Weltkriegs siehe: *Gerhard Hirschfeld, Gerd Krumeich, Irina Renz* (Hrsg.), Enzyklopädie Erster Weltkrieg, 2. Aufl., Paderborn 2004; *John Horne* (Hrsg.), A Companion to World War I, Chichester 2010; *Jay Winter* (Hrsg.), The Cambridge History of the First World War, 3 Bde., Cambridge 2013; *François Cochet*, La Grande Guerre. Fin d'un monde, début d'un siècle, Paris 2014.

2 *Dennis E. Showalter*, 'It All Goes Wrong!': German, French and British Approaches to Mastering the Western Front, in: Pierre Purseigle (Hrsg.), Warfare and Belligerence. Perspectives in First World War Studies, Leiden 2005, 39–72 (History of Warfare, Bd. 30).

3 *Dennis E. Showalter*, Mass Warfare and the Impact of Technology, in: Roger Chickering, Stig Förster (Hrsg.), Great War, Total War. Combat and Mobilization on the Western Front, 1914–1918, Cambridge 2000, 73–94.

4 *Hew Strachan*, From Cabinet War to Total War: The Perspective of Military Doctrine, 1861–1918, in: Roger Chickering, Stig Förster (Hrsg.), Great War, Total War (Anm. 3), 19–33.

5 Während des Ersten Weltkriegs wurde angesichts des massiven Aufwandes zur Herbeiführung von Ressourcen für den gesamten Prozess des taktischen Vorgehens der Terminus „Operation" immer mehr verwendet.

6 *Michael Howard*, Men against Fire: The Doctrine of the Offensive in 1914, in: Peter Paret (Hrsg.), Makers of Modern Strategy from Machiavelli to the Nuclear Age, Princeton 1986, 510–526; *Jack Snyder*, The Ideology of the Offensive. Military Decision Making and the Disasters of 1914, Ithaca 1984.

7 *Niklaus Meier*, Warum Krieg? Die Sinndeutung des Krieges in der deutschen Militärelite 1871–1945, Paderborn 2012; *Jost Dülffer, Karl Holl* (Hrsg.), Bereit zum Krieg. Kriegsmentalität im wilhelminischen Deutschland 1890–1914. Beiträge zur historischen Friedensforschung, Göttingen 1986; *Wolfgang J. Mommsen*, Der Topos vom unvermeidlichen Krieg: Außenpolitik und öffentliche Meinung im Deutschen Reich im letzten Jahrzehnt vor 1914, in: *ders.*, Der autoritäre Nationalstaat. Verfassung, Gesellschaft und Kultur des deutschen Kaiserreiches, Frankfurt a.M. 1990, 380–406; *Philippe Soulez* (Hrsg.), Les philosophes et la guerre de 14, Saint-Denis 1988; *Christophe Prochasson, Anne Rasmussen*, Au nom de la patrie. Les intellectuels et la première guerre mondiale (1910–1919), Paris 1996.

8 *Hans Ehlert, Michael Epkenhans, Gerhard P. Groß* (Hrsg.), Der Schlieffenplan. Analysen und Dokumente, Paderborn 2006.

9 *Dennis E. Showalter*, German Grand Strategy: A Contradiction in Terms?, in: Militärgeschichtliche Zeitschrift 48 (1990), 65–102.

10 *Robert A. Dougthy*, Pyrrhic Victory. French Strategy and Operations in the Great War, Cambridge 2005; *Azar Gat*, The Cult of the Offensive: The Sources of French Military Doctrine 1871–1914, in: *ders.*, The Development of Military Thought: The Nineteenth Century, Oxford 1992, 114–172; *Douglas Porch*, The March to the Marne. The French Army 1871–1914, Cambridge 1981.

11 *Dimitry Queloz*, De la manoeuvre napoléonienne à l'offensive à outrance. La tactique générale de l'armée française 1871–1914, Paris 2009.

12 *Holger H. Herwig*, The Marne, 1914. The Opening of World War I and the Battle That Changed the World, New York 2009; *Henry Contamine*, La Victoire de la Marne, 9 septembre 1914, Paris 1970; *Michael S. Neiberg*, World War I, in: Roger Chickering, Dennis E. Showalter, Hans van de Ven (Hrsg.): The Cambridge History of War, Bd. 4: War and the Modern World, Cambridge 2012, 192–213.

13 Zu den einzelnen militärischen Phasen und Schlachten des Ersten Weltkrieges siehe: *Philippe Pétain*, La guerre mondiale 1914–1918, Toulouse 2014.

[14] *Roger Chickering*, When did the War become Total?, in: Rudolf Jaun, Michael Olsansky, Sandrine Picaud-Monnerat, Adrian Wettstein (Hrsg.), An der Front und hinter der Front/ Au front et à l'arrière. Der Erste Weltkrieg und seine Gefechtsfelder/La première Guerre mondiale et ses champs de bataille, Baden 2015, 90–99 (SERIE ARES: Histoire militaire – Militärgeschichte, Bd. 2); *Roger Chickering, Stig Förster*, Great War, Total War (Anm. 3); *Gerd Hardach*, Industrial Mobilisation in 1914–1918: Production, Planning and Ideology, in: Patrick Fridenson (Hrsg.), The French Home Front, 1914–1918, Providence 1992, 57–88; *Ian F. W. Beckett*, Home Front 1914–1918. How Britain Survived the Great War, Kew 2006; *Rachel Duffett*, The stomach for fighting. Food and the soldiers of the Great War, Manchester/New York 2012; *Avner Offer*, The First World War. An Agrarian Interpretation, Oxford 1989; *Hew Strachan*, Financing the First World War, Oxford 2004; zur Kriegsfinanzierung siehe auch den Beitrag von Jakob Tanner in diesem Band. *Celia Malone Kingsbury*, For Home and Country. World War I Propaganda on the Home Front, Lincoln 2010 (Studies in War, Society and the Military); *Alan Axelrod*, Selling the Great War. The Making of American Propaganda, New York 2009; *Tanja Mruck*, Propaganda und Öffentlichkeit im Ersten Weltkrieg, Aachen 2004 (Essener Studien zur Semiotik und Kommunikationsforschung, Bd. 12); *Klaus-Jürgen Bremm*, Propaganda im Ersten Weltkrieg, Stuttgart 2013.

[15] *Hans Linnenkohl*, Vom Einzelschuss zur Feuerwalze. Der Wettlauf zwischen Technik und Taktik im Ersten Weltkrieg, Koblenz 1990.

[16] *Bruce I. Gudmundsson*, Stormtroop Tactics. Innovation in the German Army, 1914–1918, London 1989; *Martin Samuels*, Doctrine and Dogma. German and British Infantry Tactics in the First World War, New York 1992; *Martin Samuels*, Command or Control? Command, Training and Tactics in the British and German Armies, 1888–1918, London 1995; *Gerhard P. Groß*, Operatives Denken im Zeitalter des Grabenkrieges: Deutsche Erfahrungen und Konzepte 1914–1918, in: Jaun, Olsansky, Picaud-Monnerat, Wettstein (Hrsg.), Front (Anm. 14), 72–79; *Ralf Raths*, Vom Massensturm zur Stoßtrupptaktik. Die deutsche Landkriegtaktik im Spiegel von Dienstvorschriften und Publizistik 1906 bis 1908, Freiburg i.B. 2009.

[17] *Michael Epkenhans*, Die deutsche Armee – an der Heimatfront besiegt?, in: Jaun, Olsansky, Picaud-Monnerat, Wettstein (Hrsg.), Front (Anm. 14), 99–109; *Alexander Watson*, Enduring the Great War. Combat, Morale and Collapse in the German and British Armies, 1914–1918, Cambridge 2008.

[18] *Jonathan B. A. Bailey*, The First World War and the birth of modern warfare, in: MacGregor Knox, Williamson Murray (Hrsg.), The dynamics of military revolution 1300–2050, Cambridge 2001, 132–153; *Jonathan Boff*, Combined Arms during the Hundred Days Campaign, August – November 1918, in: War in History 17 (2010), 459–478; *Paddy Griffith*, Battle Tactics of the Western Front. The British Army's Art of Attack 1916–18, New Haven 1994; *Mark Ethan Grotelueschen*, The AEF Way of War. The American Army and Combat in World War I, Cambridge 2006; *Timothy Travers*, The Killing Ground. The British Army, the Western Front and the Emergence of Modern Warfare, London 1987; *Timothy Travers*, How the War Was Won. Command and technology in the British Army on the Western Front, 1917–1918, London 1992.

[19] *Olivier Lepick*, La Grande Guerre Chimique 1914–1918, Paris 1998; *L. F. Haber*, The Poisonous Cloud. Chemical Warfare in the First World War, Oxford 1986.

[20] *Eugenia C. Kiesling*, Military doctrine and planning in the interwar era, in: Roger Chickering, Dennis E. Showalter, Hans van de Ven (Hrsg.), The Cambridge History of War (Anm. 12), 327–351; *Mary R. Habeck*, Storm of Steel. The Development of Armor Doctrine in Germany and the Soviet Union, 1919–1939, Ithaca 2003; *J. P. Harris*, Men, ideas and tanks. British

military thought and armoured forces, 1903–1939, Manchester 1995; *Richard Hallion*, Strike from the Sky. The History of Battlefield Air Attack 1911–1945, Washington, D.C. 1989; *David E. Johnson*, Fast Tanks and Heavy Bombers. Innovation in the U.S. Army 1917–1945, Ithaca, NY 1998; *Michael Geyer*, German Strategy in the Age of Machine Warfare, 1914–1945, in: Paret (Hrsg.), Makers (Anm. 6), 527–597; *Gerhard P. Groß*, Mythos und Wirklichkeit. Geschichte des operativen Denkens im deutschen Heer von Moltke d. Ä. bis Heusinger, Paderborn 2012.

[21] *Adrian Wettstein*, Zwischen Trauma und Erstarrung. Die französische Doktrin der Zwischenkriegszeit, in: Jaun, Olsansky, Picaud-Monnerat, Wettstein (Hrsg.), Front (Anm. 14), 149–159; *Robert A. Doughty*, The Evolution of French Army Doctrine, 1919–1939, Diss. University of Kansas 1979; *Williamson Murray*, Armored warfare: The British, French, and German experiences, in: Williamson Murray, Allan R. Millett (Hrsg.), Military Innovation in the Interwar Period, Cambridge 1996, 6–49; *Eugenia C. Kiesling*, 'If It Ain't Broke, Don't Fix It': French Military Doctrine Between the World Wars, in: War in History 3 (1996), 208–223.

Herfried Münkler

1914–1918. Lernen im Krieg, lernen aus dem Krieg. Der Erste Weltkrieg als Schlüsselereignis der europäischen Geschichte

I. Das Dilemma des Lernens

Vieles spricht dafür, dass die Mittelmächte, also das Deutsche Reich und die Donaumonarchie Österreich-Ungarn, dazu das mit ihnen verbündete Osmanische Reich und Bulgarien den Ersten Weltkrieg nur deshalb mehr als vier Jahre gegen die Übermacht der Entente durchgehalten haben, weil sie, zumal die Deutschen, schneller und effektiver gelernt haben als ihre Kontrahenten. Noch heute werden an den amerikanischen Militärakademien in Westpoint und Annapolis Dissertationen geschrieben, in denen das forcierte taktische Lernen der deutschen Offiziere im Weltkrieg analysiert – und bewundert – wird: Von der tiefen beweglichen Verteidigung über die Infiltrationstaktik der Stoßtrupps bis zum Einsatz von Artillerie ohne vorheriges Einschießen (Einschießen der Artillerie war immer ein Hinweis darauf, dass in diesem Frontabschnitt eine Offensive bevorstand, womit die Gegenseite gewarnt war) haben die Deutschen Methoden entwickelt, mit denen sie die Überlegenheit der Gegenseite – der Russen an Menschen, der Briten an Material – immer wieder auszugleichen vermochten.

In militärischer Hinsicht war das eine bemerkenswerte Leistung; politisch betrachtet war es hingegen ein Verhängnis, und das erklärt vielleicht auch, warum die Deutschen heute von diesen militärischen Leistungen nichts mehr wissen wollen[1] und sie so entschieden verdrängt und vergessen haben. Die Erfolge beim *militärischen* Lernen haben freilich dazu geführt, dass sich viele Deutsche während des Krieges vom Erfordernis *politischen* Lernens freigestellt fühlten. Aus der Sicht der Späteren steht fest, dass zwischen 1914 und 1918 zwar viel, aber im Hinblick auf die deutsche Geschichte im 20. Jahrhundert das Falsche gelernt worden ist. So haben die Deutschen vor allem militärtaktisch gelernt, um sich auf den Gefechts- und Schlachtfeldern der Westfront gegen die Übermacht der Westentente behaupten zu können, aber eine Antwort auf die politisch entscheidende Frage, wie man diesen Krieg erfolgreich beenden könne, wobei zunächst dahingestellt blieb, ob das durch militärische Erfolge oder diplomatische Verhandlungen erfolgte, haben sie nicht gefunden. Das heißt nicht, dass sie nicht danach gesucht hätten. Man kann diese Suche auch tragisch nennen, weil sie auf deutscher (und auch auf österreichisch-ungarischer) Seite dadurch gekennzeichnet war, dass man die Voraussetzungen für die Aufnahme von Verhandlungen nicht begriffen hatte. Daran sind sowohl die strategischen Pläne der drei Obersten Heeresleitungen des Deutschen Reichs als auch die Friedensinitiativen des Kaisers und des Reichstags gescheitert.[2]

Dieses Missverstehen der Gelingensbedingungen von Lernen im Krieg hatte für die deutsche Seite verhängnisvolle Konsequenzen: Weil sie bis zum späten Frühjahr 1918 immer wieder eine taktische Überlegenheit hatte herstellen können und militärische Siege errungen hatte, glaubten viele in Deutschland, sie könnten sich politisch alles leisten, vor allem einen „Siegfrieden", und müssten sich nicht auf einen Verhandlungsfrieden einlassen, einen „Verzichtfrieden", wie es denunziatorisch hieß.[3] Dabei lief das Paradox dieses Krieges gerade für die deutsche Seite darauf hinaus, dass sie militärisch siegreich sein musste, um die an Ressourcen überlegene Gegenseite überhaupt an den Verhandlungstisch zu bekommen. Das Dilemma der deutschen Seite bestand in der Nichtkonvertierbarkeit militärischer Siege in politische Erfolge; vielmehr waren militärische Erfolge, und zwar *große* Erfolge, bei den Mittelmächten die Voraussetzung dafür, dass die Gegenseite sich überhaupt auf Verhandlungen zu einer politischen Beendigung des Krieges einlassen würde. Die Entente konnte nämlich darauf vertrauen, dass ihr der Sieg nach einem langen Erschöpfungskrieg infolge ihrer materiellen Überlegenheit zwangsläufig zufallen werde. Man kann das auch als die politische Asymmetrie des Ersten Weltkriegs bezeichnen: Die Deutschen mussten siegen, um politisch verhandeln zu können; die Mächte der Entente brauchten bloß schwere Niederlagen vermeiden, um nicht verhandeln zu müssen. Dieses Paradox der Politik haben jedoch in Deutschland nur wenige begriffen und aufzulösen vermocht, etwa der Soziologe Max Weber oder der Historiker Hans Delbrück. Die meisten jedoch glaubten, dass sich militärische Siege unmittelbar in politische Dominanz überführen ließen. Es gibt einige Anhaltspunkte dafür, dass auch Reichskanzler Theobald von Bethmann Hollweg dieses Paradox begriffen hatte, aber er fand keinen Ausweg, es aufzulösen. Die Lösung, auf die er schließlich setzte, nämlich die Ernennung Hindenburgs zum Generalstabschef, weil er glaubte, diese Siegesikone könne den Deutschen einen Verhandlungsfrieden schmackhaft machen, erwies sich als verhängnisvolle Illusion: Hindenburg wurde zum Repräsentanten des Siegfriedens, des „Hindenburgfriedens", wie die nationale Rechte ihn schon bald nannte.[4]

II. Drei strategische Antworten auf die Herausforderung der geopolitischen Mittellage

Das Grundproblem der Deutschen vor 1914 war ihre geopolitische Mittellage in Europa, die sich aus dem Bündnis zwischen Frankreich und Russland sowie den unverkennbaren britischen Sympathien für dieses Bündnis ergeben hatte. Man hatte in Deutschland darauf gesetzt, dass die französische Republik, Erbin einer revolutionären Tradition, und das zaristische Russland, Hort eines autoritären Legitimismus, aus ideologischen Gründen kein Bündnis miteinander eingehen würden. Darin hatte man sich gründlich getäuscht: Die geostrategischen Imperative und die finanzpolitischen Abhängigkeiten (Russland war der Schuldner Frankreichs) hatten sich seit der Jahrhundertwende als stärker erwiesen als die ideologischen Gegensätze, und damit war Deutschland in eine Mittellage geraten, in der es sich durch einen Zweifrontenkrieg bedroht sah. Auf den drohenden Zweifrontenkrieg musste der Generalstab eine Antwort finden. Trotz gewisser Modifikationen durch dessen Amtsnachfolger Helmuth von Moltke d. J. bleibt diese Antwort bis heute mit dem langjährigen Generalstabschef Alfred von Schlieffen verbunden,[5] der darauf setzte, Frankreich in einem schnellen Feldzug von sieben bis acht Wochen niederzuwerfen, um dann das Gros der deutschen Kräfte, das zunächst im Westen konzentriert war, in den Osten zu entsenden, wo es in einem grenznahen Krieg den Russen so schwere Niederlagen bereiten sollte, dass die russische Seite zum Friedensschluss bereit war.

Bei der Entscheidung „Frankreich zuerst" mögen auch politische Aspekte, etwa die alte preußisch-russische Waffenbruderschaft, eine Rolle gespielt haben, aber ausschlaggebend waren die strategischen Größen von Raum und Zeit: Der Clausewitz-Kenner Schlieffen befürchtete, dass sich eine deutsche Offensive im Osten in der Tiefe des russischen Raumes erschöpfen würde, während auf dem begrenzten Kriegsschauplatz im Westen die überlegene Operationsfähigkeit des deutschen Heeres innerhalb eines überschaubaren Zeitraums die Entscheidung herbeiführen sollte, da für die Franzosen ein Ausweichen in die Tiefe des Raumes, wie bei den Russen, nicht möglich war. Das Problem dieses Ansatzes bestand freilich darin, dass die Franzosen ihr Defizit an strategischer Tiefe durch einen starken Festungsgürtel gegen Deutschland kompensiert hatten, der von Belfort an der Schweizer Grenze bis nach Verdun reichte und an dem sich ein deutscher Angriff festfressen würde. Jedenfalls würde zur Überwindung dieses Festungsgürtels so viel Zeit gebraucht, dass währenddessen die Russen im Osten tief nach Deutschland würden vorstoßen können. Schlieffen entschloss sich darum zum Vorstoß eines aus drei Armeen bestehenden Angriffsflügels durch das neutrale Belgien, um den französischen Festungsgürtel auf dessen linken Flügel zu umgehen, das französische Heer von hinten zu umfassen und zur Kapitulation zu zwingen. Das war eine, rein strategisch gesehen, elegante Lösung, die Schlieffen selbst mit der antiken Schlacht bei Cannae verglichen hat.

Schlieffens Plan hatte jedoch zwei politische Schwachstellen, die in den Debatten vor 1914 immer wieder einmal auftauchten, aber dann auch regelmäßig wieder verdrängt wurden: zunächst die Einwilligung Belgiens in den Durchmarsch der deutschen Armeen und sodann die Reaktion Großbritanniens auf die Verletzung der belgischen Neutralität und die Präsenz deutscher Kräfte an der England gegenüberliegenden Kanalküste. Aus Gründen der militärischen Geheimhaltung sind diese politischen Fragen nicht öffentlich diskutiert worden, sondern sie wurden der Eleganz des militärischen Plans zuliebe nicht weiter infrage gestellt. Dabei waren sie von ausschlaggebender Bedeutung: Wenn Belgien den Durchmarsch nämlich verweigerte, würde es ab der belgischen Grenze, spätestens im

Kampf um die Festung Lüttich, zu Kampfhandlungen kommen, die den engen deutschen Zeitplan gefährdeten und, für den Fall, dass die Belgier die Brücken und Tunnels der Eisenbahnlinien sprengten, den Nachschub für die drei durch Belgien vorstoßenden Armeen gefährdeten. Noch bedeutsamer war jedoch der Umstand, dass Großbritannien in diesem Fall in den Krieg gegen Deutschland eintreten würde, sodass die materielle Überlegenheit der Entente weiter anwachsen würde. Außerdem hatte man keine Pläne für den Fall eines Krieges mit Großbritannien. Der Generalstab setzte auf die Eleganz der großen Umfassungsschlacht im Westen und wollte sich nicht weiter mit politischen Imponderabilien herumschlagen. Und die Politik setzte darauf, dass der ruhmreiche Generalstab die Angelegenheit erfolgreich handhabe.

Nach dem Scheitern des deutschen Kriegsplans in der Marneschlacht[6] und dem bereits zuvor erfolgten Kriegseintritt Großbritanniens stellte sich die Lage völlig neu dar: Im Westen war die Front erstarrt, und es begann ein Stellungskrieg ohne Aussicht auf eine schnelle Kriegsentscheidung; im Osten hatte man den Russen in Ostpreußen zwar eine schwere Niederlage zugefügt, musste aber mit neuen Offensiven rechnen, zumal die Lage im österreichisch-ungarischen Frontabschnitt in Galizien für die Mittelmächte alles andere als rosig war. Von jetzt an lief die Uhr für die Entente und gegen die Mittelmächte. Im November 1914 erläuterte der neue deutsche Generalstabschef Erich von Falkenhayn[7] gegenüber Reichskanzler von Bethmann Hollweg die Lage und kam dabei zu dem Ergebnis, dass das Beste, was für die deutsche Seite herauskommen könne, eine „partie remise" sei. Das aber würde nur ein Verhandlungsfrieden und kein Siegfrieden sein. Wie aber konnte man die Entente dazu bringen, dass sie in Verhandlungen einwilligte, bei denen die Mittelmächte voraussichtlich besser davonkommen würden, als wenn dieser Krieg bis zum Ende ausgefochten würde?

Die von Falkenhayn ins Auge gefasste Antwort lautete: durch unverhältnismäßig hohe Verluste der Entente bzw. einer ihrer Mächte, die zu deren Ausscheiden aus dem Krieg führten. Da Falkenhayn Russland als das schwächste Glied der Gegenseite ausgemacht hatte, sollte hier der Stoß geführt werden. Im Anschluss an die Durchbruchsschlacht von Gorlice-Tarnow gelang es den Deutschen (die österreichisch-ungarische Armee war nach den schweren Niederlagen im Herbst 1914 und Winter 1914/15 nur noch ein Schatten ihrer selbst)[8], die Russen bis zum Bug zurückzuwerfen und ihnen dabei schwerste Verluste zuzufügen. Aber die zaristische Armee brach nicht zusammen, und trotz zeitweiligen Schwankens war der Zar nicht bereit, mit den Deutschen Gespräche über einen Separatfrieden aufzunehmen – eine Entscheidung, die schließlich zum Sturz der Romanow-Dynastie im Februar 1917 führen sollte. Nachdem die russische Karte nicht gestochen hatte, versuchte Falkenhayn es im Jahr 1916 gegen Frankreich, dem er bei Verdun so schwere Verluste zufügen wollte, dass die Franzosen, die bis dahin ohnehin die höchsten Verluste aller kriegführenden Mächte gehabt hatten, darunter zusammenbrechen würden. Bekanntlich ist auch dieses Projekt gescheitert, und als im Sommer 1916 die Russen im Osten eine neue Offensive eröffneten und dann auch noch Rumänien in den Krieg gegen die Mittelmächte eintrat, wurde Falkenhayn abgelöst und durch Hindenburg und Ludendorff ersetzt.

Ludendorff vor allem war davon überzeugt, dass Deutschland den Krieg gewinnen könne, wenn es alle seine Kräfte mobilisierte und die taktische Überlegenheit seiner Truppen entschlossener nutzte.[9] Ludendorff wollte den Krieg auf dem Schlachtfeld gewinnen, und dazu setzte er auf eine weitere Eskalation, zu der auch die Erklärung des uneingeschränkten U-Bootkriegs gegen Großbritannien gehörte. In Großbritannien nämlich hatte er die eigentliche „Seele" des Krieges der Entente ausgemacht: Wenn es gelang, die Briten zum Aufgeben zu zwingen, würde man den Krieg gewinnen, und um sie zum Aufgeben zu zwingen, sollte die Strategie des Aushungerns, die bislang von den Briten gegen die Mittelmächte praktiziert worden war, nunmehr gegen sie angewandt werden. Dass dies, wie Kritiker warnten, zum Kriegseintritt der USA führen werde, störte Ludendorff wenig: Erstens unterstützten die USA schon die ganze Zeit die Entente mit Waffen- und Munitionslieferungen sowie mit finanziellen Krediten, und zweitens verfügten die USA über kein Feldheer, das kurzfristig in dem Krieg eine Rolle spielen würde. Beides sollte sich als Fehlkalkulation erweisen. Für den Fortgang des Krieges vorerst ausschlaggebend war aber das Ausscheiden Russlands aus dem Krieg nach dem bolschewistischen Staatsstreich in Petrograd im (nach russischer Rechnung) Oktober 1917.

Das Ausscheiden Russlands aus dem Krieg war zum einen eine Folge der schweren Niederlagen, die das deutsche Militär dem zaristischen Heer zugefügt hatte, unter denen es seit dem Sommer 1917 zusammenbrach, und zum anderen die Folge einer von Deutschland betriebenen „Politik der revolutionären Infektion".[10] Grundidee dieser eher von Zivilisten als von Militärs entwickelten Strategie war das Ansetzen an der politischen

Vulnerabilität multinationaler und multireligiöser Imperien. Der erste Anlauf dazu bestand in der Ausrufung des „Heiligen Kriegs" der Muslime durch den mit den Deutschen verbündeten Sultan in Konstantinopel, was jedoch nicht zu dem erhofften Effekt einer massenhaften Desertion von Soldaten der Gegenseite und Aufständen in den britischen und französischen Kolonien führte. Als Nächstes spielte man die nationalistische Karte – mit Rücksicht auf die verbündete Donaumonarchie, die hier ebenfalls hochgradig verwundbar war, jedoch erst seit Anfang 1916. Die Unterstützung des irischen Osteraufstands gegen die Briten und die Ausrufung eines polnischen Staates durch den deutschen General von Beseler im Warschauer Stadtschloss sind Etappen dieser Strategie, doch auch sie hatte keinen durchschlagenden Erfolg. Dann aber stach die dritte Karte, der Transfer Lenins aus seinem Züricher Exil nach Rügen und die Weiterfahrt mit der Fähre von Sassnitz nach Petrograd. Vermutlich hätte der Krieg einen anderen Ausgang genommen, wenn diese Schwächung der Entente nicht im April 1917 bereits durch den Kriegseintritt der USA ausgeglichen worden wäre. Dass ohne den US-amerikanischen Rückhalt Briten und Franzosen nach dem Zusammenbruch Russlands ebenfalls abweisend auf die Verhandlungsangebote der Mittelmächte reagiert hätten, darf bezweifelt werden.

Mit den im Osten frei gewordenen Truppen suchten Hindenburg und Ludendorff im Frühjahr 1918 die militärische Entscheidung im Westen, und hier sollte auch das taktische Lernen der Deutschen zum Tragen kommen: Man machte einen neuen Gebrauch von der Artillerie und nutzte neue Taktiken zum Durchbrechen der gegnerischen Linien – beides Ergebnisse taktischen Lernens, die im Durchbruch bei Dünaburg und in der 12. Isonzoschlacht überaus erfolgreich angewandt worden waren. So erzielte man im März und April 1918 an der Westfront große taktische Erfolge, aber keinen strategischen Durchbruch, und damit hatte das Deutsche Reich seine letzte Chance verspielt, den Krieg nicht als Verlierer zu beenden. Aber das begriffen nur wenige, nachdem man doch im Frühjahr 1918 noch einmal von Sieg zu Sieg geeilt war.

Umso größer war das Entsetzen in Deutschland, als im Sommer 1918 klar wurde, dass der Krieg verloren war, und dies im Herbst dieses Jahres von der Obersten Heeresleitung eingestanden wurde. Eine der Folgen dessen war die Flucht in die Dolchstoßlegende, die Behauptung, das „im Felde unbesiegte Heer" sei von der ihm in den Rücken gefallenen Heimat verraten worden. Die Dolchstoßlegende wurde nicht nur zum Dementi des „Augusterlebnisses", als im Sommer 1914 angeblich alle Deutschen zu einer geschlossenen Nation geworden waren,[11] sondern stellte auch eine weitere Form der Lernverweigerung dar: Statt die Ursachen der Niederlage kühl zu analysieren, wurden die Frauen, die Sozialisten, die Pazifisten, die Juden oder wer auch immer für die Niederlage verantwortlich gemacht. So musste man nach dem Krieg nicht nachholen, was man während des Krieges zu lernen verabsäumt hatte. Das wurde zu einer der Hypotheken, an denen die Weimarer Republik gescheitert ist.

III. Lernen aus dem Krieg: Hitler und die Wehrmachtführung, Frankreich und Großbritannien

Aber es kam noch schlimmer, denn infolge des effektiven militärischen Lernens während des Krieges und dem späteren Empfinden, man hätte schon siegen können, wenn man von der Politik nicht im Stich gelassen worden wäre, setzten seit Mitte der 1930er-Jahre viele auf einen neuen Versuch, mit militärischen Mitteln Deutschland doch noch zur beherrschenden Macht Europas zu machen. Es waren die Ober- bis Oberstleutnants des Ersten Weltkriegs, die Hitlers Generäle stellten, ohne den dieser den Zweiten Weltkrieg nicht hätte führen können. Und abermals spielte Lernen im Hinblick auf den nächsten Krieg eine wichtige Rolle, diesmal aber nicht mehr Lernen *im Krieg*, sondern Lernen *aus dem Krieg*. Bei diesem Lernen sind in politischer wie militärischer Hinsicht jeweils zwei Punkte besonders hervorzuheben. Zunächst die Idee, dass man im Unterschied zu 1914 die verschiedenen Konflikte in Europa nicht zusammenführen dürfe, sondern sie zum Anlass lokalisierter und sequenzialisierter Kriege nehmen solle. So werde es dem Deutschen Reich möglich sein, militärische Siege in politische Erfolge zu transformieren, ohne in einen großen Krieg verwickelt zu werden. Nach dieser Vorgabe hat Hitler seit dem Frühjahr 1938 agiert: zunächst der Anschluss Österreichs, dann die Besetzung des Sudetenlands, schließlich die Zerschlagung der „Rest-Tschechei". Erst der Angriff auf Polen hat die Westmächte Frankreich und Großbritannien dazu veranlasst, Deutschland den Krieg zu erklären. Ihn sogleich zu führen, sahen sie sich aber nicht in der Lage, und so wurde auch Polen innerhalb weniger Wochen von der Wehrmacht überrannt. Hier kam dann der zweite Lernschritt im Bereich des Politischen ins Spiel, und der bestand darin, unter allen Umständen einen Zweifrontenkrieg zu vermeiden. Ausdruck dieses Lernens war der Hitler-Stalin-Pakt, in dem das Deutsche Reich und die Sowjetunion Mittel- und Osteuropa unter sich aufteilten. Tatsächlich hat die Wehrmacht bis zum D-Day, der Landung der Westalliierten in der Normandie im Juni 1944, keinen Zweifrontenkrieg führen müssen. Das ist ihren militärischen Erfolgen über lange Zeit zugutegekommen.

Bei den militärischen Erfolgen der Wehrmacht, vor allem dem in Anbetracht des Stellungskriegs im Westen überraschenden Erfolg im sogenannten Frankreichfeldzug von 1940, spielte das Lernen aus den Erfahrungen von 1914–1918 eine wichtige Rolle: Man musste Mittel finden, um den Kriegsverlauf zu beschleunigen und seine Verwandlung in einen Ressourcen- und Erschöpfungskrieg zu vermeiden. Schnelle Entscheidungsschlacht statt lange währender Erschöpfungskrieg war die Leitlinie, und zu diesem Zwecke schuf man durchschlagskräftige Panzerverbände, die in den Raum hineinstoßen konnten; um sie bei diesem Vorstoß zu unterstützen, entwickelte man Sturzkampfbomber, die als „fliegende Artillerie" eingesetzt wurden. So trat der Blitzkrieg an die Stelle des Stellungskrieges.[12] Der zweite strategische Lernschritt bestand darin, dass man nicht noch einmal, wie im Ersten Weltkrieg, von der britischen Kriegsflotte in der Nordsee eingeschlossen werden wollte, weswegen im Frühjahr 1940 Dänemark und Norwegen besetzt wurden. Die Kontrolle der norwegischen Atlantikküste eröffnete den Zugang zum Nordatlantik und hinderte die Briten daran, die schwedischen Erztransporte nach Deutschland zu unterbinden. Ohne die schwedischen Erze wäre die deutsche Rüstungsindustrie erheblich eingeschränkt gewesen. Schon im Ersten Weltkrieg hatte die deutsche Durchhaltefähigkeit auch an den schwedischen Erzen gehangen, und man konnte nicht ausschließen, dass die Briten ihrerseits daraus gelernt hatten und hier den Hebel ansetzen würden.[13] – Doch all dieses Lernen genügte nur für die militärischen Erfolge der ersten Kriegsjahre, bis sich dann – zu unser aller Glück, wie wir heute wissen – das Blatt zugunsten der Anti-Hitler-Koalition wendete. Aber bereits zuvor hatten die Deutschen keine Antwort auf die bei der Führung eines Krieges wichtigste Frage gefunden: Wie sich militärische Erfolge in eine dauerhafte politische Ordnung umwandeln ließen.

Aber auch die Westalliierten sind mit dem, was sie politisch und militärisch aus dem Ersten Weltkrieg gelernt hatten, nicht glücklich geworden. So hatte man, weil man – im Unterschied zum Sommer 1914 – die militärische Karte nicht zu früh ins Spiel bringen wollte und zunächst zwecks Vermeidung eines Krieges auf die diplomatische Karte setzte, die Besetzung und den Anschluss Österreichs hingenommen und im Münchner Abkommen sogar der Abtretung des Sudetenlandes von der Tschechoslowakei an das Deutsche Reich zugestimmt. Das waren Zugeständnisse, die, wenn man sie 1919 in Versailles gemacht hätte, entscheidend zur Stabilität der Weimarer Republik beigetragen und wahrscheinlich den Aufstieg Hitlers verhindert hätten. Sie hätten damals zu einer dauerhaften Friedensordnung in Europa führen können. Indem man diese Zugeständnisse jedoch an Hitler machte, hat man das Gegenteil bewirkt. Die Briten hatten gelernt, dass es unklug war, einen Kontrahenten so in die Enge zu treiben, dass er glaubte, nur noch auf Krieg setzen zu können, wie man die Konstellationen von 1914 beschreiben kann, aber sie hatten nicht begriffen, dass besänftigende Zugeständnisse nicht immer besänftigend wirkten, sondern auch als Zeichen der Schwäche empfunden werden konnten. Exakt das war bei Hitler der Fall.

Aber womöglich spielte bei der Nachgiebigkeit gegenüber Hitler noch etwas ganz anderes eine Rolle, und das war der Umstand, dass man glaubte, nicht noch einmal so große Opfer bringen zu können wie im Ersten Weltkrieg – und diese Vorstellung hatte in den westlichen Demokratien einen ganz anderen Effekt als in einem totalitären Regime wie NS-Deutschland. Man kann nicht sagen, dass Frankreich im Herbst 1939 nicht gerüstet war; in mancher Hinsicht war es sogar stärker gerüstet als Deutschland, aber sowohl in strategischer als auch in mentaler Hinsicht war es auf einen Krieg mit Deutschland nicht vorbereitet, zumal dieser, wenn er eine Hilfe für das angegriffene Polen sein sollte, offensiv hätte geführt werden müssen. Frankreich hatte jedoch dem Geist der *offensive á l'outrance* abgeschworen, mit dem es 1914 in den Krieg gezogen war und für den es die relativ höchsten Verluste aller kriegsbeteiligten Mächte hatte hinnehmen müssen. Stattdessen hatte es aus dem Erfolg der Verdun-Schlacht „gelernt" und mit der Maginot-Linie ein Super-Verdun an den Grenzen zu Deutschland errichtet. Dort wollte man sich im Falle eines deutschen Angriffs verteidigen. Dieser Strategie ist Frankreich 1940 zum Opfer gefallen und hat die größte militärische Niederlage seiner Geschichte erlitten. Es hatte aus dem vergangenen Krieg gelernt, aber das war für den Krieg von 1940 das Falsche.

IV. Lernen für die Herausforderungen des 21. Jahrhunderts

Militärisches Lernen und geopolitisches Denken ist in Deutschland seit dem Zweiten Weltkrieg und der totalen Niederlage von 1945 in Verruf geraten. Das ist verständlich. Es könnte freilich sein, dass die Deutschen im Hinblick auf die Geopolitik erneut das Falsche gelernt haben bzw. ihr Lernen zu falschen Ergebnissen geführt hat. Denn trotz zweier verlorener Kriege, der geografischen Schrumpfung Deutschlands und einer mehr als vierzig Jahre währenden politischen Teilung sind die Deutschen heute wieder in der Mitte Europas angekommen, und aufgrund ihres ökonomischen Gewichts können sie sich den damit verbundenen Herausforderungen nicht verweigern.[14] Natürlich ist die Mittellage von 2014 nicht identisch mit der von 1914: Letztere war wesentlich geostrategischer Art, und die damals wichtigste Machtsorte war das Militärische. Heute spielt das Militärische nur noch eine untergeordnete Rolle, und an seine Stelle sind längst ökonomische sowie – in geringerem Maße, aber wichtiger als das Militärische – ideologische bzw. kulturelle Macht getreten. Dennoch lässt sich aus einem Vergleich der durch ein Jahrhundert getrennten Mittellagen einiges lernen, was für die Bewältigung der gegenwärtigen Herausforderungen von Bedeutung ist.

Die Macht in der geografischen Mitte eines politischen Raumes trägt eine im Vergleich mit den politischen Akteuren an den Rändern gesteigerte Verantwortung. Diese drückt sich unter anderem darin aus, dass Fehler, die von ihr gemacht werden, sehr viel folgenreicher sind, als das bei Akteuren an der Peripherie dieses Raumes der Fall ist. Das zeigte sich auch im Sommer 1914, als die Fehler und Fehleinschätzungen der deutschen Politik voneinander getrennte Konflikte in Europa miteinander verbanden und auf diese Weise dazu führten, dass ein zunächst lokaler bzw. lokalisierbarer Konflikt zum Auslöser des großen Krieges wurde. Es obliegt der Macht in der Mitte, der Zentralmacht also, Problemfelder und Konfliktherde, die ohne ihr Zutun entstanden sind, voneinander getrennt zu halten und so dafür zu sorgen, dass sie bearbeitbar und lösbar bleiben. Das ist der deutschen Politik 1914 nicht gelungen – im Gegenteil: Von Einkreisungsängsten getrieben hat sie letzten Endes dafür gesorgt, dass der Konflikt zwischen Belgrad und Wien eskalierte und unbeherrschbar wurde. Freilich muss man hinzufügen, dass es die Nachbarn den Deutschen damals nicht leicht gemacht haben, unter den von ihnen geschaffenen

Konstellationen ihrer „Mitte-Verantwortung" nachzukommen und eine Politik der Besonnenheit zu betreiben. Die Vorstellung von der politisch-militärischen Einkreisung war keineswegs bloß obsessiv, sondern hatte eine reale Grundlage in den Bündnisstrukturen der Entente.

Das wichtigste Instrument der Europäer gegen eine neuerliche Eskalation des Misstrauens sind freilich die institutionellen Verbindungen, die seitdem geschaffen wurden, von der NATO über die Organisation für Sicherheit und Zusammenarbeit in Europa (OSZE) bis zur Europäischen Union. Sie sorgen für eine gewisse Berechenbarkeit der Akteure und bilden Vertrauen. Das ist angesichts der Konfliktfelder an der europäischen Peripherie nach wie vor nötig, und gerade seit dem Jahr 2014 ist es infolge des russischen Agierens gegenüber der Ukraine und des Zusammenbruchs der politischen Strukturen in der Levante noch nötiger geworden als zuvor. Wie vor 1914 ist seit den jugoslawischen Zerfallskriegen in den 1990er-Jahren der Balkan der wichtigste Krisenherd innerhalb Europas. Für Jahrzehnte noch werden vor allem die Westeuropäer in die Stabilität dieser Region investieren müssen. Das gilt nicht weniger für die Krisenherde an der europäischen Peripherie, von der Ukraine über den Kaukasus und den Nahen Osten bis in den Maghreb, bei denen es freilich nicht, wie auf dem Balkan, um die Aufrechterhaltung einer fragilen Ordnung, sondern zunächst um deren Herstellung geht. Vor allem für das Agieren gegenüber Russland kann man in der EU aus einer kritischen Analyse der Fehler von 1914 einiges lernen. Die europäische Politik muss darauf achten, dass Konflikte, die hier immer wieder aufflammen, lokalisiert bleiben. 1914 haben die großen Mächte die Konfliktdynamik des Balkans zunächst unterschätzt und dann geglaubt, man könne aus ihr politisch-militärische Vorteile schlagen. Das ist Europa zum Verhängnis geworden. Und Deutschland, die Macht in der Mitte? Es muss in besonderer Weise darauf achten, dass Europa zusammenbleibt und nicht in zwei oder mehr Parteien bzw. Blöcke zerfällt.

Anmerkungen

[1] Das zeigt sich auch an den meisten deutschsprachigen Publikationen der Jahre 2013/2014, in denen der Erste Weltkrieg vorwiegend aus sozial- und politikhistorischer Perspektive dargestellt und die militärische Dimension des Krieges in den Hintergrund gerückt worden ist. Für eine ausführliche Darstellung der nachfolgend angesprochenen militärischen

Ereignisse und Entwicklungen vgl. *Herfried Münkler*, Der Große Krieg. Die Welt 1914 bis 1918, Berlin 2013.

2 Für eine ausführliche Darstellung der seitens der Mittelmächte unternommenen Friedensinitiativen vgl. *Hans Fenske*, Der Anfang vom Ende des alten Europa. Die alliierte Verweigerung von Friedensgesprächen 1914–1919, München 2013.

3 Zur Einbettung der Siegfriedensvorstellung in die politischen Mythen der Deutschen vgl. *Herfried Münkler, Wolfgang Storch*, Siegfrieden. Politik mit einem deutschen Mythos, Berlin 1988, sowie *Herfried Münkler*, Die Deutschen und ihre Mythen, Berlin 2009, 94–95.

4 Zu Bethmann Hollweg fehlt nach wie vor eine große politische Biografie; vgl. einstweilen *Konrad H. Jarausch*, The Enigmatic Chancellor. Bethmann Hollweg and the Hubris of Imperial Germany, New Haven 1973; zu Hindenburg vgl. *Wolfram Pyta*, Hindenburg. Herrschaft zwischen Hohenzollern und Hitler, München 2007.

5 Die Ergebnisse der jüngeren Forschung zum Schlieffenplan finden sich bei *Hans Ehlert, Michael Epkenhans, Gerhard P. Groß* (Hrsg.), Der Schlieffenplan. Analysen und Dokumente, Paderborn 2006; nach wie vor unverzichtbar ist *Gerhard Ritter*, Der Schlieffenplan. Kritik eines Mythos, München 1956.

6 Vgl. *Holger H. Herwig*, The Marne, 1914. The Opening of World War I and the Battle that Changed the World, New York 2009.

7 Zu Falkenhayn vgl. *Holger Afflerbach*, Falkenhayn. Politisches Denken und Handeln im Kaiserreich, München 1994.

8 Vgl. *Manfried Rauchensteiner*, Der Tod des Doppeladlers. Österreich-Ungarn und der Erste Weltkrieg, Graz 1993, sowie *Holger H. Herwig*, The First World War. Germany and Austria-Hungary 1914–1918, London 1997.

9 Dazu *Allan K. Wildman*, The End of the Russian Imperial Army, 2 Bde., Princeton 1980 und 1987.

10 Vgl. *Münkler*, Der Große Krieg (Anm. 1), 545–561.

11 Vgl. *Münkler*, Der Große Krieg (Anm. 1), 222–229.

12 Für eine ausführliche Darstellung dessen vgl. *Karl-Heinz Frieser*, Blitzkrieg-Legende. Der Westfeldzug 1940, München 1995, sowie *Michael Salewski*, Deutschland und der Zweite Weltkrieg, Paderborn/Zürich 2005, 120–156.

13 Vgl. *Salewski*, Deutschland und der Zweite Weltkrieg (Anm. 12), 107–119.

14 Dazu ausführlich *Herfried Münkler*, Macht in der Mitte. Die neuen Aufgaben Deutschlands in Europa, Hamburg 2015.

Dirk Schumann

Gewaltformen und Gewalterfahrungen des Krieges

Wenn man sich mit dem Ort des Ersten Weltkriegs in der Gewaltgeschichte des 20. Jahrhunderts beschäftigt, stößt man auf zwei miteinander verbundene Deutungsangebote. Für das eine steht der Begriff der „Urkatastrophe", für das andere der der „Brutalisierung". Der US-amerikanische Historiker und Diplomat George F. Kennan hat im Ersten Weltkrieg die „Urkatastrophe" des 20. Jahrhunderts gesehen, die Quelle politischer und wirtschaftlicher Instabilität und eben auch die Quelle von im Zweiten Weltkrieg und im Holocaust eskalierender Gewalt. George L. Mosse, ein anderer US-amerikanischer Historiker, hat als Folge des Ersten Weltkriegs eine „Brutalisierung" in den Gesellschaften der ehemals kriegführenden Länder ausgemacht, die sich im Verhalten der Veteranen niederschlug und überhaupt die politische Kultur vergiftete.[1]

Beide Interpretationsansätze treffen gewiss wichtige Punkte, aber sie müssen doch deutlich modifiziert und differenziert werden. Dazu sollen die folgenden Ausführungen einen Beitrag leisten. Sie wollen den Bezügen zwischen der im Ersten Weltkrieg ausgeübten und erlittenen Gewalt zu vorheriger und nachfolgender kriegerischer sowie anderer politisch motivierter Gewalt nachgehen. Es geht zum einen also darum, Gemeinsamkeiten, Unterschiede und Verbindungslinien zwischen den damit angesprochenen Gewaltformen zu untersuchen. Zum anderen wird danach gefragt, in welcher Weise und unter welchen Rahmenbedingungen solche Gewalt, vor allem die des Weltkriegs, verarbeitet wurde und welche

Konsequenzen somit Gewalterfahrungen in den ehemals kriegführenden Gesellschaften nach sich zogen. Dabei wird Gewalt im engeren Sinn als physische, auf Menschen oder Sachen gerichtete Gewalt verstanden, die das Ziel verfolgt, schwer zu verletzen, zu töten oder zu zerstören.

Die globale Dimension des Weltkrieges, die in der Forschung mittlerweile explizit thematisiert wird, kann im Rahmen dieses Beitrags nur ansatzweise diskutiert werden.[2] Die folgenden Ausführungen konzentrieren sich also wesentlich auf Europa und gehen dabei insbesondere auf deutsche Konsequenzen der Kriegsgewalt ein, denn die unheilvoll herausragende Rolle Deutschlands in der Gewaltgeschichte des 20. Jahrhunderts liegt auf der Hand. Entwickelt wird das folgende Argument: Der Erste Weltkrieg lässt sich im Hinblick auf seine Gewaltgeschichte als Ensemble unterschiedlicher Kriegsverläufe verstehen, die in ihrer zeitlichen Dauer, in den Kampfformen und in den durch Kampfhandlungen und Imaginationen konstituierten Räumen voneinander abwichen. Daraus sowie aus den Konstitutionsbedingungen der jeweiligen Nationalstaaten ergaben sich unterschiedliche Kriegsfolgen, deren gewaltsame Ausprägungen durch Konflikte um territoriale Grenzen verstärkt wurden und sich in nationalstaatlich nicht eingehegten „Gewalträumen" kumulieren konnten. Nach einer Diskussion der Modernität der Kriegsgewalt (I.) geht es zunächst um Kontinuitäten zu vorherigen Kriegen, insbesondere auf dem Balkan (II.), anschließend um die Kriegsgewalt in den Kolonien (III.) und dann an der West- sowie der Ostfront (IV.). Es folgen Überlegungen zur Nachwirkung der Kriegsgewalt nach 1918 (V.) und ein knappes Fazit (VI.).

I.

Um den Ersten Weltkrieg besser in ein größeres Kontinuum militärischer Gewalt einordnen zu können, ist es hilfreich, sich zunächst kurz mit der Frage der Modernität der in ihm ausgeübten Gewalt zu beschäftigen. Zweifellos kamen im Verlauf des Ersten Weltkriegs, vor allem in seiner zweiten Hälfte, neue Waffensysteme zum Einsatz, die vor 1914 allenfalls ein erstes Mal verwendet worden waren oder nur in Prototypen existierten: Jagd- und Bombenflugzeuge einschließlich der derart eingesetzten Zeppeline, Unterseebote sowie Kampfpanzer – damals „Tanks" genannt – leisteten punktuell wichtige Beiträge zu den Operationen und sollten in der Folge zur massiven Umgestaltung militärischer Strategie und Taktik führen. Auch die neue Waffe des Giftgases wäre hier zu nennen, die zwar im Zweiten Weltkrieg keine militärische Rolle mehr spielen sollte, zuvor jedoch unter anderem im Kolonialkrieg des faschistischen Italien in Abessinien fürchterliche Wirkungen entfaltete.[3] Etwas Neues war zweifellos auch das Trommelfeuer der Artillerie, das das heutige Bild der Westfront (aus deutscher Perspektive) mit ihrem von Ende 1914 bis ins Frühjahr 1918 hinein weitgehend unbeweglichen Schützengrabensystem prägt. Dem Artilleriefeuer fielen im Übrigen die meisten Soldaten zum Opfer: Über drei Viertel aller von 1914 bis Ende 1917 verletzten französischen Soldaten hatten ihre Verwundungen durch Artilleriegeschosse, also nicht durch Gewehrfeuer oder im Nahkampf erhalten. Gleiche Relationen darf man für ihre Gegner annehmen.[4]

Die höchsten Verlust*raten* waren jedoch während des vergleichsweise traditionelleren Bewegungskriegs zu verzeichnen, auch wenn dieser mit Waffen wesentlich höherer Feuerkraft geführt wurde als noch der deutsch-französische Krieg von 1870/71. Diese Verlustraten lagen in den ersten beiden Kriegsmonaten auf deutscher Seite bei etwa 14 Prozent und fielen im Stellungskrieg dann auf unter 4 Prozent.[5] Im Verhältnis zur Gesamtzahl der eingesetzten Soldaten war der Anteil der Gefallenen unter den deutschen Soldaten kaum höher als im Deutsch-Französischen Krieg (34 Prozent gegenüber 30 Prozent). Die wesentlich höhere *absolute* Zahl der Kriegstoten insgesamt zwischen 1914 und 1918 verdankte sich also nicht so sehr der immensen Feuerkraft der modernen Waffentechnik, sondern vor allem der längeren Dauer des Krieges und der größeren Zahl der eingezogenen Männer.[6] Die Neuartigkeit der im Ersten Weltkrieg ausgeübten militärischen Gewalt sollte deshalb nicht überschätzt werden. Der Krieg lässt sich, wie dies Benjamin Ziemann vorgeschlagen hat, als „Laboratorium der Gewalt" beschreiben, in dem neue Gewaltformen und -mittel zwar ausprobiert wurden, aber keine einlinige Dynamik entfalteten und den Kriegsverlauf nicht eindeutig bestimmten – vielmehr blieb dieser abhängig auch vom Verhalten der Soldaten und ihrer Kampfbereitschaft. Und noch eines gilt es, in diesem Zusammenhang zu bedenken: Die Gräueltaten des Krieges, die Übergriffe und Morde gegenüber der Zivilbevölkerung, die im Genozid an den Armeniern gipfelten, wurden mit gänzlich hergebrachten Gewaltmitteln verübt – Gaskammern gab es zwischen 1914 und 1918 noch nicht.[7]

II.

Die nur *relative* Modernität des Ersten Weltkriegs zu betonen, erleichtert es dann auch, zwischen verschiedenen Kriegsschauplätzen und -verläufen zu differenzieren und Bezüge zu vorherigen militärischen Konflikten herzustellen. So lässt sich der 1914 ausbrechende Krieg zum einen, was den südöstlichen Kriegsschauplatz angeht, als gleichsam „3. Balkankrieg" verstehen, während im Westen und Osten der Beginn eines deutschen Eroberungskrieges konstatiert werden kann, der mit dem Balkan nicht unmittelbar etwas zu tun hatte.[8] Der Krieg im Osten entwickelte sich dann, anders als im Westen, aus deutscher Perspektive immer mehr zu einem bis 1918 durchaus erfolgreichen Expansionskrieg. Aus der Perspektive vor allem der russischen Soldaten ging er dagegen gleitend in den Bürgerkrieg über, was ihn wiederum deutlich von der Entwicklung des Kriegsgeschehens im Westen absetzte. Hinzuzufügen ist dann der Krieg in den Kolonien, der, von wenigen Ausnahmen, vor allem Deutsch-Ostafrika, abgesehen, relativ schnell beendet war. Ein weiterer eigener Kriegsschauplatz war der Nahe Osten, im Gebiet des Osmanischen Reichs. Der hier geführte Krieg schloss den Armeniermord ein und mündete schließlich in die spätkoloniale Ausdehnung des britischen und französischen Kolonialimperiums in Form neuer Mandatsgebiete wie dem Irak und Palästina im Gefolge der Pariser Friedenskonferenz 1919.

Auf dem Balkan stand das militärische Geschehen zwischen 1914 und 1918 im Zeichen fundamentaler *Kontinuität* zu den Jahren davor. Die Hauptkontrahenten in den beiden ersten Balkankriegen von 1912 und 1913 waren Serbien und Bulgarien gewesen, die jeweils versuchten, möglichst große Gebiete aus der Erbmasse des zerfallenden Osmanischen Reiches an sich zu bringen. Da dies mit dem Bemühen verbunden war, die eigenen noch ungefestigten Nationalstaaten ethnisch möglichst homogen zu machen, zielte die ausgeübte Gewalt auch auf die Zivilbevölkerung. Ausgeführt wurde sie vor allem von paramilitärischen Verbänden, die sich, wie die „Innere Mazedonische Revolutionäre Organisation" (IMRO) in Bulgarien, seit den 1890er-Jahren gebildet hatten und von den jeweiligen Staatsregierungen nur bedingt kontrolliert wurden. Die militärischen Auseinandersetzungen des Weltkriegs brachten hier keine grundlegende Veränderung, zumal moderne Waffentechnik wie Flugzeuge und Artillerie schon in den Kriegen zuvor zum Einsatz gekommen waren. Die auf Soldaten wie Zivilisten und kulturelle Güter gerichtete Vernichtungsgewalt steigerte sich somit nur weiter, ohne ihre Triebkräfte und Intention zu ändern. Sie setzte sich nach 1918 nahtlos fort, nun zusätzlich angetrieben durch neue italienische Gebietsansprüche, womit ein weiterer Akteur die Gewaltszene betrat, der seinerseits ebenfalls paramilitärische Gruppen förderte.[9]

Eine vergleichbare Entwicklung lässt sich im Osmanischen Reich finden, wo die jungtürkische Bewegung, die in der Revolution von 1908 und endgültig durch einen Putsch 1913 an die Macht kam, ebenfalls auf paramilitärische Verbände zurückgriff, die während der Auseinandersetzungen auf dem Balkan im späten 19. Jahrhundert entstanden waren. Sie umfassten unterschiedliche Akteursgruppen, darunter gewöhnliche Kriminelle, und sie stützten nicht nur durch Mordaktionen die jungtürkische Herrschaft, sondern nahmen im Krieg dann eine führende Rolle beim Genozid an den Armeniern ein.[10]

III.

Noch weiter von den Hauptschauplätzen des Krieges entfernt lagen die Kolonien. Wie eben angedeutet, waren die Kampfhandlungen um die deutschen Kolonien, wenn sie überhaupt ein nennenswertes Ausmaß annahmen, zumeist schnell beendet. Nur der Krieg um Deutsch-Ostafrika zog sich bis zum November 1918 hin. Die militärische Bedeutung der Auseinandersetzungen um die deutschen Kolonien war also im Kontext des großen Krieges gering. Zum Einsatz kamen vor allem Gewehre, und auch insofern könnte man es damit bewenden lassen. Ein etwas genauerer Blick auf die Gewaltgeschichte des Krieges in Deutsch-Ostafrika ist dennoch erhellend, denn wenn man auch die einheimische Bevölkerung mit in den Blick nimmt, erweist sich der Erste Weltkrieg hier, was seine Konsequenzen für die schwarzafrikanische Bevölkerung angeht, wesentlich als Fortsetzung früherer kolonialer Unterwerfungskriege.

Neu war zweifellos, dass jetzt die Europäer, die weißen Kolonialherren, gegeneinander Krieg führten, womit sie die behauptete eigene Überlegenheit über die Kolonisierten selbst unterminierten. Das Neue in der Kriegführung ging allerdings nicht so weit, dass etwa der Kommandeur der deutschen Truppen in Ostafrika, Lettow-Vorbeck, um die eigene Unterlegenheit auszugleichen, die schwarzafrikanische Bevölkerung in der angrenzenden britischen Kolonie Rhodesien zum Aufstand gegen ihre

Kolonialherren aufgefordert hätte. Er operierte mit Verbänden, die eine relativ kleine Zahl weißer Schutztruppenangehöriger umfasste (3'600), etwa zehnmal so viele schwarzafrikanische Hilfstruppen (Askaris) und eine noch weitaus höhere Zahl von einheimischen Trägern. Die Gewalt des Krieges, die viele Opfer forderte, war nicht in den – relativ selte-nen – Gefechten zwischen deutschen Truppenverbänden und denen der gegnerischen Kolonialmächte zu finden. Vielmehr ergab sie sich aus der hochmobilen Kriegführung, die die deutschen Truppen, wie auch die ihrer Gegner, dazu veranlasste, sich aus den – oft entlegenen – Ortschaften zu verpflegen, in denen sie gerade Station machten. Der dann nicht ausblei-bende Widerstand der einheimischen Bevölkerung wurde mit Gewalt gebrochen, Frauen wurden vergewaltigt, Männer als Träger versklavt. Diese Träger *trugen* – im doppelten Sinn des Wortes – die Hauptlast des Krieges in den Kolonien: Man schätzt, dass auf englischer ebenso wie auf deutscher Seite jeweils etwa 100'000 Träger ihr Leben verloren, weil die Strapazen zu groß wurden. Dem standen 734 gefallene Angehörige der deutschen Schutztruppe und 6'300 gefallene oder vermisste Askari gegenüber – absolut *und* relativ waren das deutlich geringere Zahlen.[11]

Überhaupt litt die einheimische Bevölkerung insgesamt massiv unter der Kriegführung. Plausibel ist die Annahme, dass in Deutsch-Ostafrika und den angrenzenden Gebieten bis zu einer Million Menschen durch von den umherziehenden Soldaten eingeschleppte Krankheiten und aufgrund des Mangels an Nahrungsmitteln umkamen – das war nahezu ein Viertel der dort bei Kriegsausbruch lebenden Bevölkerung.[12] Für Deutschland lässt sich der Gesamtverlust der Bevölkerung durch die Folgen des Krie-ges auf etwas über ein Zehntel schätzen – auch diese Zahl bezieht neben den getöteten Soldaten die Exzessmortalität und den vermuteten Gebur-tenausfall während des Krieges ein (nicht aber die Bevölkerung der im Gefolge des Versailler Vertrags abgetretenen Gebiete).[13] Wenn also selbst in der kriegführenden Macht Deutschland, das ein Fünftel seiner Män-ner als Soldaten eingezogen hatte, die Kriegsverluste deutlich niedriger lagen, kann man ermessen, wie einschneidend die Gewalt des Krieges im Gebiet von Deutsch-Ostafrika gewütet hatte – und dies war eben keine „moderne", sondern die gleichsam archaische Gewalt der Ausplünde-rung und Vergewaltigung und des Entzugs der Lebensgrundlagen. Der Krieg bedeutete hier also gewiss eine Katastrophe – als *Ur*katastrophe wird man freilich nicht ihn, sondern eher den Kolonialismus überhaupt ansehen müssen.

Zehn Jahre vor dem Ersten Weltkrieg hatte Lettow-Vorbeck schon einmal Krieg in Afrika geführt, und zwar als Hauptmann in der Schutztruppe von Deutsch-Südwestafrika, die unter dem Kommando Lothar von Trothas den Aufstand der Herero brutal niederschlug und diese fast vollständig auslöschte. Isabell Hull hat in diesem Völkermord den Beleg für eine besondere deutsche militärische Kultur gesehen, die auf „Vernichtung" angelegt gewesen sei, und zwar zunächst auf die durch rücksichtslose Offensive zu erreichende Vernichtung der Kampfkraft des Gegners. Diese Kultur habe aber, so Hulls These, eine Tendenz zur Entgrenzung enthalten, die, bei mangelndem Erfolg im Erreichen des Hauptziels, exzessive Gewalt gegen Nicht-Kombattanten hervorbringen konnte.[14] Für den Ersten Weltkrieg erweist sich die These allerdings als nicht überzeugend, denn ein Kult der Offensive findet sich hier auf allen Seiten, jedenfalls bis weit in die zweite Kriegshälfte hinein. In der Rücksichtslosigkeit, mit der die Soldaten in tödliche Angriffe getrieben wurden, unterschieden sich zudem deutsche, englische, französische und auch italienische Kommandeure nicht voneinander. Zugleich zeigt das Schicksal der Kriegsgefangenen auf *allen* Seiten aber auch, dass Soldaten, die in Gefangenschaft geraten waren, in der Regel angemessen behandelt wurden, es hier also keinen Vernichtungswillen gab, ungeachtet von Abstufungen, die etwa Serben in österreichischer Gefangenschaft auf eine Stufe unter den Italienern platzierte, und ungeachtet der Tatsache, dass sie zunehmend zu auch gefährlichen Arbeiten in Frontnähe herangezogen wurden. So lag die Todesrate von russischen Kriegsgefangenen in Deutschland zwar vermutlich höher als bei den offiziell angegebenen 5 Prozent, aber auch nicht annähernd so hoch wie im Zweiten Weltkrieg, wo sie weit über 50 Prozent betrug.[15]

IV.

Schlüssiger erscheint zunächst die These von der sich potenziell entgrenzenden Gewalt in einer Vernichtungsstrategie im Hinblick auf die deutschen Kriegsgräuel in Belgien. Damit rückt jetzt, aus der deutschen Perspektive, die Westfront in den Blick. Hier, in Belgien, töteten die deutschen Truppen bei ihrem Einmarsch im August 1914 über 6'000 Zivilisten und zerstörten 15–20'000 Gebäude, darunter die ehrwürdige Bibliothek von Löwen. Dass dies so kam, ging jedoch wesentlich auf situative Faktoren zurück, die sich wiederum verbanden mit der strikten Verurteilung irregulärer, aber von der Haager Landkriegsordnung unter bestimmten Voraussetzungen zugelassener Kämpfer durch die preußisch-deutsche Militärführung. Die deutschen Truppen, vom belgischen Widerstand überrascht, vermuteten, zu Unrecht, überall solche *franc-tireurs* wie 1870/71 – gleichzeitig mussten sie gemäß dem Schlieffenplan schnell vorankommen. Hinzu kamen neben dem heißen Sommerwetter Vorurteile gegenüber der kleinen und katholischen Nation Belgien.[16] Dieses Ensemble von Faktoren führte zu den deutschen Kriegsverbrechen, jedoch nicht eine spezifisch auf Vernichtung angelegte preußisch-deutsche Militärdoktrin.

Für die Gewaltgeschichte des Ersten Weltkriegs sind die belgischen Kriegsgräuel vor allem insofern von Bedeutung, als sie zusammen mit dem schon erwähnten Genozid an den Armeniern und den hier ebenfalls anzuführenden russischen Kriegsverbrechen an für unzuverlässig gehaltenen ethnischen Gruppen beim Rückzug 1915 eine Tendenz zur Entgrenzung der Kriegsgewalt über die eigentlichen Kombattanten hinaus erkennen lassen, wie sie zuvor schon die Balkankriege zeigten. Für die Zeitgenossen markierte auch dies den Ersten Weltkrieg als Zäsur, denn die Kriegführung des 19. Jahrhunderts hatte – in Europa, den Balkan freilich ausgenommen – die Grenze zwischen Soldaten und Zivilisten im Ganzen respektiert. *Das* allerdings, so erweist es eine historische Betrachtung in längerer zeitlicher Perspektive, war die Anomalie und nicht die Regel. Mit dem Ersten Weltkrieg kehrte die Kriegführung sozusagen wieder zu einem Muster zurück, das im Europa des 17. Jahrhunderts Normalität gewesen war und wofür etwa die Zerstörung Magdeburgs als Fanal steht.[17]

Für die an der Westfront ausgeübte und erfahrene Kriegsgewalt waren die Verbrechen an der belgischen Zivilbevölkerung aber nicht typisch. Der Bewegungskrieg verwandelte sich Ende 1914 in einen bis 1918 dauernden Stellungskrieg. Die für ihn typische Form der Gewalt war das Trommelfeuer der Artillerie, das, wie eingangs bereits erwähnt, insgesamt die meisten Toten unter den Soldaten forderte. Hier drängt sich zunächst die Vermutung auf, dass der einzelne Soldat, der sich unter solchem Beschuss kaum anders denn als hilfloses Opfer empfinden konnte, darauf irgendwann mit innerer Ablehnung und Aufgabe der eigenen Kampfbereitschaft reagieren musste. Dies traf gewiss auf nicht wenige Soldaten zu, aber es ist doch notwendig, einen differenzierenden Blick auf die Gewalt an der Westfront zu werfen.

Der Dienst an der Front des Stellungskrieges bedeutete keineswegs, permanent großen Belastungen und höchster Verletzungs- oder gar Todesgefahr ausgesetzt gewesen zu sein. Zu solchen Belastungen und Gefahren kam es während eigener Angriffe und solcher des Gegners, aber dazwischen lagen Phasen der Ruhe, auch durch informelle Absprachen mit dem Gegner, die je nach Frontabschnitt auch länger andauern konnten. Überhaupt befanden sich auch die Frontsoldaten nicht ständig in der vordersten Linie, sondern wurden nach etwa einer Woche im vordersten Schützengraben für den gleichen Zeitraum zum Bereitschaftsdienst in eine etwas weiter rückwärts liegende Stellung beordert und konnten sich dann mehrere Tage in einem Ruhequartier hinter der Front erholen. Zudem erhielten die Soldaten Heimaturlaub, was mindestens einmal im Jahr geschehen sollte. So blieben sie, wie auch durch die zahlreichen Feldpostbriefe, mit der Heimat in Kontakt und bildeten nur bedingt eine gänzlich andere Erfahrungswelt aus. Der Rhythmus von Belastung und Erholung erlaubte somit bis in die Endphase des Krieges hinein eine gewisse Stabilisierung der eigenen Existenz im *Ausnahmezustand* Front und disponierte nicht notwendig zu einer bestimmten Haltung gegenüber dem Krieg.[18]

Waffentechnische und -taktische Veränderungen vor allem in der zweiten Hälfte des Krieges ließen zudem die Erfahrungswelten an der Front selbst auseinandertreten. Paradigmatisch für die *eine* mögliche Position, freilich in ihrer absoluten Überspitzung und Ästhetisierung, sind bekanntlich die Kriegsbücher des deutschen Schriftstellers Ernst Jünger. Der von ihm beschriebene Soldatentypus, die Kampfmaschine des „neuen Mannes", wird im Rausch des Gefechts seiner selbst in höchster Steigerung gewahr.[19] Darin manifestiert sich nicht allein die literarische Stilisierung sehr individueller Kriegserfahrungen, sondern auch ein neuer Realtypus des Soldaten vor allem an der Westfront, nämlich die Angehörigen der „Sturmtruppen", in Italien „Arditi" genannt. Diese Einheiten, hochbeweglich, mit einem hohe Feuerkraft garantierenden Waffenmix ausgestattet und zugleich für den Nahkampf trainiert, sollten im Rahmen einer veränderten Taktik, die sich von starren Frontlinien verabschiedete, in die Stellungen des Gegners einbrechen und der Masse der Infanterie den Weg bahnen. Überhaupt bildete sich nach ihrer Aufstellung eine Art Arbeitsteilung an der Front heraus: Während die Sturmtruppen, die sich vor allem aus unter 25 Jahre alten und unverheirateten Soldaten zusammensetzten, die gefährlicheren Patrouillengänge übernahmen, standen die älteren Mannschaften Posten und reparierten die Stellungen. Durch diese Arbeitsteilung differenzierten sich Gewalt- und damit Kriegserfahrungen aus.[20]

Dass die Soldaten an der Westfront mehrheitlich Lust am Töten empfunden hätten, legen die vorhandenen Quellen und Befunde nicht nahe. Eher scheint eine nüchterne Routinisierung des Waffengebrauchs dominiert zu haben, in der hasserfüllte Feindbilder und auftrumpfendes Männlichkeitsgehabe weitgehend fehlten.[21] Ungeachtet vorheriger Unterschiede entwickelte sich die Stimmung der deutschen Soldaten seit dem Scheitern der Frühjahrsoffensive 1918 aber in nachvollziehbarer Weise. Seit dem Sommer 1918 nahmen die Möglichkeiten zur Erholung deutlich ab, was in Verbindung mit der deutlich verschlechterten Kriegslage zu weitverbreiteter Unzufriedenheit führte. Im Ergebnis kam es zu dem in der Forschung so bezeichneten „verdeckten Militärstreik" von bis zu einer Million Soldaten, die auf Krankentransporte zu gelangen suchten, als Versprengte nicht zu ihren Einheiten finden oder nur zögerlich in Frontstellungen einrücken wollten.[22]

An der Ostfront hatte die Gewalt des Krieges ein etwas anderes Gesicht. Zwar spielte auch hier die Artillerie eine wichtige Rolle – ihr konzentrierter Einsatz verhalf den deutschen und österreichisch-ungarischen Truppen im Mai 1915 zum entscheidenden Durchbruch bei Gorlice-Tarnow, der dann zum russischen Rückzug aus ganz Polen führte. Eine durchgehende Frontlinie fehlte aber, anders als im Westen, Boden- und Witterungsverhältnisse erschwerten die Anlage befestigter Stellungen, und die Gewehrdichte *pro Meter* lag um zwei Drittel unter der im Westen.[23] Deshalb verlief der Krieg an der Ostfront weitgehend als Bewegungskrieg. War die Gewalt des Krieges im Westen über weite Strecken eine haltende, auf die Sicherung der eigenen befestigten Stellungen und der damit markierten Grenze bezogene, fungierte sie im Osten als Gewalt, die Grenzen verschob und weite Räume zugänglich machte.

Es ist durchaus umstritten, in welchem Maß damit bereits Erschließungs- und Ausbeutungsphantasien verbunden waren, wie sie später im Zweiten Weltkrieg in radikalisierter, den Massenmord einschließender Form umgesetzt wurden. Während die älteren und höherrangigen deutschen Offiziere vornehmlich auf die indirekte Kontrolle und wirtschaftliche Nutzbarmachung des besetzten Gebiets abzielten, sahen sich andere deutsche Soldaten in einem weiten Raum, der anfänglich verwirrend und bedrohlich wirkte, nach einiger Zeit aber das Bedürfnis weckte, ihn durch deutsche „Ordnung" und „Arbeit" in ein produktives Terrain zu verwandeln.[24]

Eine neue Form, die zugleich der in Deutsch-Ostafrika angewandten ähnlich war, nahm die vom Militär ausgeübte Gewalt an, als die deutschen Truppen seit dem Februar 1918 weit in die Ukraine vorstießen, um die Bolschewiki zu einem förmlichen Friedensvertrag zu zwingen und aus der Ukraine Getreide zu requirieren. Diese gegen die Zivilbevölkerung wie gegen die sich hier bildenden paramilitärischen Gruppierungen gerichtete Gewalt trug mit dazu bei, die Region in einen „Gewaltraum" zu verwandeln, in dem staatliche Strukturen zusammenbrachen.[25] Diese Gewalt war nicht mehr durch etablierte Kriegsbräuche eingehegt, sondern tendenziell entgrenzt, da der Gegner nicht als regulärer Militärverband auftrat und ihm kriegsähnliche Schutzrechte somit nicht zuerkannt wurden. Das galt aus deutscher Sicht, und es galt dann im russischen Bürgerkrieg aus Sicht der dort kämpfenden Parteien. Die russische Armee hatte während des Weltkrieges durch den Umfang der Mobilisierung für viele junge Männer als „Schule der Gewalt" fungiert und zudem räuberische Kleinstrukturen ausgebildet, da die Führung nicht in der Lage war, die Versorgung der Truppe zu gewährleisten. Somit bedeutete die bolschewistische Revolution im Oktober 1917 keine wirkliche Zäsur; Krieg und Bürgerkrieg gingen nahtlos ineinander über.[26]

V.

Die These einer „Brutalisierung" der europäischen Nachkriegsgesellschaften durch den Ersten Weltkrieg muss aus zwei Perspektiven diskutiert werden. Zum einen geht es um die Frage, inwiefern die Frontsoldaten als Individuen im Sinn eines den Krieg überdauernden Abbaus von Hemmungen gegenüber gewaltsamem Verhalten durch die im Krieg erlittene und ausgeübte Gewalt geprägt wurden. Zum anderen ist zu fragen, inwiefern sich die politische Kultur der am Krieg beteiligten Länder in seinem Gefolge insbesondere durch politisch motivierte Gewalt negativ veränderte.

Es ist gewiss unbestreitbar, dass ehemalige Frontsoldaten einen besonderen Anteil an solch politisch motivierter Gewalt hatten, vor allem in Deutschland und Italien, in der neuen Sowjetunion und ihren westlichen Randgebieten sowie anderen Staaten Ost- und Südosteuropas. Die deutschen Freikorps, die 1919/20 mit brutaler Gewalt Arbeiteraufstände niederschlugen, rekrutierten sich zum großen Teil aus ehemaligen Soldaten, ebenso die britischen „Black and Tans", die mit ähnlicher Härte gegen die irische Unabhängigkeitsbewegung vorgingen, und auch die italienischen „Squadristi", die den Weg zur Machtübernahme der Faschisten 1922 bahnten. Hinzufügen ließen sich rechtsnationalistische Veteranenverbände, wie der deutsche „Stahlhelm. Bund der Frontsoldaten", die ihren Anspruch auf Beherrschung der Straße auch mit Gewalt durchzusetzen bereit waren.[27]

Gegen die Annahme einer weitreichenden individuellen „Brutalisierung" der Frontsoldaten sprechen jedoch gewichtige andere Befunde. So hatte sich in der ersten Hälfte der 1920er-Jahre der Vorkriegstrend des stetigen Rückgangs der Gewaltverbrechen wieder durchgesetzt.[28] 1910 hatte die Mordrate in England bei 0.81 gelegen; 1920 stieg sie leicht auf 0.83, um bis 1930 auf 0.75 zu sinken (bezogen jeweils auf 100'000 Einwohner).[29] In Deutschland lag die Zahl der einfachen und gefährlichen Körperverletzungen selbst im Chaos der Hyperinflation 1923 deutlich niedriger als in der Vorkriegszeit.[30] Wenn sich Kriegsveteranen organisierten, taten sie es zudem keineswegs nur in Form gewaltbereiter politischer Organisationen. 3.4 Millionen Mitglieder zählten die französischen Veteranenverbände, die für eine bessere Kriegsopferversorgung kämpften und eindeutig pazifistische Positionen vertraten.[31] Der größte Verband der Kriegsgeschädigten in Deutschland, der „Reichsbund", stand den Sozialdemokraten ebenso nahe wie das „Reichsbanner Schwarz-Rot-Gold. Bund republikanischer Kriegsteilnehmer", dessen Mitgliederzahl die des „Stahlhelm" weit übertraf und der sich, ungeachtet der eigenen begrenzten Straßenmilitanz, für internationale Verständigung insbesondere gegenüber Frankreich einsetzte. Auch die ehemaligen Kriegsgefangenen organisierten sich, so in Deutschland mehrere Hunderttausend. Einer ihrer zwei Verbände vertrat eindeutig pazifistische Positionen, beide erhoben primär sozialpolitische Forderungen und hielten Kontakte zu Veteranen in Großbritannien und Frankreich.[32] Im Licht dieser Befunde erscheint die Annahme einer weitreichenden und lange nachwirkenden individuellen Brutalisierung der im Krieg eingesetzten Soldaten nicht stichhaltig.

Dagegen war die politische Kultur ehemals kriegführender Länder zweifellos durch am Militär orientierte Organisationsformen und offene Gewalt belastet und insofern „brutalisiert". Allerdings zeigten sich dabei charakteristische Unterschiede zwischen Staaten und Regionen.

In Russland und den westlichen Grenzgebieten der sich herausbildenden Sowjetunion ging der Erste Weltkrieg bruchlos in einen blutigen, mehrere Jahre dauernden Bürgerkrieg über. Paramilitärische Verbände waren die Träger gewaltsamer Auseinandersetzungen in Südosteuropa. In Deutschland dagegen blieb es bei punktuellen Bürgerkriegskämpfen, die sich zudem auf die Jahre zwischen 1919 und 1921 konzentrierten. Die politische Gewalt der Jahre danach nahm primär die Form des nach der Zahl der jeweiligen Teilnehmer und der Art der eingesetzten Waffen deutlich begrenzteren Straßenkampfs ab, der selbst in den letzten Jahren der Weimarer Republik weitaus weniger Opfer forderte als der punktuelle Bürgerkrieg der ersten Jahre.[33] In Italien zeichneten sich die unmittelbaren Nachkriegsjahre durch blutige Straßenkämpfe aus, die 1922 zur Machtübernahme der Faschisten führten. Zwar erlebte auch Frankreich in den unmittelbaren Nachkriegsjahren Auseinandersetzungen in der Form des Straßenkampfs, doch forderten sie erheblich weniger Opfer als in Italien oder Deutschland. Von der blutigen Unterdrückung der irischen Unabhängigkeitsbewegung abgesehen, die nach öffentlichen Protesten gegen das Vorgehen der „Black and Tans" 1921 abgebrochen wurde, blieb Großbritannien bis in die 1930er-Jahre von politischer Gewalt verschont. Als die „British Fascisti" Oswald Mosleys vergleichsweise harmlose Krawalle provozierten, verloren sie rasch an Zulauf.[34]

Offensichtlich lassen sich die skizzierten Unterschiede nicht einfach auf den Sieg oder die Niederlage im Ersten Weltkrieg zurückführen. Vielmehr scheinen sich in ihnen Unterschiede der politischen Traditionen und Kulturen auszudrücken, die ihre Wurzel in den unterschiedlichen Wegen der Nationalstaatsbildung hatten. Nach einer vom Historiker Theodor Schieder 1966 vorgeschlagenen Typologie entstanden die Nationalstaaten in Westeuropa in Folge *innerstaatlicher Revolutionen*, danach die Nationalstaaten in Mitteleuropa und Italien durch *Einigungsbewegungen* und schließlich in Osteuropa durch *Sezessionsbewegungen*, die zum Teil erst durch den Zerfall der Habsburger Monarchie im Ersten Weltkrieg zum Abschluss kamen.[35] Nach 1918 charakterisierte entgrenzte Gewalt die Länder des *Sezessions-Nationalismus*. Die vereinzelt bürgerkriegsartig aufflackernde, die demokratischen Verfassungen letztlich zerstörende Gewalt paramilitärischer Gruppen war dagegen für die Staaten des *Einigungsnationalismus* typisch. In den *alten Nationalstaaten* gelang es demgegenüber, die Gewalt unter Kontrolle zu halten und nicht zu einer grundlegenden Gefahr für die politischen Systeme werden zu lassen. Das

Ausmaß der politischen Gewalt in der Nachkriegszeit hing demnach, so lässt sich folgern, entscheidend davon ab, wie gut sich demokratische Institutionen in einem nationalstaatlichen Rahmen etabliert hatten und wie umstritten Staatsgrenzen waren.[36]

In Bürgerkriegslagen, zumal wenn sie mit Versuchen zur Bildung neuer Staaten einhergingen, konnte ein „Gewaltraum" entstehen, in dem, wie in der Ukraine, bisherige staatliche Strukturen zusammenbrachen, Akteursgruppen mit widerstreitenden Zielen über gleichartige Gewaltmittel verfügten und diese auch ohne Skrupel einzusetzen bereit waren. Bei längerer Dauer des Konflikts konnte die Gewalt dann auf der Basis männerbündischer Strukturen einen selbstläufigen und sich entgrenzenden Charakter annehmen.[37] In Deutschland bildeten sich solche Gewalträume nicht aus oder allenfalls nur sehr punktuell und kurzzeitig in der Bürgerkriegsphase 1919/20. Als gewalttreibend erwies sich hier aber 1921 der Grenzkonflikt mit Polen in Oberschlesien, dessen Teilung gemäß des Versailler Vertrages mittels einer Volksabstimmung festgelegt werden sollte. Auch hier resultierte die besondere Heftigkeit der gewaltsamen Auseinandersetzungen im Vorfeld der Volksabstimmung nicht einfach daraus, dass es sich bei den Kämpfern vielfach um ehemalige Kriegsteilnehmer gehandelt hätte. Vielmehr ergab sie sich vor allem aus den besonderen Bedingungen vor Ort, denn es ging nicht einfach nur darum, eine Grenze zwischen den ethnischen Gruppen zu ziehen, sondern die Zugehörigkeit zu einer solchen Gruppe überhaupt erst zu bestimmen, da viele Einwohner Oberschlesiens zweisprachig und Deutsche wie Polen Katholiken waren. Anders als zur gleichen Zeit bei den Auseinandersetzungen in Nordirland waren die Fronten also viel weniger klar gezogen, weshalb die Gewalt in Oberschlesien als Grenzen erst etablierende Gewalt deutlich heftiger ausfiel als die Grenzen – zwischen katholischen Iren und protestantischen Engländern – nur befestigende Gewalt in Nordirland.[38]

Die politische Nachkriegsgewalt wies daher wesentlich regionalspezifische Ursachen auf, die sich aus politischen Traditionen, staatlichen Strukturen und sozialräumlichen Verhältnissen vor Ort ergaben. Zugleich war sie das Ergebnis des ideologischen Konflikts zwischen der sozialistischen Arbeiterbewegung und dem Radikalnationalismus, der sich im Gefolge der Machtübernahme der Bolschewiki in Russland extrem zugespitzt hatte und nur in Westeuropa durch integrierende nationale Traditionen eingehegt werden konnte.

VI.

Die Gewalt des Ersten Weltkriegs verlief somit in Bahnen, die zum Teil durch seine Modernität bestimmt, zum Teil aber auch schon durch ältere Konflikte vorgezeichnet waren. Schon deshalb stand die Erfahrung dieser Gewalt nur in einem mittelbaren Zusammenhang mit der Erfahrung der neuen Waffentechnik und ihrer ungekannten Zerstörungsqualität. Die Vielfalt der Kriegsschauplätze und der jeweiligen Einsatzbedingungen formte diese Gewalterfahrung ebenso wie individuelle und gruppenbezogene (Vor-)Prägungen, die durch den nicht abreißenden Kontakt zwischen Front und Heimat befestigt und mitgestaltet wurden. Die Wirkungen der Kriegsgewalt über die Kriegszeit *hinaus* sind daher nicht pauschal zu benennen. Der Erste Weltkrieg war eine Katastrophe, aber er war keine „Maschine zur Brutalisierung der Welt", wie dies der britische Historiker Eric J. Hobsbawm behauptet hat.[39] Wie die Kriegsgewalt wirkte, hing vom Einbau der vielgestaltigen Erfahrungen in eine Nachkriegswelt ab, die sich in Europa in drei unterschiedlichen Zonen der erfolgreichen Einhegung, der wechselhaften Verarbeitung und der tendenziellen Verstärkung von Gewalt konstituierte. Die „Brutalisierung" der Zwischenkriegszeit war dort, wo sie eintrat, durch den Ersten Weltkrieg mitverursacht, aber nicht erzwungen. Der Krieg schuf dafür notwendige, aber keineswegs hinreichende Bedingungen. Die nächste große Katastrophe zwei Jahrzehnte später war 1918 deshalb noch keineswegs vorgezeichnet. Hier gilt es, die relative Offenheit der Geschichte festzuhalten.

Anmerkungen

[1] *George F. Kennan*, The Decline of Bismarck's European Order. Franco-Russian Relations, 1875–1890, 2. Aufl., Princeton 1980, 11; *George L. Mosse*, Gefallen für das Vaterland. Nationales Heldentum und namenloses Sterben, Stuttgart 1993, 195–222.

[2] Vgl. dazu etwa *Stig Förster*, Not the End of the World. The Great War in Global Perspective, in: Helmut Bley, Anorthe Kremers (Hrsg.), The World during the First World War, Essen 2014, 29–45; einführend zur Gewaltgeschichte des Krieges aus transnationaler und auch globaler Perspektive die Beiträge in: *Ute Daniel* et al. (Hrsg.), 1914–1918 online. International Encyclopedia of the First World War, Themes > Violence, online verfügbar, URL: <http://encyclopedia.1914-1918-online.net/themes/violence/> (zuletzt besucht am 30.07.17).

[3] *Jörn Leonhard*, Die Büchse der Pandora. Geschichte des Ersten Weltkriegs, 5. Aufl., München 2014, 294–307, 460–470; *Dennis E. Showalter*, Plans, Weapons, Doctrines: The Strategic Cultures of Interwar Europe, in: Roger Chickering, Stig Förster (Hrsg.), The

Shadows of Total War. Europe, East Asia, and the United States, 1919–1939, New York 2003, 55–81.

[4] *Benjamin Ziemann*, Soldaten, in: Gerhard Hirschfeld, Gerd Krumeich, Irina Renz (Hrsg.), Enzyklopädie Erster Weltkrieg. Aktualisierte und erweiterte Studienausgabe, Paderborn 2009, 155–168, 157.

[5] *Ziemann*, Soldaten (Anm. 4), 156.

[6] *Alan Kramer*, Dynamic of Destruction. Culture and Mass Killing in the First World War, Oxford 2007, 2, 34–35.

[7] *Benjamin Ziemann*, Gewalt im Ersten Weltkrieg. Töten – Überleben – Verweigern, Essen 2013, 15–17.

[8] *Heather Jones, Jennifer O'Brien, Christoph Schmidt-Supprian*, Introduction: Untold War, in: dies. (Hrsg.), Untold War. New Perspectives in First World War Studies, Leiden 2008, 1–20, 2–3.

[9] *John Paul Newman*, Paramilitärische Gewalt auf dem Balkan. Ursprünge und Vermächtnisse, in: Robert Gerwarth, John Horne (Hrsg.), Krieg im Frieden. Paramilitärische Gewalt in Europa nach dem Ersten Weltkrieg. Aus dem Englischen übersetzt von Ulrike Bischoff, Göttingen 2013, 226–249; *Kramer*, Dynamic (Anm. 6), 132–140.

[10] *U ur Ümit Üngör*, Paramilitärische Gewalt im zusammenbrechenden Osmanischen Reich, in: Gerwarth, Horne (Hrsg.), Krieg (Anm. 9), 250–275.

[11] *Michael Pesek*, Das Ende eines Kolonialreiches. Ostafrika im Ersten Weltkrieg, Frankfurt 2010, 242–266; *Eckard Michels*, „Der Held von Deutsch-Ostafrika": Paul von Lettow-Vorbeck. Ein preußischer Kolonialoffizier, Paderborn 2008, 235.

[12] *Michels*, Held (Anm. 11), 235.

[13] *Peter Marschalck*, Bevölkerungsgeschichte Deutschlands im 19. und 20. Jahrhundert, Frankfurt 1985, 148, sowie auf dieser Basis eigene Berechnung des Anteils ohne die Bevölkerungsverluste infolge der Gebietsabtretungen.

[14] *Isabel V. Hull*, Absolute Destruction: Military Culture and the Practices of War in Imperial Germany, Ithaca 2005. Die These Jürgen Zimmerers, vom Völkermord an den Herero sei eine direkte Linie zum Holocaust zu ziehen, wird prägnant widerlegt durch *Robert Gerwarth, Stephan Malinowski*, Der Holocaust als „kolonialer Genozid"? Europäische Kolonialgewalt und nationalsozialistischer Vernichtungskrieg, in: Geschichte und Gesellschaft 33 (2007), 439–466.

[15] *Kramer*, Dynamic (Anm. 6), 64–68, 341–343.

[16] *John Horne, Alan Kramer*, German Atrocities 1914. A History of Denial, New Haven 2001.

[17] *Dieter Langewiesche*, Eskalierte die Kriegsgewalt im Lauf der Geschichte?, in: Jörg Baberowski (Hrsg.), Moderne Zeiten? Krieg, Revolution und Gewalt im 20. Jahrhundert, Göttingen 2006, 12–36.

[18] *Benjamin Ziemann*, Front und Heimat. Ländliche Kriegserfahrungen im südlichen Bayern 1914–1923, Essen 1997, 75–106.

[19] Dies wird prägnant auf den Punkt gebracht in *Bernd Weisbrod*, Kriegerische Gewalt und männlicher Fundamentalismus. Ernst Jüngers Beitrag zur Konservativen Revolution, in: Geschichte in Wissenschaft und Unterricht 49 (1998), 544–560.

[20] *Ziemann*, Front (Anm. 18), 100–102; *Kramer*, Dynamic (Anm. 6), 128–129.

[21] *Ziemann*, Gewalt (Anm. 7), 7–9.

[22] *Wilhelm Deist*, Verdeckter Militärstreik im Kriegsjahr 1918?, in: Wolfram Wette (Hrsg.), Der Krieg des kleinen Mannes. Eine Militärgeschichte von unten, München 1992, 146–167; *Ziemann*, Gewalt (Anm. 7), 134–153.

[23] *Norman Stone*, Ostfront, in: Hirschfeld, Krumeich, Renz (Hrsg.), Enzyklopädie (Anm. 4), 762–764, 762.

[24] *Vegas G. Liulevicius*, Kriegsland im Osten: Eroberung, Kolonialisierung, Militärherrschaft im Ersten Weltkrieg, Hamburg 2002; *Hans-Erich Volkmann*, Der Ostkrieg 1914/15 als Erlebnis- und Erfahrungswelt des deutschen Militärs, in: Gerhard P. Groß (Hrsg.), Die Vergessene Front – der Osten 1914/15. Ereignis, Wirkung, Nachwirkung, Paderborn 2006, 263–293.

[25] *Felix Schnell*, Ukraine 1918: Besatzer und Besetzte im Gewaltraum, in: Jörg Baberowski, Gabriele Metzler (Hrsg.), Gewalträume. Soziale Ordnungen im Ausnahmezustand, Frankfurt 2012, 135–168; *ders.*, Räume des Schreckens. Gewalt und Gruppenmilitanz in der Ukraine 1905–1933, Hamburg 2012, 171–176.

[26] *Schnell*, Räume (Anm. 25), bes. 147–151.

[27] *Hagen Schulze*, Freikorps und Republik 1918–1920, Boppard 1969; *Richard Bennett*, The Black and Tans, London 1959 (Nd. 1970); *Volker R. Berghahn*, Der Stahlhelm. Bund der Frontsoldaten 1918–1935, Düsseldorf 1966; *Sven Reichardt*, Faschistische Kampfbünde. Gewalt und Gemeinschaft im italienischen Squadrismus und in der deutschen SA, Köln 2002, 366–367.

[28] *Jean-Claude Chesnais*, Histoire de la violence en Occident de 1800 à nos jours, Paris 1982, 53–55, 68, 159; *Moritz Liepmann*, Krieg und Kriminalität in Deutschland, Stuttgart 1930, 33–34.

[29] *Adrian Gregory*, Peculiarities of the English? War, Violence and Politics: 1900–1939, in: Andreas Wirsching, Dirk Schumann (Hrsg.), Violence and Society after the First World War (Journal of Modern European History 1 [2003]), 44–59, 45.

[30] *Liepmann*, Krieg (Anm. 28), 38–40; *Richard Bessel*, Germany After the First World War, Oxford 1993, 240–246.

[31] *Antoine Prost*, In the Wake of War: 'Les Anciens Combattants' and French Society, 1914–1939, Oxford 1992.

[32] *Robert Weldon Whalen*, Bitter Wounds. German Victims of the Great War, 1914–1939, Ithaca 1984; *Benjamin Ziemann*, Contested Commemorations. Republican War Veterans and Weimar Political Culture, Cambridge 2013; *Rainer Pöppinghege*, „Kriegsteilnehmer zweiter Klasse"? Die Reichsvereinigung ehemaliger Kriegsgefangener 1919–1933, Militärgeschichtliche Zeitschrift 64 (2005), 391–423.

[33] *Dirk Schumann*, Politische Gewalt in der Weimarer Republik. Kampf um die Straße und Furcht vor dem Bürgerkrieg, Essen 2001; *Andreas Wirsching*, Vom Weltkrieg zum Weltbürgerkrieg? Politischer Extremismus in Deutschland und Frankreich 1918–1933/39. Berlin und Paris im Vergleich, München 1999.

[34] *Emilio Gentile*, Paramilitärische Gewalt in Italien. Das Grundprinzip des Faschismus und die Ursprünge des Totalitarismus, in: Gerwarth, Horne (Hrsg.), Krieg (Anm. 9), 150–174; *Andreas Wirsching*, Political Violence in France and Italy after 1918, in: ders., Schumann (Hrsg.), Violence (Anm. 29), 60–79; *Gregory*, Peculiarities (Anm. 29).

[35] *Theodor Schieder*, Typologie und Erscheinungsformen des Nationalstaats in Europa, in: Historische Zeitschrift 202 (1966), 58–81.

[36] Weitere Überlegungen dazu bei *Dirk Schumann*, Europa, der Erste Weltkrieg und die Nachkriegszeit: eine Kontinuität der Gewalt?, in: Wirsching, ders. (Hrsg.), Violence (Anm. 29), 24–43.

[37] Am Beispiel Nestor Machnos und seines Gefolges zeigt dies *Schnell*, Räume (Anm. 25), 287–378.

[38] *Timothy Wilson*, Frontiers of Violence: conflict and identity in Ulster and Upper Silesia, 1918–1922, Oxford 2010.

[39] *Eric J. Hobsbawm*, Das Zeitalter der Extreme. Weltgeschichte des 20. Jahrhunderts, München 1995, 163.

Recht, Rechtswissen und Kriegsgeschehen

Oliver Diggelmann

Völkerrecht und Erster Weltkrieg[1]

I.   Einleitung

Die Zeit des Ersten Weltkriegs wird in der Völkerrechts- und der Geschichtswissenschaft meist als Nicht-Zeit des Völkerrechts dargestellt.
Die völkerrechtliche Literatur geht auf die vier Jahre zwischen 1914 und
1918 in diachronen Abhandlungen regelmäßig höchstens knapp ein,[2]
historiografische Standardwerke erwähnen das Völkerrecht oft nicht
einmal in den Inhalts- und den Schlagwortverzeichnissen.[3] Dieses Desinteresse reicht weit zurück. Für die ihm zugrunde liegende Annahme
weitgehender Irrelevanz des Völkerrechts für und während dieser Zeit
gibt es eine Reihe von Gründen.[4] Da war das bis dato unerreichte Ausmaß
der Gewalt mit 8.9 Millionen getöteten Soldaten und gegen 17 Millionen
Kriegstoten insgesamt. Es war mit der Vorstellung substanzieller Relevanz
des Rechts schwer vereinbar. Ein zweiter Grund für das früh einsetzende
Desinteresse – teilweise gar für die Verhöhnung des internationalen Rechts
– waren heftige Attacken auf das Völkerrecht während der Zwischenkriegszeit.[5] Sie trübten die Sicht auf den anspruchsvollen Themenkom-
plex. In Deutschland im Besonderen galt der Versailler Friedensvertrag
wegen des „Kriegsschuldparagraphen" (Art. 231) als Synonym für ein
als „Völkerunrecht" empfundenes Völkerrecht. Auch in anderen Ländern
gab es allerdings heftige Attacken. Im Vereinigten Königreich etwa sprach

der damals bereits berühmte Ökonom John Maynard Keynes abschätzig vom „sogenannten Völkerrecht", denn er hielt die Ordnung der Pariser Verträge für generell verfehlt.[6] Ein weiterer Grund für die Vernachlässigung des Themas war der Aufstieg der sogenannten realistischen Schule der internationalen Beziehungen. Dieser Zweig der Politikwissenschaft betrachtet das Völkerrecht tendenziell als „Softfaktor" im Spiel der Kräfte und teilweise gar als zu vernachlässigende Größe.[7]

Die drei Faktoren zusammen führten dazu, dass bis heute nur wenige anspruchsvolle Untersuchungen zum Verhältnis zwischen Völkerrecht und Erstem Weltkrieg existieren.[8] Das ist nicht zuletzt deshalb bemerkenswert, weil das Völkerrecht durchaus ein wichtiges Element der postnapoleonischen Friedensordnung gewesen war und mit dem raschen Anwachsen des Vertragsrechts in der zweiten Hälfte des 19. Jahrhunderts und dem (Wieder-)Erwachen der Schiedsgerichtsbarkeit noch einmal an Bedeutung gewonnen hatte.[9] Mit der Schaffung der ersten Genfer Konvention 1864 hatte der Prozess der allmählichen Kodifikation des Völkerrechts eingesetzt, mit dem Allgemeinen Telegrafenverein 1865 und dem Weltpostverein 1874 waren erste internationale Organisationen entstanden. Das Völkerrecht konnte nicht mehr leichthin als bloße Völkermoral abgetan werden. Im letzten Drittel des 19. Jahrhunderts erhofften sich viele von seinem Aufstieg eine Zivilisierung der internationalen Beziehungen, die Entstehung einer fachlich verselbstständigten Völkerrechtswissenschaft begleitete diese Hoffnungen.[10] Es verdient auch Erwähnung, dass der Begriff des Völkerrechts und sein lateinischer Vorgänger, das *ius gentium*, auch die Bedeutung „Zivilisation" und bis zu einem gewissen Grad „Weltvernunft" konnotierten.[11] Begriff und Phänomen waren Hoffnungsträger. So war der Erste Weltkrieg zu Beginn vom Vereinigten Königreich im Namen des Völkerrechts geführt worden.[12] Der Krieg hatte mit der Verletzung der belgischen Neutralität begonnen, die von den fünf europäischen Großmächten 1839 in einem Vertrag garantiert worden war.[13]

Der vorliegende Beitrag nimmt das Verhältnis zwischen Völkerrecht und Erstem Weltkrieg aus einer grundsätzlichen Perspektive in den Blick. Er soll dazu beitragen, der Vorstellung entgegenzuwirken, das Völkerrecht sei in dieser Periode faktisch suspendiert gewesen. Thema sind die Rolle des Völkerrechts auf dem Weg in den Krieg und die völkerrechtlichen Schlüsselfragen während des Krieges. Nicht behandelt werden die Folgen des Ersten Weltkriegs. An dieser Stelle soll dazu nur festgehalten werden, dass der Erste Weltkrieg den Blick auf militärische Gewalt und ihre Möglichkeiten für immer veränderte.[14] Es entstand ein nahezu universeller Konsens darüber, dass das absichtliche Vomzaunbrechen eines Krieges nicht länger ohne Weiteres gerechtfertigt werden kann.[15] Auf die völkerrechtliche Agenda rückten auch allfällige strafrechtliche Konsequenzen für die Verantwortlichen, die vom Völkerrecht selbst vorgesehen sind. Bereits der Versailler Vertrag ging in dieser Hinsicht weiter als gemeinhin bekannt.[16] Die Umsetzung der betreffenden Bestimmungen scheiterte vor allem an der Angst der Alliierten, sie würden Deutschland in die Arme der Bolschewisten treiben.

Im Einzelnen wird zunächst der Frage nachgegangen, ob bzw. wieweit das Völkerrecht als „Mitursache" des Krieges betrachtet werden kann oder sollte. Es wird an die Historikern geläufige Unterscheidung zwischen Kriegsanlass und strukturellen Kriegsursachen angeknüpft, die auf den griechischen Historiker Thukydides zurückgeht. Dieser unterschied bei seiner Analyse der Ursachen des Peloponnesischen Krieges zwischen dem Kriegsgrund im Sinne des unmittelbaren Kriegsanlasses und strukturellen Konfliktursachen.[17] Letzterer Beitrag interessiert hier: der „Beitrag" des Völkerrechts an die Kriegsvoraussetzungen. Drei Aspekte des Völkerrechts vor dem Ersten Weltkrieg kommen in diesem Zusammenhang zur Sprache: die „Allianz" von *ius ad bellum* und Sozialdarwinismus (II.1), das Fehlen individueller völkerrechtlicher Verantwortlichkeit für Angehörige der politischen und militärischen Eliten (II.2) und das sogenannte Repressalienrecht als Brandbeschleuniger von Konflikten (II.3).

Im zweiten Schwerpunkt werden die zentralen völkerrechtlichen Fragen während des Krieges behandelt. Thematisiert werden das Verhältnis zwischen Völkerrecht und „neuen" Waffen sowie Kriegführungsmethoden (III.1), die völkerrechtlichen Fragen im Zusammenhang mit Langzeitbesatzungen (III.2) und die Bedeutung des Völkerrechts für Kriegsgefangene (III.3). Diese Fragen scheinen mir die wichtigsten, weil sie mit den zentralen Charakteristika dieses Krieges – Töten in bisher unbekanntem Ausmaß, Stellungskrieg, massive Brutalisierung mit zunehmender Dauer – in unmittelbarem Zusammenhang standen. Sie blieben auch später im 20. Jahrhundert sehr wichtig. Das in der Literatur verschiedentlich behandelte Thema der Rechtfertigungsfigur des „Notstands" (necessity) werde ich nicht vertiefen.[18] Der Vorwandcharakter der Figur im vorliegenden Zusammenhang scheint mir evident.

II.   Völkerrecht als Mitursache des Krieges?

Kausalitätsfragen gehören im Zusammenhang mit dem Ersten Weltkrieg zu den schwierigsten Fragen überhaupt. Das gilt für Fragen nach dem Weg in den Krieg, der aus verschiedenen „Teilkriegen" mit teilweise gemeinsamen und teilweise verschiedenen Vorgeschichten bestand,[19] wie für Fragen nach dem genauen Verlauf. Die Frage nach den strukturellen Kriegsursachen ist besonders anspruchsvoll. Der Erste Weltkrieg war die Folge eines äußerst komplexen Zusammenspiels politischer, militärischer und kultureller Faktoren,[20] wobei sich bezeichnenderweise alleine die Frage, wie viel Paranoia mit im Spiel war und welche Hintergründe sie hatte, zu einem eigenem Forschungsfeld entwickelt hat.[21] Ist es angesichts der Vielschichtigkeit dieser Thematik sinnvoll, dass sich auch Völkerrechtler, von Haus aus keine Spezialisten für komplexe historiografische Themen, in die Diskussion einschalten? Mir scheint dies der Fall zu sein. Das Verständnis von Historikern und Politikwissenschaftlern für die Wechselwirkungen von Völkerrecht und Wirklichkeit ist oft nicht besonders ausgeprägt. Recht wird nicht einfach nur beachtet oder verletzt, es prägt vielmehr auch die Wahrnehmungen der Akteure mit, beeinflusst Mentalitäten, liefert Legitimationsschemata und löst zuweilen selbst komplexe Dynamiken aus. Die hier vertretene These lautet, dass das Völkerrecht den Ersten Weltkrieg nicht nur „nicht verhindert", sondern selbst zu seiner Verursachung beigetragen hat. Recht ist nicht nur ein Steuerungsmittel, das funktioniert oder nicht. Es ist auch Spiegel und prägender Faktor kultureller Einstellungen und Handlungsspielräume.

1. Freies Kriegführungsrecht und Sozialdarwinismus

Das aus heutiger Sicht markanteste Merkmal des Völkerrechts vor dem Ersten Weltkrieg war das sogenannte *ius ad bellum*. Das „klassische" Völkerrecht – wie das Völkerrecht vor der schrittweisen Ächtung zwischenstaatlicher Gewalt ab der Zwischenkriegszeit oft etwas euphemistisch genannt wird – kannte ein Recht der Staaten zum Führen von Angriffskriegen. Die Unterschiede zwischen der Situation vor und jener nach dem Ersten Weltkrieg werden zwar regelmäßig überzeichnet und wichtige Kontinuitäten unterschlagen,[22] gab es doch auch im 19. Jahrhundert einen intensiven völkerrechtlichen Diskurs über die Zulässigkeit von Kriegen und ihre Grenzen.[23] Für den vorliegenden Zweck aber kann vereinfachend von einem Recht der Staaten gesprochen werden, Krieg zumindest als letztes Mittel der Politik einzusetzen.[24]

Diese aus heutiger Sicht nicht leicht verständliche Ausgangslage war ein Langzeiterbe der Konstellation nach den Konfessionskriegen des 16. und 17. Jahrhunderts. Der Dreißigjährige Krieg war wesentlich durch komplizierte Bündnisse und die Vorstellung der Unverhandelbarkeit religiöser Wahrheit verursacht worden. Er hatte mit einem Patt zwischen den Konfessionen und einem Bedürfnis nach Vereinfachung der Verhältnisse, einschließlich der rechtlichen, geendet. Eine solche Entwirrung war aber im Rahmen einer religiös fundierten, einer unverhandelbaren religiösen Wahrheit verpflichteten Ordnung nicht möglich gewesen. Die Herausbildung eines konfessionell neutralen und säkularen Völkerrechts war die Antwort auf diese Situation und Bedürfnisse gewesen. Die Grundarchitektur der neuen säkularen Ordnung bestand darin, dass keine Macht über der anderen stehen sollte.[25] Die Staaten als wichtigste Teilnehmer des Völkerrechts waren souverän, und alle selbstständigen Herrschaftsträger verfügten über das *ius belli ac pacis*, das Recht zur Kriegserklärung, zum Bündnis- und Friedensschluss.

Säkularisierung des Völkerrechts und Legalität des Krieges machten diesen – zumindest der Grundidee nach – zu einer Angelegenheit ausschließlich zwischen den betroffenen Staaten. Weitere Staaten wurden nicht mehr automatisch involviert, weil nicht mehr die religiöse Ordnung insgesamt auf dem Spiel stand. Auch Neutralität einzelner Staaten war im Rahmen der neuen Ordnung – anders als in den Denkkategorien des christlichen Universalreiches – nicht mehr prinzipiell suspekt.[26] Neutrale konnten ausgleichen und stabilisieren. Damit wurden die Verhältnisse zwischen den Mächten politisch und rechtlich entwirrt. Man kann sagen, auch wenn es paradox klingt: Nach der Katastrophe des Dreißigjährigen Krieges bedeuteten die Lockerungen beim Recht zur Kriegführung Fortschritte bei der Gewalteindämmung. Die Last der Friedenssicherung ruhte nach dem Dreißigjährigen Krieg nicht mehr primär auf den Schultern des Rechts. Man setzte vor allem darauf, dass das Gleichgewicht der Großmächte den Frieden aufrechterhalten würde.[27] Die Orientierung an dieser Idee prägte die internationale Politik bis zum Ersten Weltkrieg entscheidend und spielte bei der Entstehung wichtiger Allianzen, etwa jener gegen Napoleon, eine zentrale Rolle. Keine Macht durfte stärker werden als die anderen Großmächte zusammen.[28] Folge dieser Grundkonfiguration war, dass das Völkerrecht noch am Vorabend des Ersten Weltkriegs ein *ius ad bellum* kannte. Der einflussreiche französische Völkerrechtler Louis Renault konnte noch 1915 in einem Vortrag sagen, dass es sich beim freien Kriegführungsrecht nicht um ein rechtlich relevantes Problem handle.[29]

Im vorliegenden Zusammenhang interessiert die Allianz, die „Symbiose", die das *ius ad bellum* mit dem Sozialdarwinismus einging. Das in einem sehr spezifischen Kontext entstandene *ius ad bellum* mutierte im 19. Jahrhundert zu einem gewaltlegitimierenden Faktor, wobei die erwähnte Allianz bei dieser Veränderung eine wichtige Rolle spielte. Im Wesentlichen geht es darum, dass Charles Darwins Erkenntnisse über Selektionsprozesse in der Biologie – 1859 in seinem berühmten Werk „On the Origin of Species" veröffentlicht – ab dem späten 19. Jahrhundert immer mehr auch zur Erklärung gesellschaftlicher Phänomene einschließlich der internationalen Beziehungen herangezogen wurden.[30] Biologistische Deutungen der internationalen Beziehungen wurden von vielen als Variante der in aufklärerischen Ideen wurzelnden Fortschrittsideologie verstanden. Selektion, Wettbewerb und auch Krieg wurden im Rahmen dieses Denkens als Motoren des Fortschritts dargestellt.[31] Darwin selbst hatte 1871 – offenbar ohne von Zweifeln an der Anwendbarkeit seiner Theorie auf menschliche Gesellschaften geplagt gewesen zu sein – mit Blick auf den Triumph der amerikanischen Kolonisatoren über die Indianer geschrieben: „There is apparently much truth in the belief that the wonderful progress of the United States, as well as the character of the people, are the results of natural selection [...].“[32]

Die sozialdarwinistischen Ideen veränderten das Verständnis des *ius ad bellum*. Es wurde, vereinfacht gesagt, von einem Aspekt staatlicher Souveränität, ideengeschichtlich in der europäischen Geschichte verwurzelt, zu einer Naturtatsache – wie der Kampf der Nationen selbst. Der entscheidende Punkt ist, dass sich Aggressionen bei einem Denken in solchen Kategorien sozusagen von selbst rechtfertigten, Appelle an zivilisatorische oder binnenchristliche Solidarität konnten leichter abgewehrt werden. Sozialdarwinistischen Ideen das Wort zu reden, hieß, Selbstdesensibilisierung betreiben. Die Symbiose von *ius ad bellum* und Sozialdarwinismus war aber noch in einer zweiten Hinsicht bedeutend, vielleicht gar noch bedeutender. Viele Protagonisten sozialdarwinistischer Ideen waren in hohem Maße vom Untergang großer Kulturen fasziniert gewesen, wie Hannah Arendt vor mehr als einem halben Jahrhundert festgestellt hat.[33] Es gab vor allem in traditionellen Oberschichten ein verbreitetes Unbehagen gegenüber dem Verfall gesellschaftlicher Strukturen, dem der Wunsch nach einer neuen und schlagkräftigen Elite und kompromisslosem Abwehrkampf gegen den Verfall entsprang. In einer solchen Gedankenwelt war es möglich, eigene Aggressionen, und seien sie noch so rücksichtslos, zu Defensivverhalten umzuinterpretieren. Angriffskriege konnten als Selbstverteidigungs- oder Präventivkriege dargestellt werden. Im Vereinigten Königreich etwa war die lediglich theoretisch von Russland ausgehende Gefahr Teil der Rechtfertigung der imperialen Außen- und Kolonialpolitik, keineswegs nur die viel konkretere Bedrohung durch das Deutsche Reich.[34] In diesem wurde der Erste Weltkrieg sowohl im Osten wie auch im Westen als Präventivkrieg dargestellt.[35] Kaiser Wilhelm II. sagte am 4. August 1914, unmittelbar nach Kriegsausbruch, vor Abgeordneten des Reichstages: „Uns fällt [...] die gewaltige Aufgabe zu, mit der alten Kulturgemeinschaft der beiden Reiche [des Deutschen sowie Österreich-Ungarns] unsere eigene Stellung gegen den Ansturm feindlicher Kräfte zu schirmen."[36] *Ius ad bellum* und Sozialdarwinismus verstärkten sich gegenseitig. Die Rechtmäßigkeit des Krieges stimmte mit der sozialdarwinistischen Weltdeutung überein, und sozialdarwinistische Ideen ermöglichten eine von Hemmungen und alteuropäischem kulturellem Erbe befreite Interpretation des *ius ad bellum*.

2. Fehlen individueller Verantwortlichkeit und „Culture of Impunity"

Kennzeichnend für das Völkerrecht vor dem Ersten Weltkrieg war auch sein Charakter als ein rein zwischenstaatliches Recht. Der einzelne Mensch war weder Träger völkerrechtlicher Rechte und Pflichten, wenn man vom Sonderfall des Heiligen Stuhls absah, noch kannte das Völkerrecht Strafnormen für schwere Verbrechen.[37] Die Vorstellung, dass sich politisches und militärisches Führungspersonal vor internationalen Gerichten für Verletzungen des internationalen Rechts verantworten muss, war dem Völkerrecht vor dem Ersten Weltkrieg fremd.[38] Der Einzelne, sein Verhalten und seine Rechte waren nur indirekt ein Thema – über Rechte und Pflichten der Staaten, die den Einzelnen sogenannt „mediatisierten".[39] Erste Versuche, diese Mediatisierung punktuell aufzubrechen, gab es zwar bereits im 19. Jahrhundert. Im Jahr 1871 stellte der belgische Diplomat und Minister Gustave Rolin vorsichtig die Frage, ob zur Untersuchung von Verletzungen der Genfer Konvention ein Tribunal oder eine Untersuchungskommission geschaffen werden könnte.[40] Der Schweizer Jurist und langjährige Präsident des IKRK Gustave Moynier schlug wenig später vor, ein Strafrecht zur Ahndung von Verstößen gegen die Genfer Konvention zu schaffen.[41] Die Vorstöße hatten jedoch keine Chance. Renommierte Völkerrechtler wie beispielsweise John Westlake in Cambridge äußerten sich aus grundsätzlichen Überlegungen skeptisch. Kein Staat werde freiwillig bereit sein, schrieb Westlake, die Strafverfolgung seiner Untertanen einem fremden Gericht zu überlassen.[42] Die Schaffung eines völkerrechtlichen Strafrechts oder eines internationalen Strafgerichts wurde als mit der Souveränität eines Staates unvereinbar betrachtet. Der bereits erwähnte Doyen der französischen Völkerrechtswissenschaft, Louis Renault, vertrat bezeichnenderweise noch 1918 die Auffassung, Strafprozesse gegen Staatsoberhäupter könnten allenfalls einmal die Zukunft sein – die er allerdings nicht mehr erleben werde.[43]

Welcher Logik folgte die Mediatisierung des Einzelnen, die aus heutiger Sicht ebenfalls schwer verständlich ist? Sie wird sichtbar, wenn man wiederum auf die frühneuzeitlichen Entstehungsbedingungen des Völkerrechts blickt. In der Normordnung des christlichen Universalreichs war der Einzelne selbst Adressat der göttlichen Normen gewesen. Sie waren der Idee nach direkt von Gott hergeleitet worden. Die Ordnungs- und Entwirrungsbedürfnisse infolge der Konfessionskriege führten zur Entstehung des modernen Territorialstaates und des modernen Völkerrechts, in der der Einzelne als direkter Adressat der „internationalen" Normen verschwand.[44] Die Mediatisierung war im Grunde – wie die Entstehung des *ius ad bellum* – die Folge von Ordnungs- und Vereinfachungsbedürfnissen. Das neue, säkulare Völkerrecht kennzeichnete sich dadurch, dass es nur noch eine beschränkte Zahl Akteure – Rechtssubjekte – und ein zunächst beschränktes Bündel an verbindlichen Rechtsprinzipien gab. Die damit verbundene Mediatisierung erleichterte die Abgrenzung zwischen den Staaten. Es gab klare Zuordnungen und Verantwortlichkeiten – Stabilisierung durch Einfachheit, könnte man sagen. Zu dieser Klarheit gehörte, dass jede Einmischung in die Strafgewalt der Staaten abgewehrt wurde. Diese beanspruchten die alleinige Zuständigkeit für die auf ihren Territorien lebenden Menschen. Die Mediatisierung diente der Reduzierung von Konfliktlinien.

Für unser Thema sind in erster Linie die dadurch geschaffenen Handlungsspielräume für staatliche Eliten bedeutend. Eine zentrale Schwachstelle des Völkerrechts vor dem Ersten Weltkrieg bestand darin, dass die Mediatisierung des Einzelnen der individuellen Ahndung schwerster Verbrechen nicht nur im Einzelfall, sondern prinzipiell im Wege stand. Sie wirkte als verlässlicher Schutzschild. Da die besonders strafwürdigen, schwersten Verbrechen empirisch oft Staatsverbrechen sind, als deren Drahtzieher Angehörige der politischen oder militärischen Eliten fungieren, trug das Völkerrecht durch seine Grundstruktur wesentlich zu einer „culture of impunity" bei.[45] Diesem Aspekt des Völkerrechts dürfte auf dem Weg in den Ersten Weltkrieg eine Bedeutung zugekommen sein, die schwer überschätzt werden kann. Natürlich ist es schwierig bis unmöglich, den Zusammenhang zwischen der Mediatisierung des Einzelnen und der Kriegsneigung sowie der Bereitschaft zur Begehung von Verbrechen präzis zu bestimmen. Eindeutig aber ist, dass die Grundkonzeption des Völkerrechts Eliten wirkungsvoll gegen persönliche internationale Verantwortlichkeit immunisierte. Das Völkerrecht hatte erheblichen Anteil an den Grundparametern einer politischen Kultur der Straflosigkeit gegenüber verbrecherischem Verhalten und Grausamkeit in den internationalen Beziehungen.

3. Repressalien als Brandbeschleuniger

Im Kontext struktureller Kriegsursachen verdient auch die völkerrechtliche Institution der Repressalie bzw. die Funktionsweise des Repressalienrechts Aufmerksamkeit. Repressalien – heute als Gegenmaßnahmen bezeichnet – sind Akte, die das Völkerrecht an sich verletzen würden, jedoch ausnahmsweise gestattet sind.[46] Man kann von kompensatorischen Völkerrechtsverletzungen sprechen. Sie sind rechtmäßig, weil sie eine Reaktion auf eine Völkerrechtsverletzung durch einen anderen Völkerrechtsteilnehmer darstellen. Es handelt sich um eine rechtmäßige Form der Selbsthilfe, die das Recht wiederherstellen soll und für archaische Rechtsordnungen – das Völkerrecht hat wegen des Fehlens einer zentralen Durchsetzungsinstanz Züge einer solchen – durchaus typisch ist.[47] Die Aussicht auf Repressalien war vor dem Ersten Weltkrieg sowohl in Friedens- als auch in Kriegszeiten ein zentraler Anreiz zur Befolgung des Völkerrechts.[48] Im Krieg sollten Repressalien nach damals überwiegender Meinung zwar vorsichtig angewandt werden und zumindest die fundamentalen Prinzipien der Menschlichkeit beachten, sie waren also kein „Recht auf Rache".[49] Die Vorstellung von Grundgeboten der

Menschlichkeit war mit der heutigen allerdings schwer vergleichbar. Im einflussreichsten damaligen Völkerrechtslehrbuch aus der Feder Johann Caspar Bluntschlis hieß es etwa: „Wenn Wilde die gefangenen Feinde zu Tode martern, so dürfen die civilsirten die gefangenen Wilden höchstens aus Repressalie tödten, aber nicht martern."[50]

Das Grundproblem von Kriegsrepressalien bestand darin, dass die Streitbeteiligten selbst entschieden, wann die Voraussetzungen gegeben waren. Sie entschieden in eigener Sache. Verstärkt wurde dieses Problem – das bis heute besteht und ein Kernproblem des Repressalienrechts darstellt – dadurch, dass die maßgeblichen Regeln Gewohnheitsrecht und im Einzelnen oft unklar waren. An der Brüsseler Konferenz von 1874, die sich um die Kodifizierung der Gesetze und Gebräuche des Krieges bemüht hatte, war zwar vorgeschlagen worden, dass Kriegsrepressalien Ausnahmecharakter haben müssten und so menschlich wie möglich sowie nur auf Grundlage sicherer Beweise anzuwenden seien.[51] Zu einer Einigung war es jedoch nicht gekommen. Auch an den Haager Friedenskonferenzen 1899 und 1907 konnte man sich nicht verständigen. Es gab zwar ab den 1870er-Jahren eine intensive Diskussion über wünschbare Beschränkungen von Repressalien, insbesondere gegenüber Zivilisten, bis zum Ersten Weltkrieg führte sie jedoch nicht zu nennenswerten Ergebnissen. Repressalien konnten leicht Gewaltspiralen auslösen, weil Kriegsparteien Härte oft mit noch größerer Härte vergelten. Dazu kam, dass die Grenze zwischen zulässiger Repressalie und neuer Rechtsverletzung insbesondere im Krieg seit jeher fließend gewesen war.[52] Die Folgen kompensatorischer Rechtsverletzungen für das weitere Kriegsgeschehen waren oft schwer absehbar. Repressalien konnten Unschuldige treffen, was wiederum die Bereitschaft beim Gegner erhöhte, mit noch größerer Härte zu reagieren.

Der Kriegsbeginn und nahezu jede Völkerrechtsverletzung im Ersten Weltkrieg wurde als Repressalie gerechtfertigt.[53] Dies geschah in vielen Fällen bös-, teilweise aber auch gutgläubig. Deutschland stellte die Gräuel gegenüber der belgischen Zivilbevölkerung in der ersten Kriegsphase – Exekutionen von Zivilisten, Niederbrennen von Dörfern, Geiselnahmen, Vergewaltigungen sowie Tötung unbewaffneter Kriegsgefangener[54] – konsequent als Repressalien und rechtmäßig dar.[55] Nach deutscher Argumentation hatte Belgien seine Neutralitätspflichten verletzt; außerdem sollten Franc-tireure Kriegsverbrechen begangen haben.[56] In Wahrheit handelt es sich bei den Repressalien gegen Belgien klar überwiegend um Racheakte dafür, dass Belgien den deutschen Durchmarsch nicht erlaubt und damit die Einhaltung des zeitlich ambitionierten Schlieffenplans gefährdet hatte – aber nicht nur.[57] Bei einem Teil der Verbrechen gab es wohl die Überzeugung, sie seien rechtmäßig gewesen.[58] Auf deutscher Seite existierte wegen der Erfahrungen im Deutsch-Französisch Krieg tatsächlich eine Art Paranoia, bei Widerstand müsse es sich um Franc-tireure handeln.[59] Fragwürdige rechtliche Argumentation und Wahrnehmungsverschiebungen vermischten sich.

Das Muster, eigene Handlungen ungeachtet der Folgen als Repressalie darzustellen, war auch auf alliierter Seite zu finden. Die Seeblockade Deutschlands, die zwischen 300'000 und 760'000 Todesopfer infolge Hungers forderte,[60] wurde zumindest zum Teil als Repressalie gerechtfertigt.[61] Sie war im Kern darauf ausgerichtet, Deutschland wegen dessen kompromissloser Kriegführung den größtmöglichen Schaden zuzufügen, und orientierte sich nicht primär an den durch Rechtsverletzungen entstandenen Schäden, sondern an der Idee maximaler Schädigung. Deutschland rechtfertigte in der Folge den verschärften U-Boot-Krieg als zulässige Gegenmaßnahme gegen die britischen Verstöße gegen das Seekriegführungsrecht.[62] Was Rechtsverletzung und was legale Antwort darauf war, ließ sich im Einzelnen bald nicht mehr entwirren. Hier ist von grundsätzlichem Interesse, dass die Neigung zum Repressalienargument – in Verbindung mit den Unschärfen des Repressalienrechts – vor und im Ersten Weltkrieg dazu beitrug, das Völkerrecht auszuhöhlen. US-Außenminister Robert Lansing brachte das Problem im Dezember 1916 auf den Punkt: „[...] every new breach begat another, which in turn begat others, until the standards of right [...] were torn to bits."[63]

Zur These verdichtet bedeutet das im Abschnitt II. Ausgeführte: Das Zusammenwirken von *ius ad bellum* und Sozialdarwinismus, die fehlende individuelle Verantwortlichkeit staatlicher Eliten im Völkerrecht und die Funktionsweise von Repressalien begünstigten Ausbruch und Andauern des Ersten Weltkrieges substanziell. Eine solche These fließt Völkerrechtlern nicht leicht aus der Feder. Die hinter ihr stehende Perspektive scheint mir jedoch für ein vertieftes Verständnis der modernen Geschichte der internationalen Beziehungen und des Völkerrechts unverzichtbar.

III. Rechtliche Schlüsselfragen während des Krieges

Völkerrechtliche Fragen spielten im Ersten Weltkrieg in verschiedenen
Kontexten eine große – in der Regel unterschätzte – Rolle. Nachfolgend
werden drei besonders wichtige Problemfelder behandelt. Aus grund-
sätzlicher Sicht verdient vorweg Erwähnung, dass es vor dem Ersten
Weltkrieg noch keinen gesicherten Kanon an Völkerrechtsquellen gab,
wie er heute im Statut des Internationalen Gerichtshofs kodifiziert ist.[64]
Eindeutig war, dass neben Verträgen auch bestimmte Gewohnheiten
rechtlich bindend waren. Vertragliche Abmachungen und bestimmte,
besonders etablierte Gewohnheiten bildeten das „Rohmaterial" bei der
Beantwortung völkerrechtlicher Fragen. Die genauen Anforderungen am
Gewohnheitsrecht waren jedoch theoretisch und praktisch sehr unklar.[65]
Das bedeutete, dass die Spielräume sowohl für missbräuchliche wie auch
für gutgläubige Argumente größer waren als heute – noch größer. Das
Völkerrechts*verständnis* der einzelnen Akteure und der von ihnen konsul-
tierten Wissenschaftler spielte eine wichtige Rolle. Es ist etwa denkbar – so
schwer es einem fällt, das so festzuhalten –, dass Deutschland tatsächlich
glaubte, viele der heute als Verbrechen bekannten Übergriffe in Belgien
seien völkerrechtlich nicht verboten gewesen. Es unternahm interessanterweise nicht einmal den Versuch, sie zu bestreiten, sondern gab die
Übergriffe im Regelfall zu.[66] Auch unter den Alliierten gab es mit Blick
auf völkerrechtliche Fragen teilweise erhebliche Differenzen. Sie waren
keineswegs nur mit unterschiedlichen Interessen erklärbar. Ein bekanntes
Beispiel sind jene Meinungsunterschiede zwischen dem Vereinigten Königreich und Frankreich hinsichtlich Repressalien an Kriegsgefangenen.[67]
Die Differenzen lassen sich höchstens partiell auf das unterschiedliche
Rechtsverständnis in Common-Law-Ländern und Staaten der kontinentalen Rechtstradition zurückführen.

1. Neue Waffen und Methoden

Ein Schlüsselproblem des Völkerrechts im Ersten Weltkrieg war seine
Verlegenheit gegenüber neu entwickelten Waffen und Kriegführungsmethoden. Die Jahre vor und während des Kriegs waren geprägt von
einer enormen Technikentwicklung. Es war die Zeit des Übergangs der
Industriegesellschaft von der Moderne zur Hochmoderne, die Gesellschaft

wurde flächendeckend elektrifiziert.[68] Die Schriftstellerin Virginia Woolf schrieb mit Blick auf den Wandel: „[...] on or around December 1910, human character changed."[69] Auch im Bereich der Militärtechnik und bei den Kriegführungsmethoden kam es zu enormen und raschen Veränderungen. Das extremste Beispiel ist wohl der Luftkrieg.[70] Zu Beginn des Kriegs schossen Piloten teilweise noch mit Pistolen aus dem Cockpit heraus aufeinander.[71] 1918 war der Krieg zum strategischen Bombenkrieg geworden, in dem Städte auch hinter der Frontlinie bombardiert wurden. Die vielleicht wichtigste Veränderung aber betraf das Töten im Landkrieg. Die Entwicklung von Artilleriegranaten und Maschinengewehren ermöglichte massenweises Töten auf Distanz, oft eines nicht sichtbaren Gegners.[72] Wichtige Neuerungen waren auch die Entwicklung besonders grausamer Waffen und Kriegführungsmittel wie Flammenwerfer und Giftgas. Letzteres veränderte die Psychologie des Krieges grundlegend. Mut und Tapferkeit sind beim Einsatz von Gas von vornherein sinnlos. Der Seekrieg schließlich wurde durch den Bau von U-Booten verändert. Diese wurden erstmals 1904/05 eingesetzt und stellten sich rasch als sehr effektiv heraus.[73] Vor allem Deutschland nutzte die neuen Möglichkeiten im „unbegrenzten U-Boot-Krieg" gegen das Vereinigte Königreich, der maßgeblich zur Eskalation des Krieges beitrug. In der Gesamtwirkung führten die technischen Neuerungen dazu, dass der Verteidiger nun in einer besseren Lage war als der Angreifer.[74] Das veränderte die Kriegsprämissen. Der Erste Weltkrieg wurde dann auch – entgegen anfänglicher Erwartungen aller Kriegführenden – zum Stellungskrieg.

Das Völkerrecht war auf einen solchen Krieg nicht vorbereitet. Die Haager Friedenskonferenzen von 1899 und 1907 hatten als wichtige Errungenschaft zwar die Haager Landkriegsordnung (HLKO) hervorgebracht, die eine Reihe von als verbindlich empfundenen Gewohnheiten des Landkriegs kodifizierte.[75] Die Regeln waren im Charakter aber alles in allem eher rudimentär. Sie warfen wegen ihrer Unschärfe auch eine Vielzahl neuer Fragen auf. Unklar war etwa, um ein markantes Beispiel anzuführen, ob auf den Ersten Weltkrieg allein die HLKO-Version von 1899 oder auch die etwas ergänzte Fassung von 1907 anwendbar war. Beide enthielten eine sogenannte Allparteienklausel. Die Anwendbarkeit der Konvention war davon abhängig, ob alle kriegführenden Staaten Vertragsparteien waren.[76] Im Ersten Weltkrieg war diese Voraussetzung für die Version von 1899 eindeutig erfüllt, nicht aber für jene von 1907, denn Serbien, Montenegro und das Osmanische Reich hatten sie bis 1914 nicht ratifiziert. Die Frage war damit, ob der Erste Weltkrieg als *ein* Krieg zu betrachten sei, auf den nur die Version von 1899 zur Anwendung kommt, oder ob er aus mehreren Teilkriegen bestand. Das hätte die Anwendbarkeit der Version von 1907 zumindest für den Krieg im Westen bedeutet. Eine eindeutige Antwort auf diese Frage kann kaum gegeben werden, da sie von der Definition des Krieges abhängt, die bei einem so komplexen Phänomen mit guten Gründen unterschiedlich gefasst sein kann. Die Neuerungen von 1907 waren allerdings nicht derart groß, dass dieser Frage entscheidende Bedeutung zugekommen wäre. Das Beispiel zeigt aber die teilweise schwierigen Folgefragen von Normunschärfen.

Für die Kriegsrealität bedeutender war, dass die Landkriegsordnung viele wichtige Fragen nicht explizit regelte. In welchen Fällen war Gewohnheitsrecht anzunehmen, wenn die HLKO eine Frage nicht beantwortete? Eine grundlegende Frage in diesem Zusammenhang war, ob bzw. wieweit die sogenannte Martens'sche Klausel in solchen Fällen eine allgemein verbindliche Auffangregelung zur Verfügung stellte.[77] Diese Klausel – formal betrachtet eine an sich nicht rechtsverbindliche Deklaration in der Präambel der Landkriegsordnung – sieht bei nicht explizit geregelten Fragen des Landkriegs einen Minimalstandard vor. Als nicht zu unterschreitender Standard sollen jene Prinzipien gelten, die den „Gesetzen der Menschlichkeit" und des „öffentlichen Gewissens" entsprechen. Manche behaupteten gewohnheitsrechtlichen Charakter der Martens'schen Klausel, Deutschland aber bestritt ihn vehement[78] – wahrlich keine Detailfrage. Noch weit größer als beim Landkrieg war das Problem ungewissen Gewohnheitsrechts beim See- und Luftkrieg. Hier existierte gar kein allgemeines Vertragswerk.[79] Man hatte es 1899 und 1907 in Den Haag sowie 1909 an einer Konferenz in London nicht geschafft, verbindliche Regeln für die Seekriegführung zu vereinbaren. Das Vereinigte Königreich hatte sich einer Einigung entgegengestemmt, da es den Verlust seiner haushohen Überlegenheit im Seekrieg befürchtete.[80] Für den Seekrieg gab es zwar einen gewissen Bestand an allgemein anerkanntem Gewohnheitsrecht. Viele Fragen aber – und keines Falls nur die nebensächlichen – waren offen. Für den Luftkrieg schließlich konnte sich noch gar kein Gewohnheitsrecht herausgebildet haben, da er tatsächlich etwas Neues war. Es stellte sich hier allenfalls die Frage, ob bzw. wieweit die für den Landkrieg entwickelten Regeln analog angewendet werden können oder müssen.

Ich möchte im Folgenden auf drei Teilproblemfelder des Themas „Völkerrecht und neue Waffen und Kriegführungsmethoden" etwas näher eingehen: massenweises Töten, Unschärfen von Regeln und flagrante Verletzungen grundlegender Regeln. Die wohl verheerendste Schwachstelle des Völkerrechts im Ersten Weltkrieg war – und ist wohl bis heute – seine Indifferenz gegenüber maschinellem, massenweisem Töten. Jeder Versuch, sich dem Thema dieses Beitrages zu nähern, der diesen Aspekt nicht hervorhebt, ist meiner Meinung nach in einem grundlegenden Punkt mangelhaft. Etwa die Hälfte der im Ersten Weltkrieg getöteten Soldaten starb durch Artilleriegranaten. Diese werden zwar nicht als Massenvernichtungswaffen bezeichnet, töteten aber im Ersten Weltkrieg und im 20. Jahrhundert insgesamt Massen von Menschen wie keine andere Waffe. Ihr Einsatz war und ist klar legal. Ein Völkerrecht, das das Abschlachten von Menschenmassen zulässt, ist zwar allenfalls die beste real erreichbare Völkerrechtsordnung, leidet jedoch an einem fundamentalen Mangel. Der Rechtsbegriff konnotiert die Ambition der Eindämmung zumindest der schwersten Formen von Gewalt.[81] Der Reputationsverlust des Völkerrechts in der Zwischenkriegszeit war unter anderem Ausdruck dieses Problems.

Die Unschärfe vieler Regeln der Landkriegsordnung trug dazu bei, die rechtlichen Grauzonen zu vergrößern. Zwei Beispiele sollen dies verdeutlichen. Eine wichtige Unschärfe war das sehr allgemein gehaltene Verbot der Verursachung überflüssiger Leiden.[82] Was bedeutet „überflüssig"?[83] Die Regel ist abstrakt, es war etwa unklar, was sie für den Einsatz von Flammenwerfern bedeutete, die ursprünglich als Verteidigungswaffen entwickelt worden waren.[84] Welche Kriterien sind maßgeblich? Macht es einen Unterschied, ob eine Waffe im Defensiv- oder Offensivkampf eingesetzt wird? Ein fundamentales Problem mit Blick auf solche Fragen bestand darin, dass kein kriegführender Staat Institutionen kannte, die die Vereinbarkeit neuer Waffen mit dem geltenden Recht überprüften.[85] Innovationen wurden, waren sie einmal da, danach beurteilt, ob sie funktionierten oder nicht. Wenn dies der Fall war, behauptete man grundsätzlich die Rechtmäßigkeit des Einsatzes. Ein zweites Beispiel einer Unschärfe war das Verbot von Angriffen auf sogenannte unverteidigte Städte. Als solche gelten Städte, bei denen die Verteidiger von vornherein auf Verteidigungshandlungen verzichten. Die Landkriegsordnung verbot von ihrem Wortlaut her Angriffe auf sie.[86] Bei der Schaffung der Regel hatte man allerdings ausschließlich an Städte in der Kampfzone gedacht, die am Boden verteidigt und übergeben werden können. Was aber galt für Städte *hinter* der Frontlinie? Ihre Situation war eine ganz andere als jene von solchen in der Frontzone, da sie nicht übergeben werden konnten. Nun waren sie mit Bombern erreichbar. Alliierte wie Mittelmächte nutzten die Unklarheit und stellten sich auf den Standpunkt, Angriffe auf solche Städte hinter der Frontlinie seien legal, auch wenn sie nicht aktiv verteidigt werden. Briten und Franzosen bombardierten zuerst Friedrichshafen, wo die Zeppelinhangars standen, und anschließend Freiburg; Deutschland flog Luftangriffe auf Antwerpen und Paris.

Teilweise kam es zu offenen Missachtungen klarer und fundamentaler Regeln. Auch hier sollen einige Beispiele angeführt werden. Das erste betrifft den Einsatz von Giftgas.[87] Die Landkriegsordnung verbot ihn nicht explizit, sondern nur jenen von Gift. Die Regel war aber eindeutig, denn es war klar, dass das Perfide des Mittels geächtet werden sollte und der Aggregatzustand beim Einsatz nicht entscheidend sein konnte. Achsenmächte wie Alliierte setzten sich wider besseres Wissen über das Verbot hinweg. Bis 1918 kam es zu bis zu 400 Gasangriffen. Eine andere flagrante Verletzung des Kriegführungsrechts war mit dem Entscheid zur Führung des sogenannten unbegrenzten U-Boot-Krieges verbunden.[88] Indem Deutschland die Gewässer rund um die britischen Inseln generell zur Kriegszone erklärte und auch auf Handelsschiffe schoss, missachtete es eine Grundregel der seerechtlichen Kriegführung. Sein Argument, U-Boot-Kriegführung sei etwas vollkommen Neues und stehe außerhalb des geltenden Rechts, war offenkundig abwegig.[89] Eine weitere flagrante Verletzung des Kriegführungsrechts war die umfassende Abriegelung der Nordsee. Die Alliierten verfolgten mittels einer sogenannten Distanzblockade das Ziel, den Seehandel Deutschlands vollständig zum Erliegen zu bringen. Die Maßnahme verletzte das Recht von Neutralen wie Schweden und Norwegen, mit beiden Kriegsparteien weiterhin unbeschränkt Handel zu treiben.[90] Die Alliierten gingen zur Erhöhung der Effektivität der Distanzblockade mit der Zeit dazu über, die nicht für den Eigenbedarf nötigen Lebensmittel der Neutralen aufzukaufen, was in Deutschland zur erwähnten Hungersnot führte. Das Vereinigte Königreich erhielt die Blockade auch nach Kriegsende aufrecht. Sie sollte die Unterzeichnung des Versailler Vertrages durch Deutschland erzwingen. Die Zulässigkeit von Distanzblockaden war nach dem Ersten Weltkrieg lange umstritten. Sie wurde 1994 im sogenannten San Remo Manual aber wohl implizit anerkannt.[91] Der Einsatz von Hunger gegen die Zivilbevölkerung als

Kriegführungsmethode in internationalen bewaffneten Konflikten wurde dagegen 1977 durch das I. Zusatzprotokoll zu den Genfer Konventionen verboten.[92]

2. Zugriff auf zivile Ressourcen des Feindes

Ein zweiter völkerrechtlicher Fragenkomplex während des Krieges waren die Rechtsfragen rund um Besatzungen. Die Bedeutung des Themas hängt wesentlich damit zusammen, dass sich der Erste Weltkrieg bald zum Stellungs- und schließlich zum Langzeit-Stellungskrieg entwickelte. Deutschland rückte während der ersten Phase 1914 in West und Ost zunächst zwar rasch vor, doch der Vormarsch geriet ins Stocken. Die Frontlinien verfestigten sich. Markanter Ausdruck des Kriegsverlaufs war, dass das herkömmliche Heldenbild des stürmischen Angreifers jenem des stoisch ausharrenden Soldaten wich, der die Hölle der Schützengräben erträgt und nicht zusammenbricht.[93] Als Folge der Entwicklung zum Stellungskrieg entstanden Langzeit-Besatzungsregime über große fremde Territorien. Bis 1918 lebten etwa 17 Millionen Menschen unter der Herrschaft von vor allem deutschen Besatzern. Allein in Belgien und Nordfrankreich waren es nach der anfänglich erfolgreichen Umsetzung des Schlieffenplans zwischen neun und zehn Millionen.[94] Auch im Osten besetzte Deutschland riesige Gebiete, die von den baltischen Staaten über Weißrussland bis zu den Nordwestterritorien Russlands reichten.[95] Die Alliierten waren in weit geringerem Umfang Besatzer. Russland im Besonderen besetzte einen Teil des Osmanischen Reiches.

Besatzungen solcher Dimensionen waren ein Novum. Bei der Schaffung der HLKO war die Vorstellung leitend gewesen, moderne Kriege seien eher kurze Bewegungskriege und Besatzungen etwas Vorübergehendes. Mit der Entwicklung des Ersten Weltkriegs zum Stellungskrieg wurden die Rechte und Pflichten des Besatzers zu einer Frage von großer Bedeutung. Besetzte Gebiete boten die Möglichkeit des Zugriffs auf fremde zivile Ressourcen. Für Deutschland war diese Versuchung besonders groß, denn es war allein nicht in der Lage, die für einen Weltkrieg nötigen Ressourcen aufzubringen.[96] Die Alliierten hingegen verfügten über mehr finanzielle Mittel und wegen ihrer Kolonien auch über ein unerschöpfliches Reservoir an Arbeitskräften, sodass sich für sie dieses Problem weniger stellte. Zwei völkerrechtliche Fragen standen im Vordergrund:

Wieweit darf der Besatzer in besetzten Gebiete auf fremde zivile Ressourcen zugreifen? Wieweit muss er die Zivilbevölkerung ernähren?

Die Regeln der Haager Landkriegsordnung orientierten sich an der Idee, dass der Besatzer die Fremdheit des Gebietes grundsätzlich respektiert. Sie erlaubten zwar gewisse Besteuerungen und auch gewisse Formen der Zwangsarbeit, beides aber nur für die unmittelbaren Bedürfnisse der Truppe und ihrer Verwaltung, also für relativ eng verstandene militärische Zwecke.[97] Zwang zur Teilnahme an militärischen Operationen, Konfiskationen von privatem Eigentum und Kollektivstrafen waren verboten.[98] Deutschland missachtete diese Regeln in den besetzten Gebieten mehr oder weniger systematisch. In Belgien transportierte es Rohmaterialien und Maschinen konsequent ab und verhängte Kollektivbußen, die gar zu einer substanziellen Einnahmequelle wurden.[99] Es deportierte bis zu 60'000 belgische Zwangsarbeiter nach Deutschland, wo sie für die Kriegsindustrie arbeiten mussten.[100] Neben belgischen Zwangsarbeitern leisteten im Übrigen – was oft unerwähnt bleibt – auch gegen 300'000 russisch-polnische Arbeitskräfte sowie etwa 200'000 Personen aus dem Generalgouvernement Warschau De-facto-Zwangsarbeit für die deutsche Wirtschaft, da sie weder den Wohnort noch den Arbeitsplatz wechseln, noch in die Heimat zurückkehren durften.[101] Ein Tiefpunkt beim Zugriff auf fremde zivile Ressourcen war die Ausplünderung Rumäniens während des sogenannten Steckrübenwinters von 1916/17.[102] Deutschland stand kurz vor dem Zusammenbruch, dem es wesentlich durch diesen Raubzug entging. Ein anderes Beispiel extremer Ausbeutung war Litauen.[103] Deutschland setzte zudem – als dramatischste Form des Zugriffs auf das Zivile – aus belgischen Zivilisten gebildete Bataillone im Operations- und Etappengebiet ein, machte sie zur unmittelbaren militärischen Ressource.[104]

Die Landkriegsordnung kannte keine explizite Ernährungspflicht des Besatzers gegenüber der Zivilbevölkerung. Das bedeutete allerdings nicht, dass sie dieser Frage gegenüber indifferent war. Die HLKO enthielt eine Reihe von Normen, die Zivilpersonen schützen, und ging grundsätzlich davon aus, dass fremde Zivilisten grundsätzlich so weit als möglich von Kriegshandlungen zu verschonen sind. Die expliziten Normen schützten im Vergleich mit dem nackten Überleben untergeordnete Güter. Nun wäre es inkonsistent gewesen, etwa Grenzen der Besteuerung vorzusehen, gleichzeitig aber das Aushungern der Bevölkerung nicht zu verbieten, also das viel größere Übel zuzulassen. Das sprach für die Annahme einer impliziten minimalen Pflicht, die Bevölkerung nicht verhungern zu lassen. Deutschland weigerte sich jedoch offen, die belgische Bevölkerung zu ernähren.[105] Zumindest aber ließ es fremde Hilfe zu.[106] Das Vereinigte Königreich und die USA übernahmen daher in der Folge die Ernährung eines Großteils der belgischen und nordfranzösischen Bevölkerung, von bis zu zehn Millionen Menschen. Auch die Alliierten waren allerdings bei der Distanzblockade Deutschlands, wie erwähnt, bereit, Hunger als Methode der Kriegführung einzusetzen. Explizit geregelt wurde die Ernährungspflicht des Besatzers erst nach dem Zweiten Weltkrieg. Die IV. Genfer Konventionen von 1949 sieht – wenig befriedigend – vor, dass die Besatzungsmacht für Ernährung und medizinische Versorgung der Bevölkerung sorgt, soweit die Mittel dazu vorhanden sind.[107]

Beim Thema Besatzungen zeigt sich, welche Einbrüche der Erste Weltkrieg in die Unterscheidung von Militärischem und Zivilem brachte, die für die Eindämmung des Krieges fundamental ist.[108] In der Geschichte der Neuzeit hatte die möglichst weitgehende Aussparung des Zivilen erlaubt, Kriege im Wesentlichen als Konflikte zwischen Heeren zu begreifen. Jean-Jacques Rousseau hatte den Grundgedanken dieses Kriegsverständnisses 1762 mit den Worten auf den Punkt gebracht, dass Menschen im Krieg nur aus Zufall und als Verteidiger des Vaterlandes Feinde sind, nicht als ihre Angehörige.[109] Die Schonung des Zivilen des Gegners lag wegen der Reziprozitätserwartungen grundsätzlich im Interesse aller Beteiligten. Diese Interessenkonstellation fiel im Ersten Weltkrieg jedoch teilweise weg, weil für Deutschland der Zugriff auf das fremde Zivile zur Notwendigkeit wurde, um den Krieg überhaupt weiterführen zu können. Dazu kam, dass die Entstehung moderner Bürgerheere in der Folge der Französischen Revolution der kategorialen Differenzierung zwischen Heer und Zivilbevölkerung ebenfalls entgegenwirkte. Zivilisten des Gegners waren nun – anders als zur Zeit der Söldnerheere – der Idee nach „feindliche" Bürger, die gerade nicht im Einsatz standen, aber dennoch Teil eines fremden Volkskörpers waren.[110] Die Denkkategorien des Nationalismus förderten ein „Zusammendenken" von Zivilem und Militärischem. In verschiedenen Besatzungsgebieten kam es vor diesem Hintergrund zu eigentlichen „Alltagsregimen des Verdachts", um eine Formulierung des Historikers Jörn Leonhard zu verwenden.[111] Die veränderte Wahrnehmung des fremden Zivilisten verstärkte die Bereitschaft, ihm gegenüber Zwang auszuüben, etwa Treueeide und Auskünfte zu verlangen, was gemäß Landkriegsordnung verboten war.[112]

Spektakuläre Fälle zivilen Eingreifens ins militärische Geschehen „bestätigten" die Richtigkeit dieser veränderten Wahrnehmung. Bekannt ist der Fall der britischen Krankenschwester Edith Cavell, die bis zum Kriegsausbruch viele Jahre in Belgien gelebt hatte.[113] Sie half im Krieg mindestens 800 alliierten Soldaten, aus den besetzten Niederlanden zu entfliehen. Viele schafften es nach England, von wo aus sie wieder ins Kampfgeschehen eingriffen. Cavell wurde zum Tode verurteilt, was zu einem internationalen Aufschrei führte, weil sie eine Frau war und als Krankenschwester auch deutsche Soldaten gepflegt hatte. Ein zweiter bekannter Fall ist jener des britischen Handelsschiff-Kapitäns Charles Fryatt.[114] Fryatt sah sich auf einer kommerziellen Fahrt von einem deutschen U-Boot verfolgt, dem er nur dadurch entkam, dass er direkt auf es zusteuerte. Deutschland wertete sein Verhalten als Rammversuch und bezeichnete Fryatt als „Franc-tireur des Meeres", als in das Kriegsgeschehen eingreifenden Zivilisten. Auch er wurde getötet, nachdem Deutschland seiner ein Jahr nach dem Vorfall habhaft geworden war.

3. Massenphänomen Kriegsgefangene

Der dritte völkerrechtliche Fragenkomplex im Krieg betraf Rechte und Pflichten von Kriegsgefangenen. Langzeit-Kriegsgefangenschaften großer Mengen von Soldaten waren im Ersten Weltkrieg – wie Langzeitbesatzungen – ein neues Phänomen. Die jeden bisher bekannten Rahmen sprengende Anzahl Gefangener führte zu enormen logistischen Problemen, die zu den herkömmlich mit Kriegsgefangenschaften verbundenen Schwierigkeiten hinzutraten. Ein paar Zahlen mögen die Dimensionen des Phänomens verdeutlichen. Österreich-Ungarn hatte mehr als 1.3 Millionen Kriegsgefangene, Schätzungen gehen gar von zeitweise bis zu 1.86 Millionen aus,[115] Deutschland mehr als 1.6 Millionen.[116] Im Fall Russlands liegen die Schätzungen zwischen 1.8 und 2.4 Millionen,[117] bei den Westalliierten dagegen wesentlich tiefer. Das Vereinigte Königreich dürfte gegen Kriegsende etwa 300'000 Kriegsgefangene gehabt haben.[118]

Die Regelung der Kriegsgefangenschaft nimmt in der Landkriegsordnung relativ viel Raum ein. Die Normen sind allerdings dennoch nicht besonders detailliert, enthalten eher Grundsätze als präzise Handlungsanweisungen. Grundidee ist, dass Soldaten durch ihre Teilnahme am Krieg grundsätzlich nur ihre Pflicht getan haben, sofern dabei keine Kriegsverbrechen begangen wurden.[119] Sie dürfen deshalb nicht wie Rechtsbrecher behandelt werden. Zwei völkerrechtliche Fragen standen auch hier im Vordergrund: Welche Behandlung ist den Gefangenen geschuldet? Zu welchen Arbeiten dürfen sie beigezogen werden?

Die Landkriegsordnung verlangte eine „menschliche Behandlung" der Kriegsgefangenen.[120] Die Vorstellungen zur Zeit des Ersten Weltkriegs darüber, was als „menschlich" gilt, waren allerdings von den heutigen sehr verschieden. Vieles von dem, was noch als hinnehmbar betrachtet wurde, würde heute als barbarisch angesehen. Verlangt war im Wesentlichen: Achtung der körperlichen Integrität, minimale Ernährung, einigermaßen hygienische Bedingungen, keine rassebedingten Unterscheidungen zwischen den Gefangenen. In den frühen Phasen des Krieges wurden diese Standards noch einigermaßen eingehalten.[121] Die Anzahl Kriegsgefangener und die riesigen logistischen Probleme führten jedoch dazu, dass sich ihre Situation rasch verschlechterte.[122] Ein Tiefpunkt war der sogenannte Totskoe-Skandal in einem russischen Kriegsgefangenenlager. 10'000 der 25'000 Insassen fielen einer Typhus-Epidemie zum Opfer. Auch Kriegsgefangene wurden im Ersten Weltkrieg verstärkt als potenzielle Kombattanten wahrgenommen statt als Schutzbefohlene. Teilweise war ihre schlechte Behandlung Folge gezielter Politik.[123] Dazu kam, dass Repressalien an Kriegsgefangenen rasch zu Gegenrepressalien der Gegenseite führten, sodass sich die Gewaltspirale immer weiter drehte.[124] Ein sehr dunkles Kapitel sind die Unterschiede bei den Mortalitätsraten zwischen den einzelnen Kriegsgefangenenlagern. Von den rumänischen Kriegsgefangenen in deutscher Kriegsgefangenschaft starben ungefähr 29 Prozent, fast ein Drittel, von den Franzosen und Briten in deutscher Hand dagegen „nur" drei Prozent.[125] In britischer Kriegsgefangenschaft lag die Mortalitätsrate deutscher Gefangener ebenfalls bei etwa drei Prozent. Die Gründe für die Unterschiede waren zum einen die Hilfslieferungen der Alliierten in Belgien und Nordfrankreich, die auch den Kriegsgefangenen zugutekamen, zum anderen aber auch rassistisch motivierte Unterschiede bei der Behandlung.[126] Die Lager im Osten gelten als Vorläufer der Konzentrationslager und hießen teilweise auch bereits so. Insassen von Kriegsgefangenenlagern wurden teilweise nach Völkertypen klassifiziert; das Lager war in einigen Fällen Ort von Feldversuchen von Ethnologen und Medizinern.[127]

Zwangsarbeit von Kriegsgefangenen war gemäß Landkriegsordnung zulässig, so lange sie nichts mit militärischen Operationen zu tun hatte und nicht übermäßig war.[128] Deutschland setzte nach anfänglicher Zurückhaltung 1916 aber gegen eine Viertelmillion Kriegsgefangener in Frontnähe ein.[129] Aus Schutzbefohlenen wurde hier eine unmittelbare militärische Ressource. Frankreich und das Vereinigte Königreich taten dasselbe, wenn auch in geringerem Umfang. Bei den Kämpfen um Verdun und Baleycourt etwa kamen 23'000 deutsche Gefangene auf französischer Seite zum Einsatz.[130] Sie wurden teilweise von ihren eigenen Kameraden beschossen. Insgesamt leisteten von den Kriegsgefangenen in deutscher Hand gegen 90 Prozent Zwangsarbeit.[131] Diese wurde mit zunehmender Dauer des Krieges immer selbstverständlicher, insbesondere ab 1916. Die Unterschiede zwischen den einzelnen Kriegsteilnehmern blieben allerdings erheblich. Vor allem das Vereinigte Königreich nahm die internationalen Verpflichtungen mit Blick auf Kriegsgefangene während der gesamten Kriegsdauer relativ ernst.[132]

IV. Schluss

Das Völkerrecht spielte auf dem Weg in den Ersten Weltkrieg als kriegsbegünstigender Faktor eine gemeinhin unterschätzte Rolle. Das Zusammenwirken von *ius ad bellum* und Sozialdarwinismus, das Fehlen individueller völkerrechtlicher Verantwortlichkeit staatlicher Eliten sowie die Funktionsweise von Repressalien haben zu den Kriegsvoraussetzungen beigetragen. Das Völkerrecht hat den Ersten Weltkrieg nicht nur nicht verhindert; es hat in seiner damaligen Ausprägung zu Gewaltlegitimation, Unverantwortlichkeit von Eliten und Gewaltspiralen beigetragen. Im Krieg war es auf das Aufkommen neuer Waffen und Kriegführungsmethoden schlecht vorbereitet. Es war gegenüber massenweisem Töten durch Artilleriegranaten und Maschinengewehre indifferent, viele Kriegführungsregeln waren mit Blick auf das technisch neu Mögliche zu vage oder wurden offen verletzt, wie etwa beim Einsatz von Giftgas. Zentrale völkerrechtliche Themen im Krieg waren auch Besatzungen und Kriegsgefangenschaft. Gravierend verletzt wurden die Standards betreffend Zugriffe auf zivile Ressourcen des Gegners in Besatzungsgebieten, Ernährung der Bevölkerung in solchen Territorien, Zwangsarbeit von Zivilisten und Kriegsgefangenen sowie „menschliche Behandlung" von Kriegsgefangenen. Ab 1916 wurde die Unterschreitung der Standards zugunsten von Zivilbevölkerung und Kriegsgefangenen zusehends zur Selbstverständlichkeit.

Anmerkungen

1   Eine englische Version dieses Beitrags ist erschienen unter dem Titel: *Oliver Diggelmann*, Beyond the Myth of a Non-relationship: International Law and World War I, in: Journal of the History of International Law 19 (2017), 93–120.

2   Neueres Beispiel: *Carlo Focarelli*, International Law in the 20th Century, in: Alexander Orakhelashvili (Hrsg.), Research Handbook on the Theory and History of International Law, Cheltenham 2011, 478–525.

3   Etwa: *Christopher Clark*, Die Schlafwandler. Wie Europa in den Ersten Weltkrieg zog, München 2014 (weder Erwähnung im Inhalts- noch im Schlagwortverzeichnis); *Herfried Münkler*, Der Große Krieg. Die Welt 1914 bis 1918, 5. Aufl., Berlin 2014 (keine Erwähnung im Inhaltsverzeichnis, Schlagwortverzeichnis nicht vorhanden).

4   Vgl. insbesondere: *Isabel V. Hull*, A Scrap of Paper. Breaking and Making International Law during the Great War, Ithaca/London 2014, 3.

5   Die Verhöhnung beklagend: *Walther Schücking*, Die völkerrechtliche Lehre des Weltkrieges, Leipzig 1918, 3.

6   *John Maynard Keynes*, The Economic Consequences of the Peace, New York 1920, 71–72.

7   Traditionsbegründend: *Edward H. Carr*, The Twenty Years Crisis 1919–1939, London 1940; *Hans Joachim Morgenthau*, Politics Among Nations, New York 1954.

8   Eine frühe Ausnahme einer auf das Grundsätzliche gerichteten Studie ist: *James Wilford Garner*, International Law and the World War, 2 Bde., London 1920; neuerdings: *Hull*, Scrap (Anm. 4).

9   Für eine Übersicht über die Völkerrechtsentwicklung in dieser Periode: *Stephen C. Neff*, Justice Among Nations. A History of International Law, Cambridge/London 2014, 217–339; anderer Meinung, das Völkerrecht in dieser Zeit für fast irrelevant haltend: *Robert A. Friedländer*, Who Put Out the Lamps in Europe? Thoughts on International Law and the Coming of World War I, in: Duquesne Law Review 20 (1982), 569–583, 572.

10 Vgl. *Martti Koskenniemi*, The Gentle Civilizer of Nations. The Rise and Fall of International Law 1870–1960, Cambridge 2004, 39–41.

11 Vgl. *Oliver Diggelmann*, Die Entstehung des modernen Völkerrechts in der frühen Neuzeit, in: Tilmann Altwicker, Francis Chevanal, Oliver Diggelmann (Hrsg.), Völkerrechtsphilosophie der Frühaufklärung, Tübingen 2015, Abschn. II.1. (Vom christlichen Binnenrecht zum Recht der westchristlichen Staatenwelt) m. H.

12 *Hull*, Scrap (Anm. 4), 3.

13 Zur Verletzung der Neutralität Belgiens sowie Luxemburgs: *Commission on the Responsibility of the Authors of the War and on Enforcement of Penalties*, Report Presented to the Preliminary Peace Conference, March 29, 1919, in: The American Journal of International Law 14 (1920), 95–154, 107–112.

14 *Jörn Leonhard*, Die Büchse der Pandora. Geschichte des Ersten Weltkrieges, 5. Aufl., München 2014, 1012.

15 *John Mueller*, Changing Attitudes Towards War: The Impact of the First World War, in: British Journal of Political Science 21 (1991), 1–28, 1.

16 Vgl. die Strafbestimmungen des Versailler Friedensvertrages (Art. 227–230).

17 *P. J. Rhodes*, Thucydides on the Causes of the Peloponnesian War, in: Hermes 115 (1987), 154–165.

18 Für eine eingehende Diskussion: *Isabel V. Hull*, 'Military Necessity' and the Laws of War in Imperial Germany, in: Stathis Kalyvas, Ian Shapiro, Tarek Masoud (Hrsg.), Order, Conflict, Violence, Cambridge 2008, 352–377.

19 *Leonhard*, Pandora (Anm. 14), 1012.

[20] Hinweise auf strukturelle Theorien zu den Ursachen des Ersten Weltkriegs bei *Leonhard*, Pandora (Anm. 14), 75–82.

[21] Statt vieler: *Clark*, Schlafwandler (Anm. 3).

[22] Vgl. *Agathe Verdebout*, The Contemporary Discourse on the Use of Force in the Nineteenth Century: A Diachronic and Critical Analysis, in: Journal on the Use of Force and International Law 1 (2014), 223–246.

[23] Etwa: *Henri Bonfils, Paul Fauchille*, Manuel de droit international public, Bd. 1, Paris 1908, 164; *Lassa Oppenheim*, International Law – A Treatise, Bd. 1, London/New York/Bombay 1905, 182. Weitere Nachweise bei *Verdebout*, Discourse (Anm. 22), 228.

[24] *Robert Kolb*, Ius contra bellum. Le droit international relatif au maintien de la paix, 2. Aufl., Basel/Brüssel 2009, 28.

[25] Für ein nuanciertes Bild der Verhältnisse nach 1648: *Heinhard Steiger*, Rechtliche Strukturen der Europäischen Staatenordnung 1648–1792, in: Zeitschrift für ausländisches öffentliches Recht und Völkerrecht 59 (1999), 609–647.

[26] Zur Entstehung der Neutralität als Konzept und Rechtsstatus: *Stefan Oeter*, Ursprünge der Neutralität. Die Herausbildung des Instituts der Neutralität im Völkerrecht der frühen Neuzeit, in: Zeitschrift für ausländisches öffentliches Recht und Völkerrecht 48 (1988), 447–488.

[27] Zur Frage des Rechtscharakters des Gleichgewichtsprinzips: *Alfred Vagts, Detlev F. Vagts*, The Balance of Power in International Law: A History of an Idea, in: The American Journal of International Law 73 (1979), 555–580.

[28] Zur Bedeutung des Gleichgewichtskonzepts zur Zeit der Entstehung des Völkerrechts und für seine Entwicklung: *Diggelmann*, Entstehung (Anm. 11), Abschn. III.2. (Stabilitätskonzeption).

[29] *Louis Renault*, De l'application du droit pénal aux faits de guerre, in: Journal du droit international 42 (1915), 313–344.

[30] *Hansjoachim W. Koch*, Der Sozialdarwinismus. Seine Genese und sein Einfluss auf das imperialistische Denken, München 1973, 21.

[31] Zu den aufklärerischen Wurzeln des Fortschrittsbegriffs: *Tilmann Altwicker, Oliver Diggelmann*, How is Progress Constructed in International Legal Scholarship?, in: European Journal of International Law 25 (2014), 425–444, 429–431 m. H.

[32] *Charles Darwin*, The Descent of Man, and Selection in Relation to Sex, Bd. 1, London 1871, 179.

[33] *Hannah Arendt*, Elemente und Ursprünge totaler Herrschaft, 3. Aufl., München/Zürich, 286–289.

[34] *Koch*, Sozialdarwinismus (Anm. 30), 88–89, 94–95.

[35] *Münkler*, Krieg (Anm. 3), 82–106 („Der vermeintliche Zwang zum Präventivkrieg").

[36] Verhandlungen des Reichstags, Stenographische Berichte, 1914/16, Bd. 306, Berlin 1916, 1.

[37] Für eine den Anfängen Rechnung tragende Übersicht über die Entwicklung der völkerrechtlichen Strafgerichtsbarkeit: *Gregor Kemper*, Der Weg nach Rom: Die Entwicklung völkerrechtlicher Strafgerichtsbarkeit und die Errichtung des Ständigen Internationalen Strafgerichtshofs, Köln 2003.

[38] Zur Diskussion um die Ahndung von Kriegsverbrechen vor dem Ersten Weltkrieg: *Daniel Marc Segesser*, Recht statt Rache oder Rache durch Recht? Die Ahndung von Kriegsverbrechen in der internationalen wissenschaftlichen Debatte 1872–1945, Paderborn u.a. 2010, 76–157.

[39] Klassische gerichtliche Anerkennung der Mediatisierungsidee: Ständiger Internationaler Gerichtshof, Griechenland/Vereinigtes Königreich, Urteil vom 30. August 1924, Series A 02, 12 („Mavrommatis-Fall").

[40] *Gustave Rolin-Jaequemyns*, Essai complémentaire sur la Guerre Franco-Allemande dans ses rapports avec le droit international, in: Revue de droit international et de législation comparée 3 (1871), 327–331.

[41] *Gustave Moynier*, Note sur la création d'une institution judiciaire international propre à prévenir et à réprimer les infractions à la Convention de Genève, in: Bulletin international des sociétés de secours aux militaires blessés 11 (1872), 122–131, 123–129.

[42] Brief von John Westlake an Guillaume-Henri Dufour, abgedruckt in französischer Übersetzung in: *Gustave Rolin-Jaequemyns*, Note sur le projet de M. Moynier, relative à l'établissement d'une institution judiciaire international protectrice de la Convention, in: Revue de droit international et de législation comparée 4 (1872), 325–346, 332.

[43] *Louis Renault*, De l'application du droit pénal aux faits de guerre, in: Revue générale de droit international public 25 (1918), 6–29, 23.

[44] Dazu: *Diggelmann*, Entstehung (Anm. 11), Abschn. II. (Transformationen und Umbrüche).

[45] Grundsätzlich zur Problematik der Bestrafung der Schuldigen bei Makro- und Staatsverbrechen: *Oliver Diggelmann*, Staatsverbrechen und Internationale Justiz. Zur Einlösbarkeit von Erwartungen an internationale Straftribunale, in: Archiv des Völkerrechts 45 (2007), 382–399, 384–387.

[46] Klassische Formulierung der Voraussetzungen rechtmäßiger Repressalien: Special Arbitral Tribunal, Portugal/Deutschland, Urteil vom 31. Juli 1928, 4 Annual Digest 526 („Naulilaa-Fall").

[47] Zur Diskussion über die Bedeutung dieses Merkmals für den Rechtscharakter des Völkerrechts vgl. die Hinweise bei: *Jan Klabbers*, International Law, New York 2013, 10–12.

[48] Zur Unterscheidung zwischen Friedens- und Kriegsrepressalie in der Zeit vor dem Ersten Weltkrieg: *Friedrich von Martens*, Völkerrecht. Das Internationale Recht der civilisirten Nationen, Bd. 2, Berlin 1886, 468–469, 518–519.

[49] *Hull*, Scrap (Anm. 4), 64. Anderer Meinung: *Alphons Rivier*, Lehrbuch des Völkerrechts, 2. Aufl., Stuttgart 1899, 413.

[50] *Johann Caspar Bluntschli*, Das moderne Völkerrecht der civilisirten Staten als Rechtsbuch dargestellt, 3. Aufl., Nördlingen 1878, 319.

[51] *Hull*, Scrap (Anm. 4), 277.

[52] Zur alten Unterscheidung zwischen allgemeiner und spezieller Repressalie und zum teilweisen Quasi-Kriegscharakter der allgemeinen Repressalie: *Wilhelm G. Grewe*, The Epochs of International Law, Berlin/New York 2000, 201–202.

[53] Vgl. *Hull*, Scrap (Anm. 4), 276–316.

[54] *Committee on Alleged German Outrages*, Report of the Committee on Alleged German Outrages, London 1915, 60–61 (nach strengen Kriterien verfasster britischer Bericht). Neuere Publikation zum Thema: *John Horne, Alan Kramer*, German Atrocities 1914: A History of Denial, New Haven 2001, 10–23.

[55] *Horne, Kramer*, Atrocities (Anm. 54), 3.

[56] Kritisch gegenüber der herrschenden Meinung in Deutschland damals bereits: *Heinrich Lammasch*, Über „die Krise des Internationalismus", in: Deutsche Revue 15 (1915), 190–198, 192–196.

[57] *Jeff Lipkes*, Rehearsals: The German Army in Belgium, Leuven 2007, 44.

[58] *Hull*, Scrap (Anm. 4), 58.

[59] *Horne, Kramer*, Atrocities (Anm. 54), 89–174.

[60] Zur Diskussion im Einzelnen: *Hull*, Scrap (Anm. 4), 169 m. H.

[61] *Hull*, Scrap (Anm. 4), 174.

[62] *Garner*, War (Anm. 8), Bd. 1, 334–335.

[63] *Robert Lansing*, Memo of December 1, 1916, in: United States Department of State (Hrsg.), Papers Relating to the Foreign Relation of the United States: The Lansing Papers, 1914–1920, Bd. 1, Washington, D.C. 1939, 229.

[64] Statut des Internationalen Gerichtshofs vom 26. Juni 1945, Art. 38 Abs. 1 lit. a–c.

[65] Bereits älter, aber grundsätzlich zu den konzeptionellen Fragen im Zusammenhang mit Gewohnheitsrecht: *Anthony A. D'Amato*, The Concept of Custom in International Law, Ithaca 1971.

[66] *Hull*, Scrap (Anm. 4), 58, 76–82.

[67] *Hull*, Scrap (Anm. 4), 281–282, 300.

[68] Zur Geschichte dieser Phase der flächendeckenden Elektrifizierung: *Louis C. Hunter, Lynwood Bryant*, A History of Industrial Power in the United States 1730–1930, Bd. 3: The Transmission of Power, Cambridge MA/London 1991.

[69] *Virginia Woolf*, Mr. Bennett and Mrs. Brown, in: *dies.*, The Hogarth Essays, London 1924, 3–24, 4.

[70] Zu den Anfängen der Luftkriegführung: *John Andreas Olsen*, A History of Air Warfare, Dulles 2010, 3–24.

[71] *Münkler*, Krieg (Anm. 3), 479–480.

[72] Zu Bedeutung und Einsatz von Maschinengewehren im Ersten Weltkrieg: *James H. Willbanks*, Machine Guns. An Illustrated History of Their Impact, Santa Barbara 2004, 63–76.

[73] *Münkler*, Krieg (Anm. 3), 508–526.

[74] *Münkler*, Krieg (Anm. 3), 362–377, 393–394.

[75] Internationale Übereinkunft betreffend die Gesetze und Gebräuche des Landkrieges, abgeschlossen in Den Haag am 29. Juli 1899, in Kraft getreten am 4. September 1900 („Haager Landkriegsordnung", HLKO 1899); Abkommen betreffend die Gesetze und Gebräuche des Landkriegs, abgeschlossen in Den Haag am 18. Oktober 1907, in Kraft getreten am 26. Januar 1910 (HLKO 1907).

[76] Art. 2 HLKO 1899; Art. 2 HLKO 1907.

[77] Zu Hintergründen und Rezeption der Klausel: *Rhea Schircks*, Die Martens'sche Klausel: Rezeption und Rechtsqualität, Baden-Baden 2002.

[78] *Hull*, Scrap (Anm. 4), 75–76.

[79] Zu den Anfängen und zur Entwicklung dieser Teilgebiete des Kriegführungsrechts: *Ashley Roach*, The Law of Naval Warfare at the Turn of Two Centuries, in: The American Journal of International Law 94 (2000), 64–77, 64; *Javier Guisández Gómez*, The Law of Air Warfare, International Review of the Red Cross 38 (1998), 347–363.

[80] Zur Diskussion über die Londoner Deklaration von 1909: *Geoffrey Best*, Humanity in Warfare: The Modern History of International Law of Armed Conflict, London 1980, 247–248.

[81] *Christoph Menke*, Law and Violence, in: Law and Literature 22 (2010), 1–17, 1; vgl. auch *Ferdinand Tönnies*, Naturrecht und Völkerrecht, in: Arno Mohr, Rolf Fechner (Hrsg.), Ferdinand Tönnies. Gesamtausgabe, Bd. 10: 1916–1918, Berlin/New York 2008, 291–305, 291.

[82] Art. 23 lit. e HLKO 1899; Art. 23 Abs. 1 lit. e HLKO 1907.

[83] Zur Entwicklung des Konzepts des unnötigen Leidens: *Henri Meyrowitz*, The Principle of Superfluous Injury or Unnecessary Suffering: From the Declaration of St. Petersburg of 1868 to Additional Protocol I of 1977, in: International Review of the Red Cross 34 (1994), 98–122.

[84] *Hull*, Scrap (Anm. 4), 230.

[85] *Hull*, Scrap (Anm. 4), 237.

[86] Art. 25 HLKO 1899; Art. 25 HLKO 1907.

[87] Art. 23 lit. a HLKO 1899; Art. 23 Abs. 1 lit. a HLKO 1907.

[88] Zum U-Boot-Krieg und seinen Hintergründen: *Joachim Schröder*, Die U-Boote des Kaisers. Die Geschichte des deutschen U-Boot-Krieges gegen Großbritannien im Ersten Weltkrieg, Bonn 2003.

[89] *Bernd Stegemann*, Die Deutsche Marinepolitik 1916–1918, Berlin 1970, 33.

[90] Vgl. Art. 19 der Erklärung über das Seekriegsrecht vom 26. Februar 1909 („Londoner Seerechtsdeklaration"), die wegen Nichtratifizierung durch das britische Oberhaus nie in Kraft getreten ist, im hier interessierenden Punkt aber eindeutig Gewohnheitsrecht festhält.

[91] Vgl. insbesondere Art. 102 des San Remo Manual on International Law Applicable to Armed Conflict at Sea vom 12. Juni 1994.

[92] Art. 54 Abs. 1 des Zusatzprotokolls zu den Genfer Abkommen vom 12. August 1949 über den Schutz der Opfer internationaler bewaffneter Konflikte vom 8. Juni 1977.

[93] *Münkler*, Krieg (Anm. 3), 459–477.

[94] *Sophie De Schaepdrijver*, La Belgique et la Première Guerre Mondiale, New York 2004, 87; *Herbert Hoover*, An American Epic, Bd. 1: Introduction: The Relief of Belgium and Northern France 1914–1930, Chicago 1959, 388.

[95] *Leonhard*, Pandora (Anm. 14), 285.

[96] *Hull*, Scrap (Anm. 4), 112–113.

[97] Art. 49 und 52 HLKO 1899; Art. 52 und 53 HLKO 1907.

[98] Art. 44, 46 Abs. 2 und 50 HLKO 1899; Art. 44, 46 Abs. 2 und 50 HLKO 1907.

[99] *Garner*, War (Anm. 8), Bd. 2, 108–109, 113.

[100] *Jens Thiel*, „Etwaige völkerrechtliche Bedenken dürfen uns nicht hindern". Zwangsarbeit und Deportation in Belgien während des Ersten Weltkriegs, in: Timm C. Richter (Hrsg.), Krieg und Verbrechen: Situation und Intention, München 2006, 21–30, 27.

[101] *Christian Westerhoff*, Zwangsarbeit im Ersten Weltkrieg. Deutsche Arbeitskräftepolitik im besetzten Polen und Litauen 1914–1918, Paderborn 2012, 332.

[102] Zur Besetzung und Ausbeutung Rumäniens: *Lisa Mayerhofer*, Zwischen Freund und Feind. Deutsche Besatzung in Rumänien 1916–1918, München 2010.

[103] Vgl. *Werner Basler*, Deutsche Annexionspolitik in Polen und im Baltikum 1914–1918, Berlin 1962, 279.

[104] *Thiel*, Bedenken (Anm. 100), 27.

[105] *Hull*, Scrap (Anm. 4), 117.

[106] *Hoover*, American Epic (Anm. 94), 388.

[107] Art. 55 Abs. 1 der Genfer Konvention über den Schutz der Zivilpersonen in Kriegszeiten vom 12. August 1949.

[108] Diese unter dem unmittelbaren Eindruck des Krieges für zusammengebrochen haltend: *Elihu Root*, The "Great War" and International Law, in: Advocate of Peace Through Justice 83 (1921), 225–230, 225; *Ferdinand Tönnies*, Die Zukunft des Völkerrechts, in: Mohr, Fechner (Hrsg.), Tönnies (Anm. 81), 307–332, 313.

[109] *Jean Jacques Rousseau*, Du contrat social, ou principes du droit politique, Amsterdam 1762, 18–19 (Chapitre IV).

[110] *Leonhard*, Pandora (Anm. 14), 645.

[111] *Leonhard*, Pandora (Anm. 14), 645.

[112] Art. 45 HLKO 1899; Art. 45 HLKO 1907.

[113] Zum Fall Cavell: *Katie Pickles*, Transnational Outrage: The Death and Commemoration of Edith Cavell, Basingstoke 2007.

114 Zum Fall Fryatt: *Hull*, Scrap (Anm. 4), 252–256.

115 *Verena Moritz, Hannes Leidinger*, Zwischen Nutzen und Bedrohung. Die russischen Kriegsgefangenen in Österreich 1914–1921, Bonn 2005, 329.

116 *Alan R. Kramer*, Prisoners of War in the First World War, in: Sibylle Scheipers (Hrsg.), Prisoners of War, Oxford 2010, 75–90, 78.

117 *Reinhard Nachtigal*, Russland und seine österreichisch-ungarischen Kriegsgefangenen (1914–1918), Remshalden 2003, 80–81.

118 *Kramer*, Prisoners (Anm. 116), 80.

119 Art. 4–20 HLKO 1899; Art. 4–20 HLKO 1907.

120 Art. 4 Abs. 2 HLKO 1899; Art. 4 Abs. 2 HLKO 1907.

121 *Uta Hinz*, Gefangen im Großen Krieg, Essen 2006, 78.

122 Vgl. *Hinz*, Gefangen (Anm. 121), 70, 135.

123 *Kramer*, Prisoners (Anm. 116), 84.

124 Vgl. etwa *Heather Jones*, The German Spring Reprisals of 1917: Prisoners of War and the Violence of the Western Front, in: German History 26 (2008), 335–356.

125 *Kramer*, Prisoners (Anm. 116), 77; vgl. auch *Mark Spoerer*, The Mortality of Allied Prisoners of War and Belgian Civilian Deportees in German Custody during the First World War: A Reappraisal of the Effects of Forced Labour, in: Population Studies 60 (2006), 121–136.

126 *Hinz*, Gefangen (Anm. 121), 357.

127 *Leonhard*, Pandora (Anm. 14), 644.

128 Art. 6 Abs. 1 HLKO 1899; Art. 6 Abs. 1 HLKO 1907.

129 *Hinz*, Gefangen (Anm. 121), 296.

130 *Jones*, Reprisals (Anm. 124), 343–344.

131 *Kramer*, Prisoners (Anm. 116), 78.

132 *Kramer*, Prisoners (Anm. 116), 80.

Arnd Bauerkämper

Zivilgesellschaften im Ersten Weltkrieg. Das Verhältnis von Sicherheit und Menschenrechten am Beispiel des Umgangs mit zivilen Feindstaatenangehörigen[1]

Der Erste Weltkrieg, dem weltweit rund 17 Millionen Menschen zum Opfer fielen, gilt als der erste totale militärische Konflikt. Diese Einstufung betrifft die Ziele und Formen der Kriegführung ebenso wie das Ausmaß der von ihm verursachten Mobilisierung und Kontrolle. Der Erste Weltkrieg bezog Soldaten und Zivilisten ein. Damit war die Trennung von Kombattanten und Bevölkerung in der Heimat unschärfer als zuvor. Auch unterwarf das anonymisierte Töten, das überlieferte Leitbilder heroischen Kampfes und individuellen Heldenmutes dementierte, die Kombattanten enormen physischen und psychischen Belastungen. Nicht zuletzt hinterließen die Kämpfe in den am Krieg beteiligten Gesellschaften außer zahlreichen Kriegsversehrten und psychischen Schädigungen auch vielfältige Erinnerungen, die dem Leiden letztlich Sinn verleihen sollten. Das öffentliche und private Totengedenken hob dabei besonders in den Zwanziger- und Dreißigerjahren vorrangig auf Heldentum ab.[2]

Erst seit den Achtzigerjahren sind auch das Leiden und die Opfer hervorgehoben worden. Zugleich haben Ausstellungen und geschichtswissenschaftliche Deutungen nicht nur die nationalheroische Überhöhung zurückgenommen, sondern z. T. überhaupt einen Sinn des Leidens in Abrede gestellt.[3] Mit dieser Neuorientierung der Erinnerungskulturen und historiografischen Deutungen einhergehend, sind Restformen zivilgesellschaftlichen Handelns unter den Bedingungen des Ersten Weltkrieges akzentuiert worden. An diese neueren Forschungen schließt dieser Beitrag an, der sich auf den Umgang mit Zivilinternierten in verschiedenen europäischen Staaten konzentriert. Sie wurden einer rigorosen Kontrolle und Überwachung unterworfen. Dieses Reglement war eingebettet in ein neues Herrschaftskonzept, das im totalen Krieg auf eine umfassende Nutzung aller Ressourcen – darunter auch der Bevölkerung – einerseits und die Isolierung innerer „Feinde" andererseits zielte. Die Grenzen zwischen „inneren" und „äußeren" Feinden verschwammen. Dabei waren besonders die Zivilinternierten eine „innovation of this war", wie der Präsident des Internationalen Komitees vom Roten Kreuz (IKRK), Gustave Ador, schon 1917 feststellte.[4] Sie waren nicht durch internationale Konventionen oder Verträge geschützt. Ohne dass die Zivilinternierten als willenlose Akteure einzustufen sind, galten sie auch nach dem Waffenstillstand nicht als „Helden", sondern als „Opfer". Daher konnten sie in der national geprägten Gedächtnispolitik der Zwanziger- und Dreißigerjahre kaum für das Paradigma des heroischen Kämpfers in Anspruch genommen werden.[5]

Im Ersten Weltkrieg war die Behandlung der zivilen Feindstaatenangehörigen in den einzelnen Nationalstaaten weitgehend dem Imperativ nationaler Sicherheit und dem Primat des militärischen Sieges unterworfen geblieben. Zwar hatten Verträge, die seit dem späten 18. Jahrhundert abgeschlossen worden waren, Angehörigen verfeindeter Staaten Zeit zum Verlassen von Ländern gelassen (oft ein halbes Jahr). Auch bestand unter Völkerrechtlern weitgehend Konsens, dass Zivilisten im Kriegsfall ausschließlich festgenommen werden durften, um die Sicherheit und Verteidigungsfähigkeit des jeweiligen Landes zu erhalten. Insgesamt waren sie nach der etablierten völkerrechtlichen Theorie und Praxis im Kriegsfall möglichst unberührt zu lassen. Auch „Humanität" als Leitkategorie hatte sich im politischen Diskurs seit der Deklaration von St. Petersburg (1868) verankert.[6]

Der rechtliche Status von Feindstaatenausländern war aber unklar, und zur Jahrhundertwende hatte Spanien auf Kuba und Großbritannien in Südafrika Lager eingerichtet, in die Zivilisten eingewiesen worden waren. Dennoch trafen das restriktive Management innerer Sicherheit und der „national security state", der mit der fortschreitenden inneren Mobilisierung korrespondierte, auf den Protest von Dissidenten und Pazifisten. Sie traten für die Bürger- und Freiheitsrechte der Zivilinternierten und Kriegsgefangenen ein. Obgleich sich diese Gruppen nicht durchsetzen konnten, erreichten sie zumindest in einigen kriegführenden Staaten eine Milderung der restriktiven Sicherheitspraktiken und mittelfristig eine Verbesserung des völkerrechtlichen Schutzes von Kriegsgefangenen und Zivilinternierten. Auch diese selber bestanden vielfach auf Formen zivilgesellschaftlichen Umgangs, ohne sich damit durchsetzen zu können.[7]

Im Folgenden sollen die Formen des Umgangs mit Zivilinternierten und Dissidenten im Hinblick auf das Verhältnis zwischen den Forderungen und Postulaten von Sicherheit und Menschenrechten analysiert werden. Damit wird beabsichtigt, Potenziale und Grenzen zivilgesellschaftlichen Handelns im Ersten Weltkrieg zu konturieren. Die Darstellung konzentriert sich auf Großbritannien, Frankreich, Deutschland, Österreich-Ungarn und das russische Zarenreich. Zuvor müssen jedoch die leitenden Begriffe „Sicherheit", „Freiheit" und „Zivilgesellschaft" erläutert und in die Forschungsdiskussion eingeordnet werden.

I.   Begriffe und Konzepte: „Sicherheit", „Zivilgesellschaft", „Freiheit" und „Menschenrechte"

Im 19. Jahrhundert hatte sich eine neue Erfahrung von Kontingenz herausgebildet, in der das Verhältnis von Sicherheit und grundlegenden Freiheitsrechten zusehends als Gegensatz wahrgenommen wurde. Die Zunahme staatlicher Interventionen in Wirtschaft und Gesellschaft steigerte im späten 19. und frühen 20. Jahrhundert die Erwartungen und Ansprüche auf Sicherheit und Stabilität. Mit diesen Leitwerten waren Konzepte und Praktiken der Planung verbunden, die negative Kontingenz reduzieren, aber neue Spielräume und Optionen politischer und gesellschaftlicher Gestaltung eröffnen sollten. „Sicherheit" zielte damit auf die Bewältigung von Komplexität, auch indem zukünftige Entwicklungen in der „organisierten Moderne" antizipiert, gelenkt und gestaltet werden sollten. Das Streben nach Sicherheit löste deshalb unabhängig von der konkreten Verfasstheit moderner Industrieländer ähnliche Handlungspraktiken politischer und gesellschaftlicher Akteure aus. So kennzeichnete Sicherheitspolitik Demokratien und Diktaturen. Im frühen 20. Jahrhundert steigerte aber vor allem die einschneidende Erfahrung des „totalen" Krieges die Sicherheitserwartungen, auch in der Unterschicht und der Arbeiterschaft.[8]

Gegenüber staatlichen Interventionen zugunsten von äußerer und innerer Sicherheit hatten Liberale jedoch schon zuvor individuelle (politische) Freiheit und grundlegende Bürger- und Menschenrechte gefordert oder verteidigt. Menschenrechte und Rekurse auf das Naturrecht nahmen in der Verfassungsgebung europäischer Staaten und in der Kampagne gegen die Sklaverei im späten 18. und frühen 19. Jahrhundert aber nur einen untergeordneten Stellenwert ein. Auch ist die universale Geltung von Menschenrechten erst seit den Siebzigerjahren diskutiert und partiell durchgesetzt worden. Die von der französischen Nationalversammlung am 26. August 1789 verkündete Erklärung der Menschen- und Bürgerrechte war im Ersten Weltkrieg dennoch ein wichtiger Bezugs- und Deutungshorizont. Regierungen rekurrierten im Kampf um die öffentliche Meinung in neutralen Staaten auf normative Konzepte wie Menschenwürde und Humanität. Zumindest unmittelbar nach dem Ersten Weltkrieg nahmen Organisationen wie der „Bund Neues Vaterland" den „Kampf für Menschenrechte" auch explizit in ihr Programm auf.[9]

Darauf bezog sich im 19. Jahrhundert unmittelbar die Forderung, der gesellschaftlichen Entwicklung und dem Handeln sozialer Akteure Freiräume von staatlicher Herrschaft zu gewähren. Damit ist unmittelbar der Stellenwert von Sicherheitspolitik in Zivilgesellschaften berührt. „Zivilgesellschaft" ist ein Begriff, der gegenwärtig umfassend, fast schon inflationär verwendet wird. Das vieldeutige Konzept hat seit den Achtzigerjahren eine Renaissance im politischen Diskurs wie auch in der wissenschaftlichen Debatte erlebt. Als Kampfbegriff der osteuropäischen und lateinamerikanischen Bewegungen, die sich gegen die herrschenden Diktaturen richteten, hat „Zivilgesellschaft" eine starke politische Wirkung entwickelt. Das Leitbild führte hier eine soziale Mobilisierung herbei, die den Herrschaftsanspruch der Machteliten in den Diktaturen infrage stellte und letztlich unterhöhlte. In der westlichen Welt ist das Konzept vielfach als Allheilmittel gegen die Individualisierung, Vereinzelung und Politikverdrossenheit moderner Gesellschaften gepriesen worden. Zugleich scheint die Zivilgesellschaft Schutz vor der grenzüberschreitend wirksamen, vielfach als übermächtig wahrgenommenen kapitalistischen Wirtschaft und ihren weitreichenden Steuerungsansprüchen zu verheißen.[10]

In der soziologischen und politikwissenschaftlichen Forschung ist „Zivilgesellschaft" überwiegend als Bereich gesellschaftlicher Selbstorganisation definiert worden, der nicht von staatlichen Institutionen kontrolliert und reguliert wird. Diese Sphäre ist durch eine grundsätzlich freie

Interaktion gekennzeichnet, die auf der Anerkennung von Pluralität und Toleranz, Berechenbarkeit, gegenseitigem Vertrauen, Kooperationsbereitschaft und spezifischen Formen friedlicher Konfliktregelung basiert. In dieser Perspektive bezeichnet „Zivilgesellschaft" vor allem ein „Modell sozialer, politischer, wirtschaftlicher und kultureller Ordnung [...]. Eine offene Gesellschaft, Pluralismus, Menschen- und Bürgerrechte, der Rechts- und Verfassungsstaat, Öffentlichkeit, Demokratie, Kritik, innere Vielfalt und Lernfähigkeit gehören dazu, allzuviel soziale Ungleichheit und Entsolidarisierung sind mit diesem Modell nicht vereinbar."[11] In dieser additiven Begriffsbestimmung fallen die deskriptiv-analytische Ebene und die normativ-utopische Dimension zusammen – eine Überlagerung, die sich vor allem in der Spannung zwischen dem universalen Geltungsanspruch und der realen Exklusivität von Zivilgesellschaftlichkeit widerspiegelt.[12]

Nach dem räumlichen Verständnis wird Zivilgesellschaft *erstens* als eine soziale Sphäre definiert, die „zwischen" dem Staat, der Wirtschaft und dem privaten Bereich (Familie) angesiedelt ist. In ihr bestimmen freiwillig gegründete Assoziationen, die öffentlich und nicht profitorientiert agieren, das soziale und politische Handeln. Dieser intermediäre Bereich wird deutlich von der Sphäre des Staates unterschieden. Begründet im aufklärerischen Diskurs des späten 18. Jahrhunderts, bezeichnet „Zivilgesellschaft" *zweitens* aber auch eine Form sozialen Handelns, die u. a. durch den Verzicht auf Gewalt, die Bereitschaft zur Anerkennung des anderen und die Orientierung an der *res publica* gekennzeichnet ist.[13] Auch dieses Verständnis basiert – explizit oder implizit – auf normativen Grundannahmen. Es setzt eine „Kultur der Zivilität" voraus, „einschließlich der Hochschätzung für Toleranz, Selbständigkeit und Leistung sowie die Bereitschaft zum individuellen und kollektiven Engagement über rein private Ziele hinaus".[14]

II. Voraussetzungen: Sicherheit und Freiheit in den entstehenden Zivilgesellschaften des 19. Jahrhunderts

In der bürgerlichen Gesellschaft wurde die Sicherung von „Ruhe und Ordnung" zu einem Grundbedürfnis. Nachdem die frühneuzeitliche Staatsgewalt bereits im 18. Jahrhundert sukzessive ihren Anspruch auf

Sicherheit gegenüber konkurrierenden Instanzen durchgesetzt hatte – wenngleich in den verschiedenen Räumen Europas in unterschiedlichem Ausmaß –, spiegelte die Zunahme staatlicher Interventionen in Wirtschaft und Gesellschaft im späten 19. Jahrhundert die gewachsenen Ansprüche auf Sicherheit und Stabilität wider. Andererseits steigerten die Eingriffe ihrerseits die Sekuritätserwartungen breiter gesellschaftlicher Schichten. So vollzog sich im späten 19. Jahrhundert eine fortschreitende Ausweitung und institutionelle Differenzierung staatlicher Sicherheitspolitik. Über den Schutz vor Verbrechen und Kriegen hinaus erfasste sie zusehends auch Lebensrisiken wie Alter und Krankheit und die Versorgung mit Nahrungsmitteln und Energie. Dabei wurden Wohlfahrtskompetenzen aus dem Aufgabenfeld der frühneuzeitlichen „Policey" ausgegliedert.[15]

Dieser institutionellen Differenzierung lag im 19. Jahrhundert eine neue Erfahrung gesellschaftlicher Unsicherheit zugrunde. Die sich öffnende Kluft zwischen „Erfahrungsraum" und „Erwartungshorizont"[16] verlieh der Vorstellung einer Kontingenz Auftrieb, die sich in der „klassischen Moderne"[17] verschärfte. So dementierte die Dauerpräsenz politisch-sozialer Auseinandersetzungen im wilhelminischen Kaiserreich nahezu permanent die noch weitverbreiteten Ideale von Konsens und Homogenität. Aus der Sicht vieler Zeitgenossen war in der Krise des *fin de siècle* um 1900 „fundamentale Unsicherheit zum Signum der Moderne" geworden, die sich als „Bewegung in eine unbekannte Zukunft" entpuppte. „Sicherheit" verhieß vor diesem Hintergrund die „Lösung des Problems gesteigerter Kontingenz von Individuen".[18]

Zudem bildete sich eine zusehends eindeutige Trennung von innerer und äußerer Sicherheit heraus. In diesem Expansions- und Differenzierungsprozess nahmen Kritiker das Verhältnis von Sicherheit und Menschenrechten bereits im 19. Jahrhundert als Gegensatz wahr. Neben die Sicherheit *durch* den Staat trat auch aus der Perspektive breiter Gesellschaftsgruppen die Sicherheit *vor* dem Staat. Dadurch ist die Vorstellung anderer Akteure infrage gestellt worden, die Freiheit und Menschenrechte als Voraussetzung der Sicherheit oder umgekehrt aufgefasst und bestimmt haben. Neben ein komplementäres Verständnis von Sekurität und Freiheit trat damit eine antinomische Deutung. In der Auseinandersetzung über die Balance zwischen den beiden Leitkategorien hat der Streit über das jeweils hinzunehmende „Risiko" einen zentralen Stellenwert gewonnen. Die daraus resultierenden Konflikte sollten im Ersten Weltkrieg die Diskurse über zivile Feindstaatenangehörige und Oppositionelle prägen.[19]

III. Zivile Feindstaatenangehörige in Konstellationen des totalen Krieges

Von 1914 bis 1918 griffen Staaten tiefgreifend in wirtschaftliche und gesellschaftliche Entwicklungen ein. Nachdem sich die Hoffnungen auf einen schnellen Sieg als illusionär erwiesen hatten, war die Kriegswirtschaft umfassend und detailliert zu organisieren, um die Waffenproduktion, aber auch die Versorgung der Soldaten zu sichern. Zugleich mussten immer mehr Männer für den Wehrdienst rekrutiert werden. Sogar in Großbritannien wurde die Einführung der Wehrpflicht 1916 unabwendbar. Über die Steigerung der infrastrukturellen Macht der Nationalstaaten hinaus brutalisierte sich im totalen Krieg die Kampfführung, und auch die gesellschaftlichen Spannungen nahmen in den kriegführenden Staaten zu.[20]

In diesem Kontext erweiterten staatliche Behörden ihre Kontrolle von Minderheiten, welche die verstärkte nationale Homogenisierungspolitik zu blockieren schienen. Dabei verdächtigten Regierungen und breite Bevölkerungsgruppen Angehörige von Feindstaaten ebenso der Illoyalität wie Dissidenten, welche die Politik „ihrer" Regierung kritisierten oder offen ablehnten. Diesen Gruppen wurde als „fünfte Kolonne" der Feinde Spionage und Sabotage unterstellt – eine Verschwörungsvorstellung, die sich vor allem in Großbritannien, aber auch in den anderen europäischen Großmächten schon in den Jahren vor 1914 herausgebildet hatte. Zudem waren nationale Sektionen internationaler Organisationen wie des Roten Kreuzes auf die Unterstützung des jeweiligen Staates ausgerichtet worden. Demgegenüber blieb das IKRK, dessen Einfluss auf die nationalen Organisationen gering war, dem Konzept des genuin internationalen humanitären Engagements verpflichtet.[21]

In dieser Konstellation schien – so die dominierende Wahrnehmung im Ersten Weltkrieg – im Allgemeinen nur eine rigorose Überwachung oder sogar Inhaftierung potenzieller „Verräter" geeignet, Gefahren für die Bevölkerung abzuwenden. Die Maßnahmen gegen Angehörige der jeweiligen Kriegsgegner wurden deshalb in allen beteiligten Staaten mit Hinweisen auf die nationale Sicherheit und die Notwendigkeit begründet, die öffentliche Ordnung aufrechtzuerhalten. Neben unspezifischen Gerüchten waren dafür konkrete Ängste maßgeblich. So zeigten sich die Generäle und Regierungen um den Schutz militärischer Geheimnisse besorgt. Deshalb erlegten die Machthaber zivilen Feindstaatenangehörigen in allen kriegführenden Staaten nicht nur eine verschärfte Kontrolle auf, sondern sie unterwarfen diese *enemy aliens* auch der Deportation und Internierung. Vor allem die zwangsweise Aussiedlung aus frontnahen Gebieten und als gefährdet eingestuften Zonen griff oft tief in das Alltagsleben der Betroffenen ein. Nicht zuletzt wurde ihre wirtschaftliche Tätigkeit z. T. erheblich beschnitten. Staatliche Maßnahmen richteten sich aber auch gegen innenpolitische Gegner des Krieges wie die pazifistische *Union of Democratic Control* in Großbritannien und die hier im August 1914 gegründete *Fellowship of Reconciliation*. In Deutschland unterbanden die Behörden 1915/16 die Aktivitäten des „Bundes Neues Vaterland". Durch Verhaftungen, Verhöre und Zensur wurde vor allem der „Bund" in Deutschland „praktisch erdrosselt". Die Regierungen begründeten die Restriktionen jeweils mit dem Schutz ihrer Bevölkerungen.[22]

Die Maßnahmen schränkten Freiheitsrechte ein, die z. T. bereits im Kriegsvölkerrecht verankert waren. Schon der 1863 erlassene „Lieber Code" hatte die amerikanischen Nord- und Südstaaten, die im Bürgerkrieg gegeneinander kämpften, allgemein verpflichtet, Kriegsgefangene human zu behandeln. Dieser Schutz wurde in der Genfer Konvention von 1864 bekräftigt. Auch die wegweisende, 1907 verabschiedete Haager Landkriegsordnung verpflichtete die Signatarstaaten allgemein, Gefangene menschlich zu behandeln. Dazu definierte sie erstmals Grundsätze zum völkerrechtlichen Status wie auch zur Beschäftigung, Unterbringung und Fürsorge von Kriegsgefangenen. Allerdings wurde der Umgang mit zivilen Feindstaatenangehörigen bis zum Ersten Weltkrieg nicht geregelt. Auch blieb die Implementierung bestehender völkerrechtlicher Normen weiterhin den Regierungen der kriegführenden Nationalstaaten überlassen. Die politischen Eliten lehnten im Allgemeinen alle Bindungen ab, die angeblich den militärischen Sieg verhinderten. Der Primat nationaler Sicherheit unterwarf zivile Feindstaatenangehörige und Minderheiten einem rigorosen Reglement, das von der Isolierung über die Arbeitspflicht und Internierung bis zur Deportation in Lager und zum Völkermord (an den Armeniern) reichte.[23]

In Europa wurde 1914 in nahezu allen kriegführenden Staaten schon mit Kriegsbeginn ein Ausnahmezustand erklärt. Dieser Schritt ermöglichte den Behörden, Menschenrechte von Feindstaatenangehörigen und Kriegsgegnern einzuschränken. So setzten mehrere Regierungen kurzfristig Gesetze durch, die zunächst oft eine Registrierungspflicht legalisierten. Sie wurde mit dem Ziel begründet, die Sicherheit der jeweiligen Bevölkerungen zu gewährleisten. Daneben setzte die Internierung von Angehörigen

der jeweiligen Feindstaaten *(enemy aliens)* ein. Die zumindest vorüber-
gehende, oft jedoch lange und z. T. sogar dauerhafte Einweisung dieser
Bürger in gesonderte Lager wurde von den herrschenden Eliten vor allem
mit dem Hinweis auf ähnliche Verfahren in Feindstaaten und dem Argument gerechtfertigt, nur durch diese rigorose Maßnahme die nationale
Sicherheit gewährleisten zu können. Ebenso schränkten die staatlichen
Behörden den Spielraum zur Artikulation von Dissens erheblich ein, nicht
nur in den (konstitutionellen) Monarchien, sondern sogar in Republiken
wie Frankreich, wo Bürgerrechte und Freiheit zu den Postulaten der Revolution von 1789 gehört hatten.

Gesamteuropäisch handelte es sich bei den Zivilinternierungen um
Maßnahmen, die eine große Zahl von Feindstaatenangehörigen erfassten.
In Deutschland wurden während des Ersten Weltkrieges offiziell rund
112'000 Zivilinternierte festgehalten, von denen die meisten allerdings
aus den eroberten Gebieten West- und Osteuropas verschleppt worden
waren. Im Verlauf des Ersten Weltkrieges brachten die Behörden allein
100'000 Belgier und Franzosen in das Deutsche Kaiserreich. Die britischen Sicherheitsbehörden internierten 1914/15 rund 32'000 *enemy
aliens*, Frankreich 60'000. In Rumänien waren bis 1916 5'000 deutsche
Zivilisten und Bürger Österreich-Ungarns sowie 1'000 Bulgaren in Ge-
wahrsam genommen worden. Im russischen Zarenreich wurden Anfang
1917 rund 300'000 Angehörige der „Mittelmächte" und Russlanddeut-
sche (Staatsangehörige des Zarenreiches) festgehalten. In Großbritannien
belief sich die Zahl der deutschen und österreichischen Zivilinternierten
in demselben Jahr auf 36'000, von denen am Kriegsende noch 24'255
festgehalten wurden. In Deutschland befanden sich im November 1918
noch 3'500 Briten, in Österreich-Ungarn insgesamt noch 200 Feindstaatenausländer.[24]

Im Vereinigten Königreich war den Maßnahmen, die nach dem Kriegsbeginn gegen zivile Feindstaatenangehörige erlassen wurden, eine Einschränkung der Einwanderung vorangegangen. Der 1905 verabschiedete
Aliens Act hatte das Asylrecht zwar nicht berührt, aber die Ausweisung
unerwünschter Immigranten erlaubt. Auch hatten sich die politischen
Beziehungen mit Deutschland seit der Jahrhundertwende deutlich ver-
schlechtert, sodass radikal nationalistische und militaristische Gruppen
und Agitationsverbände eine strikte Überwachung oder Ausweisung der
im Land lebenden, z. T. eingebürgerten Deutschen verlangten. Vor diesem Hintergrund wuchs die Spionage- und Invasionsfurcht, die populäre

Medien wie die Zeitungen Lord Northcliffes und die weitverbreiteten Jugendmagazine noch anheizen. So erzielten Erskine Childers (*The Riddle of the Sands*, 1903), William Le Queux (*The Invasion of 1910*, 1906) und Walter Wood (*The Enemy in Our Midst*, 1906) mit ihren Romanen spektakuläre Erfolge. Northcliffe veränderte ebenso wie der Vorsitzende der *National Service League*, Lord Roberts, sogar das Manuskript von *The Invasion of 1910*, um die Resonanz auf das Werk zu erhöhen. In der Agitation gegen die „Fremden" war der radikale Nationalismus Spiegelbild der Niedergangsangst, die besonders der Burenkrieg (1899–1902) ausgelöst hatte.[25]

Um die vermeintliche Gefahr zu bannen, hatte ein Unterausschuss des *Committee of Imperial Defence* (CIC) unter Winston Churchill schon seit 1910 die Internierung ziviler *enemy aliens* im Kriegsfall vorbereitet. Im August 1913 waren von diesem Gremium die geplanten Maßnahmen konkretisiert worden. Auf dieser Grundlage ermächtigten die Anfang August 1914 von der liberalen Regierung unter Premierminister Herbert Asquith mit breiter Zustimmung des Parlaments erlassenen *Defence-of-the-Realm*-Gesetze die Behörden zu einer weitreichenden Kontrolle des öffentlichen Lebens. Nach dem am 5. August (einen Tag nach dem Kriegseintritt Großbritanniens) verabschiedeten *Aliens Restriction Act* mussten sich in Großbritannien lebende Feindstaatenangehörige bei der Polizei registrieren lassen. Außerdem wurde ihre Mobilität eingeschränkt. So durften sie sich nicht mehr in Zonen aufhalten, in denen sie nach Ansicht der Behörden ein militärisches Risiko darstellten. Vor allem hatten Polizeidienststellen aber schon am 28. August 4'300 Deutsche und Österreicher verhaftet und interniert, die als Sicherheitsgefahr eingestuft worden waren. Das Kriegsministerium überwachte jeweils die Lager. Diese einschneidenden Maßnahmen wurden im Herbst 1914 angesichts der Nachrichten zu Übergriffen deutscher Soldaten gegen Zivilisten in Belgien, der militärischen Rückschläge der britischen Streitkräfte bei Ypern und des Artillerieüberfalls deutscher Kreuzer auf die Küste von East Anglia verschärft.[26]

Unter dem Eindruck der Invasionspanik setzten die Behörden bis zum 12. November 1914 12'381 Feindstaatenausländer fest, darunter 8'612 Deutsche und 3'756 Staatsbürger Österreich-Ungarns. Die Internierungspolitik war aber vor allem bis 1915 widersprüchlich, zumal sich die Kompetenzen zwischen Kriegs- und Innenministerium überschnitten. Sie blieb außerdem durchweg den Schwankungen der öffentlichen Meinung unterworfen.[27] Im Mai 1915 löste die Versenkung des Passagierschiffes „Lusitania" durch ein deutsches U-Boot in Großbritannien – besonders in London – schließlich gewalttätige Übergriffe gegen Deutsche aus, welche die Presse schon zuvor zusehends pauschal als *enemy aliens* diffamiert hatte. Der Ozeanriese war am 7. Mai innerhalb von 18 Minuten untergegangen, und er hatte 1'198 Menschen mit sich in die Tiefe gerissen, darunter 128 US-Amerikaner. Vor allem der Tod von Frauen und Kindern empörte viele Engländer, sodass es in Liverpool – dem Heimathafen des Schiffes – bereits unmittelbar nach der Bekanntgabe der Versenkung zu Übergriffen gegen Deutsche kam. Auch angesichts der ersten Angriffe deutscher Truppen mit Giftgas bei Ypern, der Attacken von Zeppelin-Luftschiffen auf britische Städte und der ersten Rückschläge in der Schlacht auf der türkischen Halbinsel Gallipoli wuchs die Fremdenfeindlichkeit so schnell, dass sich die Regierung Asquith am 13. Mai 1915 gezwungen sah, die Internierung aller männlichen Feindstaatenangehörigen im Alter von 17 bis 55 Jahren anzuordnen. Zu der Entscheidung hatte auch die Veröffentlichung des Berichtes einer von James Bryce geleiteten Untersuchungskommission zu den Übergriffen deutscher Soldaten gegen belgische Zivilisten am 12. Mai beigetragen. Deutsche und österreichische Frauen, Invalide und Kinder wurden unverzüglich ausgewiesen. Zugleich entschieden zwei neu eingerichtete Beratungsgremien *(Advisory Committees)* – jeweils für England und Wales bzw. Schottland – über Anträge auf Freistellung. Bemerkenswerterweise begründeten die Behörden Ausnahmen mit dem Gebot der „Humanität", obgleich vorrangig der Mangel an Unterkünften eine ausnahmslose Internierung verhinderte. Insgesamt schrumpften zivilgesellschaftliche Räume in Großbritannien im Mai 1915 nochmals erheblich zugunsten der Kriegskultur, die auch gesellschaftlich immer stärker verwurzelt war. Die Ablösung des als zu nachgiebig geltenden Innenministers Reginald McKenna durch Sir John Simon am 27. Mai 1915 in der neugebildeten liberal-konservativen Koalitionsregierung unter Asquith spiegelte die Verhärtung der britischen Politik gegenüber den *enemy aliens* wider.[28]

So hatten die Behörden im November 1915 schließlich 32'440 zivile Feindstaatenangehörige interniert. Sie wurden vor allem auf der Isle of Man festgehalten; die größten Lager auf dem englischen Festland waren Alexandra Park im Norden Londons und Lofthouse Park in der Nähe von Wakefield. Weitere 22'000 – überwiegend Frauen – lebten zwar weitgehend unbehelligt, konnten sich aber nicht frei bewegen. Auch wurden vielen von ihnen Telefone, Autos oder Fahrräder entzogen. Nicht zuletzt zerstörten Plünderer Läden und anderes Eigentum von Deutschen, deren Besitz auch die Behörden beschlagnahmten und nach dem Waffenstillstand als Reparationen behielten. Die staatlichen Behörden rechtfertigten diese Maßnahmen mit dem Hinweis auf die öffentliche Ordnung und ihre Pflicht, die persönliche Sicherheit der betroffenen Deutschen und Österreicher zu gewährleisten. Letztlich sollte der sicherheitspolitische Aktionismus angesichts der populistisch-fremdenfeindlichen Agitation aber vorrangig der britischen Bevölkerung Sicherheit suggerieren und damit der Regierung Unterstützung und Legitimität verleihen. Dieses Ziel wurde zwar erreicht, aber auf Kosten der deutschen Minderheit, deren Mitgliederzahl in den Jahren von 1914 bis 1919 von 57'500 auf rund 22'300 fiel. Dieser Rückgang war auch dem 1918 verabschiedeten *British Nationality and Status of Aliens Act* geschuldet, der den Innenminister ermächtigte, Deutsche auszubürgern. Zugleich zwang der *Trading with the Enemy Act* Deutsche, ihre Betriebe in Großbritannien zu schließen. Radikale Nationalisten und Antisemiten wie der Journalist Arnold White denunzierten darüber hinaus die britischen Juden als „fünfte Kolonne" der Deutschen. Ebenso rückten die Verschwörungsvorstellungen von Organisationen wie der 1915 gegründeten *British Empire Union* (BEU) die beiden Gruppen eng zusammen. Letztlich stellte die fremdenfeindliche Politik, deren Radikalisierung auch Parlamentsabgeordnete wie Henry Page Croft, Richard Cooper und William Joynson-Hicks betrieben, das britische Selbstverständnis als Hort der politischen Freiheit infrage. Obgleich ihnen grundlegende Rechte nach dem *Habeas Corpus Act* entzogen wurden, unterstanden zivile Feindstaatenangehörige auch im Ersten Weltkrieg grundsätzlich dem staatlichen und monarchischen Rechtsschutz. Darüber hinaus erlaubten die Behörden Hilfsorganisationen wie dem Roten Kreuz, dem *Society of Friends' Emergency Committee for the Assistance of Germans, Austrians and Hungarians in Distress* und der *Prisoners of War Relief Agency*, den Internierten zu helfen und ihnen damit das Leben in den Lagern zu erleichtern. Alles in allem wich der Liberalismus als überlieferte Grundlage der britischen Zivilgesellschaft im Ersten Weltkrieg aber Intoleranz und Fremdenfeindlichkeit.[29]

Im Gegensatz zur britischen Regierung hatte die deutsche Reichsleitung die Internierung von Feindstaatenangehörigen in den Jahren vor 1914 kaum vorbereitet. Deshalb griffen die Machthaber des Kaiserreiches am 31. Juli 1914 angesichts des drohenden Krieges auf das 1851 in Preußen erlassene „Gesetz über den Belagerungszustand" zurück, das dem Kaiser und den Kommandeuren von 62 Militärbezirken weitreichende exekutive Vollmachten zuwies. Damit war praktisch das Kriegsrecht verhängt worden, das vor allem die Meinungs- und Versammlungsfreiheit deutlich weitgehender einschränkte als in Großbritannien.[30] Darüber hinaus unterstanden Feindstaatenangehörige, Dissidenten und nationale Minderheiten der militärischen Strafgerichtsbarkeit, zu deren Ausübung die Kommandeure 40 außerordentliche Gerichte etablierten. Daneben unterwarfen sie jedoch die Angehörigen von Gruppen, welche die innere Sicherheit im Kriegszustand zu gefährden schienen, vielfach direkt einer „Schutzhaft", die keiner richterlichen Prüfung bedurfte. Für missliebige Deutsche ordneten sie oft die Zwangsrekrutierung für die deutsche Armee an. Diese Maßnahmen waren begleitet von einer nationalen Mobilisierung und einer Propagandakampagne, für die auch zivilgesellschaftliche Organisationen eingespannt wurden, so das Netzwerk der patriotischen Frauenvereine, die unter der indirekten Aufsicht des militärischen Oberkommandos schon seit 1907 die freiwillige Krankenpflege eingerichtet hatte. Auch im Ersten Weltkrieg, als das Rote Kreuz direkt zur Krankenversorgung der deutschen Soldaten beitrug, waren staatliche Aufgaben und zivilgesellschaftliche Aktivitäten unmittelbar aufeinander bezogen und miteinander verflochten.[31]

Im Oktober 1914 beschlossen das Reichsamt des Innern, das Preußische Innen- und Kriegsministerium und der Admiralstab der Marine bei einer Besprechung, alle männlichen Engländer im Alter von 17 bis 55 Jahren festzusetzen. Nur Frauen, Kinder, Alte und Geistliche blieben verschont. Der Beschluss wurde vor allem unter dem Eindruck der Internierung deutscher *enemy aliens* und Übergriffe auf Deutsche in Großbritannien und Frankreich getroffen, sodass hier grenzüberschreitende Wechselbezüge wirksam waren. Die deutsche Reichsleitung hatte der englischen Regierung zuvor ein Ultimatum übermittelt, in dem sie verlangte, bis zum 5. November alle in Großbritannien internierten Deutschen freizulassen. Nachdem diese Forderung nicht erfüllt worden war, wurden britische Staatsangehörige in das Lager Ruhleben (bei Berlin) eingewiesen, die Franzosen in das Zivilinternierungslager Holzminden. Damit nahmen die deutschen Behörden – über die primäre außenpolitische Zielsetzung hinaus – gleichzeitig auch die Forderung nach innerer Sicherheit auf, die von den Befürwortern einer restriktiven Politik gegenüber den Ausländern erhoben worden war. So verlangte das Kriegsministerium seit

November 1915 von den Kommandeuren der Militärbezirke regelmäßig Berichte zur Lage im Reich, vor allem zur Stimmung der Bevölkerung, die aber andererseits wiederholt vor Übergriffen gegen Zivilinternierte und Kriegsgefangene gewarnt wurde. Insgesamt erfasste die Internierung im Deutschen Reich 104'500 ausländische Zivilisten (einschließlich Deportierter, z. B. aus Belgien Verschleppter), auch hier oft mit dem Hinweis auf eine Spionagegefahr. Dabei behandelten die Behörden Italiener und Rumänen besonders hart, da sie jeweils als „Verräter" galten.[32]

Auch in Frankreich wurden Feindstaatenangehörige von den Behörden als Sicherheitsrisiko (d. h. potenzielle Spione, Verräter, Kriminelle oder zumindest zukünftige gegnerische Kombattanten) eingestuft und daher strikt interniert. Hier waren Ende 1914 bereits 45'000 deutsche Zivilisten und Bürger Österreichs-Ungarns festgesetzt worden. Dabei waren die Loyalitäten der Staatsangehörigen der Doppelmonarchie (besonders der Polen, Tschechen und Slowaken) von den französischen Behörden oft kaum zu erkennen und zu erfassen. Dies traf auch auf die Elsässer und Lothringer zu, von denen viele in die zentralen und westlichen Provinzen Frankreichs deportiert wurden. Anfang 1918 waren noch etwa 12'000 Personen interniert; fünf Prozent von ihnen waren Frauen und vier Prozent Männer. Insgesamt belief sich die Zahl der Internierten in Frankreich im Ersten Weltkrieg auf rund 60'000. Weitere Bewohner der östlichen Grenzregionen wurden überwacht. Nur diejenigen von ihnen, die sich offen zu Frankreich bekannten, blieben unbehelligt. Im April 1915 entzogen die Behörden darüber hinaus Franzosen, die in Feindstaaten geboren waren, das Bürgerrecht. Zudem untersagte ein Dekret vom 27. September 1914 Handelsbeziehungen mit Feindstaaten. Kommerzieller Austausch war nach einem Gesetz, welches das Parlament am 4. April 1915 verabschiedete, streng zu bestrafen.[33]

Im österreichisch-ungarischen Reich hatte die Regierung, die Spionage und Anschläge befürchtete, schon vor 1914 Pläne zur Kontrolle und Deportation von Kriegsgegnern und als feindlich eingestuften Minderheiten ausgearbeitet. Auf das Staatsgrundsatzgesetz von 1867 zurückgreifend, erließ die Regierung dazu Verordnungen. Im Allgemeinen unterschieden die Behörden dabei zwischen zumeist mittellosen „Internierten", die in Lager eingewiesen wurden, und „Konfinierten", die oft wohlhabend waren und sich nur in einzelnen Gemeinden Niederösterreichs aufhalten durften. Zudem wurde hier – ebenso wie im russischen Zarenreich – zwischen zivilen Feindstaatenangehörigen, die im Innern der Doppelmonarchie lebten, und als unzuverlässig geltenden Bürgern des Reiches differenziert, die sich in der Nähe der Front aufhielten. Damit einhergehend richtete sich die Politik, die auch hier zunächst mit militärischen Sicherheitsbedürfnissen begründet wurde, nicht nur gegen Feindstaatenangehörige. Vielmehr verdächtigten die Behörden auch ethnische Minoritäten, Russland oder Italien zu unterstützen. So wurden viele Ruthenen (österreichische Ukrainer), Serben und (seit 1915) Italiener aus Grenzgebieten und Zonen unmittelbar hinter der Front zwangsweise evakuiert. Darüber hinaus befahl das Kriegsüberwachungsamt, das neben dem Kriegs- und Innenministerium in Österreich-Ungarn zuständig war, den einzelnen Polizeistatthaltereien schon am 27. August 1914, Personen zu internieren, „deren Verwahrung zur Hintanhaltung von Gefahren für die Kriegführung geboten ist, die aber nicht wegen einer bestimmten strafbaren Handlung verfolgt werden, und daher den Gerichten nicht eingeliefert, somit auch in gerichtlichen Arresten nicht untergebracht werden können". Von den Minderheiten behandelten die Behörden die italienischen Staatsangehörigen und Reichsbürger besonders hart, denn sie wurden mit der Regierung Antonio Salandras und König Vittorio Emanuele III. identifiziert, die Österreich-Ungarn am 23. Mai 1915 den Krieg erklärt hatte. Dieser Schritt, dem die Aufkündigung des 1882 geschlossenen Dreibundes vorangegangen war, wurde von den Eliten des Habsburgerreiches als „Verrat" gebrandmarkt. Insgesamt war in Österreich-Ungarn die Mehrheit der Internierten „feindliche Inländer", die – im Gegensatz zu den Feindstaatenausländern – international völlig ungeschützt waren.[34]

Angesichts der erfolgreichen Offensiven des Zarenreiches verbreitete sich in Österreich-Ungarn 1915 eine Spionagehysterie, welche letztlich die Angst vor einer entscheidenden militärischen Niederlage widerspiegelte. Deshalb wurden besonders die Ruthenen, die in der Öffentlichkeit als Anhänger Russlands galten, in den verschiedenen österreichischen Landesteilen in Lagern – so in Thalerhof bei Graz – oft wahllos und willkürlich von der Polizei interniert. Hier hielt man sie ohne Anklage und Gerichtsverfahren unter dem Vorwand eines „verdächtigen Herumschwärmens an der Front"[35] fest. Nach dem Kriegseintritt Italiens im Mai 1915 ordnete die österreichische Regierung schließlich an, auch die Bürger dieses Landes in Lager einzuweisen. Alle festgesetzten „feindlichen Ausländer" unterstanden der Militärverwaltung. Die Internierten, aber auch Reichstagsabgeordnete und Mitglieder der Regierung protestierten

schon davor wiederholt gegen die Internierungen. So kritisierte ein In-
sasse des Lagers Thalerhof, in das 7'000 „Russophile" gebracht worden
waren, in seinem Schreiben an Kaiser Joseph I. im Dezember 1914, dass
„die allermeisten von uns ohne Vorhalt irgendwelcher konkreten strafbaren Handlungen, vielmehr blos [sic] deshalb interniert wurden, weil
uns angeblich eine staatsfeindliche Gesinnung zugemutet wird, was wir
jedoch mit Entrüstung zurückweisen. [...] Diese unsere Rechtslage verletzt
unsere durch die Staatsgrundsätze gewährleisteten Rechte, welche durch
den Kriegszustand keineswegs als aufgehoben gelten dürfen." Alles in
allem war die Politik gegenüber den zivilen Feindstaatenangehörigen in
Österreich-Ungarn zumindest bis 1916 keineswegs liberal.[36]

Zwar waren bereits im November 1914 Untersuchungskommissionen
gebildet worden, um die Internierung der einzelnen Personen zu prüfen;
wegen der Krankheiten und Epidemien, die sich in den Lagern ausbreiteten, konnten die Gremien aber erst ab Mitte 1915 ihre Arbeit aufnehmen.
Angesichts des sich abzeichnenden Zerfalls des multiethnischen Imperiums ordnete der neue Kaiser Karl I. am 8. März 1917 schließlich eine
generelle und beschleunigte Überprüfung der Zivilinternierten an. Viele
von ihnen wurden daraufhin entweder entlassen oder konfiniert. In der
Regel mussten sie sich vom militärischen Operationsgebiet fernhalten, um
– so die Rechtfertigung – die Sicherheit der Soldaten und österreichischen
Zivilbevölkerung nicht zu gefährden. Nicht zuletzt unterstellten die Militärbehörden nach einer Bundesratsverordnung vom 4. September 1914
ausländische Firmen, Unternehmen und Grundbesitz ihrer Kontrolle.
Alles in allem belasteten die Deportation, Internierung und die (seit 1916
erlaubte) Liquidation von Unternehmen und Landbesitz in Österreich-
Ungarn nicht nur die Beziehungen zu den Feindstaaten, sondern auch
das Verhältnis zwischen den Nationalitäten. Letztlich unterhöhlten diese
Maßnahmen die Legitimität des Vielvölkerstaates, indem sie Misstrauen
zwischen den Bürgern und dem Staat säten.[37]

Dies trifft auch auf das russische Zarenreich zu. Hier waren bereits
vor 1914 erste Maßnahmen zur Einflussnahme auf die Stimmung der
Bevölkerung ergriffen worden. Vier Tage vor der Teilmobilmachung der
russischen Armee befahl General Mikhail Beliaev für den Generalstab
der russischen Armee am 25. Juli 1914, alle wehrfähigen Männer, die
potenziellen Feindstaaten angehörten, in Lagern festzusetzen. Am 29. Juli
übertrug die Regierung den Militärkommandeuren in einer breiten Zone
im Westen Russlands die Kontrolle über zivile Behörden. Nach weiteren

Anordnungen des Innenministeriums wurden von den rund 600'000 Bürgern Deutschlands, Österreich-Ungarns und des Osmanischen Reiches, die sich im russischen Zarenreich aufhielten, bis Ende 1914 rund 50'000 interniert. Im Dezember 1914 verbot der Ministerrat überdies alle Vereinigungen von Feindstaatenangehörigen. Jedoch gingen die Behörden vor allem mit zivilen Feindstaatenangehörigen aus der österreichisch-ungarischen Doppelmonarchie zunächst zurückhaltend um. Damit war die Hoffnung verbunden, die Slawen für die eigene Kriegführung gewinnen oder sie zumindest neutralisieren zu können.[38]

Als den Streitkräften Deutschlands und Österreich-Ungarns aber im Mai 1915 in der Schlacht von Gorlice-Tarnów ein Durchbruch durch die russischen Stellungen gelang, unterwarfen die Behörden des Zarenreiches die Deutschen und Österreicher restriktiven Maßnahmen. Auch anschließend wurden der Illoyalität verdächtigte Feindstaatenangehörige und Minderheiten aus Regionen nahe den Fronten deportiert. Darunter waren mindestens 600'000 Juden, die als „Spione", „Verräter" und „Saboteure" galten. Die Gewalt gegen diese Gruppe, die von der Armee – vor allem den Kosakeneinheiten – ausging, steigerte sich vielerorts zu Pogromen. Die Ausschreitungen gegen Juden und Feindstaatenangehörige erstreckten sich aber auch auf die urbanen Zentren. Dabei verliehen der öffentliche Abtransport der Betroffenen, den der Militärgouverneur von Moskau anordnete, und Gerüchte über Spionage und Sabotage in Russland dem Fremdenhass angesichts militärischer Rückschläge so kräftig Auftrieb, dass sich in den Metropolen Russlands Unruhen ausbreiteten. In Petrograd und in Moskau schlossen sich die Aktivisten der öffentlichen und zivilgesellschaftlichen Sphäre (obshchestvennost') 1914/15 der patriotischen Kampagne an, die der Ministerrat zur Mobilisierung aller Ressourcen für eine effektive Kriegführung initiiert hatte. Nationalen Zielen war auch die zunehmende Beteiligung der lokalen Selbstverwaltungsorgane, der zemstvos, verhaftet, die angesichts des eklatanten Versagens staatlicher Behörden bei der Kriegsorganisation vor allem die medizinische Versorgung übernahmen, Lebensmittel verteilten und die Bevölkerung aus den Kriegszonen evakuierten. Sie wirkten aber ebenso wie die gebildeten Spezialisten des „Dritten Elements" (so Ärzte und Statistiker) an der Zwangsverschleppung der Deutschen mit, die nicht zuletzt das Bündnis mit Großbritannien stärken und den Slawen, die außerhalb des Zarenreiches lebten, die Solidarität Russlands bekunden sollte. Demgegenüber wurde das zunächst dominierende Sicherheitsinteresse der Militärs ab 1915 zunehmend von dem Motiv verdrängt, die deportierten oder in Geiselhaft genommenen Deutschen und Juden zu berauben.[39]

Die enge Verbindung von Deutschenhass und Antisemitismus kennzeichnete die Propaganda im Zarenreich ebenso wie in Großbritannien. Auch ähnelten die Ausschreitungen, die im Mai 1915 vor allem Moskau erschütterten, den Übergriffen, die wenige Wochen zuvor gegen die Deutschen in Großbritannien eskaliert waren. Die Unruhen waren durch die militärische Niederlage russischer Truppen bei Gorlice-Tarnów, aber auch durch die grenzüberschreitende Empörung über die Versenkung der „Lusitania" ausgelöst worden. Die Proteste, die zunächst vor allem Großbritannien erschütterten, zeitigten in Russland einen erheblichen Demonstrationseffekt. Das Zarenregime versuchte – gegen die Kritik der russischen Liberalen – vergeblich, die Ausschreitungen gegen die Fremden in den Dienst der offiziellen Politik zu stellen. Vor allem das Innenministerium bemühte sich, die öffentliche Ordnung wiederherzustellen, während die Armee zwar die Unruhen in den Städten unterdrückte, aber die nationalistische Gewalt gegen Österreicher, Ungarn und Deutsche in der Nähe der Fronten billigte. Damit gerieten aber die Machthaber selber unter den Druck der populistischen Agitatoren, sodass sie schließlich eine zentrale Regelung „von oben" anordneten. 1915 mussten sich alle Feindstaatenangehörige statistisch erfassen lassen, und sie durften nicht mehr eingebürgert werden. Zugleich verlangte das Innenministerium von den Provinzen und Bezirken Stimmungsberichte – eine Anordnung, welche die Verunsicherung der schwachen politischen Eliten zeigt. Indem das wankende Zarenregime an den Nationalismus der schon vor 1914 gegründeten Vereine appellierte und die Bildung neuer patriotischer Assoziationen herbeiführte, förderte es die Nationalisierung der Politik und ethnische Abgrenzungen. Damit trugen die Machthaber letztlich zum Zerfall des Imperiums bei.[40]

Zugleich zeigt die Aktivität der Vereine, die sich ab 1915 zusehends gegen die Politik des Ministerrates richtete, die Ambivalenz der zivilgesellschaftlichen *obshchestvennost'* im Ersten Weltkrieg. Die Oktoberrevolution in Russland steigerte schließlich die Dämonisierung äußerer und innerer Gegner. Allerdings richtete sich die Gewalt nicht mehr vorrangig gegen Kriegsgefangene und Zivilinternierte, die im Zarenreich 1917 zusammen rund fünf Prozent der Bevölkerung stellten. Vielmehr überlagerte die von den Bolschewiki propagierte Klassendifferenzierung die zuvor dominante ethnische und nationalstaatliche Abgrenzung. Insgesamt verlieh die verstärkte Beteiligung und Aktivität zivilgesellschaftlicher Gruppen in Russland nicht den Menschenrechten Geltung, sondern sie führte eine nationalistische Mobilisierung herbei, die sich gegen die Zivilinternierten richtete.

In Italien wurden die Feindstaatenangehörigen räumlich konzentriert, aber nicht interniert. Die Regierung verhängte bereits im März 1915 auf der Grundlage eines Gesetzes gegen Spionage einschneidende Maßnahmen gegen Feindstaatenausländer, die sich u. a. bei der Polizei registrieren lassen mussten und den Verkauf von Eigentum zu melden hatten. Nach dem Eintritt in den Ersten Weltkrieg im Mai wurden Bürger Österreich-Ungarns aus ihren Wohnorten in Frontabschnitten ausgewiesen. Angriffe richteten sich nach der Versenkung der „Lusitania" aber auch gegen Deutsche. Die Regierung, der die Abgeordnetenkammer am 20. Mai 1915 exekutive und legislative Kompetenzen übertragen hatte, gab der fremdenfeindlichen Agitation, aber auch dem Druck der neuen Bündnispartner in der Entente schrittweise nach. Dazu trug bei, dass die Judikative im erklärten Notstand weitgehend neutralisiert war und keine Einwände gegen Menschenrechtsverletzungen erhob. Im Anschluss an die Kriegserklärung an Deutschland am 27. August 1916 richtete sich die italienische Politik vorrangig gegen die deutsche Minderheit. Zwar wurde ihren Angehörigen nach einer Vereinbarung zwischen der deutschen und italienischen Regierung vom 21. Mai 1915 freie Ausreise gewährt; dem zunächst ebenfalls zugesagten Schutz des Eigentums widersprachen aber die Maßnahmen gegen die ökonomischen Aktivitäten der Deutschen. Unternehmen, an denen Feindstaatenangehörige beteiligt waren, wurden unter die Kontrolle italienischer Verwaltungsorgane gestellt oder beschlagnahmt. Nach der Niederlage bei Caporetto Ende Oktober 1917 sequestrierten die Behörden schließlich alle Betriebe der Bürger von Staaten, mit denen sich Italien im Krieg befand. Ebenso konnte Feindstaatenangehörigen, die eingebürgert worden waren, die italienische Staatsbürgerschaft entzogen werden. Nicht zuletzt wurden viele von ihnen auf Sardinien festgesetzt. Insgesamt war vor allem die „Italienisierung" der Wirtschaft einschneidend. Schon im Februar 1917 waren rund 1'250 deutsche Firmen beschlagnahmt worden. Nach der Unterzeichnung des Versailler Vertrages, der die ökonomischen Zwangsmaßnahmen bestätigt hatte, setzte die italienische Regierung ihre Verstaatlichungs- und Liquidierungspolitik bis 1920/21 fort.[41]

Auch in neutralen Staaten wurden Bürger anderer Staaten interniert, so in den Niederlanden 1'600 kranke Briten und 400 Deutsche. Zudem blieb die fremdenfeindliche Politik keineswegs auf Europa begrenzt. Als britische Dominions übernahmen vielmehr die Südafrikanische Union, Australien, Neuseeland und Kanada weitgehend die Gesetze, die in Großbritannien erlassen worden waren. Dabei verschärften vor allem die Nachrichten über den Untergang der „Lusitania" die restriktiven Maßnahmen, denen die Deutschen und – in geringerem Ausmaß – in Österreich-Ungarn geborene Bürger unterworfen wurden. Das Spektrum der Einschränkungen reichte auch in den Dominions von der Registrierungspflicht über den Entzug des Bürgerrechts und Deportationen bis zu Zwangsinternierungen. Oft durften die *enemy aliens* ebenso Geräte und Verkehrsmittel nicht mehr nutzen. Die Einschränkungen gingen mit einer z. T. an Hysterie grenzenden Propagandakampagne gegen vermeintliche deutsche und österreichische Spione und Saboteure einher. Dazu trug der Einfluss transnationaler Netzwerke von Zeitungen und Zeitschriften maßgeblich bei, in denen z. T. offen zur Verdrängung der Deutschen aus den jeweiligen Gesellschaften aufgerufen wurde. Die Gesetze und die Gewalt in öffentlichen Räumen sollten die Minderheiten, die Feindstaaten angehörten, zwingen, Loyalitätserklärungen für Großbritannien abzugeben.

Auch wurde im britischen Empire von 1914 bis 1918 ein globales Netzwerk von Internierungslagern aufgebaut, in denen Zivilisten oft jahrelang Langeweile und eine schlechte Versorgung erdulden mussten. Die Dominions – besonders Australien – wurden dabei trotz des Widerstandes einzelner Politiker als Aufnahmegebiete für festgenommene Zivilisten missbraucht. Die Politik der britischen Regierung strahlte damit weit in das Empire aus. Allerdings versuchten die Regierungen wiederholt, Übergriffe zu ahnden und Missstände zu beseitigen. So prüfte in Neuseeland, wo die Versenkung der „Lusitania" 1915 ebenso wie in Australien von den ersten Hiobsbotschaften über die Schlacht von Gallipoli begleitet worden war, noch im März 1918 eine Untersuchungskommission Berichte über eine schlechte Behandlung deutscher Internierter auf der Insel Somes. Zudem wandten sich in Südafrika und Kanada burische bzw. französischstämmige Bevölkerungsgruppen gegen die forcierte Assimilationspolitik ihrer Regierungen und die Verfolgung von Feindstaatenangehörigen. In diesen Staaten waren die Ressentiments gegen die Deutschen und Österreicher deshalb weniger ausgeprägt als in Australien und Neuseeland.

Vor allem in Kanada wurden die Zivilinternierten, von denen viele aus Großbritannien über den Atlantik transportiert worden waren, relativ human behandelt. Allerdings zwang sie die Regierung zur Arbeit.[42]

Besonders nachhaltig erschüttert wurde das ethnische Gefüge in den USA, wo 1910 rund 27 Prozent der Bevölkerung entweder in Deutschland geboren worden waren oder von Deutschen abstammten. In den Vereinigten Staaten hatten vor dem Ersten Weltkrieg zudem fast 500 Zeitungen in deutscher Sprache 3.3 Millionen Leser.[43] 1914/15 steigerten Gräuelberichte zum Verhalten deutscher Truppen in Belgien, besonders aber die Nachricht über die Versenkung der „Lusitania" die Feindschaft gegen die Deutschen. Angesichts der wachsenden Spannung, der unzureichenden Information über Sicherheitsmaßnahmen durch die amerikanische Regierung und Gerüchten über Spionage forderten breite Bevölkerungsgruppen bereits in dieser Phase eine Registrierungspflicht für alle *enemy aliens*. Nach dem Kriegseintritt der USA am 6. April 1917 wurde von den Deutschamerikanern eine eindeutige Loyalität gegenüber den Vereinigten Staaten verlangt. „Bindestrich-Identitäten" galten als verdächtig, wie die Untersuchung der Aktivitäten der *National German-American Alliance* durch eine Senatskommission 1917 zeigte. Zugleich griffen Gesetze, die auf den 1798 erlassenen *Enemy Alien Act* und das *Statute 4067* von 1812 Bezug nahmen, aber auch auf die britischen Vorbilder rekurrierten, tief in das Alltagsleben von Feindstaatenangehörigen ein. Besonders der *Espionage Act* (Juni 1917) führte zur Verhaftung von rund 6'000 *enemy aliens*, von denen 2'300 interniert wurden. Die Festnahmen erfolgten oft ohne vorherige Untersuchung und auf der Grundlage eines vage formulierten Spionageverdachtes. Eine klare Einordnung der internierten Bürger Österreich-Ungarns, die erst nach der Kriegserklärung der USA an die Doppelmonarchie vom 7. Dezember 1917 erfasst und insgesamt relativ milde behandelt wurden, erwies sich aber als schwierig. Das Justizministerium war oft nicht imstande, Anträge vor allem von Tschechen und Polen, die sich nicht als Staatsangehörige der Doppelmonarchie betrachteten, sachgerecht zu prüfen und zu entscheiden. Überdies reduzierte der *Trading with the Enemy Act* (Oktober 1917) den Handel mit Deutschland und die gesellschaftlichen Beziehungen zu den Deutschamerikanern, die in den USA nunmehr weithin als *enemy within* galten. Das Gesamtvermögen des einbehaltenen Eigentums internierter Feindstaatenausländer belief sich auf nahezu 6 Milliarden Dollar.[44]

Mit der wirtschaftlichen Verdrängung besonders deutscher Firmen verstärkte sich der ökonomische Einfluss amerikanischer Unternehmen in Lateinamerika. In den Vereinigten Staaten ging die Internierung von Deutschen und Österreichern zudem nahtlos mit der Repression von Kriegsgegnern wie den Mitgliedern der *Industrial Workers of the World* (IWW), Pazifisten und Sozialisten einher. Die Herausbildung eines Überwachungsstaates spiegelte sich im Ersten Weltkrieg in der Expansion staatlicher Institutionen wie der *Military Intelligence Division* im Kriegsministerium und dem *Bureau of Investigation* wider, das beim Justizministerium ressortierte. An der Denunziation und Verfolgung von Deutschen in den USA wirkten aber auch Bürgerwehren wie die *American Protective League*, die *American Defense Society* und die *National Security League* mit. Ermutigt von staatlichen Behörden, erreichten das Justizministerium Tausende von Schreiben und Telegrammen, in denen Amerikaner *enemy aliens* denunzierten. Die Verfolgung von Feindstaatenangehörigen und die fremdenfeindliche Gewalt schlugen sich vereinzelt sogar in Lynchjustiz nieder und kosteten rund 70 Personen, die der Freundschaft mit Deutschland verdächtigt wurden, das Leben. Die Ausschreitungen beschädigten damit das Fundament der Zivilgesellschaft in den USA besonders nachhaltig. Der im Mai 1918 erlassene *Sedition Act* erhob Illoyalität sogar zu einem Verbrechen, das mit einer Gefängnisstrafe von bis zu 20 Jahren geahndet werden konnte. Der gewalttätige *nativism*, dem die Agitation gegen Deutsche kräftig Auftrieb verliehen hatte, erleichterte nach dem Ersten Weltkrieg angesichts des *Red Scare* die Überwachung und Repression von Kommunisten, Sozialisten, Anarchisten, Arbeiteraktivisten und Bürgerrechtlern. Die Kriegskultur löste aber zugleich die Gründung der *American Civil Liberties Union* (1920) aus, die sich auch antikommunistischer und fremdenfeindlicher Agitation widersetzte. Zudem ging aus dem Ersten Weltkrieg eine Tradition friedlichen Protestes hervor, welche die Forderung nach einem wirtschaftlichen Ausgleich für benachteiligte Gruppen stärkte und ab 1933 letztlich dem *New Deal* des neuen Präsidenten Franklin D. Roosevelt erhebliche Unterstützung verlieh.[45]

Obwohl die Lebensbedingungen in den Lagern der Zivilinternierten – so in Ruhleben (bei Berlin) – oft besser als in den Kriegsgefangenenlagern waren, widersprachen sie in nahezu allen kriegführenden Staaten grundlegenden Anforderungen. Allerdings war die Sterblichkeit unterschiedlich. So kamen von August 1914 bis Mai 1918 „lediglich" rund 3.2 Prozent der im Kaiserreich festgehaltenen Feindstaatenausländer ums Leben. Das Internationale Komitee vom Roten Kreuz und philanthropische Organisationen wie der „Bund Neues Vaterland", aber auch Pazifisten wie Ludwig Quidde protestierten wiederholt gegen die Behandlung inhaftierter Zivilisten und Kriegsgefangener in den verschiedenen kriegführenden Staaten, und sie bemühten sich um menschliche Erleichterungen. Das IKRK etablierte in Genf eine internationale Auskunfts- und Hilfsstelle, die Informationen über Kriegsgefangene und Zivilinternierte sammelte und ihren Angehörigen übermittelte. Diese *Agence internationale des prisonniers de guerre* (AIPG), die von Frédéric Ferrière geleitet wurde und schon Ende 1914 bereits 1'200 Mitarbeiter (überwiegend Freiwillige) rekrutiert hatte, erhielt von 1914 bis 1918 im Durchschnitt täglich 2'000 bis 3'000 Anfragen, am Ende des Ersten Weltkrieges sogar 15'000 bis 18'000. Die Auskunftsdatei umfasste schließlich nahezu 4.9 Millionen Karteikarten. Zudem gelang es der AIPG, von den kriegführenden Staaten Gefangenenlisten zu erhalten. Darüber hinaus veröffentlichte die Auskunfts- und Hilfsstelle Berichte über Gefangenenlager, die von Kommissionen des IKRK besichtigt worden waren. Nicht zuletzt organisierte die Genfer *Agence* Hilfsleistungen für die Gefangenen und Internierten, besonders Pakete – oft mit Lebensmitteln – und Geldspenden. Nach Angaben der AIPG waren schon bis Dezember 1915 15'850'000 Pakete übermittelt worden. Das internationale Netzwerk des IKRK unterstützte auch den Austausch verletzter Kriegsgefangener, vor allem an der Ostfront. Dabei engagierten sich vor allem die Sektionen in der Schweiz, in Dänemark und Schweden. So wurde wiederholt ein Austausch ziviler Feindstaatenangehöriger vereinbart, z. B. zwischen Deutschland und Frankreich 1916 und zwischen dem Deutschen Kaiserreich und Großbritannien im darauffolgenden Jahr.[46]

In den einzelnen Staaten traten nur einzelne Politiker – wie die Parlamentsabgeordneten Josiah Wedgwood, William Byles und Joseph King in Großbritannien – den Forderungen nach einer umfassenden Festnahme oder Ausbürgerung aller Feindstaatenausländer entgegen. Jedoch protestierten zivilgesellschaftliche Gruppen gegen die Internierung ziviler Feindstaatenangehöriger, so in Deutschland der „Bund Neues Vaterland", der im November 1914 in Anlehnung an die 1898 gebildete „Ligue française pour la défense des droits de l'homme et du citoyen" gegründet worden war. Der „Bund", aus dem 1922 die „Deutsche Liga für Menschenrechte" hervorgehen sollte, trat nicht nur für eine humane Behandlung von Feindstaatenangehörigen ein, sondern auch für eine Verständigung zwischen den Kriegsgegnern und eine transparente Außenpolitik. Dabei arbeitete der Verein, der 1916 sogar die Einrichtung einer „Zentralstelle für Völkerrecht" plante, u. a. mit der „Auskunfts- und Hilfsstelle für Deutsche im Ausland und Ausländer in Deutschland" zusammen. Diese wurde maßgeblich von der Arbeit der Reformpädagogin und Friedensaktivistin Elisabeth Rotten geprägt, die sich vor allem für internierte zivile Feindstaatenausländer einsetzte, sowohl in Deutschland als auch in anderen kriegführenden Staaten. Als Tochter Schweizer Eltern half die 1882 in Berlin geborene Rotten mit ihrer Organisation auch Personen, die nicht interniert wurden. Die Stelle, die sie im Oktober 1914 mitbegründete, wurde grenzüberschreitend von verschiedenen Institutionen und Personen unterstützt, so von der *Society of Friends* der Quäker und ihrem *Emergency Committee for the Assistance of Germans, Austrians and Hungarians in Distress* in London, vom IKRK, der ökumenischen Bewegung in Europa und einzelnen Philanthropen wie dem Bankier Aby Warburg. Mit der amerikanischen *Young Men's Christian Association* (YMCA) arbeitete Rotten vor allem im Hinblick auf die Betreuung von Zivilinternierten zusammen. Die YMCA durfte z. T. Lager besichtigen, die für das IKRK besonders in Russland und Deutschland unzugänglich blieben. Darüber hinaus versuchten die Quäker mit ihrem *Friends Emergency Committee* und der Vatikan – an der Spitze Benedikt XV. –, das Leben von internierten Feindstaatenausländern zu erleichtern. So unterstützten Quäker in Großbritannien Deutsche, die hier nach der Versenkung der „Lusitania" festgesetzt worden waren. Ebenso halfen internationale Frauenorganisationen wie das *International Women's Relief Committee* den *enemy aliens* in Großbritannien.[47] In den USA wurde mit dem *National Civil Liberties Bureau* (aus dem 1920 die *American Civil Liberties Union* hervorgehen sollte) eine Organisation gegründet, die sich der Überwachung widersetzte und Verletzungen der Menschenrechte von Feindstaatenangehörigen scharf verurteilte. Nicht zuletzt stemmten sich pazifistische und sozialistische Verbände wie die IWW in den Vereinigten Staaten der Fremdenfeindlichkeit entgegen.[48]

Insgesamt trieben die spezifischen Herausforderungen des Ersten Weltkrieges in Europa z. T. die grenzüberschreitende Vernetzung von Friedensgesellschaften und humanitären Organisationen voran, die schon vor 1914 für die Bewahrung des Friedens eingetreten waren. Im Zuge der transnationalen Aktivitäten bildeten sich Netzwerke von Akteuren heraus, die sich für die Unterstützung der Zivilinternierten, aber auch der Kriegsgefangenen engagierten. Sie wurden sogar von einzelnen offiziellen

Repräsentanten kriegführender Staaten unterstützt, und auch andere Personen wie Pastoren erreichten gelegentlich, dass einzelne Internierte freigelassen wurden. Die Hilfe grenzüberschreitend arbeitender zivilgesellschaftlicher Verbände erleichterte das Leben der Kriegsgefangenen und Zivilinternierten. Auch übten die Organisationen, soweit das die Zensurbestimmungen in den einzelnen Staaten zuließen, moralischen Druck auf die kriegführenden Staaten aus. Darüber hinaus erreichte besonders das Internationale Komitee vom Roten Kreuz, dass auch psychische Krankheiten, die eine Folge des eintönigen und perspektivenlosen Lageralltags waren, von den Regierungen anerkannt wurden. Die nationalen Organisationen des Roten Kreuzes unterstützten im Allgemeinen aber die Kriegführung ihrer jeweiligen Staaten. Zudem brachen viele transnationale Kontakte zwischen pazifistisch-liberalen Organisationen ab. Auch deshalb blieb ihre Durchsetzungsfähigkeit im Ersten Weltkrieg gegenüber dem Prinzip staatlicher Souveränität eng begrenzt. Nationale und internationale zivilgesellschaftliche Verbände mussten permanent zwischen dem Gebot der Neutralität und ihrer humanitären Mission vermitteln. Letztlich erreichten sie nicht, dass die Regierungen der kriegführenden Länder sämtliche Regeln einhielten, zu denen sie sich in völkerrechtlichen Abkommen verpflichtet hatten. So wurden Kriegsgefangene und Zivilinternierte durchweg völkerrechtlich geächteten Repressalien ausgesetzt, die in den jeweiligen Feindstaaten wiederum Gegenmaßnahmen auslösten. Nicht zuletzt diese Eskalation der Gewalt gegenüber kriegsgefangenen Soldaten und internierten Zivilisten verlieh dem Ersten Weltkrieg seinen totalen Charakter und seine spezifische Brutalität. Zwischen den kriegführenden Staaten vollzog sich ein Prozess „wechselseitiger Radikalisierung".[49]

Aber auch die existenzielle Bedrohung, Verschwörungsvorstellungen und die damit verbundenen Vorurteile gegenüber den „inneren Feinden" führten zu einer Entgrenzung des Krieges. Darüber hinaus behinderten Lücken im Völkerrecht die Arbeit internationaler zivilgesellschaftlicher Organisationen. So scheiterten Bemühungen des IKRK, dem Deutschen Reich Inspektionen von Gefangenenlagern in der Armeezone und in den besetzten Gebieten abzutrotzen. Neutrale Staaten wie Schweden, die Schweiz und (bis 1917) vor allem die Vereinigten Staaten von Amerika, die als Schutzmächte fungierten, berichteten dem IKRK nur zurückhaltend über beobachtete Missstände in den Lagern, in denen Zivilinternierte und Kriegsgefangene festgehalten wurden. Auch blieben alle Besichtigungen durch Delegationen neutraler „Schutzmächte" dem Gegenseitigkeitsprinzip verpflichtet, das letztlich die nationalstaatliche Souveränität über die Kriegsgefangenen und Zivilinternierten bekräftigte. Deshalb bemühten sich die kriegführenden Staaten zu vermeiden, dass sich ihre Soldaten ergaben oder desertierten. So weigerte sich die Regierung Italiens mit dem Argument, dass Hilfsleistungen nur zur Desertion ermutigen würden, Pakete an eigene Bürger zu senden, die in Deutschland und Österreich-Ungarn interniert oder gefangen waren. Letztlich beschränkte sich sogar das Engagement des Roten Kreuzes im Ersten Weltkrieg auf eine pragmatische Fürsorge, und ihre nationalen Verbände trugen sogar aktiv zur Kriegführung bei. Auch andere internationale Hilfsaktionen wurden von den politischen Eliten z. T. für eigene politische Zwecke vereinnahmt. Dazu trug auch bei, dass alle Nichtregierungsorganisationen auf die Mitarbeit von Regierungsinstitutionen angewiesen waren, die – wie das *Prisoners of War Information Bureau* in London – Informationen zu Kriegsgefangenen und Internierten sammelten, Anfragen beantworteten und persönliche Habseligkeiten verwalteten.[50]

Insgesamt behielten die Imperative nationale Sicherheit und Souveränität gegenüber den Menschenrechten der Kriegsgefangenen und Zivilinternierten durchweg die Oberhand. Amtsträger schritten im Allgemeinen nur ein, wenn das staatliche Herrschafts- und Gewaltmonopol gefährdet schien. Auch der Protest von Bürgern blieb schwach.[51]

Nur halbherzig drängten nationale Gesellschaften des Roten Kreuzes ihre Regierungen, die rigorose Kontrolle und Internierung von Feindstaatenausländern zumindest zu mildern, nicht zuletzt mit Hinweisen auf nationale Interessen. So trugen sie zu bilateralen Abkommen zwischen kriegführenden Staaten bei, um Repressalien gegenüber Kriegsgefangenen und Zivilinternierten einzudämmen. Jedoch konnten (und wollten) auch sie sich nur vereinzelt gegen die jeweiligen Machthaber durchsetzen, die Internierte vielfach als Geiseln hielten und für die eigene Propaganda nutzten. Vielmehr ließen sich die nationalen Sektionen des IKRK willig auf das Ziel festlegen, den Krieg ihrer jeweiligen Staaten zu unterstützen. Dies trifft auch auf das transnationale Engagement einzelner Aktivisten des Roten Kreuzes wie die 1888 in St. Petersburg geborene Elsa Brändström zu, die während des Ersten Weltkrieges im russischen Zarenreich Nahrungsmittel, Kleidung und Medizin an bis zu 700'000 Kriegsgefangene aus Deutschland und Österreich-Ungarn verteilte.[52]

Damit koexistierte internationales humanitäres Engagement mit nationaler Mobilisierung. Beide Prozesse waren aber auch aufeinander bezogen, z. B. in Abkommen, die auf dem Reziprozitätsprinzip und einem Interessenausgleich basierten. Alles in allem war die dominante Kriegskultur nur begrenzt zivilgesellschaftlich eingehegt. Vielmehr blieb auch das zivile Leben tief von der Erfahrung des Überlebenskampfes imprägniert.[53] Angesichts der Notwendigkeit, die gesellschaftliche und politische Geschlossenheit zu sichern, um den Ersten Weltkrieg durchzuhalten, gewann die staatliche Sicherheitspolitik auch in europäischen Demokratien zumindest vorübergehend Priorität.[54]

IV.   Fazit: Zivilgesellschaftlichkeit unter Druck

Unter den restriktiven Bedingungen des Ersten Weltkrieges konnten nationale und internationale zivilgesellschaftliche Organisationen die Not der internierten und kriegsgefangenen Feindstaatenangehörigen lediglich lindern. Auch gelang es vor allem dem IKRK, den kriegführenden Staaten zumindest gelegentlich Konzessionen abzuringen. So übermittelte die Regierung Österreich-Ungarns dem Komitee Listen der Internierten, und Inspektionen der Lager wurden zugelassen.[55] Die öffentliche Meinung galt aber vor allem in den Staaten der Entente – zumindest bis zum Kriegseintritt der USA – als wichtiger Faktor des Propagandakrieges, sodass alle Regierungen offiziell eine humane Behandlung von Kriegsgefangenen und Zivilinternierten beanspruchten. Daran konnten nationale Sektionen internationaler Organisationen mit ihren Bemühungen anschließen, besonders rigorose Praktiken zu entschärfen und den Sicherheitsstaat zu beschneiden. Der Einsatz zivilgesellschaftlicher Akteure für die grundlegenden Menschenreche von Kriegsgefangenen und Zivilinternierten trug nach dem Ersten Weltkrieg auch zur Weiterentwicklung des Völkerrechtes bei. So wurden mit der 1929 verabschiedeten Genfer Konvention Regeln für den Umgang mit Kriegsgefangenen präzisiert und ausgeweitet. Jedoch legte erst die IV. Genfer Konvention 1949 Grundsätze zur Behandlung von Zivilinternierten fest. Damit wurde die völkerrechtliche Einengung des Schutzes auf die Kombattanten überwunden. Zudem verlieh das Scheitern der Leipziger Prozesse gegen deutsche Beschuldigte Überlegungen zur Einrichtung einer internationalen Gerichtsbarkeit gegen Kriegsverbrecher Auftrieb.[56]

Alles in allem konnten zivilgesellschaftliche Normen im Ersten Weltkrieg die Kriegskultur aber kaum bändigen, die auf einer Dämonisierung des Feindes in der Propaganda gründete und Ressentiments gegen Minderheiten nährte. Dazu trugen grenzüberschreitend wirksame Massenmedien – vor allem Zeitungen, aber auch die deutlich weniger untersuchte fiktionale Literatur – maßgeblich bei, besonders im britischen Empire. Die massenhafte Internierung von Feindstaatenangehörigen spiegelte letztlich die „Rhetorik der Entmenschlichung" wider, die keineswegs ausschließlich „von oben" geschaffen und gesteuert wurde, sondern auch von den weitverbreiteten Gerüchten über subversive Aktivitäten von Fremden ausging.[57] Gegenüber den Angriffen gesellschaftlicher Gruppen auf Fremdstaatenangehörige – z. B. auf die Deutschen in Großbritannien und den Dominions – boten staatliche Einrichtungen gelegentlich sogar Schutz, sodass einzelne bedrohte *enemy aliens* um ihre Internierung baten. Der Krieg hatte neue gesellschaftliche Regeln, moralische Standards und kulturelle Codes herbeigeführt, die zivilgesellschaftlichen Normen widersprachen. So stellte der deutsche Reichstagsabgeordnete Oskar Cohn (SPD) schon im April 1916 fest, dass die Internierung von Zivilisten „nicht zu den deutschen Heldentaten und zu den Ruhmesblättern der deutschen Kriegsführung" gehörte.[58]

Angesichts der angeblich allgegenwärtigen „Feinde", die besonders von den Leitungen der Geheimdienste und Polizei dämonisiert wurden, verlangten auch breite Bevölkerungsgruppen „totale" Sicherheit. Diese Forderung prägte ebenso die Politik der Regierungen, die Aktionismus demonstrierten, um die gesellschaftliche Mobilisierung zu kontrollieren und zu steuern. Mit der Internierung ziviler Feindstaatenangehöriger sollten auch die jeweiligen Kriegsgegner stellvertretend bestraft werden, gerade weil die militärischen Kämpfe oft weit entfernt von der Heimat geführt wurden. Breite Bevölkerungsgruppen projizierten ihre Ängste in dieser Konstellation auf den „inneren Feind". In diesen Prozessen waren Politik und Gesellschaft damit eng ineinander verschränkt. So zeigte die Lagerhaft von Zivilinternierten die enorme Ausdehnung der Staatsmacht im Ersten Weltkrieg. Dazu wurden zivilgesellschaftliche Organisationen – vor allem patriotische Vereine – von staatlichen Behörden in Dienst genommen, um alle Kräfte für den Krieg zu mobilisieren. Wenn Menschenrechte von Kriegsgefangenen und Zivilinternierten durchgesetzt werden konnten, war dies weniger der Beachtung humanitärer Normen als dem Kalkül der nationalen Regierungen geschuldet, die sich davon wechselseitigen Nutzen versprachen. Dabei nahm die Furcht vor Repressalien gegenüber den eigenen Staatsangehörigen, die sich in der Hand der Gegner befanden, einen beträchtlichen Stellenwert ein. Alles in allem wurde der Erste Weltkrieg zu einem bedeutenden Wendepunkt im Umgang mit Zivilisten, die in den Feindstaaten geboren, aber oft schon eingebürgert worden waren. Die institutionelle und personelle Kontinuität in den Sicherheitsbehörden in den Jahren von 1918 bis 1939 zeigt eindrucksvoll die Prägekraft des ersten globalen Konfliktes im Hinblick auf die staatliche Politik gegenüber Minderheiten. Zugleich deckt die Internierungspolitik – vor allem in den multiethnischen Imperien – die Grenzen staatlicher Macht auf. Die Festlegung der Zugehörigkeit von „Feindstaatenbürgern" entzog sich auch in den westlichen Demokratien oft klaren (nationalen) Kriterien. Zudem waren die Behörden besonders in den USA und in Großbritannien oft außerstande, die von ihnen zunächst z. T. unterstützte militante Fremdenfeindlichkeit einzudämmen und die Angriffe gesellschaftlicher Gruppen auf die „Feinde" zu unterbinden.[59]

Immerhin gelang es den westlichen Entente-Mächten und internationalen Organisationen aber, einen vorübergehend drohenden Völkermord im russischen Reich zu verhindern. Allerdings konnten sie den Genozid, den die jungtürkische Regierung 1915/16 an den Armeniern verübte, nicht aufhalten, obgleich sie das Osmanische Reich am 24. Mai 1915 ausdrücklich vor „Verbrechen gegen die Menschlichkeit" warnten. Andererseits agierten die zivilgesellschaftlichen Organisationen, die sich für Kriegsgefangene und Zivilinternierte einsetzten, allerdings weitgehend unabhängig voneinander, ohne ihr Vorgehen untereinander abzustimmen.[60] Die Folgen der Gewalt gegen Zivilisten im Ersten Weltkrieg wurden auch nach 1918 deutlich, als paramilitärische Gruppen in zahlreichen europäischen Staaten rücksichtslos gegen vermeintliche Feinde vorgingen, besonders gegen Kommunisten und Juden. Der Umgang mit „inneren Feinden" im Krieg warf tiefe Schatten auf die Friedensgesellschaft, die auch weiterhin militaristisch geprägt blieb.[61]

Im Allgemeinen verweist der Überblick über den Umgang mit Dissidenten und zivilen Feindstaatenangehörigen im Ersten Weltkrieg *erstens* auf die Ambivalenz zivilgesellschaftlicher Assoziationen. Einige Vereine und Verbände erleichterten zwar das Leben von Feindstaatenangehörigen und Pazifisten; viele schlossen sich aber der nationalistischen Propagandakampagne und patriotischen Mobilisierung an, die sich nicht zuletzt gegen die stigmatisierten Außenseiter richtete. Die Organisationen ließen sich aber nicht dauerhaft von den Militärführungen und Regierungen in Dienst nehmen, zumal ihre Angehörigen oft eine Ersatzkriegführung gegen die Minderheiten der *enemy aliens* betrieben. Vielmehr bildete sich zwischen der fremdenfeindlichen Agitation und der staatlichen Politik in vielen Staaten sogar ein symbiotisches Verhältnis heraus. Die Aktivität der nationalistischen Gruppen und Assoziationen verweist damit auf eine grundsätzliche Ambivalenz der Zivilgesellschaft, die historisch kontextualisiert werden muss. Dazu sind vor allem handlungslogische Studien geeignet, die akteurszentriert Voraussetzungen und Ressourcen von „Zivilgesellschaftlichkeit" untersuchen und problematisieren.[62]

Zweitens zeigt der Beitrag, dass sich Interaktionen zum Verhältnis von Sicherheit und Menschenrechten von 1914 bis 1918 in spezifischen Konstellationen als asymmetrische Aushandlungsprozesse vollzogen. Dabei kam es gerade angesichts des blutigen Konfliktes zu einem intensiven Austausch, an dem auch internationale Nichtregierungsorganisationen – wie das IKRK – beteiligt waren. Entgegen der in der Historiografie vorherrschenden Interpretation brachen im Ersten Weltkrieg keineswegs alle grenzüberschreitenden Bezüge ab. Vielmehr bildeten sich sogar neue transnationale Verbindungen heraus. Aber auch die Restriktionen gegen Feindstaatenangehörige wiesen eine globale Dimension wechselseitiger Beobachtung und Imitation auf, wie die Mobilisierung gegen die Deutschen nach der Versenkung der „Lusitania" in zahlreichen Ländern zeigt. Die Repressalien waren aber ebenso auf nationale Traditionen und wechselseitige Abgrenzungen zurückzuführen.[63]

Drittens wird deutlich, dass sich im Umgang mit Dissidenten, Zivilinternierten und Kriegsgefangenen Konflikte über unterschiedliche Perzeptionen, Konzepte und Maßnahmen herausbildeten. Die staatlichen Maßnahmen führten in den einzelnen Ländern zu einer umfassenden politischen und sozialen Mobilisierung, und sie dynamisierten die gesellschaftlichen Beziehungen. Dieser Prozess ist nicht zuletzt von der Macht einzelner Akteure geprägt worden, die ihre Konzeptionen von Sekurität und Menschenrechten durchzusetzen bestrebt waren und dabei Gruppen ein- bzw. ausschlossen. Auf diesem Konfliktfeld ist das Verhältnis zwischen Sicherheit und Menschenrechten unterschiedlich, oft sogar als Antinomie verstanden, konzipiert und funktionalisiert worden. Damit haben auch die jeweiligen Handlungspraktiken der beteiligten Gruppen variiert. Mit dem Verhältnis von Sicherheit und Menschenrechten kann ein analytisch ertragreicher Spannungsbogen untersucht werden, der zwei bislang voneinander getrennt behandelte Forschungsfelder zusammenführt und gegenwärtig diskutierten Problemen historische Tiefenschärfe verleiht. Studien zu diesem Problemkomplex sind trotz der hier vorgenommenen Fokussierung auf die Geschichtswissenschaft für Fragestellungen und Untersuchungsansätze der Nachbarwissenschaften unmittelbar anschlussfähig.[64]

Insgesamt reduzierten die Zwangsmaßnahmen, denen zivile Feindstaatenangehörige in den kriegführenden Staaten unterworfen wurden, zivilgesellschaftliche Räume so umfassend, dass allenfalls in handlungslogischer Hinsicht von Zivilgesellschaftlichkeit ausgegangen werden kann. Dies ist vorrangig auf die Zunahme staatlicher Macht zurückzuführen. Zu der Repression von Minderheiten trugen aber durchaus auch grenzüberschreitend arbeitende Organisationen bei, indem sie sich z. T. für die nationale Mobilisierung einspannen ließen. Sogar transnationale Assoziationen wirkten damit in normativer Hinsicht ambivalent. Letztlich waren die Menschenrechte im Ersten Weltkrieg der staatlichen Sicherheitspolitik eindeutig nachgeordnet. Vor allem in Deutschland verstärkte der globale Konflikt die Unterstellung von Freiheit und Menschenrechten unter den Imperativ der Sicherheit, der bereits vor 1914 das autoritär-paternalistische Herrschafts- und Gesellschaftssystem des Kaiserreiches gekennzeichnet hatte. Die grenzüberschreitenden Bezüge sowohl zwischen den Repressionsmaßnahmen verschiedener Regierungen gegenüber den Feindstaatenangehörigen als auch zwischen den Gegnern dieser Politik verweisen nicht zuletzt auf die Widersprüchlichkeit der Globalisierungsprozesse, die das Verhältnis zwischen staatlicher Sicherheitspolitik und Menschenrechten im weiteren Verlauf des 20. Jahrhunderts wiederholt tiefgreifend verändern sollten.

Die Internierung, Enteignung und Verdrängung von Feindstaatenangehörigen im Ersten Weltkrieg ist besonders in den Ländern, die siegreich aus dem Konflikt hervorgegangen waren, lange von zählebigen Mythen nationaler Einheit überdeckt worden. Diese Prozesse wiesen aber in vielen Staaten eine administrative und personelle Kontinuität zum zweiten globalen Konflikt auf, wenngleich die deutlichen Unterschiede – so hinsichtlich der jeweiligen Zielgruppen und dem gewachsenen Rechtfertigungsdruck – nicht ausgeblendet werden sollten. In weiteren Auseinandersetzungen wie dem Golfkrieg von 1991, als in Großbritannien 176 Iraker und andere Araber festgenommen wurden, und besonders im *war on terror* nach dem 11. September 2001 riefen auch demokratische Regierungen jeweils erneut einen Ausnahmezustand aus, in dem die Geltung grundlegender Menschenrechte und rechtsstaatlicher Prinzipien wie das *Habeas-Corpus*-Prinzip erheblich eingeschränkt wurde.[65]

Anmerkungen

[1] Für hilfreiche Hinweise zum Manuskript dieses Beitrages danke ich Lukas Keller und Patrick Wittstock. Aylin Herker hat dankenswerterweise das Manuskript eingerichtet.

[2] Zum Konzept des „totalen Krieges", aber die Unterschiede und Umbrüche zwischen den beiden Weltkriegen betonend: *Alan Kramer*, Dynamic of Destruction. Culture and Mass Killing in the First World War, New York 2007, 328, 331. Vgl. auch *Annette Becker*, Paradoxien in der Situation der Kriegsgefangenen 1914–1918, in: Jochen Oltmer (Hrsg.), Kriegsgefangene im Europa des Ersten Weltkriegs, Paderborn/Zürich 2006, 24–31, 29. Allgemein zur Herausbildung des totalen Krieges: *Wolfgang Hardtwig*, Einleitung, in: ders. (Hrsg.), Ordnungen in der Krise. Zur politischen Kulturgeschichte Deutschlands 1900–1933, München 2007, 11–17, 16.

[3] Vgl. *Arnd Bauerkämper*, Zwischen nationaler Selbstbestätigung und Universalisierung des Leids. Der Erste Weltkrieg in intellektuellen Diskursen, in der Geschichtsschreibung und Erinnerung, in: Gislinde Seybert, Thomas Stauder (Hrsg.), Heroisches Elend. Der Erste Weltkrieg im intellektuellen, literarischen und bildnerischen Gedächtnis der europäischen Kulturen, Frankfurt a.M. 2014, 63–93; *Peter Landley, Nigel Steel*, Der Erste Weltkrieg als nationaler Erinnerungsort. Das „Imperial War Museum" in Canberra, in: Barbara Korte, Sylvia Paletschek, Wolfgang Hochbruck (Hrsg.), Der Erste Weltkrieg in der populären Erinnerungskultur, Essen 2008, 27–46, 31–32, 35–41; *Gerd Krumeich*, Der Erste Weltkrieg im Museum. Das Historial de la Grande Guerre in Péronne und neuere Entwicklungen in der musealen Präsentation des Ersten Weltkriegs, in: Barbara Korte, Sylvia Paletschek, Wolfgang Hochbruck (Hrsg.), Der Erste Weltkrieg in der populären Erinnerungskultur, Essen 2008, 59–71, 62.

[4] Zit. nach: *Annette Becker*, Captive Civilians, in: Jay Winter (Hrsg.), The Cambridge History of the First World War, Bd. 3: Civil Society, Cambridge 2014, 257–281, 260. Vgl. auch *Christoph Jahr*, Keine Feriengäste. „Feindstaatenausländer" im südlichen Bayern während des Ersten Weltkrieges, in: Hermann J. W. Kuprian, Oswald Überegger (Hrsg.), Der Erste Weltkrieg im Alpenraum. Erfahrung, Deutung, Erinnerung, Innsbruck 2006, 231–245, 238.

[5] *Bruce Scates, Rebecca Wheatley*, War Memorials, in: Jay Winter (Hrsg.), The Cambridge History (Anm. 4), 528–556, 543, 556; *Becker*, Captive Civilians (Anm. 4), 261. „Gedächtnispolitik" ist institutionell verfasst und zielt auf die Aktualisierung ausgewählter Erinnerungen in Repräsentationen, Ritualen und Inszenierungen, in denen jeweils die Gegenwart auf die Vergangenheit und Zukunft bezogen wird. Das Konzept der „Gedächtnispolitik" lenkt die Aufmerksamkeit auf Interaktionen zwischen politischen Akteuren (vor allem nationalen Eliten), die jeweils versuchen, ihre Ziele und ihr Handeln zu legitimieren. Dazu formen und funktionalisieren sie bewusst Erinnerungen, die sie symbolisch und öffentlichkeitswirksam kommunizieren. Vgl. *Erik Meyer*, Memory and Politics, in: Astrid Erll, Ansgar Nünning (Hrsg.), A Companion to Cultural Memory Studies, Berlin 2010, 173–180.

[6] *James W. Garner*, Treatment of Enemy Aliens, in: American Journal of International Law 12 (1918), 27–55, 27: „Writers on international law are now in substantial agreement that

a belligerent ought not to detain enemy subjects, confiscate their property, or subject them to any disabilities, further than such as the protection of the national security and defense may require." Vgl. auch *James W. Garner*, International Law and the World War, Bd. 1, London 1920, 14, 58, 69, 127; *ders.*, International Law and the World War, Bd. 2, London 1920, 462; *Ernest Satow*, The Treatment of Enemy Aliens, in: Transactions of the Grotius Society: Problems of War 2 (1916), 1–10.

[7] *Peter Holquist*, „Information Is the Alpha and Omega of Our Work": Bolshevik Surveillance in Its Pan-European Context, in: Journal of Modern History 69 (1997), 415–450, 417–419, 443, 445.

[8] *Werner Conze*, Art. „Sicherheit, Schutz", in: Otto Brunner, Werner Conze, Reinhart Koselleck (Hrsg.), Geschichtliche Grundbegriffe. Historisches Lexikon zur politisch-sozialen Sprache in Deutschland, Bd. 5, Stuttgart 1984, 831–862, 859. Als Aufriss deutscher Geschichte im 20. Jahrhundert: *Arnd Bauerkämper*, The Twisted Road to Democracy as a Quest for Security. Germany in the Twentieth Century, in: German History 32 (2014), 431–455.

[9] Zit. nach: *Otto Lehmann-Russbüldt*, Der Kampf der Deutschen Liga für Menschenrechte vormals Bund Neues Vaterland für den Weltfrieden 1914–1927, Berlin 1927, 92. Zur langen Kontinuität von Menschenrechtsvorstellungen: *Lynn Hunt*, Inventing Human Rights. A History, London 2007; *dies.*, The Revolutionary Origins of Human Rights, in: dies. (Hrsg.), The French Revolution and Human Rights. A Brief Documentary History, Boston 1996; *Christopher McCrudden*, Human Rights Histories, in: Oxford Journal of Legal Studies 35 (2015). Dagegen: *Matthew Stibbe*, Ein globales Phänomen. Zivilinternierung im Ersten Weltkrieg in transnationaler und internationaler Dimension, in: Christoph Jahr, Jens Thiel (Hrsg.), Lager vor Auschwitz. Gewalt und Integration im 20. Jahrhundert, Berlin 2013, 158–176, 162; *Samuel Moyn*, Die Rückkehr des verlorenen Sohnes. Einleitung: Die 1970er Jahre als Umbruchsphase in der Menschenrechtsgeschichte, in: Jan Eckel, Samuel Moyn (Hrsg.), Moral für die Welt? Menschenrechtspolitik in den 1970er Jahren, Göttingen 2012, 7–21. Überblick in: *Stefan-Ludwig Hoffmann*, Das „lange" 19. Jahrhundert und der Erste Weltkrieg, in: Arnd Pollmann, Georg Lohmann (Hrsg.), Menschenrechte. Ein interdisziplinäres Handbuch, Stuttgart 2012, 106–110. Vgl. auch *Anselm Doering-Manteuffel*, Ordnung jenseits der politischen Systeme: Planung im 20. Jahrhundert, in: Geschichte und Gesellschaft 34 (2008), 398–406; *Dieter Gosewinkel*, Zwischen Diktatur und Demokratie. Wirtschaftliches Planungsdenken in Deutschland und Frankreich: Vom Ersten Weltkrieg bis zur Mitte der 1970er Jahre, in: Geschichte und Gesellschaft 34 (2008), 327–359, 329, 352. Zum Konzept der „organisierten Moderne": *Peter Wagner*, A Sociology of Modernity. Liberty and Discipline, London 1994, 73–82, 154–160. Vgl. auch *Stephan Lessenich, Berthold Vogel*, Erwartungen und Spielräume politischer Planung. Zwischen Gegenwartsstabilisierung und Zukunftsvernichtung, in: Mittelweg 36. Zeitschrift des Hamburger Instituts für Sozialforschung 18 (2009), 3–5.

[10] *John Keane*, Democracy and Civil Society. On the Predicaments of European Socialism, the Prospects for Democracy, and the Problem of Controlling Social and Political Power, London 1988, bes. 191–245, hier bes. 226, 238–239, 241; *ders.*, Introduction, in: ders. (Hrsg.), Civil Society and the State. New European Perspectives, London 1988, 1–31, 22; *Ferenc Miszlivetz*, Illusions and Realities. The Metamorphosis of Civil Society in a New European Space, Savaria 1999, bes. 29–48, 219–241, 283–290. Hierzu und zum Folgenden auch: *Sven Reichardt*, Civil Society. A Concept for Historical Research, in: Annette Zimmer, Eckhard Priller (Hrsg.), Future of Civil Society. Making Central European Nonprofit-Organizations Work, Wiesbaden 2004, 35–55; *Arnd Bauerkämper*, Einleitung. Die Praxis der Zivilgesellschaft. Akteure und ihr Handeln in historisch-sozialwissenschaftlicher Perspektive, in: ders. (Hrsg.), Die Praxis der Zivilgesellschaft. Akteure, Handeln und Strukturen im

internationalen Vergleich, Frankfurt a.M. 2003, 7–30, 8–13; *ders.*, Bürgerschaftliches Engagement zwischen Erneuerung und Abbruch. Die Entwicklung in der Bundesrepublik Deutschland und in der DDR in vergleichender Perspektive, in: Thomas Olk, Ansgar Klein, Birger Hartnuß (Hrsg.), Engagementpolitik. Die Entwicklung der Zivilgesellschaft als politische Aufgabe, Wiesbaden 2010, 97–122.

[11] *Jürgen Kocka*, Zivilgesellschaft als historisches Projekt: Moderne europäische Geschichtsforschung in vergleichender Absicht, in: Christoph Dipper, Lutz Klinkhammer, Alexander Nützenadel (Hrsg.), Europäische Sozialgeschichte. Festschrift für Wolfgang Schieder, Berlin 2000, 475–484, 481.

[12] „Zivilgesellschaftlichkeit" soll hier verstanden werden als „a particular way of dealing with difference and distinction, where the identity of civil society's actors lies along a sliding scale of inclusion and exclusion". Vgl. *Sven Reichardt*, Civil Society (Anm. 10), 35–55, 49. Dazu auch: *Jürgen Kocka*, Civil Society and Dictatorship in Modern German History. The Menahem Stern Jerusalem Lectures, Hannover/London 2010, 19–22.

[13] *Frank Adloff*, Zivilgesellschaft. Theorie und politische Praxis, Frankfurt a.M. 2005, 17–91; *Georg Kneer*, Zivilgesellschaft, in: ders. (Hrsg.), Soziologische Gesellschaftsbegriffe. Konzepte moderner Zeitdiagnosen, München 1997, 228–251; Vgl. auch *Jürgen Kocka*, Zivilgesellschaft in historischer Perspektive, in: Ralph Jessen, Sven Reichardt, Ansgar Klein (Hrsg.), Zivilgesellschaft als Geschichte. Studien zum 19. und 20. Jahrhundert, Wiesbaden 2004, 29–42, 32–34; *Helmut K. Anheier, Anja Appel*, Art. „Zivilgesellschaft", in: Dieter Fuchs, Edeltraud Roller (Hrsg.), Lexikon Politik. Hundert Grundbegriffe, Stuttgart 2007, 340–344.

[14] *Jürgen Kocka*, Zivilgesellschaft. Zum Konzept und seiner sozialgeschichtlichen Verwendung, in: ders., Paul Nolte, Shalini Randeria, Sven Reichardt (Hrsg.), Neues über Zivilgesellschaft. Aus historisch-sozialwissenschaftlichem Blickwinkel, Berlin 2001, 4–21, 10 (WZB Discussion Paper, No. P 01-801).

[15] Vgl. *Alf Lüdtke, Michael Wildt*, Einleitung. Staats-Gewalt: Ausnahmezustand und Sicherheitsregimes, in: dies. (Hrsg.), Staats-Gewalt: Ausnahmezustand und Sicherheitsregimes. Historische Perspektiven, Göttingen 2008, 7–38, 15–20; *Achim Saupe*, Von „Ruhe und Ordnung" zur „inneren Sicherheit". Eine Historisierung gesellschaftlicher Dispositive, in: Zeithistorische Forschungen, Online-Ausgabe 9 (2010), online verfügbar, URL: <http://www.zeithistorische-forschungen.de/2-2010/id%3D4674> (zuletzt besucht am 30.07.17), 2; *Thomas Lindenberger*, Ruhe und Ordnung, in: Etienne François, Hagen Schulze (Hrsg.), Deutsche Erinnerungsorte, Bd. 2, München 2001, 469–484; *Conze*, Art. „Sicherheit, Schutz" (Anm. 8), 831–832, 838–858.

[16] *Reinhart Koselleck*, Vergangene Zukunft. Zur Semantik geschichtlicher Zeiten, Frankfurt a.M. 1979, 359, 364, 372. Dazu: *Anders Schinkel*, Imagination as a Category of History: An Essay Concerning Koselleck's Concepts of Erfahrungsraum und Erwartungshorizont, in: History and Theory 44 (2005), 42–54, 42, 45, 47–48, 52–54.

[17] *Detlev J. K. Peukert*, Die Weimarer Republik. Krisenjahre der klassischen Moderne, Frankfurt a.M. 1987; *Ulrich Herbert*, Europe in High Modernity. Reflections on a Theory of the 20th Century, in: Journal of Modern European History 5 (2007), 5–21. Dazu auch: *August Nitschke, Gerhard A. Ritter, Detlef J.K. Peukert, Rüdiger vom Bruch* (Hrsg.), Jahrhundertwende. Der Aufbruch in die Moderne 1880–1930, Reinbek 1990.

[18] Zit. nach (in dieser Reihenfolge): *Jörg Fisch*, Europa zwischen Wachstum und Gleichheit 1850–1914, Stuttgart 2002, 318–319; *Michael Makropoulos*, Art. „Sicherheit", in: Joachim Ritter, Karlfried Gründer (Hrsg.), Historisches Wörterbuch der Philosophie, Bd. 9, Basel 1995, 745–750, 748. Vgl. auch *Michael Makropoulos*, Kontingenz. Aspekte einer theoretischen Semantik der Moderne, in: Archives Européennes de Sociologie 45 (2004),

369–399. Zur Historisierung emotionaler Unsicherheit: *Daniela Saxer*, Mit Gefühl handeln. Ansätze der Emotionsgeschichte, in: traverse. Zeitschrift für Geschichte 14 (2007), 15–29, 19.

[19] *Cornel Zwierlein, Rüdiger Graf*, The Production of Human Security in Premodern and Contemporary History, in: Historical Social Research 35 (2010), 7–21, 9, 12.

[20] *Panikos Panayi*, Prisoners of Britain. German Civilian and Combatant Internees during the First World War, Manchester 2012, 41; *ders.*, Germans in Britain During the First World War, in: Historical Research 64 (1991), 63–76, 64, 74. „Infrastrukturelle Macht" nach: *Michael Mann*, The Sources of Social Power. The Rise of Classes and Nation-States, 1760–1914, Bd. 2, Cambridge 1993.

[21] *Heather Jones*, International or Transnational? Humanitarian Action during the First World War, in: European Review of History 16 (2009), 697–713, 698, 701, 706; *Jean H. Quataert*, Women's Wartime Services under the Cross. Patriotic Communities in Germany, 1912–1918, in: Roger Chickering, Stig Förster (Hrsg.), Great War, Total War. Combat and Mobilization on the Western Front, 1914–1918, Washington, D.C. 2000, 453–483; *Panikos Panayi*, Germans as Minorities during the First World War. Global Comparative Perspectives, in: ders. (Hrsg.), Germans as Minorities during the First World War. A Global Comparative Perspective, Burlington 2014, 3–26, 3, 10, 24; *ders.*, Prisoners (Anm. 20), 41. Vgl. auch *Garner*, International Law, Bd. 1 (Anm. 6), 61, 75, 80, 83, 101.

[22] Zit. nach: *Lehmann-Russbüldt*, Kampf (Anm. 9), 58. Vgl. auch *Panayi*, Germans (Anm. 21), 17. Zur Sicherheit und öffentlichen Ordnung als Leitvorstellungen vgl. *Garner*, International Law, Bd. 2 (Anm. 6), 169–170, 180–182.

[23] *Annie Deperchin*, The laws of war, in: Jay Winter (Hrsg.), The Cambridge History of the First World War, Bd. 1: Global War, Cambridge 2014, 615–638, 625; *Becker*, Captive Civilians (Anm. 4), 260–261, 272, 280–281. Die Genfer Konvention von 1864 hatte grundsätzlich Hilfe für verwundete Soldaten festgelegt. Vgl. *Uta Hinz*, Humanität im Krieg? Internationales Rotes Kreuz und Kriegsgefangenenhilfe im Ersten Weltkrieg, in: Oltmer (Hrsg.), Kriegsgefangene (Anm. 2), 216–236, 218–219; *Jochen Oltmer*, Einführung. Funktionen und Erfahrungen von Kriegsgefangenschaft im Europa des Ersten Weltkriegs, in: Oltmer (Hrsg.), Kriegsgefangene (Anm. 2), 11–23, 17; *Alan Kramer*, Kriegsrecht und Kriegsverbrechen, in: Gerhard Hirschfeld, Gerd Krumeich, Irina Renz (Hrsg.), Enzyklopädie Erster Weltkrieg, Paderborn 2003, 281–292, 284–285; *Becker*, Paradoxien (Anm. 2), 28. Zur Haager Landkriegsordnung auch: *Stefan Oeter*, Die Entwicklung des Kriegsgefangenenrechts. Die Sichtweise eines Völkerrechtlers, in: Rüdiger Overmans (Hrsg.), In der Hand des Feindes. Kriegsgefangenschaft von der Antike bis zum Zweiten Weltkrieg, Köln 1999, 41–59, 50.

[24] Angaben nach: *Matthew Stibbe*, Civilian Internment and Civilian Internees in Europe, 1914–20, in: ders. (Hrsg.), Captivity, Forced Labour and Forced Migration in Europe during the First World War, London 2009, 49–81, 73; *Matthew Stibbe*, British Civilian Internees in Germany. The Ruhleben Camp, 1914–18, Manchester 2008, 184; *ders.*, The Internment of Civilians by Belligerent States during the First World War and the Response of the International Committee of the Red Cross, in: Journal of Contemporary History 41 (2006), 5–19, 7–8; *Alan Kramer*, Combatants and Noncombatants: Atrocities, Massacres, and War Crimes, in: John Horne (Hrsg.), A Companion to World War I, Oxford/Chichester/Malden 2012, 188–201, 191.

[25] *Arnd Bauerkämper*, Die „radikale Rechte" in Großbritannien. Nationalistische, antisemitische und faschistische Bewegungen vom späten 19. Jahrhundert bis 1945, Göttingen 1991, 58–92; *Andrew Francis*, 'The Meanest Devil of the Pit': British Representations of the German Character in Edwardian Juvenile Spy Fiction, 1900–14, in: Jean Anderson, Carolina

Miranda, Barbara Pezzotti (Hrsg.), The Foreign in International Crime Fiction. Transcultural Representations, London 2012, 153–164.

[26] *David Saunders*, Aliens in Britain and the Empire During the First World War, in: Immigrants and Minorities. Historical Studies in Ethnicity, Migration and Diaspora 4 (1985), 5–27, 5–7; *Stefan Manz*, Civilian Internment in Scotland during the First World War, in: Richard Dove (Hrsg.), 'Totally Un-English'? Britain's Internment of 'Enemy Aliens' in Two World Wars, Amsterdam 2005, 83–97, 85, 91 (The Yearbook of the Research Centre for German and Austrian Exile Studies, 7 [2005]); *Catriona Pennell*, 'The Germans Have Landed!': Invasion Fears in the South-East of England, August to December 1914, in: Heather Jones, Jennifer O'Brien, Christoph Schmidt-Supprian (Hrsg.), Untold War. New Perspectives in First World War Studies, Leiden/Boston 2008, 95–118; *Panikos Panayi*, An Intolerant Act by an Intolerant Society: The Internment of Germans in Britain During the First World War, in: Tony Kushner, David Cesarani (Hrsg.), The Internment of Aliens in Twentieth Century Britain, London 1993, 53–75, 54, 56; *Panayi*, Prisoners (Anm. 20), 47; *Becker*, Captive Civilians (Anm. 4), 262.

[27] *John C. Bird*, Control of Enemy Alien Civilians in Great Britain, 1914–1918, New York 1986, 45, 49, 133; *Christoph Jahr*, Zivilisten als Kriegsgefangene. Die Internierung von „Feindstaaten-Ausländern" in Deutschland während des Ersten Weltkrieges am Beispiel des „Engländerlagers" in Ruhleben, in: Rüdiger Overmans (Hrsg.), In der Hand des Feindes (Anm. 23), 297–321, 298; *Panayi*, Germans in Britain (Anm. 20), 66.

[28] *Adrian Gregory*, The Last Great War. British Society and the First World War, Cambridge 2008, 46; *Manz*, Internment (Anm. 26), 83–97, 94; *Bird*, Control (Anm. 27), 106, 113, 124; *Panayi*, Act (Anm. 26), 58–59. Hinweis auf „humanity" in: *Garner*, Treatment (Anm. 6), 41. Als *enemy alien* galt in Großbritannien offiziell eine Person, „whose sovereign or State is at war with His Majesty the King". Zit. nach: *Garner*, International Law (Anm. 6), 61.

[29] *Nicoletta F. Gullace*, Friends, Aliens, and Enemies: Fictive Communities and the Lusitania Riots of 1915, in: Journal of Social History 39 (2005), 345–367; *Panikos Panayi*, The Enemy in Our Midst. Germans in Britain during the First World War, New York 1991, 283–291; *ders.*, Prisoners of Britain: German Civilian, Military and Naval Internees during the First World War, in: Yearbook of the Research Centre for German and Austrian Exile Studies 7 (2005), 29–43, 29–30, 38; *ders.*, Act (Anm. 26), 54, 56, 69, 71; *ders.*, Prisoners of Britain: German Civilian, Military and Naval Internees during the First World War, in: Dove (Hrsg.), 'Totally Un-English'? (Anm. 26), 29–43, 30, 33; *ders.*, Germans (Anm. 21), 16; *ders.*, Germans in Britain (Anm. 20), 65, 73; *ders.*, Prisoners (Anm. 20), 50, 69, 264, 301–302; *Bird*, Control (Anm. 27), 69, 122–123; *Manz*, Internment (Anm. 26), 90, 94. Zur Fremdenfeindlichkeit und zum Antisemitismus: *David Cesarani*, An Embattled Minority: the Jews in Britain During the First World War, in: Tony Kushner, Kenneth Lunn (Hrsg.), The Politics of Marginality. Race, the Radical Right and Minorities in Twentieth Century Britain, London 1990, 61–81; *Panikos Panayi*, 'The Hidden Hand': British Myths About German Control of Britain During the First World War, in: Immigrants and Minorities. Historical Studies in Ethnicity, Migration and Diaspora 7 (1988), 253–272; *ders.*, Anti-German Riots in London during the First World War, in: German History 7 (1989), 184–203; *David Reynolds*, The Long Shadow. The Great War and the Twentieth Century, London 2013, 56. Zur BEU: *Bauerkämper*, Die „radikale Rechte" (Anm. 25), 121–125. Angaben nach: *Jahr*, Zivilisten (Anm. 27), 299–300, 321; *Kramer*, Kriegsrecht (Anm. 23), 286.

[30] *Reynolds*, Shadow (Anm. 29), 60.

[31] *Christian Schudnagies*, Der Kriegs- oder Belagerungszustand im Deutschen Reich während des Ersten Weltkriegs. Eine Studie zur Entwicklung und Handhabung des deutschen

Ausnahmezustandsrechts bis 1918, Frankfurt a.M. 1994; *Quataert*, Women, (Anm. 21), 456–457.

[32] *Stibbe*, Internees (Anm. 24), 24, 27–30, 35–37, 40; *Kramer*, Combatants (Anm. 24), 194; *Jahr*, Zivilisten (Anm. 27), 299–301; *Jahr*, Feriengäste (Anm. 4), 239; *Kramer*, Kriegsrecht (Anm. 23), 286; *Holquist*, „Information Is the Alpha and Omega of Our Work" (Anm. 7), 442. Zur Genese des Völkerrechts und zur Diskussion über Menschenrechte im späten 19. und frühen 20. Jahrhundert: *Martti Koskenniemi*, The Gentle Civilizer of Nations. The Rise and Fall of International Law 1870–1960, Cambridge 2002, 11–97; *Paul Gordon Lauren*, The Evolution of International Human Rights. Visions Seen, Philadelphia 2011, 43–77.

[33] Angaben nach: *Jahr*, Feriengäste (Anm. 4), 234; *Jean-Claude Farcy*, Les camps de concentration français de la Première Guerre Mondiale (1914–1920), Paris 1995; *James W. Garner*, Treatment of Enemy Aliens, in: The American Journal of International Law 13 (1919), 22–59, 47; *Kramer*, Kriegsrecht (Anm. 23), 286; *Garner*, Treatment (Anm. 6), 48–50. Angabe nach: *Becker*, Captive Civilians (Anm. 4), 267.

[34] *Matthew Stibbe*, Krieg und Brutalisierung. Die Internierung von Zivilisten bzw. „politisch Unzuverlässigen" in Österreich-Ungarn während des Ersten Weltkriegs, in: Alfred Eisfeld, Guido Hausmann, Dietmar Neutatz (Hrsg.), Besetzt, interniert, deportiert. Der Erste Weltkrieg und die deutsche, jüdische, polnische und ukrainische Zivilbevölkerung im östlichen Europa, Essen 2013, 87–106, 88; *Hermann J. W. Kuprian*, „Entheimatungen": Flucht und Vertreibung in der Habsburgermonarchie während des Ersten Weltkrieges und ihre Konsequenzen, in: ders., Oswald Überegger (Hrsg.), Der Erste Weltkrieg im Alpenraum. Erfahrung, Deutung, Erinnerung, Innsbruck 2006, 289–306, 293–296; *Matthew Stibbe*, Enemy Aliens, Deportees, Refugees: Internment Practices in the Habsburg Empire, 1914–1918, in: Journal of Modern European History 12 (2014), 479–499, 480–481, 486–489; *Uğur Ümit Üngör, Eric Lohr*, Economic Nationalism, Confiscation, and Genocide: A Comparison of the Ottoman and Russian Empires during World War I, in: Journal of Modern European History 12 (2014), 500–522, 508, 511; *Georg Hoffmann, Nicole-Melanie Goll, Philipp Lesiak*, Thalerhof 1914–1936. Die Geschichte eines vergessenen Lagers und seiner Opfer, Herne 2010, 47.

[35] *Hoffmann, Goll, Lesiak*, Thalerhof (Anm. 34), 60.

[36] Demgegenüber: *Garner*, Treatment (Anm. 6), 58. Zit. nach: *Hoffmann, Goll, Lesiak*, Thalerhof (Anm. 34), 81. Vgl. auch: *Kuprian*, „Entheimatungen" (Anm. 34), 296; *Stibbe*, Phänomen (Anm. 9), 166.

[37] *Stibbe*, Krieg (Anm. 34), 88, 104–105; *Jahr*, Feriengäste (Anm. 4), 240; *Hoffmann, Goll, Lesiak*, Thalerhof (Anm. 34), 29–46. Vgl. auch *Steffen Bruendel*, Zeitenwende 1914. Künstler, Dichter und Denker im Ersten Weltkrieg, München 2014, 95; *Stibbe*, Internment (Anm. 24), 58.

[38] *Eric Lohr*, The Russian Army and the Jews: Mass Deportation, Hostages, and Violence during World War I, in: The Russian Review 60 (2001), 404–419, 407; *Becker*, Captive Civilians (Anm. 4), 262; *Üngör, Lohr*, Nationalism (Anm. 34), 508.

[39] *Anastasiya Tumanova*, Voluntary Associations in Moscow and Petrograd and Their Role in Patriotic Campaigns During World War I (1914 – February 1917), in: Jahrbücher für Geschichte Osteuropas 62 (2014), 345–370, 348, 354, 358; *Lohr*, Army (Anm. 38), 405–406, 416–417, 419; *Becker*, Captive Civilians (Anm. 4), 269. Zum Kontext: *Thomas Earl Porter, William Gleason*, The Democratization of the Zemstvo During the First World War, in: Mary Schaeffer Conroy (Hrsg.), Emerging Democracy in Late Imperial Russia. Case Studies on Local Self-Government (the Zemstvos), State Duma Elections, the Tsarist Government, and the State Council Before and During World War I, Niwot 1998, 228–

242; *Manfred Hildermeier*, Traditionen „aufgeklärter" Politik in Rußland, in: Historische Zeitschrift 276 (2003), 75–94.

[40] Hierzu und zum Folgenden: *Eric Lohr*, Nationalizing the Russian Empire. The Campaign against Enemy Aliens during World War I, Cambridge 2003, 31–54, 166–173; *ders.*, Patriotic Violence and the State: The Moscow Riots of May 1915, in: Kritika. Explorations in Russian and Eurasian History 4 (2003), 607–626; *ders.*, Army (Anm. 38), 418–419, *ders.*, *Üngör*, Nationalism (Anm. 34), 509, 516; *Tumanova*, Associations (Anm. 39), 366–367. Vgl. auch *Dietrich Beyrau*, Mortal Embrace: Germans and (Soviet) Russians in the First Half of the 20th Century, in: Kritika. Explorations in Russian and Eurasian History 10 (2009), 423–439, 433–434; *Matthew Stibbe*, Introduction: Captivity, Forced Labour and Forced Migration during the First World War, in: ders. (Hrsg.), Captivity (Anm. 24), 1–18, 2, 9–10; *Holquist*, „Information Is the Alpha and Omega of Our Work" (Anm. 7), 426–428; *Kramer*, Combatants (Anm. 24), 193; *Heather Jones*, Kriegsgefangenenlager. Der moderne Staat und die Radikalisierung der Gefangenschaft im Ersten Weltkrieg, in: Mittelweg 36. Zeitschrift des Hamburger Instituts für Sozialforschung 20 (2011), 59–75. Zur Sprengkraft der Nationalisierungspolitik im russischen Zarenreich im Ersten Weltkrieg: *Mark von Hagen*, The Great War and the Mobilization of Ethnicity in the Russian Empire, in: Barnett R. Rubin, Jack Snyder (Hrsg.), Post-Soviet Political Order. Conflict and State Building, London 1998, 34–57.

[41] *Daniela L. Caglioti*, Why and How Italy Invented an Enemy Aliens Problem in the First World War, in: War in History 21 (2014), 142–169; *dies.*, Germanophobia and Economic Nationalism: Government Policies against Enemy Aliens in Italy during the First World War, in: Panayi (Hrsg.), Germans (Anm. 21), 147–170; *Jahr*, Feriengäste (Anm. 4), 236.

[42] Angaben zu den Niederlanden nach: *Panayi*, Act (Anm. 26), 60. Zu Südafrika: *Tilman Dedering*, 'Avenge the Lusitania': The Anti-German Riots in South Africa in 1915, in: Immigrants and Minorities. Historical Studies in Ethnicity, Migration and Diaspora 31 (2013), 256–288. Zu Australien: *Gerhard Fischer*, Fighting the War at Home: The Campaign against Enemy Aliens in Australia during the First World War, in: Panikos Panayi (Hrsg.), Minorities in Wartime. National and Racial Groupings in Europe, North America and Australia during the two World Wars, Oxford 1993, 263–286; *Panikos Panayi*, Prisoners (Anm. 20), 55, 58, 301; *ders.*, Germans (Anm. 21), 15, 20; *Saunders*, Aliens (Anm. 26), 14–16. Zu Neuseeland: *Andrew Francis*, From 'Proven Worthy Settlers' to 'Lawless Hunnish Brutes': Germans in New Zealand during the Great War, in: Panayi (Hrsg.), Germans (Anm. 21), 289–309. Zu Kanada vergleichend: *Bohdan S. Kordan*, Enemy Aliens. Prisoners of War. Internment in Canada during the Great War, Montreal 2002, bes. 53–54, 84, 116, 123; *Andrew Francis*, 'To Be Truly British We Must Be Anti-German'. New Zealand, Enemy Aliens and the Great War Experience, 1914–1919, Oxford 2012, 215–249.

[43] *Tammy M. Proctor*, 'Patriotic Enemies': Germans in the Americas, 1914–1920, in: Panayi (Hrsg.), Germans (Anm. 21), 213–233, 214–215.

[44] *Jörg Nagler*, Nationale Minoritäten im Krieg. „Feindliche Ausländer" und die amerikanische Heimatfront während des Ersten Weltkriegs, Hamburg 2000, 641; *Nicole M. Phelps*, 'A Status Which Does Not Exist Anymore'. Austrian and Hungarian Enemy Aliens in the United States, 1917–1921, in: Günter Bischof, Fritz Plasser, Peter Berger (Hrsg.), From Empire to Republic: Post-World War I Austria, New Orleans 2010, 90–109, 91, 95 (Angabe), 96, 99. Hierzu und zum Folgenden: *Jörg Nagler*, Victims of the Home Front: Enemy Aliens in the United States during the First World War, in: Panayi (Hrsg.), Minorities (Anm. 42), 191–215; *Frank Trommler*, The Lusitania Effect: America's Mobilization against Germany in World War I, in: German Studies Review 32 (2009), 241–266.

[45] *Jennifer Keene*, A 'Brutalizing' War? The USA after the First World War, in: Journal of Contemporary History 50 (2015), 78–99 (Angabe zur Zahl der Ermordeten: 83).

[46] *Marc Spoerer*, Zwangsarbeitsregimes im Vergleich: Deutschland und Japan im Ersten und Zweiten Weltkrieg, in: Klaus Tenfelde, Hans-Christoph Seidel (Hrsg.), Zwangsarbeit im Europa des 20. Jahrhunderts. Bewältigung und vergleichende Aspekte, Essen 2007, 187–226 (Veröffentlichungen des Instituts für Soziale Bewegungen. Schriftenreihe C, Arbeitseinsatz und Zwangsarbeit im Bergbau, Bd. 5); *Kramer*, Kriegsrecht (Anm. 23), 286; *Jahr*, Zivilisten (Anm. 27), 315–316 (hier Zahlenangabe zu den Toten in Lagern), 318. *Hinz*, Humanität im Krieg? (Anm. 23), 216–236, 222–226; *Panayi*, Prisoners (Anm. 20), 65.

[47] *Matthew Stibbe*, Elisabeth Rotten and the 'Auskunfts- und Hilfsstelle für Deutsche im Ausland und Ausländer in Deutschland', 1914–1919, in: Alison S. Fell, Ingrid Sharp (Hrsg.), The Women's Movement in Wartime. International Perspectives, 1914–19, Basingstoke 2007, 194–210, *ders.*, Phänomen (Anm. 9), 173–174; *ders.*, Internees (Anm. 24), 185; *ders.*, Internment of Civilians (Anm. 24), 14; *Jones*, International or Transnational? (Anm. 21), 704; *Bird*, Control (Anm. 27), 160, 166–167; *Gullace*, Friends (Anm. 29), 357. Aus der Perspektive der Zwanzigerjahre: *Lehmann-Russbüldt*, Kampf (Anm. 9), 16–17, 63–64, 79, 168–181. Bericht Rottens vom 9. August 1915 in: ebd., 168–181.

[48] *Nagler*, Victims (Anm. 44), 194; *Trommler*, Lusitania Effect (Anm. 44), 248.

[49] *Jahr*, Feriengäste (Anm. 4), 233, 240. Vgl. auch *Deperchin*, Laws (Anm. 23), 633; *Jones*, International or Transnational? (Anm. 21), 697–699, 703, 706–707, 709. Zu kritisch aber das Urteil über die Auswirkungen der transnationalen Internierten- und Gefangenenhilfe in: *Stibbe*, Internment of Civilians (Anm. 24), 15; *ders.*, Phänomen (Anm. 9), 173–174.

[50] *Ronald F. Roxburgh*, The Prisoners of War Information Bureau in London, London 1915, bes. 12–19, 25–29, 42; *Garner*, International Law, Bd. 2 (Anm. 6), 3. Allgemein: *Hinz*, Humanität im Krieg? (Anm. 23), 227–230; *Stibbe*, Internment of Civilians (Anm. 24), 17–18; *ders.*, Phänomen (Anm. 9), 161–162; *Bird*, Control (Anm. 27), 136, 150, 157.

[51] *Dedering*, 'Avenge the Lusitania' (Anm. 42), 263–246; *Lohr*, Violence (Anm. 40), 610–611.

[52] Vgl. *Matthew Stibbe*, Elsa Brändström and the Reintegration of Returning Prisoners of War and Their Families in Post-War Germany and Austria, in: ders., Ingrid Sharp (Hrsg.), Aftermaths of War. Women's Movements and Female Activists, 1918–1923, Leiden 2011, 333–353, 334–335, 346; *Becker*, Paradoxien (Anm. 2), 30.

[53] *Jones*, International or Transnational? (Anm. 21), 697–699. Zur „Kriegskultur": *Arnd Bauerkämper, Elise Julien*, Einleitung: Durchhalten! Kriegskulturen und Handlungspraktiken im Ersten Weltkrieg, in: dies. (Hrsg.), Durchhalten! Krieg und Gesellschaft im Vergleich 1914–1918, Göttingen 2010, 7–28, 12–14; *Gerhard Hirschfeld, Gerd Krumeich*, Wozu eine „Kulturgeschichte" des Ersten Weltkriegs?, in: Arnd Bauerkämper, Elise Julien (Hrsg.), Durchhalten! Krieg und Gesellschaft im Vergleich 1914–1918, Göttingen 2010, 31–53. Vgl. auch *Gregory*, Last Great War (Anm. 28), 294; *Stibbe*, Internees (Anm. 24), 185.

[54] *Peter Gatrell*, War after the War: Conflicts, 1919–23, in: Horne (Hrsg.), Companion (Anm. 24), 558–575; *John Horne*, War and Conflict in Contemporary European History, 1914–2004, in: Konrad H. Jarausch, Thomas Lindenberger (Hrsg.), Conflicted Memories. Europeanizing Contemporary Histories, New York 2007, 81–95, 90; *Stibbe*, Introduction (Anm. 40), 11.

[55] *Stibbe*, Enemy Aliens (Anm. 34), 485.

[56] *William I. Hitchcock*, Human Rights and the Laws of War: The Geneva Conventions of 1949, in: ders., Akira Iriye, Petra Goedde (Hrsg.), The Human Rights Revolution. An International History, New York 2012, 93–112; *Oeter*, Entwicklung (Anm. 23), 51–53; *Kramer*, Combatants (Anm. 24), 197. Zu den Leipziger Prozessen umfassend: *Gerd Hankel*,

Die Leipziger Prozesse. Deutsche Kriegsverbrechen und ihre strafrechtliche Verfolgung nach dem Ersten Weltkrieg, Hamburg 2003.

[57] Zit. nach: *Gregory*, Last Great War (Anm. 28), 62 („rhetoric of dehumanization").

[58] Zit. nach: *Jahr*, Feriengäste (Anm. 4), 244. Vgl. auch *Proctor*, 'Patriotic Enemies' (Anm. 43), 231; *Francis*, 'To Be Truly British We Must Be Anti-German' (Anm. 42), 236.

[59] Besonders: *Stibbe*, Phänomen (Anm. 9), 159–160, 175–176. Daneben: *Panayi*, Prisoners (Anm. 20), 296, 302, 306–307; *ders.*, Germans (Anm. 21), 3; *ders.*, Germans in Britain (Anm. 20), 73–74; *Saunders*, Aliens (Anm. 26), 23; *Üngör, Lohr*, Nationalism (Anm. 34), 518, 520.

[60] *Jones*, Kriegsgefangenenlager (Anm. 40), 65–67, 71, 74–75; *Deperchin*, Laws (Anm. 23), 628; *Stibbe*, Internment of Civilians (Anm. 24), 18–19; *Hinz*, Humanität im Krieg? (Anm. 23), 220, 228. „Verbrechen gegen die Menschlichkeit" wurde 1915 als moralische (nicht rechtliche) Kategorie geprägt. Vgl. *Kramer*, Combatants (Anm. 24), 192.

[61] *Robert Gerwarth*, Die Besiegten. Das blutige Erbe des Ersten Weltkrieges. München 2017; *ders.*, The Central European Counter-Revolution: Paramilitary Violence in Germany, Austria and Hungary after the Great War, in: Past and Present. A journal of historical studies 200 (2008), 175–209; *ders., John Horne* (Hrsg.), War in Peace. Paramilitary Violence in Europe after the Great War, Oxford 2012; *ders., Stephan Malinowski*, Europeanization through Violence? War Experiences and the Making of Modern Europe, in: Martin Conway, Kiran Klaus Patel (Hrsg.), Europeanization in the Twentieth Century. Historical Approaches, New York 2010, 189–209; *Gatrell*, War (Anm. 54), 558–575; *Stibbe*, Internment (Anm. 24), 66, 73.

[62] *Panayi*, Germans (Anm. 21), 23. Zur ambivalenten Rolle zivilgesellschaftlicher Vereine und Vermittler: *Sheri Berman*, Civil Society and the Collapse of the Weimar Republic, in: World Politics 49 (1997), 401–429; *Sven Reichardt*, Gewalt und Zivilität im Wandel. Konzeptionelle Überlegungen zur Zivilgesellschaft aus historischer Sicht, in: Dieter Gosewinkel, Dieter Rucht, Wolfgang van den Daele, Jürgen Kocka (Hrsg.), Zivilgesellschaft – national und transnational, Berlin 2004, 61–81 (WZB-Jahrbuch 2003); *Roger Eatwell*, The Concept and Theory of Charismatic Leadership, in: ders., António Costa Pinto, Stein Ugelvik Larsen (Hrsg.), Charisma and Fascism in Interwar Europe, London 2007, 3–18, 9, 11, 15. Allgemein: *Roland Roth*, Die dunklen Seiten der Zivilgesellschaft. Grenzen einer zivilgesellschaftlichen Fundierung von Demokratie, in: Forschungsjournal Neue Soziale Bewegungen 16 (2003), 59–73; *Wolfgang van den Daele*, The Not so Sunny Sides of Civil Society Mobilization, in: Gerhard Schröder (Hrsg.), Progressive Governance for the XXI Century. Contributions to the Berlin Conference, München 2002, 87–89.

[63] Dazu: *Sandrine Kott*, Internationalism in Wartime. Introduction, in: Journal of Modern European History 12 (2014), 317–322, 317–319. Überblick in: *Madeleine Herren*, Internationale Organisationen seit 1865. Eine Globalgeschichte der internationalen Ordnung, Darmstadt 2009, 15–49; *Arnd Bauerkämper, Christoph Gumb*, Towards a Transnational Civil Society: Actors and Concepts in Europe from the Late Eighteenth to the Twentieth Century (WZB Discussion Paper, No. SP IV 2010-401), Berlin 2010. Überblick in: *Pierre-Yves Saunier*, International Non Governmental Organizations, in: ders., Akira Iriye (Hrsg.), The Palgrave Dictionary of Transnational History, Basingstoke 2009, 573–580. Zur Versenkung der „Lusitania" als Schlüsselereignis: *Kramer*, Combatants (Anm. 24), 195–196.

[64] Vgl. *Christopher Daase*, Wandel der Sicherheitskultur, in: Aus Politik und Zeitgeschichte 50/2010, 13. Dezember 2010, 9-16, 9; *ders.*, Sicherheitskultur als interdisziplinäres Forschungsprogramm, in: ders., Philipp Offermann, Valentin Rauer (Hrsg.), Sicherheitskultur. Soziale und politische Praktiken der Gefahrenabwehr, Frankfurt a.M. 2012, 23–44, 40;

172

ders., National, Societal, and Human Security: On the Transformation of Political Language, in: Historical Social Research 35 (2010), 22–37. Kritik an einer einseitigen Fixierung auf „Sicherheit" als Leitbegriff historischer Studien in: *Hans-Ulrich Wehler*, Gilt der „Primat der Sicherheit"?, in: *ders.*, Die Deutschen und der Kapitalismus. Essays zur Geschichte, München 2014, 154–157. Zur akteurstheoretischen Ausrichtung grundsätzlich die Überlegungen in: *Frank Adloff*, Kollektives Handeln und kollektive Akteure, in: Friedrich Jaeger, Jürgen Straub (Hrsg.), Handbuch der Kulturwissenschaften. Paradigmen und Disziplinen, Bd. 2., Stuttgart 2004, 308–326.

[65] *Tony Kushner, David Cesarani*, Alien Internment in Britain During the Twentieth Century: An Introduction, in: dies. (Hrsg.), Internment (Anm. 26), 1–22, 1, 5, 7–8, 10–11; *dies.*, Conclusion and Epilogue, in: ebd., 210–216; *Panayi*, Germans (Anm. 21), 24–25; *Jahr*, Feriengäste (Anm. 4), 243–244. Zu Deutschland: *Gunther Mai*, „Verteidigungskrieg" und „Volksgemeinschaft". Staatliche Selbstbehauptung, nationale Solidarität und soziale Befreiung in Deutschland in der Zeit des Ersten Weltkriegs (1900–1925), in: Wolfgang Michalka (Hrsg.), Der Erste Weltkrieg. Wirkung, Wahrnehmung, Analyse, München 1994, 583–602, 583, 595. Zur Debatte nach dem 11. September 2001 u. a. *Stephan Büsching*, Rechtsstaat und Terrorismus. Untersuchung der sicherheitspolitischen Reaktionen der USA, Deutschlands und Großbritanniens auf den internationalen Terrorismus, Frankfurt a.M. 2010, und die Beiträge zu: *Wolbert K. Smidt, Ulrike Poppe* (Hrsg.), Fehlbare Staatsgewalt. Sicherheit im Widerstreit mit Ethik und Bürgerfreiheit, Berlin 2009.

Ökonomien des Krieges und der Krise

Jakob Tanner

„Maximum slaughter at minimum expense": Die ökonomische Logik der Kriegsführung und die Rolle der Kriegswirtschaft

I. Effizienz im totalen Krieg

Es war der Mathematiker, Philosoph und Friedensaktivist Bertrand Russel (1872–1970), der zur Zeit des Ersten Weltkrieges die Anrichtung eines „maximalen Blutbades zu minimalen Kosten" als das Ziel der Kriegsführung bezeichnete.[1] In dieser ökonomischen Logik der Zerstörung des gegnerischen Dispositivs spielten „Materialschlachten" und der daraus hervorgehende „Abnutzungskrieg" die wichtigste Rolle. Es galt, dem Gegner möglichst großen Schaden zuzufügen und dabei seine eigenen Kräfte zu schonen. Die kämpfenden Soldaten wurden als „Menschenmaterial" in dieser Ressourcenrechnung mitgedacht. Schlussendlich würde jene Mächtekoalition die militärische Auseinandersetzung gewinnen, die nach der quasi-mechanisierten Massentötung von Millionen von Soldaten nochmals neue, mit modernsten Waffen ausgerüstete Heereseinheiten aufzubieten in der Lage wäre.

Obwohl viele aufmerksame Beobachter der Jahre vor 1914 auf die Gefahr und die Wahrscheinlichkeit hinwiesen, dass ein einmal begonnener Krieg umgehend in eine langanhaltende militärische Auseinandersetzung übergehen würde, hielten strategische Planer und wirtschaftlichfinanzielle Organisatoren an der Illusion eines kurzen Krieges fest. Als sich nach einer äußerst verlustreichen Bewegungskriegsphase die Fronten stabilisierten und ein Stellungskrieg einsetzte, erhielt das wirtschaftlich-militärische Destruktionskalkül „Maximum slaughter at minimum expense" auf beiden Seiten des Kräftemessens zunehmend Plausibilität. Es bezog sich nicht nur auf die Fähigkeit, in der Schadensbilanz einen Vorteil zu realisieren, sondern auch auf ein Durchhaltepotenzial, das sich im entschlossenen Willen ausdrückte, alle verfügbaren wirtschaftlichen Ressourcen zu mobilisieren sowie den eigenen Glauben an den Sieg aufrechtzuerhalten. Ebenso wichtig wie das Zusammenspiel von waffentechnischer Effizienz und militärischer Strategie war also die moralische Ökonomie der Kriegsführung.

Von Anfang an war klar, dass die Mittelmächte den Alliierten wirtschaftlich unterlegen waren, verfügten sie doch über weniger als die Hälfte der Bevölkerung und nur drei Fünftel des Sozialprodukts von Frankreich, Großbritanniens sowie Russlands zusammen.[2] Was die Zahl der mobilisierten Soldaten betrifft, so betrug das Kräfteverhältnis 1:1.6 zuungunsten der Mittelmächte.[3] Nichtsdestotrotz stellten sich viele Beobachter den Kriegsausgang als eine Art Kopf-an-Kopf-Rennen vor; beide Mächtegruppen hatten die Chance zu gewinnen, wenn sie bis zum Schluss siegessicher blieben und nicht klein beigaben. Wer zuerst die Waffen streckte, hatte verloren. Exemplarisch kam diese Geisteshaltung in einem Vortrag zum Vorschein, den Emil Ott, Subdirektor der Schweizerischen Nationalbank, Mitte November 1915 anlässlich des 600. Jahrestages der „Schlacht bei Morgarten" im Bürgerhaus zu Bern hielt.[4] In der Weltgeschichte sei, so Ott, „noch nie ein Krieg mit auch nur annähernd dem ungeheuren Aufwande an Menschenmaterial und an auf's Höchste vervollkommneten technischen Hilfsmitteln aller Art ausgeführt worden, wie der seit Anfang August 1914 ausgebrochene Weltkrieg". Ott sprach von „gigantischen Heeren", die sich gegenseitig niederzustrecken versuchten, um daraus zu folgern: „Das Wort von dem schließlichen Enderfolg desjenigen, der die letzte silberne Kugel zu versenden hat, ist wirklich nicht nur ein geistreicher Einfall, sondern wahrhaftiger, bitterer Ernst."[5]

In der Fähigkeit, diese „letzte silberne Kugel zu versenden", amalgamierten eine moralische, eine politische und eine wirtschaftliche Anstrengung. So erklärte der französische Ministerpräsident George Clemenceau am 8. März 1918, als gerade die letzten großen Bewegungsschlachten des Weltkrieges vorbereitet wurden, vor der Nationalversammlung: „Je länger der Krieg dauert, desto sichtbarer wird die sich zuspitzende moralische Krise, die das Ende aller Kriege darstellt. […] Der Sieger ist derjenige, der es schafft, eine Viertelstunde länger als der Gegner zu glauben, dass er nicht besiegt werde. […] Das ist meine Kriegs-Maxime. Eine andere habe ich nicht."[6] In Deutschland sah man das genauso. Die Oberste Heeresleitung war der festen Ansicht, dass sie die entscheidenden 15 Minuten länger aushalten könne. Sie wollte mit einer letzten Kraftanstrengung namens „Michael-Offensive" den Zusammenbruch der französischen Front erzwingen, um dann einzusehen, dass ihr selbst die letzte Stunde auf dem militärischen Terrain geschlagen hatte.

II. Friedenshoffnungen und Kriegsplanungen der Vorkriegszeit

Im Fin de Siècle, das unter anderer Perspektive als Belle Époque erschien, wurde intensiv über einen künftigen Krieg nachgedacht. So unterschiedliche Köpfe wie Friedrich Engels und Helmuth von Moltke stellten – der eine 1887, der andere 1890 – einen lange andauernden, bis zur brutalen Erschöpfung geführten Krieg mit bis zu 10 Millionen toten Soldaten in Aussicht. Diese Perspektive war so fürchterlich, dass sie auch zu Hoffnung Anlass gab. Einer optimistischen Sicht waren wirtschaftlich argumentierende Protagonisten eines liberalen Pazifismus verpflichtet.

Ein herausragender Kopf einer Denkrichtung, welche aus der Verflechtungsdynamik der Wirtschaft einen Glauben an die harmonische Entwicklung der Gesellschaft schöpfte, war der in Warschau residierende, polnisch-russische Geschäftsmann, Bankier, Industrieunternehmer und Eisenbahninvestor Johann von Bloch bzw. Jan Bloch (1836–1902). 1898 publizierte Bloch eine 4'000 Seiten umfassende, exzellent dokumentierte Studie mit dem Titel „Die Zukunft des Kriege. In technischer, wirtschaftlicher und politischer Bedeutung", in welcher er den Nachweis zu führen versuchte, dass ein Krieg solch katastrophale Auswirkungen haben würde, dass er gar nicht mehr geführt werden könne. Angesichts der globalen Verflechtungen sowie der Verletzlichkeit der Transport- und Kommunikationsinfrastrukturen der entwickelten bürgerlich-kapitalistischen Weltwirtschaft hielt er einen Krieg, in dem die ganze geballte Produktivkraft der modernen Industriegesellschaft mit ihrer ins Maßlose gesteigerten Vernichtungskraft schlicht für unmöglich. Er ging – dem

Rationalismus der Aufklärung und dem Fortschrittsglauben des 19. Jahrhunderts verpflichtet – davon aus, dass die Pläne machtversessener Politiker oder kurzsichtiger Militärführer am entschlossenen innenpolitischen Widerstand vonseiten informierter, am Wohlergehen der Weltwirtschaft interessierter Wirtschaftsakteure und der Bevölkerung scheitern würden. Die Wahrscheinlichkeit eines Krieges sank aus dieser Sicht in reziproker Relation zum Globalisierungsgrad. Sollten kriegerische Auseinandersetzungen dennoch ausbrechen, würden sie aufgrund des inzwischen erreichten Produktivitäts- und Verflechtungsniveaus in wirtschaftlicher Hinsicht verheerende Auswirkungen haben.[7]

Jan Bloch war selber ein transnationaler Akteur. Er wollte seine Ideen weltweit bekannt machen. Als Standort für seine Friedenswerbung wählte er die neutrale Schweiz. Am 7. Juni 1902 – wenige Monate nach seinem Tod – wurde das von ihm finanzierte Internationale Kriegs- und Friedensmuseum in Luzern eröffnet (Abb. 1 und 2).[8]

Abb. 1[9]

Abb. 2[10]

Es befand sich auf dem Platz vor dem Bahnhof, da, wo in der Zwischenkriegszeit das Kunst- und Kongresshaus von Armin Meili hingebaut wurde und wo heute das von Jean Nouvel entworfene Kultur- und Kongresszentrum (KKL) steht.[11] Das Museum genoss umgehend internationale Beachtung. Es wurde weltweit in der Presse gefeiert. Bei der Einweihungsfeier anwesend war die pazifistische Prominenz, so Élie Ducommun, der im selben Jahr zusammen mit Charles Albert Gobat den Friedensnobelpreis erhalten sollte. Dank der Ausstrahlung des Museums wurde 1905 der Weltfriedenskongress in Luzern abgehalten. Bei der Umsetzung von Blochs Ideen dominierten allerdings Armee und Tourismus. Bald war spöttisch von einem „Kriegsmuseum" die Rede und die Ziele der Fremdenverkehrsförderung traten unverhohlen in den Vordergrund. Schon zu seinen Lebzeiten hatte Bloch bemerkt, dass in Luzern etwas stark in diese Richtung gearbeitet wurde. Das war ihm aber nicht so wichtig, denn für ihn bestand die Hauptsache darin, den Krieg als Vergangenheit darzustellen, ihn der Jugend und den interessierten Erwachsenen da zu zeigen, wo er hingehört: ins Museum. Schon vor 1914 befand sich dieses Museum allerdings auf dem Rückzug. Mit dem attraktiven Standort zwischen See und Bahnhof hatte man Besseres vor, nach diversen Projekten wurde schließlich Emil Vogt beauftragt, an der Museggmauer ein neues Gebäude zu planen, welches 1910 bezogen werden konnte. Diese Neueröffnung löste nur noch ein lokales Echo aus. Mit Kriegsausbruch verwandelte sich das Bloch'sche Kriegs- und Friedensmuseum umgehend in eine Argumentationsruine. Die Besucherzahlen knickten ein, 1919/1920 wurde die Einrichtung geschlossen.[12]

Eine ähnliche Position wie Bloch vertrat 1910 Norman Angell in seinem Werk „The Great Illusion" (deutsch: Die große Täuschung).[13] Angell war Anhänger der These „Wo der Kaufmann spricht, schweigen die Kanonen". Er propagierte eine freihändlerische Friedensideologie, welche im Kolonialismus ein riesiges Defizitunternehmen sah. Die „große Täuschung" bestand im Kern darin, dass die Kolonialmächte daran geglaubt hatten, mit militärischer Machtentfaltung auch ökonomische Vorteile zu realisieren, ohne zu erkennen, dass die forcierte Globalisierung und weltwirtschaftliche Integration jene begünstigte, die ihre Investitionen in produktive Sektoren und nicht in den prestigeträchtigen Schlachtflottenbau oder sonstige teuren militärischen Verschwendungen lenkten.

Norman Angell konnte allerdings damals nichts wissen von den hoch geheimen Plänen, die in Großbritannien für einen Wirtschaftskrieg gegen

Deutschland ausgearbeitet wurden. Im Nachspiel der Börsenkrise von 1907 wurden in der britischen Admiralität systematische Überlegungen angestellt, wie die City of London ihre hegemoniale Stellung auf den Kapitalmärkten und im Währungssystem nutzen könnte, um Deutschland im Kriegsfall niederzuringen. Großbritannien begann in einem hochriskanten strategischen Schritt, seine militärische Vorherrschaft – insbesondere im Bereich der Marine – und seine globale finanzielle Führungsrolle zu koordinieren, ja zu verschmelzen. Auf einen von Deutschland ausgehenden Krieg wollte es mit einem umfassenden Wirtschaftskrieg reagieren. Das deutsche Bankensystem sollte binnen kurzer Zeit vollständig ruiniert, das Land finanziell stranguliert und in eine militärisch-politische Niederlage hineingezwungen werden.[14] Ein solcher Krieg würde zwar auch Großbritannien einen großen ökonomischen Schaden zufügen; aufgrund seiner finanziellen Fragilität würde der Gegner aber weit stärker geschädigt. Das Zerstörungsdifferenzial sollte zugunsten Großbritanniens spielen. Die Eliten des Inselreiches dachten global und sahen im Deutschen Kaiserreich einen kommenden Rivalen auf den Weltmeeren. Dieser sollte mit einer durchschlagenden Mischung von militärischen und wirtschaftlichen Waffen ausgeschaltet werden. Das Problem war nur, dass ein Sieg in diesem Negativsummenspiel das britische Empire gegenüber der aufstrebenden Wirtschaftsmacht der Vereinigten Staaten von Amerika schwächen konnte.[15]

Deshalb war Großbritannien keineswegs die kriegstreibende Kraft, als die es in der deutschen Propaganda alsbald erscheinen sollte. Um seinen Kolonialbesitz besorgt und skeptisch gegenüber der Flottenrüstung der USA nahm man vielmehr an, dass in Deutschland die kriegsbereiten Kräfte obsiegen könnten, und zwar gerade aus wirtschaftlich-finanziellen Gründen. Das Deutsche Kaiserreich ging damals „mit vollem Risiko in den Krieg". Denn seit dem ausgehenden 19. Jahrhundert wurde hier in vollem Tempo aufgerüstet, was die Staatsfinanzen in eine Verschuldungsspirale stürzte, die nur ein siegreicher Krieg gegen Frankreich beenden konnte.[16] Als Modell diente der Deutsch-Französische Krieg von 1870/71, als Preußen Frankreich binnen weniger Monate überrollte, um daraufhin große Entschädigungen einzufordern. Erneut sollte der alte Erz- und Erbfeind den deutschen Staatshaushalt sanieren. Es war bereits von einer Kriegskontribution von 50 Milliarden Goldmark die Rede. Aufgrund der chronischen Finanzierungsschwäche war Deutschland damit auf einen Sieg, d. h. auf einen Krieg angewiesen.

Doch wie immer in solchen Konstellationen bestanden auch dieses Mal eklatante Informationsasymmetrien. Die Londoner Finanzelite war genauestens über die chronische Unterfinanzierung der deutschen Aufrüstung informiert und man wusste, dass sich das Kaiserreich auf eine frivole Wette auf das Kriegsglück im Kampf um die Kontinentalhegemonie eingelassen hatte. Daraus erklären sich nicht nur die britische Gegenplanung, sondern ebenso die Zweifel am bisherigen finanzstrategischen Optimismus, die im Westminster und auf dem Bankenplatz London alsbald um sich griffen.

Berlin operierte hingegen in einem kontinentalen Horizont. Gegenläufig zur verhaltenen Politik Großbritanniens erhöhte das Kaiserreich seinen Einsatz im Hochrisikospiel eines kriegerischen Kräftemessens noch weiter. Die deutsche Generalität ging von einem Abseitsstehen Großbritanniens aus, da diese Kolonialmacht ja genügend Probleme mit seinem Empire hatte. So war man, als am 4. August 1914 spät nachts die britische Kriegserklärung eintraf, konsterniert und umso mehr entschlossen, den militärischen Feldzug mit einer raschen Eroberung von Paris für sich zu entscheiden. Einen Moment lang sah es durchaus danach aus, dass der Husarenritt des deutschen Heeres gelingen könnte.

III. Bewegungskrieg und Stellungskrieg, militärische Front und Heimatfront

Anfangs August 1914 begann der „Große Krieg", wie er alsbald genannt werden sollte, mit einer Kaskade von Kriegserklärungen. Bis Ende 1914 hatten sich bereits 22 Staaten den Krieg erklärt, bis Kriegsende sollten es 41 sein. 38 Staaten, die zusammen genommen um die 65 Millionen Soldaten mobilisierten (von denen 10 Millionen sterben sollten), bekämpften sich auf Schlachtfeldern und Kriegsschauplätzen. Deutschland startete den Feldzug, wie im Schlieffenplan vorgesehen, mit einem raschen Vorstoß über Belgien nach Frankreich. Dieser im Geist der Offensive geführte Bewegungskrieg verletzte in flagranter Weise die belgische Neutralität und verursachte einen nachhaltigen Reputationsschaden für das Kaiserreich. Die belgische Volkswirtschaft wurde umgehend ausgeplündert. Das Königreich hatte sich mit monatlich 40 Millionen Francs an seiner Besetzung zu beteiligen und Hunderte von Offizieren durchsuchten Tausende von belgischen Unternehmen nach allem, was sich behändigen und abtransportieren ließ.

Bei Kriegsbeginn führten die Truppen die Kämpfe im Stil des 19. Jahrhunderts. Sie stürmten, teilweise in farbiger Uniform und mit aufgepflanzten Bajonetten aufeinander los. Sie suchten den Kampf von Mann zu Mann. Aufgrund der Technisierung des Tötens mit Distanzwaffen, insbesondere Maschinengewehren und Artillerie, waren die Anfangsschlachten im August/September 1914 besonders verlustreich. Erst in den Endkämpfen ab Frühjahr 1918, die über weite Strecken den Bewegungskrieg wieder aufflammen ließen, verzeichnete man wieder ähnlich hohe Verlustquoten. In den ersten Kriegswochen wurden hüben und drüben ganze Kompanien, Bataillone sowie Regimenter vernichtet. So verloren die Deutschen in den beiden Monaten August und September 1914 an der Westfront über 370'000 Soldaten, die Franzosen rund 330'000. Der Totenzoll des britischen Expeditionskorps summierte sich bis Ende November 1914 auf 90'000.[17] Doch keine Seite vermochte eine strategisch wichtige Schlacht für sich zu entscheiden. Aus deutscher Sicht zeigte das von Frankreich sogenannte „Wunder an der Marne" (der erfolgreiche Stopp des deutschen Vormarsches ganz in der Nähe von Paris vom 5. bis 12. September 1914), dass das Konzept eines raschen Niederringens des Gegners gescheitert war. Einen Plan, wie man das militärische Kräftemessen nun dennoch hätte gewinnen können, existierte nicht. Gemessen an der übersteigerten Siegeserwartung hatte Deutschland den Krieg faktisch verloren. Es gehörte zu den desillusionierenden Erfahrungen aller Beteiligten, dass sich das organisierte Töten im großen Stil aufgrund der wechselseitigen Fehleinschätzung von Absichten, der Suggestionskraft der eigenen Propaganda und einer militärisch-administrativen Eigenlogik nicht mehr beenden ließ. Die Erinnerung an die schon vollbrachten Opfer legitimierte immer weitere und begründete einen morbiden nationalpatriotischen Totenkult.[18]

In den folgenden Monaten und Jahren erstarrten die militärischen Auseinandersetzungen in einem Stellungskrieg. So ließen sie sich in aussichtsloser Lage fortsetzen. Die Verteidigung erwies sich dabei in kriegstechnischer Hinsicht als überlegen. Die Trias von Grabensystemen, Maschinengewehren und Stacheldrahtverhauen sicherte jenen, welche ihre Stellungen verteidigten, dermaßen große Vorteile, dass an kriegsentscheidende Durchbrüche auf Jahre hinaus nicht mehr zu denken war. Es entstanden in die Tiefe gestaffelte Verteidigungsdispositive, die auch mit neuen Waffensystemen nicht mehr aufzubrechen waren. Die Grabensysteme waren bei aller Flexibilität, die sie insbesondere ab Sommer 1916 mit den sogenannten „Trichterstellungen" deutscher Heereseinheiten aufwiesen, insgesamt stabil konzipiert.[19] Sie ließen sich besser aus dem Hinterland versorgen als ein mobiles Heer, das den Unberechenbarkeiten eines Bewegungskrieges ausgesetzt war. Es konnte immer mehr Kriegsmaterial bereitgestellt werden, und so kam es in der Folge zu Materialschlachten und zum bereits erwähnten „Abnutzungskrieg". Exorbitante Mengen an Kriegsmaterial, vor allem Munition, wurden verbraucht, alsbald war von einer „Munitionskrise" die Rede. Im heraufziehenden „Volkswirtschaftskrieg" resultierte der militärische Erfolg zunehmend aus wirtschaftlichen Kraftanstrengungen, deren entscheidende Variable die Produktivität war. „At minimum expense" wurde synonym mit „at greatest efficiency"[20]. Die Kriegsgegner setzten schon ab 1915 auf die Kostendegression des Tötens von Gegnern durch kapitalintensive Mechanisierungsverfahren, die von ihren Amortisationsfristen her auf einen langen Krieg angelegt waren und der Logik eines „Abnutzungskrieges" oder eines „Ausblutungskrieges" unterlagen. In der letzten Kriegsphase war es schließlich die überlegene Lernkurve der britischen Armee, welche die technisierte Kriegsführung und das Gefecht der verbundenen Waffen immer besser beherrschte, während die deutsche Heeresleitung ihre taktisch-operativen Grenzen erreichte.[21]

Unter dem Aspekt der Kriegswirtschaft ist der Sachverhalt wichtig, dass der Einsatz von Waffensystemen wie Flugzeugen, U-Booten und Panzerwaffen ebenso wie die Bereitstellung von Kampfgasen und die fortlaufende Effizienzsteigerung der Artillerie an wissenschaftliche Forschung und industrielle Produktionsleistungen zurückgebunden waren. Die deutsche Seite verspürte rasch die Auswirkungen der britischen Seeblockade, die sie von den Salpeterzulieferungen aus Chile abschnitt und damit die Sprengstoffproduktion zum Problem machte. Nun konnte das im Jahrzehnt vor 1914 entwickelte Haber-Bosch-Verfahren zur Ammoniaksynthese aus den Elementen Stickstoff und Wasserstoff großindustriell genutzt werden. Die neue chemische Verbindung versprach nicht nur die Massenherstellung von Kunstdünger und damit die Erhöhung der landwirtschaftlichen Produktivität. Das Verfahren schuf die Voraussetzung, um das Angebot kriegswichtigen Sprengstoffs vom Import natürlichen Salpeters abzukoppeln.[22]

Dies ist nur ein Beispiel dafür, wie die ganze nationale Volkswirtschaft wissenschaftlich dynamisiert, organisatorisch rationalisiert und in einem nie gekanntem Ausmaß für die Kriegsführung eingespannt wurde. Die immer konsequentere Mobilisierung aller verfügbaren wirtschaftlichen Ressourcen für Kriegszwecke stellt einen zentralen Faktor der Totalisierung und der Globalisierung dieses Krieges dar. Diese entgrenzenden Prozesse schlugen auf die Schlachtfelder zurück; diese wurden zu Experimentierzonen für das Erproben neuer Destruktionsmittel. Dies wiederum produzierte Engpässe auf den Arbeitsmärkten. Der Historiker Niall Ferguson hat ausgerechnet, dass „in den viereinhalb Jahren mechanisierter Schlächterei […] täglich ungefähr 6046 Soldaten getötet" wurden.[23] Zwar wurden diese hohen Sterbeziffern rein demografisch relativ rasch kompensiert. Doch das fachliche Können dieser Männer und der vielen Frauen, die in diesem immer stärker die Zivilbevölkerung involvierenden Krieg ums Leben kamen, konnte nicht so einfach ersetzt werden – was nicht nur für die landwirtschaftliche und die industrielle Produktion, sondern auch für Familienwirtschaft und Hausarbeit viele neue Probleme schuf.

Der Krieg erreichte das Hinterland und transformierte dieses in eine sogenannte „Heimatfront". Mit der Anwerbung von Frauen für die Rüstungsindustrie verschob sich die geschlechtsspezifische Arbeitsteilung. Es ging nicht mehr um die Dichotomie Frauen = Hausarbeit versus Männer = Industriearbeit, sondern, neu, um das Gegensatzpaar Frauen = Industriearbeit versus Männer = Kriegsführung. Es ist – wie Abb. 3 zeigt – die Frau, die dem Mann die Granate in die Hand drückt und ihn dadurch „wehrfähig" macht. Diese patriarchale Personalisierung des Kampfes gegen den Feind konnte darüber hinwegtäuschen, dass die Produktionsprozesse hoch mechanisiert und die Massentötung von Soldaten effizient technisiert geworden waren.

Die Kriegskonjunktur und Ressourcenmobilisierung, die während der Kriegsjahre zu beobachten war, darf deshalb nicht mit Wirtschaftswachstum verwechselt werden. Das Volkseinkommen bildete sich vielmehr zurück. Zwischen 1913 und 1918 sank das indizierte Sozialprodukt in allen kriegsführenden Ländern (außer in den USA) teilweise massiv. Am besten stand Großbritannien mit einer Einbuße von 13 Prozent da; in Deutschland und Frankreich belief sich die Wirtschaftsleistung 1917 noch auf denselben Indikatorwert von 79 Prozent, um dann in Frankreich drastisch auf 66 einzubrechen, während Deutschland im letzten Kriegsjahr nur geringfügig zurückging, um dann aber 1919 stark einzubrechen.

Abb. 3: Plakat zur Anwerbung von Frauen für die Rüstungsindustrie, um 1917.[24]

In Österreich-Ungarn und Russland lagen die Werte nur noch leicht über 60 Prozent des Vorkriegsniveaus.[25]

Die Staatsquote stieg in Deutschland und Frankreich enorm auf über 50 Prozent an; in Großbritannien lag der Anteil weit darunter, ganz zu schweigen von den USA, wo eine signifikante Erhöhung des staatlichen Anteils am Sozialprodukt erst im letzten Kriegsjahr, als Folge des Kriegseintritts, zu verzeichnen war. Allerdings lag die US-Staatsquote auch noch 1918 unter der Hälfte jener Großbritanniens und auf unter einem Drittel verglichen mit Frankreich und Deutschland. In diesem steigenden Gewicht des Staatshaushaltes drückte sich die massive Umlagerung des Volkseinkommens in Richtung Militär- und Kriegsbedarf aus. Diese ging zum Großteil auf Kosten des Konsums der Zivilbevölkerung. Es zeigten sich Phänomene einer Mangelwirtschaft. In vielen Ländern durchlebten breite Bevölkerungsschichten Entbehrungen, Armut, Hunger und Not. In Deutschland kam es im Winter 1916/17 zum sogenannten Steckrübenwinter (oder Kohlrübenwinter). Aus Basel stammt folgende Postkarte, die zeigt, dass man zumindest in der materiell besser gestellten neutralen Schweiz die Ironie nicht verloren hatte:

Trauer-Anzeige.

Schmerzerfüllt geben wir allen Bekannten und Verwandten die betrübte Nachricht, dass heute Abend 8 Uhr unser lieber, guter

Kollege Brotlaib

im hohen Alter von über 8 Tagen nach langem Sparen endlich aufgegessen worden ist.

Um eine Brotmarke bitten die traurigen Hinterbliebenen:

Der Vater **Joseph Hunger,**
Die Mutter **Marie Hunger**
geb. Kohldampf.
Die Schwiegersöhne
Anton Wenigfleisch,
Fritz Ohnefett,
Die Tante **Berta Schmalhans,**
Die Nichte **Dina Mehlnot.**

Magerstadt, im Okt. 1917.

Abb. 4: Postkarte aus Basel, Oktober 1917.[26]

Dass dieser „Kollege Brotlaib" (Abb. 4) auf solche klägliche Weise aus der Welt schied, war auch auf eine konsequente Wirtschaftskriegsführung zurückzuführen, welche die Ententemächte mit ihren Seeblockaden und die Mittelmächte mit einem „unbeschränkten" U-Boot-Krieg betrieben. Die Auseinandersetzungen auf den Schlachtfeldern wurden so ergänzt und überlagert durch eine wechselseitige Strategie des Schiffeversenkens in großem Stil und globalem Maßstab. Vor allem anfänglich erlitten die Alliierten enorme Tonnageverluste durch die neuen Angriffstaktiken und Torpedoausrüstungen der deutschen U-Boote; rasch entwickelten sie allerdings mit dem Konvoisystem ein wirksames Gegenmittel, welches die Wirksamkeit dieser Form der wirtschaftlichen Kriegsführung einschränkte.

IV. Kriegsfinanzierung: Inflation, Steuern, Anleihen

Der Krieg kostete von Anfang an unvorstellbar hohe Summen. Eine Kriegskostenberechnung ist schwierig, weil die nationalen Währungen nach 1914 rasch entwertet wurden. Wenn man in Dollar rechnet, so gelangt man auf Gesamtausgaben von 140 Milliarden für die Ententemächte und 80 Milliarden für die Mittelmächte.[27] Es zeigt sich hier die schon angesprochene Asymmetrie zwischen den beiden kriegsführenden Mächtegruppen.

Für die Finanzierung der Ausgaben standen drei Methoden zur Verfügung: erstens Geldschöpfung, zweitens Anleihen und drittens Steuern. Am raschesten funktionierte die erste, die kurzfristige Verschuldung des Staates, die deshalb ein probates Mittel war, um die benötigten Finanzmittel ohne politische Umwege zu beschaffen. So unterschiedlich die Einstellung zum Gold war – in Frankreich hortete man das gelbe Metall, während es in Großbritannien in Zirkulation versetzt wurde –, so allgemein war der Zwang, Papiergeld aus Druckmaschinen zu generieren.

Diese „schwebende Schuld" konnte zweitens mit Anleihen fundiert werden. Diese zweite Methode kam einer Mobilisierung gesellschaftlichen Reichtums über die Kapitalmärkte gleich. Die kriegführenden Staaten nutzten diese Technik sehr unterschiedlich; während Deutschland schon im Herbst 1914 erste Kriegsanleihen herausgab und dies in halbjährlichem Rhythmus wiederholte, dauerte es in Frankreich bis Ende 1915, bevor die erste der insgesamt vier „Emprunts de la Défense nationale" lanciert wurde. In den meisten Ländern versuchten die Regierungen, diese Titel möglichst breit zu streuen, auch durch starke Stückelung. Damit konnten sie den Sparwillen der Bevölkerung nutzen und, von der Größenordnung her wichtiger, alte und neue, erst durch die Kriegskonjunktur geschaffene, Vermögen in die Kriegsfinanzierung zurücklenken. Deshalb wirkten Anleihen der Inflation entgegen. Sie wurden zu günstigen Konditionen ausgegeben, wobei die hohen „Lockvogel"-Renditen (sowie weitere Anreize wie steuerliche Vorteile) die Kehrseite des hohen Risikos dieser Anlageform waren. In beiden Lagern beteiligten sich Bevölkerung und Eliten mit der Zeichnung von Anleihen an der Wette des Staates auf den militärischen Sieg. Diese wurde propagandistisch als sichere Sache und damit als self-fulfilling prophecy dargestellt: Wer dem Staat Geld zur Verfügung stellt, erhöht damit die Chance auf den schlussendlichen Triumph der eigenen Nation.[28]

Neben dieser Inlandverschuldung wurden im Ersten Weltkrieg die zwischenstaatlichen Kreditbeziehungen immer wichtiger. Die Militär-bündnisse wiesen eine monetäre Kehrseite auf. Auch Neutrale waren in diese transnationalen Finanzierungsströme integriert. Vor allem die USA investierten in großem Ausmaß in die Ententestaaten; dass sie am 3. April 1917 schließlich in den Krieg eintraten, hatte vor allem damit zu tun, dass dieses Engagement inzwischen „too big to be allowed to fail" geworden war.[29]

Drittens wurden neue Einnahmenquellen und ein innerer Lasten-ausgleich über den Fiskus gesucht. Ein Mittel war die Einführung pro-gressiver Einkommens-, Vermögens- und Kriegsgewinnsteuern. Solche Maßnahmen wurden in allen Ländern ergriffen. Sie trugen zusammenge-nommen zu knapp einem Drittel zur Deckung der gesamten Kosten des Krieges bei.[30] Die Politik stieß allerdings mit weitergehenden Steuerplänen auf den Widerstand der wirtschaftlichen Eliten und der ländlichen Be-völkerung, die aufgrund der Mobilmachung von Männern und Pferden ebenfalls stark mitgenommen wurde. Die Bereitschaft, Steuern zu zahlen, war in verschiedenen Ländern sehr unterschiedlich ausgeprägt; so war die Steuermoral in Großbritannien weit besser als in Frankreich, wo die Steuerwiderstände der Oberschicht selbst dann anhielten, als das Land in der ersten Kriegsphase militärisch akut gefährdet schien.[31]

Was die Kombination dieser Finanzierungsverfahren über mehr als vier Kriegsjahre hinweg betraf, so dominierte zunächst überall die Geld-schöpfung via Zentralbank. Der Kriegsausbruch markierte eine institutio-nelle Zäsur. Unter dem internationalen Goldstandard, dem vor 1914 alle wichtigen Industrieländer, so Deutschland, Frankreich, Großbritannien und die Schweiz, um nur einige zu nennen, angehörten, wurde die Geld-mengensteuerung durch die Wirtschaftsleistung und insbesondere durch die Außenwirtschaft eines Landes determiniert. Exportstarke Länder mussten die Geldmenge ausweiten, mit dem Resultat, dass die Preise stie-gen und die überlegene Konkurrenzposition erodierte. Exportschwache Länder sahen sich gezwungen, die Geldmenge zu reduzieren, was eine deflationäre Lohn-Preis-Entwicklung auslöste, womit sich ihre Wettbe-werbsposition verbesserte und ihre Exportkraft stieg.

Damit hatte es anfangs August 1914 abrupt ein Ende. Alle Länder rückten vom Goldstandard ab und die meisten erklärten das nationa-le Geld zum gesetzlichen Zahlungsmittel. Der Staat konnte jetzt der Zentralbank einfach einen Schein (Schatzwechsel oder Reskription genannt) vorlegen, auf dem stand, dass er sich für so und so viele Millionen verschuldet. Dieses Geld erhielt er sofort frisch ab Druckerpresse. Die Zentralbanken fungierten so als „Kriegsbanken" – die Schweizerische Nationalbank zögerte damals nicht, sich selber als solche zu bezeichnen.

Diese „Schatzwechselwirtschaft"[32] ging mit Geldvermehrung einher und dadurch wurde die Inflation angeheizt. In Großbritannien, Frankreich, Deutschland und in der neutralen Schweiz verdoppelten sich die Preise zwischen 1914 und 1918. In Russland erreichten sie 1917 den vierfachen Stand von 1914, in Österreich-Ungarn lagen sie bereits bis Ende 1916 sechsmal höher.[33] Dieser rasante Preisauftrieb funktionierte als gigantische Umverteilungsmaschinerie. Grosso modo befanden sich die Produzenten – die Unternehmen, aber auch die Landwirtschaftsbetriebe – aufgrund der laufend steigenden Preise auf der Gewinnerseite, während die von Lohneinkommen abhängigen Konsumentinnen und Konsumenten auf die Verliererstraße gerieten. Zwar stiegen die Nominallöhne etwas an, aber längst nicht in dem Ausmaß, in dem die Preise anzogen. Die Reallöhne und damit die Kaufkraft schrumpften.

In diesem System verdiente im Endeffekt eine Minderheit der Bevölkerung teilweise massiv dazu, während breite Schichten in Verarmung und materielle Not getrieben wurden. Industrielle hatten zwar durchaus Probleme mit der Rohstoffversorgung, mit dem Arbeitskräfteangebot, mit den kriegswirtschaftlichen Vorschriften und weiteren Einschränkungen. Was den Cashflow und die Gewinnerwartungen betrifft, so waren die Aussichten hingegen blendend. In seinem mit spitzer Feder geschriebenen Werk „Die letzten Tage der Menschheit" zeichnete Karl Kraus das fiktive Gespräch zwischen Gog und Magog auf, die als „riesenhafte Fettkugeln" in Wintersporthosen und Wadenstrümpfen durch die neutrale Schweiz reisen. Die beiden sind froh darüber, dass sie nicht, wie Gog zufrieden feststellt, „vaterlandverteidichen" müssen. Sie haben auf ihrer Fahrt in die Berge andere Probleme, sie sprechen zum Beispiel darüber, welche „schönen Bilder" sie mit dem leicht verdienten Geld aufkaufen wollen. Dann sagt Magog (nach einer Pause): „Wer in diesem Krieg nicht reich wird, verdient nicht, ihn zu erleben."[34]

Solche Positionen, die, oft diskreter, doch mit ebensolcher Arroganz, in allen kriegsführenden Ländern geäußert wurden, störten die Opferökonomie der Kriegsgesellschaft. Bei Kriegsbeginn hatten ja in allen Ländern – auch in neutralen wie der Schweiz – die Arbeiterbewegung den Kriegskrediten und den Regierungsvollmachten zugestimmt und sich damit in eine nationale Verteidigungsgemeinschaft eingereiht. Man sprach vom „Burgfrieden" oder von einer „union sacré" der Nation. Der Kriegsausbruch hatte eine neue Gleichheitsfiktion wirksam werden lassen. In der Stunde der Gefahr sollten alle ohne Unterschied von Rang, Stand und politischer Position zusammenstehen. Kaiser Wilhelm II. verkündete am 1. August 1914 in einer Thronrede mit deutlich drohendem Unterton vor den Vertretern aller im Reichstag vertretenen Parteien: „Ich kenne keine Parteien mehr, ich kenne nur noch Deutsche!"[35]

Und nun hatte man also eine schamlose Bereicherung auf der einen Seite sowie eine trostlose Verarmung auf der anderen. Es waren vor allem die Linke und die Frauenbewegung, die in fast allen Ländern das Unbehagen über eine als ungerecht empfundene Lastenverteilung aufgriffen – und die selber immer wieder überrascht wurden von Radikalisierungstendenzen in breiten Bevölkerungsschichten. Die europaweit feststellbare Zunahme von Hungerdemonstrationen und Streikbewegungen stand in einem direkten Zusammenhang mit diesem Auseinanderklaffen von Gewinnen und Verlusten und der Kritik an einer inakzeptablen sozialen Kluft. Die Regierungen versuchten auf verschiedenen Ebenen (von Kommunen und Städten über Regionen bis zu den Nationalstaaten) auf unterschiedliche Weise mittels kriegswirtschaftlicher Maßnahmen Gegensteuer zu geben. Dazu gehörten Notstandsunterstützungen und „Volksküchen", Höchstpreisbestimmungen, Verwendungsvorschriften, Kontingentierungen, Anbau- sowie Einfuhrprogramme, Rationierungssysteme, Recyclingpläne, die Gründung von Ernährungsämtern, Ausfuhrverbote sowie eine Vielzahl weiterer bürokratischer Interventionen in die Wirtschaft.

V.   Die moralische Ökonomie der Staatsanleihen

Im Folgenden liegt der Fokus auf den Staatsanleihen, und zwar weniger auf den finanz-, verschuldungs- und zinstechnischen Aspekten der Anleihenplatzierung, sondern auf der Ikonografie dieser Staatstitel. Anleihen sind weit über ihre Funktion für die Staatsfinanzierung hinaus zentrale Elemente der ideologischen Kriegsmobilisierung und der nationalen Opferökonomie. Sie gehören – neben der Post, die unzählige Feldpostkarten, Briefe und Pakete zwischen Front und Heimat beförderte und auch neben den Geschichten und Gerüchten, die zwischen Kampfgeschehen und Familienleben, zwischen Schützengräben, urbanen Zentren und in-

dustriellen Produktionsunternehmen zirkulierten – zu den besonders
wirksamen emotionalen Transmissionsriemen, welche emotionale Ener-
gien von Kriegsfront zur sogenannten „Heimatfront" und wieder zurück
transportierten. Die Anleihenprogramme richteten affektive Botschaften
an unterschiedlichste Bevölkerungsgruppen. Auch hier war eine „moralische Ökonomie" der Kriegswirtschaft am Werk, welche auf nationale
Vergemeinschaftung sowie Akzeptanzsteigerung hin angelegt war. Dabei
setzten die politischen Akteure auf multimediale Strategien und setzten
neben Flugblättern, Plakaten, Postkarten und Inseraten auf Ausstellungen, Vorträge, Versammlungen, Film, Musik und Kirchenglocken. Die
Zeichnung der Staatspapiere wurde zum nationalen Event ausgestaltet.[36]

Die zeitgenössische Ikonografie stellte eine äußerst wirksame Form der
Propaganda dar. Sie zielte neben der Kriegsfinanzierung insbesondere in
Großbritannien und den USA auf die Rekrutierung von Soldaten und die
Stärkung des allgemeinen Durchhaltewillens ab. In der Lancierung von
Staatsanleihen wirkten alle diese Zielsetzungen zusammen. Im Folgenden
werden einige wenige Plakate, Posters und Postkarten aus Deutschland,
Österreich-Ungarn sowie aus drei Ländern aus dem alliierten Lager kom-
mentiert.

In Deutschland (Abb. 5 und 6) war der Gedanke einer nationalen
Solidarität und einer kollektiven Kohäsion besonders zentral für die
Propaganda zur Zeichnung von Kriegsanleihen. Die Parole „Helft uns
siegen!" lädt die Zuhausegebliebenen zur Mitwirkung am militärischen
Erfolg ein (Abb. 5). Der handschriftliche Text auf der Rückseite der Karte
vom 16.4.1917 machte Werbung für Kriegsanleihen, der Vermerk auf
der Vorderseite hält fest: „Hab ich getan! W." Das vertikal eingesetzte
Propagandamaterial erweist sich damit als horizontales Kommunikati-
onsmedium. Die Karte von 1918 (Abb. 6) stellt eine besonders heroische
Inszenierung dar. „Der letzte Hieb ist die 8. Kriegsanleihe" lädt wiederum
zur Teilhabe am Kampf an der Front ein. Ein anderes Poster zeigt eine
fliegende Glocke, worunter steht: „Ich klinge Krieg, ich singe Sieg / Mit
offener Hand, schützt ihr das Land."[37] Der Glaube an den Sieg war auch
damals am schönsten, kurz bevor er zusammenbrach.

Die Vertrauensdemonstration in die eigene Stärke wurde in der Donaumonarchie als Stelldichein des einfachen Volkes dargestellt (Abb. 7).
Berufsleute und Bildungsbürger, Frauen und Männer, Jung und Alt, Reich
und Arm drängen sich zum Tisch, auf dem Anleihen für das kämpfende
Vaterland gezeichnet werden können. Der Text der Karte hält fest: „Wer

Abb. 5: Postkarte „Helft uns siegen!"[38]   Abb. 6[39]

Kriegsanleihen zeichnet, schützt sich und sein Vermögen! Wer zeichnen kann und tut es nicht, tut Feindesdienste." Positive Motivation lief Hand in Hand mit einer Drohung gegen Abweichung und Zurückhaltung; der nationale Konformitätsdruck wurde im Wortsinn ausgemünzt. Gerade in den Mittelmächten sollte sich drastisch zeigen, dass die Vorgaukelung sicherer und gut rentierender Anlagepapiere ein leeres Versprechen war; mit den Hyperinflationen von 1921 (Österreich) vom Herbst 1923 (Deutschland) wurden diese Wertschriften zur Makulatur. Die deutsche revanchistische Propaganda der 1920er-Jahre knüpfte an diese tiefsitzende Enttäuschungserfahrung an.

Auch auf diesem französischen Plakat (Abb. 8) von 1916 wird eine heroische Frontszene dargestellt. „Zeichnet für den Sieg!", lautet das Motiv. Es dominiert ein Frauenbild: Die fliegende Marianne stellt einen Hybrid zwischen revolutionsromantischer Friedenstaube und feinderkennendem Aufklärungsflugzeug dar und rückt die Nation als emotionalen Erfahrungsraum, wissenschaftliches Forschungsfeld und als industrieller Herstellungsverbund eindrücklich ins Bild.[40]

Auf diesen beiden britischen Poster (Abb. 9 und 10) werden Anleihen primär als Ermöglichungsbedingung für starke Waffensysteme und überlegene Feuerkraft dargestellt. Der tüchtige junge Soldat am Maschi-

Abb. 7[41]

nengewehr schreit „Ammunition!", der Kommentar zeigt die Lösung: „Bonds buy Bullets!". „The Tank Tour" war die militärische Travestie der traditionellen Grand Tour der britischen Eliten in Europa. Der Sieg auf dem Schlachtfeld resultiert aus überlegener Rüstungstechnik. Suggeriert wird eine direkte Verbindung von Anleihenzeichnung und Kriegserfolg.

Abb. 8: Werbung für Kriegsanleihen in Frankreich, 1916.[42]

Abb. 9[43]   Abb. 10[44]

In der Propaganda der USA (Abb. 11 bis 15) schloss die Werbung für ein finanzielles Engagement an die Rekrutierungskampagnen des Jahres 1917 an. Nach dem Kriegseintritt der USA zeichnete Harry Ryle Hopps eines der einflussreichsten Plakate mit dem Titel „Destroy this mad brute!"[45] (Abb. 11). Der Gorilla als Bedrohung lässt sich auf die koloniale Ikonografie der zweiten Hälfte des 19. Jahrhunderts zurückverfolgen; stilbildend war die Skulptur „Gorilla entführt eine Frau" von Emmanuel Fremiet aus dem Jahr 1887. 30 Jahre später, im Jahre 1917, ließ sich die Frau in der Gewalt des Gorillas als das geschändete Belgien dechiffrieren; die „Kulturkeule" in der Hand des „mad brute" spielte auf den von 93 Wissenschaftlern unterzeichneten „Aufruf an die Kulturwelt" vom September 1914 an. Diese zunächst für die Rekrutierung von Soldaten eingesetzten Propagandabilder wurden alsbald für die finanzielle Mobilisierung verwendet (Abb. 12).[46] Die USA lancierten zwischen April 1917 und September 1918 vier Anleihenprogramme („Liberty Bonds"). Das Schreckbild des Hunnen mit Pickelhaube und blutverschmierten Fingern unterstützte in diesen zwei Jahren die finanzielle Mobilisierung.

Die Werbung mit positiven Autostereotypen setzte auf die Pfadfinderinnen und Pfadfinder, welche einen Großteil der Bonds verkauften, und auf Frauen als laszive Allegorie oder zupackendes Rollenmodell. Letzteres wird repräsentiert durch eine ebenso besorgte wie entschlossene Mutter,

Abb. 11[47]   Abb. 12[48]

welche anlässlich der zweiten Liberty-Bond-Kampagne die amerikanischen Frauen aufforderte, ihren Söhnen zu helfen, den Krieg zu gewinnen (Abb. 13). Die dritte Kampagne wurde durch eine junge, attraktive, die US-Flagge schwenkende Frau begleitet, welche die Alternative: „Kämpfen" oder „Staatspapiere kaufen" verkündete (Abb. 14).

Das von Leon Alaric Shafer im Jahre 1918 gestaltete Plakat für die Zeichnung von „Victory Liberty Loans" stellt eine Verbindung her zwischen kapitalintensiver Waffentechnik im Bereich der Seekriegsführung und der Zeichnung der mit „Sieg" und „Freiheit" konnotierten Staatsanleihen. Die kriegsentscheidende „Freiheit der Meere" wurde hier bildgewaltig in Szene gesetzt (Abb. 15).

Solche massenhaft verbreiteten Poster und Postkarten waren enorm populär. Eine Analyse der Finanzwirtschaft und der Kapitalmärkte könnte zeigen, welche Rolle diese Anleihenprogramme für die Kriegsfinanzierung spielten und welche Bedeutung den visuellen Werbemethoden sowie griffigen Slogan darin zukam. Die Untersuchung des totalen Krieges verortet diese Propagandamethoden im breiteren Kontext eines Abnutzungskrieges, der immer stärker alle Bereiche der Gesellschaft durchdrang und die auf den Postern geforderte Fusion von Gefechtsfeld und Heimatfront in Europa zur Massenerfahrung werden ließ.

Abb. 13[49]   Abb. 14[50]

VI. Wirtschaftliche Faktoren des alliierten Sieges

Je länger der Krieg andauerte, desto wichtiger wurden die wirtschaftlichen Ressourcen, auf welche die Mächteallianzen zurückgreifen konnten. Doch zwischen ökonomischem Potenzial und militärischem Erfolg bestand über die Kriegsjahre hinweg eine lose Koppelung. Ökonomische Mittel wirkten nur in direkter Anwendung auf Schlachtfeldern tödlich. Diesbezüglich zeigte sich ein Paradox. Die wirtschaftlich in the long run benachteiligten Mittelmächte beherrschten die Maxime des „Maximum slaughter at minimum expense" besser als die Alliierten. Sie waren „bedeutend erfolgreicher im Töten, Verwunden und Gefangennehmen des Feindes als die Entente"[51]. Niall Ferguson hat eine „integrierte Kriegseffizenz" der am militärischen Kräftemessen beteiligten Staaten bzw. Staatengruppen berechnet, und zwar durch einen Koeffizienten, in dessen Zähler die gesamten Kriegskosten, im Nenner die getöteten Soldaten stehen: „Während es die Ententemächte 36'485 Dollars und 48 Cents kostete, einen Soldaten der Mittelmächte zu töten, kostete es die Mittelmächte 11'344 Dollars und 77 Cents, einen Soldaten zu töten, der für die Entente kämpfte."[52] Zudem gab es zwischen August 1914 und Juni 1918 „keinen Monat, in

Abb. 15[53]

dem es die Deutschen nicht schafften, mehr Soldaten der Entente zu töten oder gefangenzunehmen als sie ihrerseits Kämpfer verloren"[54].

Wieso also, dies die Frage, die Ferguson im Anschluss an diese Berechnung stellt, „verloren Deutschland und seine Verbündeten – die im Töten des Feindes mehr als dreimal so effizient waren wie Großbritannien und seine Verbündeten – den Krieg"? Über die militärischen Auseinandersetzungen in den letzten Kriegsmonaten gibt es mittlerweile eine reiche Forschungsliteratur, die festhält, dass die deutsche Heeresführung an einem bestimmten Punkt einsah, dass sie den Krieg nicht mehr fortzusetzen imstande war, was sie aber nicht als Niederlage verstand, sondern als Waffenstillstandsangebot kommunizierte. Für diesen Umschwung waren wirtschaftliche Faktoren entscheidend verantwortlich – und zwar nicht isoliert, sondern in Verbindung mit der moralischen Wirkung, die ökonomische und waffentechnische Überlegenheit erzeugen können.

Obwohl die USA nach ihrem Kriegseintritt im April 1917 ihr militärisches Dispositiv nur langsam aufbauten, wirkte nur schon die Vorstellung, dass nun die größte Volkswirtschaft der Erde in die Kämpfe eingriff, demoralisierend auf Deutschland, während bei den Alliierten die Zuversicht erhöht wurde. Die USA verfügten über ein nahezu unsiegliches finanzielles und wirtschaftliches Potenzial, sie waren insbesondere sehr erfolgreich im transatlantischen Truppentransport und widerlegten damit in flagranti die Erwartungen ihrer Gegner; trotz der aggressiven U-Boot-Kriegsführung Deutschlands verloren sie von den zwei Millionen Soldaten, die insgesamt in Europa ankamen, bei der Überfahrt nur deren 68; bis Kriegsende sollten dann um die 125'000 US-Soldaten auf den Schlachtfeldern sterben.[55]

Anfangs 1918 ging allerdings die alliierte Militärführung noch nicht davon aus, dass diese Verstärkung zu einem raschen Zusammenbruch der deutschen Front führen würde. Man stellte sich eher auf ein Kriegsende 1919 oder später ein. Die Präsenz der US-Truppen machte der deutschen Heeresführung indessen deutlich, dass sie längerfristig immer größere Probleme haben würden, weitere Abnutzungsschlachten durchzustehen. Die Lage war widersprüchlich: Es zeichnete sich eine Krise der „Durchhaltegesellschaft" ab und gleichzeitig ließ sich eine steigende Bereitschaft erkennen, den Krieg ohne Rücksicht auf die Kosten fortzusetzen.[56]

Die Alliierten vertrauten auf den wirtschaftlich-technischen Vektor der Kriegsführung, der zunehmend die militärische Technik des Tötens zu überspielen begann. Deutschland – und die Mittelmächte ganz allgemein – gerieten dadurch ins Hintertreffen. Die Mittelmächte produzierten zwar über die ganze Kriegszeit hinweg zusammengenommen mehr Schusswaffen als die Alliierten; Letztere konnten indessen doppelt so viele Maschinengewehre, zweieinhalb Mal so viele Flugzeuge und 90 Mal mehr Tanks einsetzen. Was die Produktionsleistung der Volkswirtschaften betrifft, so zeigt sich eine frappante Korrelation zwischen dem durchschnittlichen Pro-Kopf-Volkseinkommen von 1913 und jenem von 1917: Jene Länder, die 1913 an der Spitze lagen, vermochte diese Position im vierten Kriegsjahr zu halten. Vor allem in Kanada und in den USA löste der Krieg ein Wirtschaftswachstum aus (gemessen am Bruttosozialprodukt pro Kopf) aus.[57]

Aus solchen statistischen Daten lassen sich zwei Schlussfolgerungen ziehen. Erstens gewann die Entente den Krieg letztlich deshalb, weil sie über das größere wirtschaftliche und finanzielle Potenzial verfügte. Jene Länder, die schon vor 1914 ausgeprägt auf internationale Arbeitsteilung hinarbeiteten und komparative Kostenvorteile auf Weltmärkten realisierten, waren längerfristig erfolgreicher als die Mittelmächte, die stärker auf Autarkie setzten und deren globalwirtschaftliche Manövrierfähigkeit schrumpfte. Trotz der auch im Lager der Alliierten festzustellenden Nationalisierung der Volkswirtschaften im totalen Krieg und der Verletzbarkeit internationaler Transport- und Kommunikationswege siegte jene Mächtegruppe, die weiterhin auf transnationale sowie interkontinentale Austauschbeziehungen setzen konnte.

Diese strukturellen Asymmetrien wirkten allerdings nur indirekt. In der Direktkonfrontation auf den Gefechtsfeldern vermochte Deutschland mit dem massenhaften Einsatz von Artillerie und Infanterie seinen Gegnern sehr lange standzuhalten und immer wieder die Initiative zu ergreifen. Doch im komplexen Verbund mobiler Waffen und in Verantwortungsdelegation an den „man on the spot" lernten die Alliierten – und insbesondere die Briten – weit rascher als die Mittelmächte. So vermochten Erstere ihren zunehmend ernüchterten Kontrahenten das Angriffstempo zu diktieren; Resultat war ein gefühlter extremer Zeitdruck auf der Führungsebene, verbunden mit dem atmosphärischen Eindruck, einem drastisch überlegenen Feind gegenüberzustehen bei den Fronttruppen.[58]

Zweitens veränderte der Erste Weltkrieg Wahrnehmungskategorien in grundlegender Weise. Weder die Interpretation eines „dunklen Kontinents", der sich mit dem Nationalismus der Vorkriegszeit in eine mörderische Sackgasse hineinmanövriert hat, noch die Theorie eines fehlenden Hegemons, der die rivalisierenden Interessen großer Mächte zu moderieren vermag, sind geeignet, die neue Problemkonstellation angemessen zu fassen.[59] Diese war vor allem dadurch charakterisiert, dass die alten Kategorien zur Beschreibung der neuen Situation nicht mehr taugten, sodass auch Interpretationsansätze, die für das 19. Jahrhundert entwickelt wurden, nicht mehr weiterhalfen.[60] Hingegen vermag die Einsicht in eine basale Verschiebung globaler Machtverhältnisse durchaus den Blick für Vorgänge zu schärfen, die sich in die 1880er-Jahre zurückverfolgen lassen, so etwa den damals einsetzenden Kolonisierungsschub, die Verdichtung weltwirtschaftlicher Interaktionsnetze, die enge Wechselwirkung zwischen Verwissenschaftlichungstendenzen und europäischem Nationalismus sowie eine Politisierung des Globalisierungsprozesses, was sich nach dem Ersten Weltkrieg im Boom nationalprotektionistischer Tendenzen und in vielfältigen Vorstellungen einer Wirtschaftsautarkie manifestierte.[61]

Der Erste Weltkrieg war gerade unter dem Gesichtspunkt der Kriegswirtschaft und der Wirtschaftskriegsführung ein Transformationsereignis. Als „großer Transformator" (Hans Ulrich Wehler) veränderte er nicht nur Methoden und Verfahren, sondern auch Ziele und Begründungsmuster. Er verhalf dem Staat als dem Organisator von Wirtschaft und Gesellschaft zu einer neuen Bedeutung, vom Wirtschaftsinterventionismus über die sozialstaatliche Absicherung bis hin zu Verstaatlichungen und zur nationalen Warenpropaganda.[62] Die ökonomische Minima-Maxima-Logik von Russell wurde durch diese Entwicklungen selber überholt – und gleichzeitig auf paradoxe Weise bestätigt. Ende der 1930er-Jahre setzte das zielstrebig auf einen Krieg hinarbeitende nationalsozialistische Deutschland auf eine „Blitzkrieg"-Strategie.[63] Lernen aus der Geschichte hieß für die deutsche Generalität, dass „beim nächsten Mal", d. h. im schon bei Kriegsende angestrebten und alsbald systematisch geplanten Revanchekrieg, ein langwieriger „Volkswirtschaftskrieg" vermieden werden müsse.[64] Sosehr das in einer ersten Phase machbar erschien, so ausgeprägt wendete sich ab 1942/43 das Kriegsgeschick, indem erneut die Alliierten mit ihrer globalen Strategie der Ressourcenmobilisierung das wirtschaftliche und schließlich und militärische Übergewicht erhielten. Dass sie aus diesem erneuten Sieg dann ganz andere Schlussfolgerungen zogen als 1918/19, war entscheidend dafür, dass auf 1945 eine jahrzehntelange „Nachkriegszeit" folgte.

Anmerkungen

[1] Russell machte die Aussage mündlich. Sie wird u. a. zitiert in: *Niall Ferguson*, Der falsche Krieg. Der Erste Weltkrieg und das 20. Jahrhundert, Stuttgart 1999, 296, und *Elizabeth Greenhalgh*, Victory through Coalition. Britain and France during the First World War, Cambridge 2005, 272; dieselbe Formulierung verwendet *William Keith Hancock* in seinem Four Studies of War and Peace in this Century, Cambridge 1961, 21. Es gibt auch Hinweise darauf, dass die Aussage von Lytton Strachey stammt. So schreibt *David Felix* im Vorwort zur Neuauflage von John Maynard Keynes, The Economic Consequences of the Peace, New Brunswick 2009, xii: „During the war the ferociously satirical Strachey had chastised Keynes for achieving 'the maximum slaughter at the minimum expense'."

[2] *Hans-Peter Ullmann*, Kriegswirtschaft, in: Gerhard Hirschfeld, Gerd Krumeich, Irina Renz (Hrsg.), Enzyklopädie Erster Weltkrieg, Paderborn 2009, 220.

[3] Die Alliierten mobilisierten insgesamt 41 Millionen, die Mittelmächte 25.6 Millionen Soldaten. *Stephen Broadberry, Mark Harrison*, World Wars, economics of, in: Steven N. Durlauf, Lawrence E. Blume (Hrsg.), The New Palgrave Dictionary of Economics, Bd. 8, 2. Aufl., Basingstoke 2008, 780–792, 782.

[4] *Emil Ott*, Krieg und Geld, Bern 1916.

[5] Ebd., 1. Das Motiv der „Silberkugel" stammt aus der Oper „Der Freischütz" (von Carl Maria von Weber und Johann Friedrich Kind). Vgl. *Carl Maria von Weber*, Der Freischütz, Leipzig [o. J.], 46–52. Interessanterweise passierte im Dezember 1915 in Deutschland unter dem Titel „Die silberne Kugel" eine sehr populäre Kriminalserie die Filmzensur und kam im Januar 1916 in die Kinos.

[6] *Jörn Leonhard*, Die Büchse der Pandora. Geschichte des Ersten Weltkriegs, 5. Aufl., München 2014, 864.

[7] *Martin Horn, Talbot Imlay*, Money in Wartime: France's Financial Preparations for the Two World Wars, in: The International History Review 27 (2005), 709–753. Die Autoren beschreiben die Kritik, die Paul Leroy-Beaulieu an dem übte, was er als Blochs naive Kindereien betrachtete, um dann jedoch die Bloch'sche These, ein bevorstehender Krieg würde lang sein, zu unterstützen (ebd., 712–713). Unter „lang" verstand auch Bloch allerdings nur ca. 2 Jahre.

[8] *Walter Troxler, Daniela Walker, Markus Furrer* (Hrsg.), Jan Bloch und das Internationale Kriegs- und Friedensmuseum in Luzern, Berlin 2010.

[9] ZHB Luzern Sondersammlung (Eigentum Korporation).

[10] Stadtarchiv Luzern, F2a_BAHNHOFPLATZ_0_13-07-D.

[11] *Autor* (s. n.), Das Kunst- und Kongresshaus Luzern, erbaut 1931–1933 von Armin Meili, Architekt BSA, Luzern, in: Das Werk. Architektur und Kunst 22 (1933), H. 11, 369–378; für die städtebaulich-ästhetische Entwicklung von Luzern vgl. *Stanislaus von Moos, Reto Geiser*, Disigny. Architektur, Unterhaltung, Camp und Kult, in: Angelika Linke, Jakob Tanner (Hrsg.), Attraktion und Abwehr. Die Amerikanisierung der Alltagskultur in Europa, Köln 2006, 195–222.

[12] *Troxler, Walker, Furrer* (Hrsg.) Jan Bloch (Anm. 8).

[13] *Norman Angell*, Die große Täuschung. Eine Studie über Militärmacht und Wohlstand der Völker, Leipzig 1910.

[14] *Nicholas A. Lambert*, Planning Armageddon. British Economic Warfare and the First World War, Cambridge 2012; vgl. auch den anregenden Beitrag von *Harold James*, Finanzkrise und Krieg, in: Die Presse 27.07.2013. Zu den Kriegsvorbereitungen in Großbritannien und Frankreich aus vergleichender Sicht siehe: *Horn, Imlay*, Money in Wartime (Anm. 7).

[15] *Adam J. Tooze*, The Deluge. The Great War and the Remaking of Global Order 1916–1931, London 2014.

[16] *Ignaz Miller*, Mit vollem Risiko in den Krieg. Deutschland 1914 und 1918 zwischen Selbstüberschätzung und Realitätsverweigerung, Zürich 2014.

[17] *Oliver Janz*, 14 – Der Große Krieg, Frankfurt a.M. 2013, 89–91.

[18] *Reinhart Koselleck, Michael Jeismann* (Hrsg.), Der politische Totenkult. Kriegerdenkmäler in der Moderne, München 1994. Die Instrumentalisierung von Toten für die politische Mobilisierung setzte schon in den Kriegsjahren ein.

[19] Zur taktischen und operativen Innovation im deutschen Heer vgl. *Robert T. Foley*, A Case Study in Horizontal Military Innovation: The German Army 1916–1918, in: Journal of Strategic Studies 35 (2012), Nr. 6, 799–827.

[20] *Greenhalgh*, Victory through Coalition (Anm. 1), 272.

[21] *Jonathan Boff*, Winning and Losing on the Western Front. The British Third Army and the Defeat of Germany in 1918, Cambridge 2012. Vgl. dazu auch *Alexander Watson*, Enduring the Great War. Combat, Morale and Collapse in the German and British Armies, 1914–1918, Cambridge 2008.

[22] *Katharina Loeber*, Der Niedergang des Chilesalpeters. Chemische Forschung, militärische Interessen, ökonomische Auswirkungen, Berlin 2010.

[23] *Ferguson*, Der falsche Krieg (Anm. 1), 383.

[24] Deutsches Historisches Museum, Berlin / I. Desnica.

[25] *Leonhard*, Die Büchse der Pandora (Anm. 6), 785.

[26] Deutsches Historisches Museum, Berlin. Abgedruckt u. a. in: *Leonhard*, Die Büchse der Pandora (Anm. 6), 792.

[27] 1919 war Ernest L. Bogart in einer von der Carnegie-Stiftung finanzierten Studie auf die Summe von 186 Milliarden Dollar gekommen. Vgl. *Ernest L. Bogart*, Direct and Indirect Costs of the Great World War, New York 1919 (Carnegie Endowment for International Peace, Preliminary Economic Studies of the War, No. 24). Die Zahlen von Bogart wurden

auch von *Ullmann*, Kriegswirtschaft (Anm. 2), 228, verwendet. Die oben zitierten inflationsbereinigten Zahlen stammen aus *Ferguson*, Der falsche Krieg (Anm. 1), 308–309. Vgl. demgegenüber die Summe von gegen 60 Milliarden für die Ententemächte und 25 Milliarden für die Mittelmächte bei *Leonhard*, Die Büchse der Pandora (Anm. 6), 787.

[28] *Reinhold Zilch*, Kriegsanleihen, in: Hirschfeld, Krumeich, Renz (Hrsg.), Enzyklopädie Erster Weltkrieg (Anm. 2), 627–628.

[29] *Tooze*, The Deluge (Anm. 15), 39.

[30] *Leonhard*, Die Büchse der Pandora (Anm. 6), 787.

[31] *Horn, Imlay*, Money in Wartime (Anm. 7).

[32] *H. Köppe*, Die Kriegsanleihen der Ententemächte, in: Jahrbücher für Nationalökonomie und Statistik 111 (1918), H. 1, 1–46, 25.

[33] *Leonhard*, Die Büchse der Pandora (Anm. 6), 788.

[34] *Karl Kraus*, Die letzten Tage der Menschheit. Tragödie in 5 Akten mit Vorspiel und Epilog, Wien 2014, 663.

[35] *Lars Koch*, Der Erste Weltkrieg als Medium der Gegenmoderne. Zu den Werken von Walter Flex und Ernst Jünger, Würzburg 2006, 121.

[36] Zur Geschichte der Propaganda im Ersten Weltkrieg vgl. *Martin J. Manning, Clarence R. Wyatt* (Hrsg.), Encyclopedia of Media and Propaganda in Wartime America, 2 Bde., Santa Barbara 2011.

[37] URL: <http://www.muenster.de/stadt/kriegschronik1914/1918_propaganda.html> (zuletzt besucht am 30.07.17).

[38] Deutsches Historisches Museum, Berlin / I. Desnica.

[39] Deutsches Historisches Museum, Berlin / I. Desnica.

[40] *Laurent Gervereau*, « La propagande par l'image en France, 1914–1918. Thèmes et modes de représentation », in: ders., Christophe Prochasson (Hrsg.), Images de 1917, Paris 1987.

[41] Verwahrer der Originale: Sammlung 20. Jahrhundert/ZGS, Steiermärkisches Landesarchiv, Graz.

[42] Auch auf diesem französischen Plakat eine heroische Szene von der Front. Darüber steht: „Zeichnet für den Sieg!" (Frankreich, 1916). © Imperial War Museums (Art.IWM PST 4356).

[43] © Imperial War Museums (Art.IWM PST 17278).

[44] © Imperial War Museums (Art.IWM PST 10247).

[45] *Christoph Pallaske*, Destroy this mad brute | Woher kommt der Gorilla?, in: Historisch denken | Geschichte machen, Blog von Christoph Pallaske, 25.11.2013, online verfügbar, URL: <http://historischdenken.hypotheses.org/2245> (zuletzt besucht am 30.07.17). Die Darstellung ist einem britischen Motiv der früheren Kriegsjahre nachempfunden.

[46] *Christopher Capozzola*, Uncle Sam Wants You. World War I and the Making of the Modern American Citizen, New York 2008.

[47] © Imperial War Museums (Art.IWM PST 0243).

[48] © Imperial War Museums (Art.IWM PST 0235).

[49] © Imperial War Museums (Art.IWM PST 0231).

[50] © Imperial War Museums (Art.IWM PST 17263).

[51] *Ferguson*, Der falsche Krieg (Anm. 1), 308.

[52] Ebd., 309.

[53] World War I and World War II Propaganda Posters, Robert D. Farber University Archives & Special Collections Department, Brandeis University.

[54] Ebd., 285.

[55] *Leonhard*, Die Büchse der Pandora (Anm. 6), 828.

[56] Ebd., 838, 806–809, 843.

[57] *Broadberry, Harrison*, World Wars, economics of (Anm. 3), 783–784.

[58] *Boff*, Winning and Losing on the Western Front (Anm. 21).

[59] *Tooze*, The Deluge (Anm. 15), 19–23; zur „dark continent"-Hypothese vgl. das gleichnamige Buch: *Mark Mazower*, Der dunkle Kontinent. Europa im 20. Jahrhundert, Berlin 2000; zur These eines fehlenden Hegemons siehe: *Giovanni Arrighi*, The Long Twentieth Century. Money, Power, and the Origins of our Times, London 1994; *Charles P. Kindleberger*, The World in Depression, 1929–1939, Berkeley 1973.

[60] *Tooze*, The Deluge (Anm. 15).

[61] *Jürgen Osterhammel, Niels P. Petersson*, Geschichte der Globalisierung. Dimensionen, Prozesse, Epochen, München 2006, 17 und 26; *Christian Geulen*, Wahlverwandte. Rassendiskurs und Nationalismus im späten 19. Jahrhundert, Hamburg 2004.

[62] *Aribert Reimann*, Der Erste Weltkrieg – Urkatastrophe oder Katalysator?, in: Aus Politik und Zeitgeschichte B 29–30 (2004), 30–38, 34; *Ivan T. Berend*, Markt und Wirtschaft. Ökonomische Ordnungen und wirtschaftliche Entwicklung in Europa seit dem 18. Jahrhundert, Göttingen 2007.

[63] Diese Einsicht darf nicht darüber hinwegtäuschen, dass die „Blitzkriegsstrategie", wie sie im Frühjahr 1940 gegen Frankreich praktiziert wurde, zum großen Teil aus der Situation heraus improvisiert wurde. Vgl. *Anthony Beevor*, The Second World War, London 2012, 94.

[64] *Michael Berger*, Ein Geheimplan für den Zweiten Weltkrieg, in: Neue Zürcher Zeitung 194 (2014), 8.

Marc Chesney

Vom Großen Krieg zur permanenten Krise[1]

I.   Einführung: Vom Großen Krieg zum Finanzkrieg

Für eine Analyse zum Thema 1914–1918 erwartet man eher einen Historiker, einen Philosophen oder einen Politologen als einen Ökonom, obwohl es auch wissenschaftliche Beiträge zum Thema der ökonomischen Logik des Krieges gibt. Trotzdem lohnt es sich, die damalige und die heutige Gesellschaft zu vergleichen und die Parallelen zwischen dem Großen Krieg und der aktuellen permanenten Krise aufzuzeigen.

In der Einführung werden die Parallelen zwischen 1914 und 2014, d. h. zwischen dem Beginn des Ersten Weltkriegs und dem Finanzkrieg, kurz aufgezeigt. Dann wird erklärt, dass der Finanzkrieg mit einer Krise der Werte einhergeht.

Danach wird beleuchtet, dass der Finanzsektor, der von sich behauptet, dass er liberal sei, immer mehr den liberalen Grundprinzipien widerspricht, d. h., sich von liberalen Werten entfremdet hat. Das ist *eine* Dimension dieser Krise der Werte.

In der Schlussfolgerung werden Vorschläge diskutiert, um die Lage zu verbessern.

Der Erste Weltkrieg ist eine Inspirationsquelle bei dem Versuch, den heutigen Zustand unserer Gesellschaft und die gegenwärtige Krise besser zu verstehen und vertiefter zu analysieren. Es gibt Parallelen zwischen den beiden Gesellschaften:

Vor einem Jahrhundert sind zivilisierte Völker im Namen der Demokratie, der Nation oder sogar der Zivilisation für ein paar Jahre plötzlich in die Barbarei gefallen. Heute fallen weltweit immer mehr Menschen im Namen einer effizienten Funktionsweise der Wirtschaft, im Namen effizienter Finanzmärkte oder im Namen der Befriedigung dieser Finanzmärkte ins Elend oder in soziale Unsicherheit. Gestern hat der Kriegsmoloch nach Opfern verlangt. Heute verlangt der Finanzmoloch nach Opfern, allerdings nach einer anderen Art von Opfern. Vor einem Jahrhundert wollte in Europa eine große Mehrheit der Bevölkerung keinen Krieg. Heute wollen wir auch keine Krise mehr, dennoch sind wir seit Jahren mit einer Finanz-, aber auch einer sozialen und politischen Krise konfrontiert.

Um die Parallelen zwischen 1914 und 2014 zu beleuchten, ist es hilfreich, die damalige Stimmung in der europäischen Gesellschaft kurz darzustellen. Dafür kann man entweder Geschichtsbücher oder sogar Wirtschaftsbücher verwenden; aber auch mithilfe der Literatur lässt sich eine Epoche verstehen.

Der österreichische Autor Stefan Zweig hat bezüglich des Ausbruchs des Ersten Weltkriegs von einem Gewitter am Sommerhimmel gesprochen.[2] Heute wie gestern scheinen die technischen Fortschritte hoffnungsvoll. Das World Economic Forum 2016 in Davos rühmt die Produktivitätsgewinne der Robotisierung und vernachlässigt die sozialen und wirtschaftlichen Wolken, die sich immer weiter akkumulieren.

Das Buch „Im Westen nichts Neues" von Erich Maria Remarque ist für die Einstellung der Gesellschaft gegenüber den Schrecken im Jahr 1914 bedeutsam. Der Protagonist des Romans, ein deutscher Soldat, hat Urlaub und kehrt in sein Dorf zurück. Dort trifft er per Zufall seinen Lehrer und berichtet einer Schulklasse von seinen Kriegserfahrungen. Er erzählt: „Wir sind verbrannt von Tatsachen, wir kennen Unterschiede wie Händler und Notwendigkeiten wie Schlächter. [...] Wir sind fürchterlich gleichgültig. [...] Wir sind roh und traurig und oberflächlich – ich glaube, wir sind verloren."

Sind wir das heute auch? Gleichgültigkeit, Verrohung, Traurigkeit und Oberflächlichkeit kennzeichnen auch die aktuellen Generationen.

Sind wir heute auch verloren? Was sind die Charakteristika der heutigen Generationen, insbesondere der Söldner des heutigen Finanzkriegs?

Der nachfolgende SMS-Austausch zwischen zwei jungen Zeitgenossen hilft uns, die Charakteristika zu identifizieren:

„[…] hallo"

„[…] hallo"

„[…] wir sind tot"

„[…] david von cs ruft wegen der skew trades an […]"

„[…] ich sag's ja […] die machen uns kaputt […] heute abend hast du minimum 600m"

Was bedeutet diese grob vereinfachte, fast schon derbe Sprache zwischen zwei vorgeblich gebildeten Personen? Die Sprache ist kriegerisch. Wird hier auf den Tod angespielt? Wessen Tod? Stehen 600m für 600 Mordopfer? Nein, es geht um den finanziellen Tod. 600m stehen für 600 Millionen Dollar Verlust (der aber letztendlich 6 Milliarden betragen wird). *Skew trades* oder Finanzwetten mit komplexen Derivaten sind nur allzu oft Massenvernichtungswaffen.[3]

Im Handelsraum der Londoner Bank JP Morgan erkennen der Händler Bruno Iksil – wegen des gewaltigen Ausmaßes seiner Finanzspekulationen auch „Wal von London" genannt – und sein Assistent Julien Grout am 23. März 2012, dass ihre gigantischen Finanzwetten ihrer Bank Verluste einbringen.

Ihr SMS-Austausch drückt diese Verzweiflung aus. 2011 hatte Iksil noch erfolgreich auf den Konkurs mehrerer amerikanischer Unternehmen spekuliert. Diese Wetten bescherten JP Morgan Gewinne in Höhe von 400 Millionen Dollar, davon Boni in Höhe von 32 Millionen Dollar für ihn und zwei seiner Vorgesetzten.

Heutzutage handelt es sich um einen Finanzkrieg, in dem die Wetten des Finanzkasinos zu Massenvernichtungswaffen werden, die Staaten und Unternehmen erschüttern, Massenarbeitslosigkeit produzieren und die Gesellschaft noch zerbrechlicher machen.

II. Die Wetten des Finanzkasinos

Die zuvor erwähnten derivativen Finanzprodukte werden meist als Absicherungsinstrumente dargestellt, haben in Wahrheit aber vor allem die Funktion, im Rahmen der Kasino-Finanzwirtschaft im großen Stil Wetten abzuschließen. Dafür gibt es zahlreiche Beispiele, von denen zwei im Folgenden vorgestellt werden: Als Erstes geht es um die sogenannten Credit

Default Swaps (CDS). Es handelt sich dabei um ein derivatives Produkt, mit dem sich der Inhaber vor dem Risiko des Zahlungsausfalls einer bestimmten Bezugseinheit schützen kann. In der Praxis bedeutet dies, dass sich eine Bank, die einem Unternehmen eine bestimmte Summe leiht und später befürchtet, dieses könne seine Schulden nicht begleichen, durch den Kauf von CDS gegen dieses Risiko absichern kann. Kommt es zum Zahlungsausfall des Unternehmens, kann die Bank ihre CDS aktivieren. Sie kontaktiert dann das Finanzinstitut, bei dem sie diese erworben hat, und bittet um Ausgleich des erlittenen Verlustes. Würde es in der Realität so funktionieren wie beschrieben, wären CDS nützliche Versicherungsprodukte für die Wirtschaft. In den Erklärungsformularen zu diesen Produkten erscheint jedoch häufig eine technische Bemerkung. Der Passus besagt, dass es nicht notwendig sei, dem Ausfallrisiko der Bezugseinheit ausgesetzt zu sein, um CDS-Verträge zu kaufen. In der Praxis bedeutet dies, dass eine Bank CDS auf ein Unternehmen erwerben kann, obwohl sie diesem überhaupt keinen Kredit gegeben hat. Warum jedoch sollte eine Bank sich gegen ein Risiko absichern, dem sie gar nicht ausgesetzt ist? Die Antwort ist einfach: In diesem Fall handelt es sich nicht um eine Absicherung, sondern um eine Wette – eine Wette auf den Zahlungsausfall oder Konkurs des betreffenden Unternehmens. Normalerweise ist dies verboten. Niemand kann eine Autoversicherung abschließen, ohne ein Auto zu besitzen. Es hätte im Übrigen auch gar keinen Sinn! Man kann auch keine zehn oder hundert Versicherungen für das Auto seines Nachbarn abschließen, wenn man weiß, dass dieser schlecht fährt, in der Hoffnung, dass er einen Unfall hat, oder in der Absicht, das Auto zu manipulieren. Dies wäre nicht nur unmoralisch, sondern auch wirtschaftlich unsinnig, weshalb derartige Praktiken bei Autos verboten sind. In der Finanzwelt sind sie jedoch in Form von CDS erlaubt.

Heute stirbt die europäische Jugend nicht mehr massenhaft in Schützengräben oder auf Schlachtfeldern. Und doch wird sie in diesen Krieg der anderen Art hineingezogen, den Finanzkrieg, unter dem sie häufig zu leiden hat.

Insgesamt hat die Finanzkrise weltweit rund 30 Millionen Menschen arbeitslos gemacht, nicht eingerechnet diejenigen, die in den offiziellen Statistiken nicht auftauchen und diejenigen, die unterbeschäftigt sind. Sie hat die soziale Unsicherheit sowie die sozialen Unterschiede vergrößert.

III. Die Söldner des Finanzkriegs und die Krise der Werte

Der Fall Fabrice Tourre ist ein weiteres Indiz für die Geisteshaltung der Söldner dieses Finanzkriegs. Absolvent der École Centrale und der Stanford University, wurde er im Alter von 22 Jahren von der Bank Goldman Sachs eingestellt. Einige seiner E-Mails verwendete die United States Securities and Exchange Commission (SEC) im Verfahren gegen die Geschäftsbank, der sie unzulässige Bereicherung auf Kosten ihrer Kunden vorwarf.

Goldman Sachs hatte Kunden zum Kauf von Schuldverschreibungen verleitet, bei welchen die Bank selbst ohne Wissen der Kunden auf den Verfall der Immobilienpreise spekulierte. Hier ein Beispiel seiner Prosa:

„Immer mehr Leverage-Effekt im System. Das ganze Gebäude kann jeden Moment zusammenbrechen. […] Wenn ich daran denke, dass ich dieses Produkt mitentworfen habe […], ein Ding, das du erfindest und dir dabei sagst: Und wenn wir ein Ding erfinden, das zu nichts taugt, das keinen Sinn erfüllt und hoch theoretisch ist und dessen Preis keiner einschätzen kann, dann schmerzt es, es mitten im Flug explodieren zu sehen. Es ist ein bisschen wie mit Frankenstein, der sich gegen seinen Erfinder wendet."

Eine E-Mail eines anderen jungen Traders bestätigt diese Geisteshaltung. Ihr Autor ist Jérôme Kerviel, der Wertpapierhändler, welcher der französischen Großbank Société Générale 2007 einen Verlust von 4.9 Milliarden Euro bescherte. Er wurde inzwischen von der französischen Justiz verurteilt, während sein Arbeitgeber seltsamerweise für straffrei erklärt wurde, obwohl er sicher mitverantwortlich für die Ausbreitung dieser Kasino-Wirtschaft und die entsprechende Mentalität war. Unter anderem erklärte er:

„Den idealen Modus Operandi der Handelsräume kann man in einem Satz zusammenfassen: Man muss wissen, wie man das größte Risiko eingeht, um der Bank die größtmöglichen Gewinne zu ermöglichen. Angesichts dieser Regel wiegen die elementarsten Vorsichtsprinzipien nicht schwer. Bei der großen Geldorgie werden die Trader genauso behandelt wie jede x-beliebige Prostituierte: eine kurze Anerkennung, dass der Tagesumsatz in Ordnung war."

Abschließend macht ein Artikel von Sam Polk, der als Trader für einen spekulativen Fonds tätig war, eine weitere Dimension des Problems deutlich: Für ihn wie für viele seiner Kollegen wird Geld zur Droge. Hier ein Auszug:

„Während meines letzten Jahres an der Wall Street betrug mein Bonus 3.6 Millionen Dollar und ich war wütend, weil das nicht genug war. Ich war 30 Jahre alt, hatte keine Kinder, keine Schulden abzuzahlen, kein philanthropisches Ziel vor Augen. Ich wollte mehr Geld und zwar aus dem gleichen Grund, wie ein Alkoholiker noch ein Glas braucht. Ich war süchtig."

Des Weiteren sagt er:

„Nicht nur, dass ich nicht dabei half, Lösungen für die Probleme der Welt zu finden, ich profitierte auch noch davon."

Beim Lesen dieser E-Mails und Aussagen kristallisieren sich weitere Merkmale eines Teils der heutigen Finanzelite heraus: Zynismus und Geldsucht, Käuflichkeit, das Fehlen anderer als finanzieller Werte und ein moralisches Vakuum.

Der Finanzkrieg geht mit einer Krise der Werte einher. Es scheint, als ob die meisten Werte finanzieller Art wären. Moralische Werte, wie z. B. Verantwortung, Freundschaft, Liebe, Ehre, scheinen in den Hintergrund gedrängt worden zu sein. Der moralische Bankrott ist gravierender als der Bankrott eines Unternehmens oder Landes. Er ist verheerend, da hier Werte zerstört werden, die das Fundament unserer Gesellschaft bilden sollten. Arbeit, Vertrauen und Verantwortung werden innerhalb des Finanzsystems zu oft durch Verschuldung, Zynismus und Sozialisierung von Verlusten ersetzt.

IV. Die Logik des Finanzsektors hat sich vom Geist des Liberalismus entfremdet

Der Finanzsektor wird oft als liberal charakterisiert. Nun widerspricht seine Funktionsweise jedoch regelmäßig den Grundprinzipien des Unternehmertums und des Liberalismus. In diesem Abschnitt soll im Allgemeinen aufgezeigt werden, dass die Logik der finanzdurchdrungenen Wirtschaft, Merkmal der aktuellen Globalisierung, den Grundprinzipien des Liberalismus, auf denen sie vorgeblich aufgebaut ist, widerspricht. Um das Wesen des Liberalismus besser verstehen zu können, ziehen wir im Folgenden Ludwig von Mises heran: Auf die Frage „Was ist Liberalismus?" antwortet er: „Der Liberalismus hat immer das Wohl des Ganzen, nie das irgendwelcher Sondergruppen im Auge gehabt."[4]

An der Einkommensverteilung lässt sich messen, ob das Allgemeinwohl respektiert oder vernachlässigt wird. Der Fall der Vereinigten Staaten spricht für sich. Im Jahr 2006 haben die 20 bestbezahlten Hedgefonds-CEOs im Durchschnitt 657.5 Millionen Dollar erhalten, d. h. ca. 18'000 Mal mehr als das Durchschnittseinkommen und ungefähr 18 Mal mehr als der Durchschnitt der 20 bestbezahlten CEOs der S&P-Unternehmen.[5] Einer dieser CEOs (von Renaissance Technologies) hat im Jahr 2006 eine Summe von 1.5 Milliarden Dollar erhalten, d. h. 38'000 Mal mehr als das Durchschnittseinkommen in den USA und ca. 20 Mal mehr als der bestbezahlte CEO (ohne Investmentfonds). Bei Letzterem handelt es sich um den CEO von Yahoo, welcher in diesem Jahr 72 Millionen Dollar verdient hat.[6]

John Paulson, Chef des gleichnamigen Hedgefonds, verdiente im Jahr 2007 ca. 3.7 Milliarden Dollar, ein Betrag, der ungefähr das 80'000-Fache des mittleren Einkommens eines US-Amerikaners darstellt. Noch höher waren die Vergütungen für Hedgefonds-CEOs im Jahr 2013. Die 20 Spitzenverdiener haben im Durchschnitt 1.1 Milliarden Dollar erhalten, d. h. ca. 25'000 Mal mehr als das Durchschnittseinkommen und ungefähr 33 Mal mehr als der Durchschnitt der 20 bestbezahlten CEOs der S&P-Unternehmen.

George Soros, Chef des Hedgefonds Soros Fund Management Renaissance Technologies, verdiente im Jahr 2013 ca. 4 Milliarden Dollar, ein Betrag, der ungefähr das 87'000-Fache des mittleren Einkommens eines US-Amerikaners darstellt, d. h. auch ungefähr 52 Mal mehr als der bestbezahlte CEO der S&P-Unternehmen (Larry Ellison von Oracle). Noch problematischer werden solche astronomischen Gewinne, wenn sie mit schweren Verlusten einhergehen, welche Steuerzahler und Aktionäre in einem Insolvenzprozess hinnehmen müssen. Als Beispiel: Richard Fuld, Ex-CEO der Investmentbank Lehman Brothers, verdiente in den Jahren 2000 bis 2007 ca. 480 Millionen Dollar, und dies trotz einer Strategie, welche die Bank in die Insolvenz führte.

Eine ähnliche Situation ergab sich 2012 bei Bankia in Spanien: Aurelio Izquierdo, ein früherer Spitzenmanager, erhielt 7.6 Millionen Euro, obwohl Bankia ca. 23 Milliarden Euro brauchte, um einen laufenden Bankrott kurzfristig zu vermeiden.

Gemäß von Mises kann in einer liberalen Gesellschaft nur ein allgemeiner Produktivitätsanstieg bei der Arbeit zu höheren Löhnen in einem Sektor führen. Für den Finanzsektor wäre es jedoch geradezu fragwürdig zu argumentieren, dass die Explosion bei den Spitzengehältern seit den 1990er-Jahren durch irgendeinen Zuwachs bei der Produktivität gerechtfertigt werden kann!

Bei den Vermögen gibt es ebenfalls unvertretbare Unterschiede. Gemäß dem Bloomberg Billionaires Index betrugen im Jahr 2012 die 200 größten Vermögen weltweit insgesamt 2'700 Milliarden Dollar, was der Höhe des französischen Bruttoinlandsprodukts (BIP) entspricht. Die 100 größten Vermögen umfassten weltweit insgesamt 1'900 Milliarden Dollar. Dies entspricht einem Anstieg um 241 Milliarden im Vergleich zu 2011. Der Wealthreport gab für 2012 an, dass die 63'000 Personen – d. h. ungefähr 0.001 Prozent der Weltbevölkerung –, die ein Vermögen von über 100 Millionen Dollar ihr Eigen nannten, zusammen ungefähr 40'000 Milliarden Dollar besaßen, was mehr als die Hälfte des weltweiten BIP darstellt. Dem Ranking der Agentur Bloomberg vom 2. Januar 2014 zufolge konnten die reichsten 300 Milliardäre der Welt 2013 ihr Vermögen um 524 Milliarden Dollar vermehren. Zusammen besitzen sie ein Gesamtvermögen von 3'700 Milliarden Dollar. Somit erinnern die derzeitigen extremen Vermögens- und Einkommensunterschiede an die globale Situation vor dem Ersten Weltkrieg und sind sogar noch ausgeprägter. Gemäß der NGO OXFAM besaßen 2016 die weltweit reichsten 8 Personen gleichviel wie 50 Prozent der weltweit Ärmsten (62 Personen in 2015).

Was die Ärmsten dieser Welt betrifft, sind die entsprechenden Zahlen leider auch sehr beeindruckend. Gemäß dem Pew Research Center Report (2015) lebten ca. 70 Prozent der Weltbevölkerung am Anfang des 21. Jahrhunderts mit weniger als 10 Dollar pro Tag. Gemäß der Ernährungs- und Landwirtschaftsorganisation der UNO (FAO) leiden gegenwärtig zwischen 800 Millionen und 1 Milliarde Menschen an chronischer Unterernährung und mehr als 2.5 Millionen Kinder sterben jährlich daran. Diese Lage widerspricht dem Geist des Liberalismus, weil sie nicht „das Wohl des Ganzen" im Auge hat, sondern dasjenige von „Sondergruppen": insbesondere dasjenige der Finanzaristokratie.[7]

V. Sind die Eigenschaften der Ökonomie dem Bedarf der Unternehmer angepasst?

Viele Eigenschaften der heutigen Ökonomie widersprechen immer mehr den Grundprinzipien des Liberalismus und der Marktwirtschaft. Besonders problematisch beim heutigen Finanzsektor sind die Funktionsweise seiner Märkte, seine Akteure, gewisse seiner Praktiken sowie die meisten seiner Finanzprodukte. Diese Aspekte werden nachfolgend erörtert.

1. Börse

Die Hauptfunktion der Börse ist die optimale Allokation von Kapital und Risiko. Wie die Finanzkrise leider zeigt, wird diese Aufgabe heutzutage nicht erfüllt. Die Börse sollte die Finanzierung der Unternehmen vereinfachen. Dies ist heute leider immer weniger der Fall. Zum Beispiel deckten französische Unternehmen im Jahr 2011 nur 5.4 Prozent ihres Finanzbedarfs über die Börse. Im Jahr 2001 waren es noch ca. 27 Prozent.[8]

Die Börse erhält damit zunehmend Eigenschaften eines Kasinos. Gemäß Thomas Peterffy, Gründer der Gesellschaft Interactive Brokers, „ist die Börse zu einem gigantischen Kasino geworden. Dabei ist die Funktionsweise eines Kasinos transparenter und leichter zu verstehen."[9]

2. Hochfrequenzhandel (HFT)

HFT widerspricht der Logik der Realwirtschaft. Diese funktioniert nicht innerhalb von Mikrosekunden. Die Millisekunde ist vielmehr die zeitliche Einheit von Wetten in einer Kasino-Wirtschaft, die der Logik des Unternehmertums widerspricht.

Eine Mehrheit der Aufträge wird innerhalb von Mikrosekunden storniert. Ziel ist es, falsche Signale an die anderen Hochleistungscomputer zu schicken, in der Hoffnung, davon profitieren zu können. Außerdem fördert HFT „Front-Running"[10]. De facto kann man von Insider-Trading sprechen.

3. Währungsmärkte

Im Fall von Währungen sind die Transaktionen Over-The-Counter (OTC). Auf dem Währungsmarkt (auch „Forex" genannt) handeln Finanzinstitutionen Währungen entweder für eine sofortige Lieferung (Spot-Vertrag) oder für eine zukünftige Lieferung (Forward-Vertrag). Der Währungsmarkt ist der größte Finanzmarkt der Welt mit einem täglichen Handelsvolumen von ca. 5 Billionen Dollar. Das heißt, ca. eine Woche im Währungsmarkt ist genug, um das globale Handelsvolumen aller Güter und Dienstleistungen zu ermöglichen. Was passiert jedes Jahr in den 51 verbleibenden Wochen? Dann wird offensichtlich die Entwicklung der Kasinoökonomie gefördert. Die inhärente riesige Spekulation schadet der Effizienz und Transparenz des Währungsmarkts, die für die Import- und Exportgeschäfte der Unternehmer essenziell ist.

4. Der Bankensektor

Der Bankensektor scheint immer weniger in der Lage zu sein, seine Funktion als Motor der Realwirtschaft wahrzunehmen. In Deutschland und Frankreich bieten Finanzinstitutionen nur noch einen kleinen Teil ihrer Bilanzsumme für Kredite an Nicht-Finanzunternehmen (18 Prozent bzw. 12 Prozent). In England ist der Anteil mit 5 Prozent noch kleiner.[11]

Der Bankensektor ist von „too big to fail"-Institutionen dominiert. Deren Bilanzsumme beträgt in gewissen Ländern über 100 Prozent des BIPs des Landes, in dem sie ihren Sitz haben, was unverhältnismäßig scheint. Zum Beispiel lag die Bilanzsumme der UBS im Jahr 2015 bei 146 Prozent und der Credit Suisse bei 127 Prozent des Schweizer BIPs, während die HSBC auf ca. 100 Prozent kam. Zudem betrug die Bilanzsumme der vier größten französischen Banken zusammen 281 Prozent des französischen BIPs.

Die Außerbilanzgeschäfte von Großbanken sind riesig und entsprechen einem Mehrfachen der entsprechenden Bilanzen. Außerdem widerspricht die Idee, dass eine Bank aufgrund der Größe und Dichte ihres Netzwerks vom Steuerzahler vor einem allfälligen Konkurs geschützt werden sollte, der Logik des Liberalismus.

Zudem können sich diese Institute dank der ihnen gewährten Staatsgarantie zu niedrigeren Zinsen finanzieren, als sie dies in einer Marktwirtschaft tun müssten. Gemäß dem IWF (Stand: April 2014) betrugen diese Subventionen (2011–2012) 50 Milliarden Dollar für die Schweiz, 300 Milliarden Dollar für die Eurozone und 70 Milliarden Dollar für die USA. Sie werden zusätzlich dazu verleitet, Geschäfte zu tätigen, die zu risikoreich sind und auf die sie verzichtet hätten, wenn sie sie zum Marktzins hätten finanzieren müssen.

5. Ratingagenturen

In einer Marktwirtschaft mit effizienten und transparenten Finanzmärkten hätten diese Agenturen nur eine beschränkte Rolle, da der Preis von Wertpapieren, wie z. B. Obligationen, bereits alle relevanten Informationen reflektieren würde. Die bloße Existenz solcher Agenturen sowie die Rolle, die ihnen eingeräumt wird, zeugt von der heutigen Dysfunktion der Marktwirtschaft.

Außerdem liegt der Besitz der Ratingagenturen in den Händen der großen Banken (sowie von Investmentfonds) und ebendiese Banken sind auch die besten Kunden der Ratingagenturen. Dies schafft starke Interessenkonflikte, die sich nicht mit effizient funktionierenden Finanzmärkten und den Prinzipien einer liberalen Gesellschaft vereinbaren lassen. Zudem ist darauf hinzuweisen, dass im Durchschnitt für die Erzeugung einer Bewertung zwei bis drei Stunden benötigt werden.[12]

6. Die Festsetzung von Referenzzinsen und ihre inhärenten Manipulationen

Am Ende des letzten Jahrzehnts war der Libor (London Interbank Offered Rate) der Referenzpunkt für Finanzverträge in Höhe von ca. 350'000 Milliarden Dollar. D. h. er ist für den Betrieb des internationalen Finanzsektors wesentlich. In einer Marktökonomie sollte sich seine Festsetzung aus einem Marktmechanismus ergeben. Das ist jedoch aktuell nicht der Fall.

Anstatt auf Markttransaktionen wurde auf Meinungen gesetzt. Für zehn unterschiedliche Währungen und 15 Laufzeiten geben ausgewählte Banken (es sind z. B. 18 für den Dollar-Libor) täglich um 11 Uhr Londoner Zeit an, zu welchen Zinssätzen sie von anderen Banken Kredit erhalten können. Der Libor resultiert aus dem Mittelwert dieser Eingaben, wobei die höchsten und tiefsten Eingaben nicht berücksichtigt werden.

Im Jahr 2007, als es den Finanzinstituten aufgrund des ausgetrockneten Interbankenmarktes nicht mehr möglich war, sich gegenseitig Geld zu leihen, wurde der Libor umso mehr auf der Basis von Vermutungen, Meinungen und möglichen Manipulationen gebildet.

Die Manipulationen lassen sich auf zwei Arten erklären: Zum einen sollten niedrige Eingaben dazu dienen, eine bessere Bonität zu signalisieren, zum anderen haben Derivatenhändler versucht, durch die Manipulation des Libors Gewinne zu optimieren. So enthielten z. B. Zinsderivate Zahlungsbedingungen, die oft an den Libor gebunden sind.

Aus dem Bericht der britischen Financial Services Authority geht für den Fall Barclay hervor, dass die Bank zwischen 2005 und 2009 mindestens 257 Mal versucht hat, den Dollar-Libor, Yen-Libor und Euribor zu manipulieren.[13]

Bei der UBS wurden zwischen 2005 und 2010 mehr als 2'000 solche Manipulationsversuche von über 40 verschiedenen Personen aus unterschiedlichen Bereichen und Ländern unternommen. Berichten zufolge war sogar die Führungsebene involviert, die diese Geschäfte auch noch förderte.[14] Die Bank bezahlte externen Börsenmaklern 15'000 Pfund im Quartal, damit sie der UBS halfen, die Libor-Eingaben mit anderen Banken zu koordinieren. Denn eine Libor-Manipulation verlangt eine gewisse Kooperation zwischen den beteiligten Banken.

Der Libor resultiert aus einem Mittelwert ohne Berücksichtigung der höchsten und tiefsten Eingaben. Eine einzelne Bank, die den Libor manipulieren möchte, wäre dazu nicht in der Lage. Ihre Eingabe würde nicht berücksichtigt werden. Mehr als ein Dutzend Banken standen unter Manipulationsverdacht.

Die UBS musste den amerikanischen, britischen und schweizerischen Regulatoren eine Buße von rund 1.4 Milliarden Dollar zahlen, d. h. dreimal so viel wie die britische Bank Barclays. Im Dezember 2013 hat die UBS eine Geldbuße in Höhe von 2.5 Milliarden Euro der Europäischen Kommission vermieden. Die 1.4 Milliarden-Dollar-Buße ist allerdings nicht die einzige Rechnung zulasten der UBS im Libor-Skandal. Gemäß der NZZ am Sonntag hat die Bank bereits rund 100 Millionen Franken für die interne Untersuchung und die Überprüfung von Millionen von Daten ausgegeben. Es mussten u. a. 410 Rechtsanwälte eingesetzt werden, um diese Arbeiten zu erledigen.[15]

Dieser Abschnitt lässt sich wie folgt zusammenfassen: Im Zentrum der liberalen Argumentation steht der Markt, der durch den Preisbildungsmechanismus die Wirtschaft effizient organisieren soll. Nun aber ist dieser Mechanismus auf den Finanzmärkten, die zum Nervensystem der Wirtschaft geworden sind, nicht wirklich operativ, sondern sogar defekt. Im Kontext der heutigen Finanzkasinos, in denen mächtige Akteure die Preise beeinflussen und manipulieren können sowie regelmäßig in Betrugsversuche involviert sind, scheint es kaum möglich, dass Marktpreise den tatsächlichen Wert von Vermögenswerten repräsentieren. Die Finanzsphäre hat sich vom Geist des Unternehmertums und von den Prinzipien des Liberalismus, auf die sie sich vermeintlich stützt, immer mehr entfremdet.

VI. Schlussfolgerung und Lösungsansätze

Der Erste Weltkrieg endete mit dem Untergang von vier Imperien: dem russischen, dem österreichisch-ungarischen, dem osmanischen sowie dem deutschen Imperium (Deutsches Kaiserreich). Die erfolgreiche Suche nach Lösungen verlangt für die gegenwärtige Krise die Neugestaltung anderer Imperien. Es sind derer mindestens vier: natürlich das finanzielle, das militärische, das informationstechnologische und schließlich das Energie-„Imperium". Auch wenn diese nicht Thema des vorliegenden Beitrags sind, stellt die Macht, die von den Lobbyisten dieser „Imperien" auf unsere Gesellschaft ausgeübt wird, ein beträchtliches Risiko dar.

Eine Neuausrichtung dieser „Imperien" und die Suche nach Lösungen für die aktuelle Krise würde bedeuten, dass die zuständigen Politiker die Probleme tatsächlich angehen und somit ihre Verantwortung gegenüber ihren Wählern und Bürgern im Allgemeinen übernehmen. David Lloyd George, ab Dezember 1916 englischer Premierminister, bemerkte zu den Ursachen des Krieges und zur Haltung des französischen Präsidenten und des russischen Außenministers: „Man merkt, dass Poincaré und Sazonov sich gesagt haben: den Krieg zu vermeiden, ist nicht wichtig, sondern uns den Anschein zu geben, alles dafür getan zu haben, um ihn zu vermeiden."[16] Heute fühlt der Bürger ebenfalls, dass sich zahlreiche Politiker den Anschein geben, die schwerwiegenden Probleme, mit denen unsere Gesellschaft konfrontiert wird, lösen zu wollen, ohne dies wirklich zu tun.

Das Hauptaugenmerk dieses Beitrags liegt auf dem Finanzimperium. Seine Macht ist beunruhigend. Die aktuelle Lage droht außer Kontrolle zu geraten. Sie erfordert echte Lösungen. Die Gesellschaft befindet sich an einem Wendepunkt, der sich folgendermaßen charakterisieren lässt:

1. Die Finanzmärkte sind zu komplex und funktionieren nicht mehr ordnungsgemäß. Sie können keine optimale Allokation des Kapitals und der Risiken gewährleisten. Wie die Finanzkrise zeigt, tragen sie im Gegenteil eher zur Schaffung von Risiken bei.
2. Die als „too big to fail" geltenden Banken werden subventioniert. Sie werden dazu verleitet, riskante Aktivitäten auf Kosten der Steuerzahler, Aktionäre, Kunden und Angestellten, d. h. auf Kosten der Wirtschaft, einzugehen. Sie verhalten sich wie pyromanische Feuerwehrleute.
3. Der Finanzsektor sollte im Dienst der Wirtschaft stehen, d. h. in der Lage sein, die rentablen und nachhaltigen Investitionen der Wirtschaft zu finanzieren, statt die Wirtschaft zu beherrschen, wie es aktuell der Fall ist.
4. Die sogenannte „unsichtbare Hand" von Adam Smith greift immer weniger, da die Erfüllung von Sonderinteressen der Großbanken und Investmentfonds zunehmend dem Gemeinwohl und der Wirtschaft schadet.

Diese Lage erfordert die Anwendung ernsthafter, an die Probleme angepasster Maßnahmen. Die nachfolgende Liste führt einige davon auf:

1. Banken und unregulierte Finanzinstitutionen: Die Bankenverschuldung sollte stark eingeschränkt werden. Das Eigenkapital, das gemäß den Großbanken aktuell ca. 3 bis 4 Prozent ihrer Verpflichtungen ausmacht, sollte mindestens 20 bis 30 Prozent betragen, wie es häufig im 19. und noch am Anfang des 20. Jahrhunderts der Fall war.
2. Investmentbanken sollten von den Geschäftsbanken getrennt werden, wie dies durch den Glass-Steagall Act von 1933 bis 1999 in den USA der Fall war. Eine solche Trennung schützt die Kunden von Geschäftsbanken, da die Investmentbanken ihre Ersparnisse nicht länger zu Kasino-Spekulationen heranziehen können – ein Faktor, der für ökonomische Stabilität sorgt.
3. Die Größe der Banken sollte begrenzt werden. Finanzinstitute, die als „too big to fail" gelten, bergen Gefahren, weil sie falsche Anreize schaffen. Diese Institute gehen Risiken ein, ohne deren Konsequenzen tragen zu müssen.

4. Finanzprodukte sollten vor ihrer Markteinführung zertifiziert werden, damit sie bestimmte Normen einhalten – so wie dies in anderen Branchen der Fall ist, z. B. im Pharma-, Nahrungsmittel- und Automobilsektor.

5. Es sollte eine Steuer auf sämtliche elektronischen Zahlungen eingeführt werden. Angesichts der umgesetzten Finanzbeträge wäre diese Transaktionssteuer eine echte Einnahmequelle für die meisten derzeit überschuldeten Staaten. Um eine Vorstellung von den hierdurch verursachten Geldströmen zu bekommen, ist das Beispiel der Schweiz besonders interessant. Im Jahr 2012 erreichten die elektronischen Zahlungen die enorme Summe von mindestens 100'000 Milliarden Schweizer Franken. Mit einer Steuer in Höhe von nur 0.2 Prozent auf jede elektronische Zahlung könnte die Schweiz 200 Milliarden Schweizer Franken einnehmen. Dieser Betrag liegt über der Summe aller in der Schweiz erhobenen Steuern von rund 170 Milliarden Franken.

Die Implementierung dieser Maßnahmen verlangt jedoch von den Politikern Analysefähigkeit und Mut. Sie tragen die Verantwortung gegenüber den heutigen und künftigen Generationen, die ein Anrecht auf ein Leben in Würde und Anstand haben.

Anmerkungen

[1] Dieser Beitrag basiert auf meinem Buch: *Marc Chesney*, Vom Großen Krieg zur permanenten Krise, Zürich 2014.

[2] *Stefan Zweig*, Die Welt von Gestern, Stockholm 1942.

[3] Der Investor Warren Buffet sagte 2003, dass derivative Produkte „Massenvernichtungswaffen" seien.

[4] *Ludwig von Mises*, Liberalismus, Jena 1927, 7.

[5] USA Today 30. August 2007.

[6] USA Today 15. Juni 2008.

[7] *von Mises*, Liberalismus (Anm. 4), 7.

[8] URL: <http://www.dealogic.com/> (zuletzt besucht am 30.07.17).

[9] Ausspruch anlässlich der Eröffnungsansprache am Jahrestreffen der Börsenführungskräfte, der World Federation of Exchange (WFE) in Paris, am Montag, den 11. Oktober 2010, zitiert nach: *Claire Gatinois*, «La Bourse est devenue un casino géant», selon les professionnels de la finance, in: Le Monde 11.10.2010, online verfügbar, URL: <http://www.lemonde.fr/economie/article/2010/10/11/la-bourse-est-devenue-un-casino-geant-selon-les-professionnels-de-la-finance_1424197_3234.html> (zuletzt besucht am 30.07.17).

[10] Vgl. *Michael Lewis*, Flash Boys. A Wall Street Revolt, New York 2014. Unter „Front-Running" wird das Ausnutzen vertraulicher Informationen bezüglich der Kundenaufträge durch den Kundenbetreuer zu eigenen Gunsten verstanden.

[11] Vgl. *Erkki Liikanen* et al., High-level Expert Group on reforming the structure of the EU banking sector, Brüssel 2012.

[12] Vgl. *Werner Rügemer*, Rating-Agenturen. Einblicke in die Kapitalmacht der Gegenwart, Bielefeld 2012.

[13] Vgl. *Gerald Hosp*, Vom Referenzzinssatz zum Skandalwert, in: Neue Zürcher Zeitung 297 (2012), 27.

[14] Vgl. *Hansueli Schöchli*, Hohe Hürden für Strafbehörden im Libor-Fall, in: Neue Zürcher Zeitung 18 (2013), 9.

[15] Vgl. *Sebastian Bräuer*, UBS: Libor-Absprachen werden zum Milliardengrab, in: NZZ am Sonntag 51 (2012), 27.

[16] Vgl. *François Fejtö*, Requiem pour un empire défunt, Paris 1988, 36.

Gesellschaftliche Diskurse hinter den Fronten

Carlo Moos

Neutralität und innere Krise: Die Schweiz im Ersten Weltkrieg

I.   Positionierung des Themas

Der Literaturnobelpreisträger von 1981 Elias Canetti beschreibt 1977 in „Die gerettete Zunge", dem ersten Teil einer Erinnerungstrilogie, wie er 1916 als Elfjähriger von Wien nach Zürich kam, in ein Paradies, wie er sagt, aus dem er fünf Jahre später durch den Willen seiner Mutter vertrieben wurde, weil er aus der „Idylle" in eine härtere Schule nach Deutschland kommen müsse, um zu sehen „wie es zugeht, wenn man einen Krieg verloren hat".[1] Direkt ist in dieser „Geschichte einer Jugend" (so der Untertitel) zwar wenig vom Krieg die Rede, doch in den wenigen Andeutungen wird der fundamentale Unterschied zwischen den Kriegsjahren in Wien und in Zürich klar. So ist die Rede von den Kriegsliedern, die in der Wiener Volksschule gesungen wurden, und von den „komprimierten Hass-Sätzchen, die bis zu uns kleinen Schülern ihren Weg fanden", dann von den Lebensmitteln, die schon nach dem ersten Kriegswinter knapp wurden, weiter vom Sich-Anstellen vor den Lebensmittelgeschäften und dass auch die Kinder hingeschickt wurden, damit ein wenig mehr zusammenkam.[2] Dann werden die mit vor den Russen geflohenen galizischen Juden vollgepferchten Bahnwaggons erwähnt. Dagegen waren in Zürich „die vielen Worte, die sich auf Krieg bezogen,

225

in die Sprache meiner Schulkameraden nicht eingedrungen".[3] Nach der Übersiedlung in diese Stadt kam Canetti in die sechste Primarklasse und darauf ins Realgymnasium in der Kantonsschule an der Rämistrasse. Dort empfand er – wie er sagt – die „Freiheit der Schweizer" selbst. Weil sie „unter keinem Kaiser standen", hätten sie es „fertiggebracht, nicht in den Weltkrieg hineingezogen zu werden". Umgekehrt erlebte er Zürich als Zentrum von Kriegsgegnern aller Art, auch Lenin war da, und am Limmatquai beobachtete er die Begegnung schwerverletzter französischer und deutscher Offiziere, die „einander ruhig und freundlich an[sahen], als wäre es nichts".[4]

Aus dem hier Gesagten ergibt sich die Relativität des Schreckens deutlich, je nachdem, wo und in welcher Position man ihn erlebte, an der Front oder im Hinterland, als Befehlshaber oder als Untergebener, in einem kriegführenden oder in einem neutralen Land, wobei sich jedes Erleben selbst rechtfertigt und insofern jeder Vergleich unzulässig ist, weil er abwertend erscheinen könnte. Dennoch ist klar, dass der Erste Weltkrieg für die Schweiz bei aller Dramatik ihrer inneren und äußeren Lage anders war als für die Habsburgermonarchie. Wenn (um bei den genannten Städten zu bleiben) mit zunehmender Kriegsdauer auch in Zürich immer mehr die Rede von Elend, Not und Hunger war, so wurde dies in Wien von der geradezu fürchterlichen Unterernährung der Unterschichtenkinder übertroffen. Der Schulreformer Otto Glöckel, der nach dem Krieg 1919/20 als Unterrichtsminister der Ersten Republik und anschließend bis 1934 als Schulpräsident des „roten" Wiens wirkte und als solcher das Schulwesen im damals ebenfalls „roten" Zürich beeinflusste, schrieb am 8. November 1917, ein Jahr vor Kriegsende, in einem Bericht zuhanden des cisleithanischen Abgeordnetenhauses, man könne „ohne Übertreibung" sagen, „dass drei Viertel aller Schulkinder die für ihre körperliche Entwicklung und geistige Leistungsfähigkeit unerlässliche Nahrung" nicht erhielten und „die Schulklassen von hungernden Kindern besetzt" seien.[5] Und noch 1920 ergab eine Massenuntersuchung von 145'000 Wiener Kindern einen Anteil Unterernährter von 75 bis 80 Prozent.[6]

Auch in Zürich war die Versorgung mit Kohle und Getreide prekär, aber nicht wirklich vergleichbar mit der dramatischen Notlage Wiens. Dasselbe gilt für die teuerungsbedingte Verarmung breiter Bevölkerungsschichten, der gegenüber man in Wien geradezu von Verelendung reden muss. Die sozialen Spannungen entluden sich im sogenannten Jännerstreik 1918, der größten Streikbewegung der österreichischen Geschichte.[7] Von seinem Stellenwert her war das Schweizer Pendant vergleichbar; so war der Landesstreik vom November 1918 ebenfalls Endpunkt einer Serie von Sozialkämpfen, Marktdemonstrationen und Nahrungsprotesten, aber auch eine Folge nicht ausreichender Besoldung ohne Lohnersatz bei der Truppe.[8] Doch aus Wien riskierte man in diesen Jahren – wie bei allen Kriegführenden – im Feld sein Leben und seine körperliche Unversehrtheit. Wien allein verzeichnete als Minimalzahl 22'136 „Kriegstote" und 1922 rund 40'000 Kriegsbeschädigte.[9] Von den zahlreichen Opfern der Spanischen Grippe, die es auch in der Schweiz gab, nicht zu reden. Demgegenüber starben in der Schweiz während des gesamten Aktivdienstes 3'065 Wehrmänner durch Unfälle, Krankheit oder an den Folgen der während des Landesstreiks grassierenden Spanischen Grippe.[10]

Dies muss mitbedacht werden, wenn von der Schweiz im Ersten Weltkrieg die Rede ist. Wie im 20 Jahre später folgenden Hitlerkrieg blieb sie militärisch verschont. Wieweit für ihre Unversehrtheit die bewaffnete Neutralität ausschlaggebend war, ist im Falle des Zweiten Weltkriegs – vorsichtig ausgedrückt – umstritten, weil wichtige weitere Themen mitberücksichtigt werden müssen. Was den Ersten Weltkrieg betrifft, war die Situation in Bezug auf die Neutralität nicht grundsätzlich verschieden. Viel dramatischer war indessen die innere Lage des Landes. Anders als bei der Bedrohung durch die „Achsenmächte", die in der Schweiz auf wenig Sympathie stießen, war das Land gegenüber den Kriegsparteien des Ersten Weltkriegs fundamental gespalten.

II. Neutralitätsverständnisse

Im Sommer 1914 war die Lage der Schweiz angesichts der sich nach dem Attentat von Sarajewo zusammenbrauenden und Ende Juli/Anfang August plötzlich ausbrechenden europäischen Großkonflagration machtpolitisch schwierig und militärisch bedrohlich, denn der deutsche Angriff gegen Frankreich hätte ihre Neutralität so gut missachten können wie diejenige Belgiens.[11] Auch intern war die Situation kompliziert, weil die Sympathien der einzelnen Landesteile seit der Entstehung des Deutschen Reiches immer mehr auseinander gedriftet waren. In der französischsprachigen Westschweiz hatten viele Frankreichs Niederlage und die Umstände der Gründung des Bismarck-Reiches 1870/71 als Katastrophe empfunden, während man sich in der deutschsprachigen Ostschweiz eher darüber freute. Die Spannung entlud sich damals anlässlich einer deutschen Siegesfeier in der Zürcher Tonhalle, als es zwischen dem 9. und 12. März 1871 zu schweren Unruhen kam.

Der West-Ost-Gegensatz zog sich durch die folgenden Jahrzehnte und konnte von Ereignissen wie dem Staatsbesuch Kaiser Wilhelm II., für den 1912 eigene Manöver ausgerichtet wurden, aufgeheizt werden. Dass die Bundesversammlung bei Kriegsbeginn 1914 mit Ulrich Wille einen „Preußenabkömmling" zum Oberbefehlshaber der Armee wählte, wurde in der Westschweiz als Affront empfunden und ließ für die Folgezeit nichts Gutes erwarten, als sich der Riss, der durch das Land ging und den man metaphorisch als „Graben" umschrieb, vertiefte. Die vergiftete Atmosphäre drohte sich auf die Außenpolitik auszuwirken, wobei dem Bundesrat angesichts der Zerrissenheit des Landes bewusst war, dass den Kriegführenden klar gemacht werden musste, dass die divergierenden Sympathien am Status der Schweiz als einem nicht Krieg führenden Land nichts ändern würden. Allerdings war die Umsetzung dieser Einsicht schwierig, auch wenn die dem Bundesrat am 3. August 1914 von der Bundesversammlung erteilten unbeschränkten Vollmachten die Zentrale stärkten und der parlamentarischen Kontrolle weitgehend entzogen. Gestützt auf diese Vollmachten erließ die Landesregierung in den Jahren des Weltkriegs über tausend Notverordnungen, zum größeren Teil wirtschaftlicher Art, und dieses Vollmachtenregime wurde nach dem Krieg nur zögerlich abgebaut. Auch auf die Neutralitätspolitik konnten die Volksvertreter nahezu keinen Einfluss mehr nehmen. Immerhin erstattete der Bundesrat periodisch Bericht über die aufgrund der Beschlüsse vom 3. August 1914 getroffenen Maßnahmen und reichte dem Parlament im Dezember 1914, im Februar 1916 und in der Folge auf jede Session sogenannte Neutralitätsberichte ein, deren letzter im Mai 1923 vorgelegt wurde.[12]

Neutralität ist ein fluides Konzept, bei dem sich verschiedene Spielarten unterscheiden lassen. Ihre klassische Form ist die *militärische Neutralität* gemäß dem V. Haager Abkommen von 1907 und bedeutet Nichtteilnahme an Kriegen anderer Staaten, Gleichbehandlung aller Kriegführenden und Nichtzurverfügungstellung des eigenen Territoriums für die Kriegsparteien. Demgegenüber ist die *politische Neutralität* schillernd und im Fall der Schweiz trotz eines hohen Anspruchs („ständig", „immerwährend", „ewig", „uneingeschränkt", „bedingungslos", „umfassend") stets zeitbedingt. Im Kontext des entstehenden Völkerbunds wurde sie „differenziell" als Teilnahme an Wirtschaftssanktionen interpretiert. In der Agoniephase des Völkerbunds und explizit ab 1938 wurde sie wieder „integral". *Wirtschaftliche Neutralität* ist real nicht praktikabel, wie das Verhalten der Schweiz insbesondere im Zweiten Weltkrieg als Finanzdrehscheibe, Gotthardtransitland und Rüstungsexportland deutlich zeigen sollte. Dagegen kann *Gesinnungsneutralität*, die in demokratischen Gesellschaften streng genommen nicht denkbar ist, in Bezug auf öffentliche Äußerungen mit Zensurmaßnahmen erzwungen werden, wie dies auch im Ersten Weltkrieg der Fall war.

Die verschiedenen Formen von Neutralität können sich auf unterschiedliche Art verschränken, dienen aber alle dem Ziel, dem Staat das Recht zu sichern, seine Außenpolitik selbst zu bestimmen, seiner Rolle als Nichtkriegführender Nachachtung zu verschaffen und die existenziell nötigen Wirtschaftsbeziehungen unterhalten zu können. Als Problem bleibt allerdings, dass Neutralität zwar ein international ausgehandelter Status ist und im 19. Jahrhundert als „an important and active idea in international law, international politics and international idealism" galt,[13] während die Schweizer Neutralität in den Weltkriegen der ersten Hälfte des 20. Jahrhunderts die Willensäußerung eines Landes war, deren Anerkennung nicht erzwungen werden konnte, selbst wenn sie 1815 von den Mächten garantiert worden war. Zwar waren die Kriegführenden 1914–1918 offenbar gewillt, die Schweizer Neutralität zu respektieren; indessen illustriert ihre brutale Missachtung durch das Deutsche Reich im Falle Belgiens den bedrohlichen Bruch zwischen den „limited-war practices of nineteenth-century Europe" und dem „total-war ethos that evolved during the First World War".[14]

In der neueren Schweizer Geschichte ist die Neutralität zumindest seit ihrer Anerkennung im zweiten Pariser Frieden von 1815 ein Fundamentalproblem. Zur Diskussion stand sie vor allem in der Regenerationszeit des 19. Jahrhunderts; hier ist neben den Flüchtlingsproblemen etwa um den Berufsrevolutionär Giuseppe Mazzini an den Sonderbundskrieg und den Hilferuf Constantin Siegwart-Müllers, des Luzerner Anführers des Sonderbunds, an die konservativen Großmächte zu denken. Als problematisch erwies sich die Neutralität auch während der Weltkriege im 20. Jahrhundert, aber besonders umstritten war und ist das Konzept jeweils im Verhältnis zu übernationalen Organisationen, von der sogenannten Heiligen Allianz in der ersten Hälfte des 19. Jahrhunderts über den Völkerbund nach dem Ersten zur UNO nach dem Zweiten Weltkrieg und gegenwärtig in allem, was im Zusammenhang mit dem Projekt „Europa" steht.

Neben dem Realisieren und Kommunizieren von Neutralität nach außen stellt sich das Problem ihrer mentalen Verankerung im Land selbst. Hier zeigen sich nicht nur Unterschiede zwischen (progressiveren) Städten und (konservativeren) Landschaften, sondern zwischen den Sprachregionen. Eine Studie des Bundesamtes für Statistik ergab in den mittleren 1990er-Jahren, dass sich der Sprachengegensatz seit dem Ersten Weltkrieg vor allem auf das Feld der Außenbeziehungen verlagerte, während die Divergenz vor diesem Krieg vornehmlich Fragen des Föderalismus betraf, auf welche Minderheiten mit mehr Sensibilität reagieren.[15] Was den Ersten Weltkrieg direkt anbelangt, war auf der Staatslenkungsebene grundsätzlich allen Verantwortungsträgern klar, dass die Neutralität (fast) um jeden Preis gewährleistet sein müsse. In der Praxis konnten allerdings persönliche Sympathien – nicht anders als in der Bevölkerung – mehr oder weniger deutlich durchschlagen, am meisten bei General Wille mit seinem preußisch-deutschen Beziehungsnetz. Demgegenüber agierte die Landesregierung, obwohl mehrheitlich ebenfalls deutschfreundlich, konsequenter und geschlossener, möglicherweise weil die sprachlichen Minderheiten mit Camille Decoppet aus der Waadt, dem Tessiner Giuseppe Motta und dem Rätoromanen Felix Calonder markant vertreten waren. Andererseits wurde ausgerechnet vom an sich korrekten aber der deutschen Kriegspartei zuneigenden Bundesrat Arthur Hoffmann die größte Neutralitätskrise jener Jahre ausgelöst. Nach seinem Sturz verstärkte sich wegen der Wahl des ententefreundlichen Genfers Gustave Ador die Position der lateinischen Schweiz im Bundesrat noch mehr.

III. Unterschiedliche Identitäten als Herausforderung der Schweizer Neutralitätspolitik

Feierliche Proklamationen wie die Neutralitätserklärung vom 4. August 1914 sind eines, ihre Akzeptanz außerhalb und innerhalb des Landes ein anderes. In dieser Hinsicht waren die Selbstverständnisse der Sprachregionen selten so unterschiedlich wie im Ersten Weltkrieg, weil die Deutschschweizer mehrheitlich für die deutsche, die Westschweizer mehrheitlich für die französische Kriegspartei sympathisierten.

Sofort nach Kriegsbeginn bildete sich um den an der Universität Zürich lehrenden Bündner Theologen Leonhard Ragaz ein Kreis von Überbrückern dieses „Grabens", zu dem der Französischprofessor an der ETH Paul Seippel gehörte. Dieser organisierte Mitte November 1915 eine Hochschuldozententagung in Bern, auf der es um die intellektuelle Unabhängigkeit des Landes ging. Da es keine Schweizer Kultur gebe, die sich selbst genüge, müsse das Land „un centre de culture européenne" sein, weder exklusiv deutsch noch exklusiv französisch, sondern nach allen Seiten offen. Von da leitete Seippel eine intellektuelle Neutralität aus höherem, gesamtschweizerischem Interesse ab und propagierte eine „Eigenart", deren Kern „une petite Europe réconciliée" darstelle.[16] An der gleichen Tagung rief Ragaz seinerseits dazu auf, „das Eigene" festzuhalten, das im Internationalismus der Freiheit und Gleichheit aller Völker statt im destruktiven Nationalismus bestehe.[17]

Ein früher Höhepunkt der Graben-Bekämpfer-Aktivitäten war ein Jahr vorher Carl Spittelers Zürcher Rede „Unser Schweizer Standpunkt" vom 14. Dezember 1914 gewesen. Auch darin war die Überlegung zentral, dass angesichts der inneren Zerrissenheit im Interesse des Landes eine Neutralität der Gesinnung vonnöten sei. Auf das Konzept Willensnation anspielend, fragte Spitteler, ob man ein schweizerischer Staat bleiben wolle, der dem Ausland gegenüber eine politische Einheit darstelle. Wenn dies zutreffe, müsse man sich innewerden, dass jenseits der Landesgrenzen Nachbarn, diesseits aber „mehr als Nachbarn, nämlich unsere Brüder" seien; der Unterschied sei „ungeheuer", denn der beste Nachbar könne „mit Kanonen auf uns schießen". Neutralität bedeute in diesem Kontext, „nach allen Seiten hin die nämliche Distanz zu halten". Das Schwierige lag aber darin, dass die Unterscheidung von Neutralität und Gesinnung problematisch geworden war: „Mit elenden sechs Zeilen unbedingter Parteinahme" könne sich jeder in Deutschland Ruhm, Ehre und Beliebtheit holen, während er mit einer einzigen Zeile „sein Ansehen verwirke", denn im Grunde könne „kein Angehöriger einer kriegführenden Nation eine neutrale Gesinnung als berechtigt" empfinden. Man müsse mit mehr Bescheidenheit auftreten. Der „richtige neutrale [...] Schweizer Standpunkt" sei, angesichts des vorübergehenden Leichenzugs den Hut abzunehmen. Wohin man horche, höre man „den Jammer schluchzen", und dieser töne „in allen Nationen gleich".[18]

Trotz Zeitbedingtem bleibt diese Rede, der ein komplexer Entstehungsprozess vorausging,[19] eine eindrückliche Leistung. Sie wies über den

Moment hinaus und war auch ein Zeugnis persönlichen Muts, denn der Dichter, der vorher in Deutschland viel Resonanz gefunden hatte, nahm in einer Kriegsphase, als noch alle Beteiligten mit dem eigenen Triumph rechneten, nur das allgemeine Elend wahr. Neben ihrem Einheitsanliegen verfügte die Rede über eine visionäre Komponente, die das Land in fast mythische Höhen hob, wo es kraft seines Beispiels eine zivilisatorische Rolle spielen sollte.[20] Wie alle, die aus ihren Visionen die Zukunft gestalten zu können hofften, wurde aber auch Spitteler rasch von der Realität eingeholt. Trotz der Ehrendoktorwürde der Universität Lausanne 1915 und dem ihm 1920 zuerkannten Literaturnobelpreis interessierte sich nach seinem Ableben 1924 kaum mehr jemand für seine Dichtung.

Ungeachtet solcher Einheitsbeschwörungen ließ sich der „Graben" während des Kriegs nicht überwinden, was angesichts der erstarrenden Fronten zwischen den Kriegführenden nicht erstaunt. Höchstens ließ er sich halbwegs „neutralisieren", wobei es trotzdem wiederholt zu Eruptionen kam, deren wichtigste damit zusammenhingen, dass zum einen die Armeespitze deutschlastig blieb und zum andern der seinerseits aufgebrochene „soziale Graben" in den Sprachregionen unterschiedlich konnotiert wurde.

Was die militärische Dimension anbelangt, ist insbesondere an die sogenannte Oberstenaffäre von Ende 1915/Anfang 1916 zu denken, die mit der Weitergabe von Materialien aus dem Generalstab an die Militärattachés der Mittelmächte seitens zweier Deutschschweizer Obersten eine klare Neutralitätsverletzung darstellte und in der Westschweiz mit Wut aufgenommen wurde. Der Militärhistoriker Hans Rudolf Fuhrer qualifiziert sie (etwas übertreibend, aber nicht unzutreffend) als die „gefährlichste kulturelle Krise seit dem Sonderbundskrieg".[21] Kaum erstaunlich hatte die Affäre eine Vertrauenskrise gegenüber der Armeeführung zur Folge, denn General Wille beurteilte sie weder als Verbrechen noch als schweres Vergehen, sondern lediglich als „grobe Taktlosigkeit, die keinerlei nachteilige Folgen weder für unser Land noch für irgendeinen unserer Nachbarstaaten haben" könne.[22] Dass die Obersten lediglich auf Kommandoposten versetzt wurden, wie der General wollte, ließ sich nach Protesten der Entente-Seite allerdings nicht durchhalten. Auch die drei Vertreter sprachlicher Minderheiten im Bundesrat, Decoppet, Motta und Calonder, hielten die Verfügungen des Generals in dieser Sache für ungenügend. Vom Militärgericht wurden die Obersten in der Folge zwar – trotz fahrlässiger Neutralitätsverletzung durch Begünstigung einer

Kriegspartei – vom Vorwurf des Nachrichtendienstes zugunsten einer fremden Macht freigesprochen, mussten aber vom General disziplinarisch bestraft und zur Disposition gestellt werden.[23]

Beim „sozialen Graben", der sich im gesellschaftlichen Gefüge des Landes während des Kriegs insbesondere wegen seiner langen Dauer gleichsam quer zum „nationalen" Graben vertieft hatte, erwies sich der Landesstreik vom November 1918 als ein eher deutschschweizerisches Phänomen, dem die Westschweiz und der Kanton Tessin, die sich über den Sieg der Entente freuten und die Revolution in Deutschland fürchteten, passiver gegenüberstanden. Eine gewisse Ironie liegt darin, dass es ausgerechnet die deutschfreundliche Armeeführung war, welche die entscheidende Provokation in Zürich verschuldete. Zwar war der Krieg nunmehr entschieden, doch stand jetzt die europaweite Angst vor einer Bolschewisierung im Vordergrund. Aber in der Westschweiz wurde selbst die Deutschschweizer Linke als deutschfreundlich beurteilt: „Le Soviet d'Olten [das Oltener Aktionskomitee] travaille pour les Boches", schrieb der „Jura bernois" und bezeichnete Robert Grimm und Fritz Platten als „naturalisierte Deutsche".[24]

So erwies sich der „Graben" nicht nur als sprachliches und somit kulturelles West-Ost-Problem, sondern wurde gesellschaftlich durch den Klassenkampf und politisch durch die Rechts-Links-Dichotomie konterkariert und je nach Konstellation verschärft. Insofern konnte es angesichts der Frontverläufe im Westen, Süden und Osten des Kontinents für den Mehrkulturenstaat Schweiz vor Ende des Kriegs und vor einer gerechten Friedensordnung (die leider ausblieb) nur einen minimalen *modus vivendi* durch konsequente Beachtung einer strikten Neutralität gegen außen, der die Armeeführung wiederholt entgegenwirkte, und zur Entschärfung der Lage im Innern durch die von Spitteler und seinen Freunden einverlangte besondere Form von Willensneutralität geben.

Nicht unähnlich entschärfend dürften schon in diesem (und noch mehr im nächsten) Weltkrieg die geschäftlichen Verbindungen ins Ausland gewirkt haben. So wurden rund zwei Drittel der Exporte kriegswichtiger Betriebe der Textil-, Metall-, Maschinen- und Uhrenindustrie in Länder beider Kriegsparteien getätigt,[25] womit man die abschüssige Ebene einer – konsequent ohnehin nicht praktikablen – Wirtschaftsneutralität betrat, auf welcher die „von der Politik vorgegebene Neutralität" den Unternehmen ermöglichte, „an alle [...] Fronten zu liefern".[26] Insofern war die Rücksichtnahme auf die Absatzmärkte beider Kriegsgegner ein

„starker Grund" für die Aufrechterhaltung der Neutralität,[27] die nicht
nur eine wirtschaftliche Notwendigkeit war, sondern neue Marktchancen
eröffnete.[28]

IV. „Aktive" Neutralität und eine spektakuläre Neutralitätsverletzung

Ein wichtiger, aber trotz eines großen Beziehungsnetzes privater Protagonist schweizerischer Friedensbemühungen war der kämpferische
Theologieprofessor Leonhard Ragaz. In seinen Erinnerungen schreibt
er, seine Frau und er hätten „nie aufgehört, auf eine Abkürzung des
Krieges hinzuwirken", und zählt eine Reihe solcher Friedensversuche
auf, die ihm im Rückblick allerdings „ziemlich fruchtlos" vorkamen.[29]
Das Friedensangebot des deutschen Reichskanzlers Bethmann-Hollweg
vom 12. Dezember 1916, das nach dem Sieg der Mittelmächte über Rumänien erfolgte, qualifizierte er als „Lügengewebe", nahm es aber zum
Anlass, um mit einem internationalistischen Friedensprogramm an den
britischen Premierminister Lloyd George zu gelangen, und erreichte immerhin Labour-Chef Henderson und Außenminister Balfour.[30] Doch die
Antwort der Ententemächte fiel nicht in seinem Sinn aus, sehr wohl aber
ihre Reaktion auf die fast gleichzeitige Friedensnote des amerikanischen
Präsidenten Wilson vom 21. Dezember 1916, die wegen der deutschen
Ankündigung des unbeschränkten U-Boot-Kriegs vom 31. Januar 1917
allerdings obsolet wurde.[31] Nicht erstaunlich lehnte der Bundesrat in
diesem Kontext am 9. Februar 1917 Wilsons Wunsch nach Abbruch der
diplomatischen Beziehungen zum Deutschen Reich ab, protestierte aber
gleichzeitig gegen die von den Mittelmächten mit dem U-Boot-Krieg an-
gekündigte Seeblockade.[32] Kurz zuvor hatte Wilson am 22. Januar 1917
vor dem US-Senat seine „Peace-without-Victory"-Rede gehalten, worin er
für die Nachkriegswelt eine übernationale Gewalt vorschlug. Ragaz war
von dieser Rede beeindruckt, weil sie ihn an die Hauptlinien eines neuen
Völkerlebens erinnerte, die er schon Ende 1914 in einem Vortrag skizziert
hatte. Darin schlug er ein Parlament der Vereinigten Staaten Europas vor,
das sich zu einem Weltparlament auswachsen sollte.[33] Gern hätte er eine
Schweizer Äußerung zu Wilsons Senatsrede gesehen, doch ließ sich wegen
der kritischen Einstellung von Bundesrat Hoffmann nichts erreichen.[34]

Die „offizielle" Schweiz verhielt sich in solchen Friedensfragen generell sehr vorsichtig, so das Politische Departement am 6. November 1914 in Bezug auf verschiedene Eingaben, die ein Zusammengehen mit anderen Neutralen zur Friedensvermittlung anregten. Zwar war das Departement der Meinung, „dass unser Land hier eine Mission zu erfüllen hat und unendliches Leid verhüten kann", aber nur zum richtigen Zeitpunkt und in Kooperation mit den anderen Neutralen USA, Niederlande, Schweden oder Norwegen. Deshalb wolle man „in ganz vorsichtiger Weise" bei diesen sondieren.[35] Solche Sondierungen scheinen wiederholt erfolgt zu sein, aber derart vorsichtig, dass sie keine Folgen zeitigten. Bezeichnend ist, dass eine Ende 1916 in Stockholm geplante Konferenz von Delegierten der Neutralen alle Fragen betreffend eine Mediation im laufenden Krieg ausschließen sollte.[36]

Etwas kühner war die Reaktion auf die erwähnte Friedensnote von US-Präsident Wilson, die am 21. Dezember 1916 auch dem Politischen Departement übergeben worden war. Bundesrat Hoffmann schlug seinen Kollegen vor, den kriegführenden Mächten mitzuteilen, dass der Bundesrat von der Note Kenntnis erhalten habe, das Vorgehen Wilsons begrüße „und sich glücklich schätzen würde, wenn er in irgendeiner Weise zur Anbahnung von Besprechungen behilflich sein könnte".[37] Eine Woche später hielt Bundesrat Motta in einer Rede in Genf fest, man habe „un cri de paix au nom de l'humanité et de la civilisation" ausgestoßen,[38] der indessen ins Leere fiel; dies wohl weniger wegen des deutschen U-Boot-Kriegs und des am 6. April 1917 erfolgten Kriegseintritts der USA, sondern weil der Schrei vielleicht doch zu wenig laut war.

Eine bemerkenswerte Abweichung von der sonst üblichen Vorsicht und der ernsthafte Versuch einer „wirklich" aktiven Neutralitätspolitik war die Grimm-Hoffmann-Unternehmung vom Frühsommer 1917, bei der noch immer nicht ganz klar ist, welche Ziele die Protagonisten, der sozialdemokratische Nationalrat Robert Grimm und der Chef des Politischen Departements Bundesrat Arthur Hoffmann, mit ihrer Aktion verfolgten.

Grimm befand sich seit dem 22. Mai 1917 in Petrograd und war vorher mit Hoffmann in Kontakt getreten, als es darum ging, die Rückfahrt der politischen Flüchtlinge (unter ihnen Lenin) aus der Schweiz durch Deutschland nach Russland zu ermöglichen, aber auch im Hinblick auf eine eigene über Stockholm nach Petrograd geplante Reise zur Erkundung allfälliger Möglichkeiten eines Friedensschlusses.[39] Der Telegrammwechsel zwischen Bern und Petrograd flog indessen auf, und am 13. Juni 1917 musste der Schweizer Gesandte aus Petrograd mitteilen, dass eine Depesche Hoffmanns im russischen Außenministerium dechiffriert worden sei.[40] Damit war die Katastrophe perfekt. Im unvermeidlich gewordenen Rücktrittsschreiben unterstrich Hoffmann, dass er den Schritt auf „eigene Verantwortung" unternommen habe und „ausschließlich für die Förderung des Friedens und damit im Interesse des eigenen Landes zu handeln bestrebt" gewesen sei, während der Gesamtbundesrat festhielt, dass er das Vorgehen Hoffmanns desavouieren müsse, weil es in den Ententestaaten als unneutral angesehen und ihm „Begünstigung eines Separatfriedens" unterstellt werde.[41]

Es ist nicht leicht nachzuvollziehen, weshalb ein erfahrener Politiker wie Hoffmann sich auf ein solches Abenteuer einließ; es ist aber anzunehmen, dass er mehr als einen Separatfrieden erhoffte. Für Grimm, der als Internationalist gute Kontakte zum linken nicht bolschewistischen Spektrum im damaligen Russland hatte, dürfte dasselbe gelten. Nach dem Platzen der Affäre wurde er von der provisorischen Regierung aufgefordert, das Land sofort zu verlassen. Nach seiner Abreise führte der Fall am Kongress der Arbeiter- und Soldatenräte, zu dem er nach Petrograd gekommen war, zu lebhaften Diskussionen.[42]

Was die Zielsetzung betrifft, schrieb der Schweizer Gesandte in Berlin (Robert Haab, der wenig später, Ende 1917, in den Bundesrat gewählt wurde) am 2. Juli 1917 an Hoffmanns Nachfolger Gustave Ador, Hoffmann habe „durchaus nicht als eigentlich deutschfreundlich" gegolten, und in Grimm sehe man nach wie vor „einen Gegner Deutschlands".[43] Dass Hoffmann mehr als einen Separatfrieden erhoffte, bestätigte Bundespräsident Motta zehn Jahre später, am 26. Juli 1927, anlässlich der Trauerfeier für den verstorbenen Hoffmann explizit.[44] Die Interpretation der Affäre als aus Deutschfreundlichkeit entstanden, dürfte in der Tat zu kurz greifen. Dagegen spricht neben der politischen Korrektheit und dem tiefen Verantwortungsgefühl Hoffmanns vor allem der klare Internationalismus Grimms. Die Schweizer Sozialdemokraten standen dem Kurs ihrer deutschen Schwesterpartei verständnislos gegenüber, und Grimms Kritik am Krieg war zunehmend schärfer geworden.[45]

Wie auch immer: Das Resultat der Aktion war verheerend und für die Karriere von Bundesrat Hoffmann vernichtend. Demgegenüber vermochte sich Grimm nach einem vorübergehenden Tiefpunkt aus der Affäre zu ziehen und ab Februar 1918 mit dem Oltener Aktionskomitee, mit dem er im November 1918 an der Spitze des Landesstreiks stehen sollte, wieder in Erscheinung zu treten.[46] Auch seine internationalen Kontakte scheinen nicht dauerhaft beschädigt worden zu sein.[47] Sein Biograf (und Schwiegersohn) Adolf McCarthy diskutiert die Affäre ausführlich als „dramatischen Auftritt auf der internationalen Bühne, gipfelnd in seiner Ausweisung vom Schauplatz der russischen Revolution".[48] In Bern zurück, schrieb er Hoffmann, wie tief es ihn schmerze, dass er (Hoffmann) „das Opfer edelster Absichten geworden sei", und er scheint sich immer respektvoll ja bewundernd über ihn geäußert zu haben.[49] In einem nachgelassenen Text qualifiziert er Hoffmann als „Mann der Ehre, ein aufrechter Schweizer, ein intelligenter Weltbürger, der haushoch über seinen Kritikern in dieser Sache stand".[50]

Es dürften gerade Grimms internationale Ausstrahlung sowie seine Kontakte zur russischen Linken und das Chaos im Russland zwischen den beiden Revolutionen, als alles möglich schien, gewesen sein, weshalb sich Hoffmann auf das Unternehmen einließ. Deutlich ist aber, dass Grimm seine Möglichkeiten über- und die „Eigendynamik der staatlichen Macht- und Gewaltverhältnisse" unterschätzte.[51] Noch mehr muss dies für Hoffmann gelten, dessen außenpolitisches Verhalten ansonsten einen Politiker mit Augenmaß bezeugt.[52]

Auf der Landesebene kam der Vorwurf des Neutralitätsbruchs aus dem Lager der Entente-Sympathisanten sofort, während die Affäre international letztlich wenig große Wellen warf, weil die Ereignisse in Russland ungleich mehr Aufmerksamkeit erforderten. Insofern lässt sich folgern, dass der angesichts chancenreich scheinender Zeitumstände mit einem gewissen Enthusiasmus angedachte, aber improvisierte und vielleicht etwas unbedarfte Versuch einer aktiven Friedenspolitik sofort scheiterte, aber das Neutralitätskonzept nicht nachhaltig beschädigte. Schon die wenig später erfolgreiche Schweizer Völkerbundpolitik unter der Ägide der Außenminister Gustave Ador (2. Hälfte 1917), Felix Calonder (1918/19) und Giuseppe Motta (1920) erweist das Gegenteil. Der Anlauf von 1917 dürfte einfach eine Nummer zu groß gewesen sein, und dass dessen Geheimhaltung nicht gesichert war, kann als Zeichen fehlender Professionalität gesehen werden.

Was die Chancen der Grimm-Hoffmann-Unternehmung anbelangt, so waren sie – dies muss deutlich betont werden – keineswegs negativ. Die Aktion ist im Gegenteil in einer Friedens-Hochkonjunturphase anzusiedeln und passt gut in die allgemeine Suche nach Frieden während der ersten Monate des Jahres 1917, an deren Bedeutung nicht zu zweifeln ist, auch wenn keiner der Versuche zum Erfolg, das hätte geheißen zu einem Verständigungsfrieden, führte. Konkret lässt sich die Grimm-Hoffmann-Aktion durchaus als auf niedrigerer Ebene angesiedeltes Pendant zur Wiener Sixtus-Affäre sehen. Sie fiel genau in die Zeit der österreichisch-ungarischen Suche nach einem Separatfrieden mit den Westmächten über Kaiser Karls Schwager Sixtus von Bourbon-Parma Ende März bis Ende Mai 1917. Ein Frieden im Osten würde eine komplementäre Ergänzung dargestellt haben und hätte den Weg zu einem allgemeinen Frieden ebnen können, wenn ernsthaft nach einem solchen gesucht worden wäre. Die Grimm-Hoffmann-Affäre platzte indessen schon am 13. Juni 1917, worauf Hoffmann sofort demissionierte. Demgegenüber ließ der französische Ministerpräsident Clemenceau den ersten Sixtus-Brief fast ein Jahr später (am 12. April 1918) veröffentlichen und löste die „Affäre" erst jetzt aus, deretwegen der österreichisch-ungarische Außenminister Graf Czernin zurücktrat und Kaiser Karl völlig diskreditiert erschien. Von irgendeiner Art Separatfrieden konnte in der Folge nicht mehr die Rede sein. Die mittlerweile verstrichene Zeit zeigt aber, dass grundsätzlich Chancen für Verhandlungen bestanden, sofern die Geheimhaltung gesichert war. Dem Grimm-Hoffmann-Versuch ist genau dies zum Verhängnis geworden, was nichts daran ändert, dass im Frühsommer 1917 für Russland ein Friede zu besseren Bedingungen zu haben gewesen wäre, als es der Sowjetunion am 3. März 1918 in Brest-Litowsk möglich war.

Wenn sich trotz allem von einer insgesamt recht erfolgreichen „aktiven" Neutralitätspolitik der Schweiz im Ersten Weltkrieg reden lässt, so wegen ihrer humanitären Initiativen, in deren Kontext sie davon profitierte, dass sich der Sitz des IKRK in Genf befand. Dies gilt, auch wenn die Besuche seiner Delegierten in den Kriegsgefangenenlagern in Bezug auf neutrales Verhalten nicht über alle Zweifel erhaben waren.[53] Uneingeschränkt positiv muss aber das Bemühen des IKRK um Beschaffung und Austausch von Nachrichten beurteilt werden, wofür mit der Agentur für Kriegsgefangene in der Genfer Zentrale eine riesige Maschinerie aufgebaut wurde. Es scheint klar, dass ein Abglanz des Rot-Kreuz-Lichts auf das Gastland Schweiz fallen musste, dessen Regierung sich als Schutzmacht der internationalen Organisation verstand. Wie eng die Beziehungen zwischen Bundesrat und IKRK waren, zeigt dessen langjähriger Präsident Gustave Ador, der nach Hoffmanns Sturz mit 72 Jahren in den Bundesrat gewählt wurde. Als Genfer und Verkörperer des „Mythos der humani-

tären Schweiz" war es seine Aufgabe, die Ententemächte und die Westschweiz nach dem Hoffmann-Fiasko zu beruhigen, was auch gelang.[54]

Zu den wertvollen humanitären Leistungen der Schweiz im Ersten
Weltkrieg gehören verschiedene, nicht zuletzt unter der Federführung
von Bundesrat Hoffmann als Chef des Politischen Departements bis
zu seinem Rücktritt 1917 lancierte Aktivitäten, so die Heimschaffung
internierter Zivilpersonen aus den die Schweiz umgebenden Staaten in
ihr Heimatland,[55] der Rücktransport Zehntausender Evakuierter aus den
von deutschen Truppen besetzten Gebieten, der Austausch von Schwerverwundeten zwischen den Kriegführenden[56] sowie die Internierung zahlreicher verletzter oder kranker (vor allem tuberkulöser) Kriegsgefangener
und die Organisation von Erholungsaufenthalten für diese „Kriegsgäste"
in von Touristen entblößten Schweizer Kurorten.[57] In seiner Rede auf den
1927 verstorbenen Hoffmann sagte Bundespräsident Motta, es bleibe
Hoffmanns „unvergängliches Verdienst", dass er der Neutralität „ihre
Weihe zu geben verstand", indem er „die Initiative zu den Werken für
die Schwerverwundeten, die Heimzuschaffenden und die vielen anderen
beklagenswerten Opfer des Krieges ergriff".[58] Der humanitäre Einsatz
konnte auch zur Rechtfertigung einer Neutralität dienen, die von den
Kriegführenden in der Regel nicht verstanden wurde,[59] und vermochte zur
Bewältigung des „Grabens" beizutragen, weil Kriegsopfer beider Seiten
von den humanitären Aktionen betroffen waren.[60]

V. Differenzielle statt integrale Neutralität bei Kriegsende

Wenn Carl Spitteler nach Beginn des Ersten Weltkriegs eine übergreifende
Standortbestimmung über den „Graben" hinweg versuchte, ergab sich
eine Chance dafür dank der Gründung des Völkerbunds zu Ende des
Kriegs fast von selbst. Trotzdem wurde die Auseinandersetzung um den
Schweizer Beitritt in manchem zur Fortsetzung der Weltkriegsfronten
über den Krieg hinaus, verstärkt durch den Sieg der einen und die Niederlage der anderen Seite. Die Sympathisanten der deutschen Verlierer
interpretierten den Völkerbund einfach als „Versailler" Bund, als Diktat
der Sieger, das die Niederlage der Mittelmächte fortschreiben werde.
Demgegenüber wurden die Befürworter nicht müde zu betonen, dass die
Schweiz selber ein Völkerbund im Kleinen sei.

Bei den noch während des Kriegs beginnenden Vorbereitungen zu einem Schweizer Beitritt spielten die Bundesräte Ador, Calonder und Motta und ihre Berater, vor allem der Zürcher Völkerrechtler Max Huber und der Genfer Professor der Wirtschaftsgeschichte William E. Rappard, eine zentrale Rolle. Huber war der Verfasser der sehr differenzierten Abstimmungsbotschaft des Bundesrates.[61] Nach der Londoner Erklärung des Völkerbunds-Rats vom 13. Februar 1920 betreffend die Neutralität der Schweiz war er auch an der Zusatzbotschaft vom 17. Februar 1920 beteiligt, worin das Neutralitätsproblem durch den Übergang zur differenziellen Neutralität entschärft und ein zukunftsträchtiges Modell inauguriert wurde.[62] Dieses bestand im Kern darin, dass zwischen wirtschaftlichen und militärischen Sanktionen unterschieden wurde und die Schweiz nur Erstere mittragen musste.

In der vom Bundesrat auf den 16. Mai 1920 anberaumten Volksabstimmung über den Beitritt war die Neutralitätsfrage schlechthin zentral. Die Beitrittsbefürworter argumentierten zum einen negativ, dass Neutralität in einem künftigen Krieg ohnehin wertlos wäre, oder unter Verwendung eines rein militärischen Verständnisses gleichsam technisch; umgekehrt sahen sie die Neutralität auch als politisches Mittel zur aktiven Teilnahme am Frieden und idealistisch als Fortsetzung einer gutschweizerischen Politik der Offenheit. Die Gegner drehten dieses Argument um und betonten den Wert der althergebrachten Politik des Abseitsstehens. Weiter verstanden sie Neutralität strikt als allumfassend, weshalb die Alternative für sie Neutralität *oder* Völkerbund sein musste. Schließlich wurde mit einem geradezu mythischen Neutralitätsverständnis operiert, wonach der Beitritt zum Völkerbund das Ende der Schweiz brächte.[63]

Erstaunlich bleibt die vehemente Gegnerschaft der grundsätzlich internationalistisch eingestellten Sozialdemokraten. Mit Ausnahme des religiösen Sozialisten Leonhard Ragaz sahen sie den Völkerbund einfach als imperialistisches Siegerdiktat und revidierten diese Position erst einige Jahre später angesichts des aufkommenden Faschismus. Dagegen waren die Bauern unter Führung ihres langjährigen Sekretärs Ernst Laur, der den Völkerbund als Sicherung gegen den Bolschewismus verstand, mehrheitlich für den Beitritt.

Eindrücklich ist die visionäre Kraft vieler Äußerungen von Befürwortern, auch von solchen, von denen man es nicht erwartet hätte. So entsprach die Friedenssehnsucht des Bauernführers Laur jener des Antimilitaristen Ragaz, mit dem er ansonsten wenig gemein hatte.[64]

Gegen deren Visionen schrieb das sozialdemokratische „Volksrecht" am 15. Januar 1920 höhnisch, der „Phrasenrausch von Weltfrieden, Völkervereinigung und Völkerglück" erinnere an die Zeit der Heiligen Allianz, des „Weltbunds der Reaktionäre".[65]

Auf Regierungsseite war der Romanisch-Bündner Calonder der „eigentliche" Völkerbundprotagonist, scheiterte aber am vom österreichischen Vorarlberg gewünschten Anschluss an die Schweiz, den er begrüßte, und demissionierte anfangs 1920.[66] Deshalb musste sein Nachfolger im Politischen Departement, Giuseppe Motta, die Völkerbund-Abstimmung pilotieren. Selbst wenn Calonders Rücktritt nicht dramatisch verlief wie derjenige Hoffmanns, teilte er mit ihm ein ähnliches Schicksal, und es ist interessant zu sehen, dass die einzigen wirklich „aktiven" Neutralitätspolitiker zur Zeit des Ersten Weltkriegs zurücktraten und in der Folge (unverdient) in Vergessenheit gerieten. Calonder war bis 1937 allerdings für den Völkerbund als Präsident der Gemischten Kommission für Oberschlesien tätig.

Kaum überraschend wurde die Völkerbund-Vorlage in der Deutschschweiz gesamthaft verworfen. Mit Ausnahme von Luzern, Obwalden, Nidwalden, Appenzell Ausserrhoden und Thurgau lehnten alle deutschsprachigen Kantone den Beitritt ab. Dagegen stimmten die romanischsprachigen überwältigend dafür, die gemischtsprachigen (Freiburg, Wallis) ebenfalls deutlich und die Kantone mit sprachlichen Minderheiten (Bern, Graubünden) immerhin mit leichter Mehrheit. Zwar war das Volksmehr von knapp hunderttausend Stimmen eindeutig positiv; dagegen wurde der Beitritt durch das kleinstmögliche Ständemehr abgesegnet, was für die Zukunft, die rascher turbulent wurde, als man nach den Friedenssehnsüchten bei Kriegsende erwartete, nicht viel Gutes verhieß.

1938 führte ausgerechnet Bundesrat Motta, der einst vehemente Befürworter des Völkerbunds, die Schweiz von der differenziellen in die integrale Neutralität zurück. Eine Reihe anderer im Völkerbund neutraler Staaten (die skandinavischen sowie Belgien, Niederlande und Luxemburg) folgten ihr.[67] Damit war einer der Architekten der Schweizer Völkerbundpolitik, die in den 1920er-Jahren recht erfolgreich war (in den 1930ern mit der Ablehnung der Aufnahme der Sowjetunion und der Unterwanderung der Wirtschaftssanktionen gegen Italien deutlich weniger) zu einem Totengräber nicht nur der differenziellen Neutralität, sondern letztlich des Völkerbunds geworden.

VI. Schlussbemerkung

Dass der Schweizer Beitritt beim Entstehen des Völkerbunds sofort vollzogen wurde, ist nachträglich gesehen ein kleines Wunder. Demgegenüber
ließ der Eintritt in die UNO nach dem Zweiten Weltkrieg über ein halbes
Jahrhundert auf sich warten und erfolgte 2002 mit einem ebenso knappen
Ständemehr wie 1920 beim Völkerbund. Der von Leonhard Ragaz damals
formulierte Wunsch, dass die Schweiz, die mit Genf das Zentrum des
Völkerbunds bilde, eine aktive Außenpolitik führen würde, die „auf eine
neue Ordnung des Völkerlebens gerichtet" sei,[68] wurde bitter enttäuscht.

Als der Völkerbund in den 1930er-Jahren als Folge des japanischen
Einfalls in die Mandschurei und des italienischen Überfalls auf Abessini-
en seinen Glanz verlor, waren es weniger einheimische Mahner, die den
Schweizer West-Ost-Gegensatz (und den im Landesstreik aufgebrochenen
Klassenkonflikt) überbrückten, als (indirekt) die NS-Kriegstreiber jenseits
des Rheins, die mit ihrer Aggressivität eine Abwehr-Integration des Landes bewirkten. Diese fiel mit dem Ende der Bedrohung nach dem Zweiten
Weltkrieg wieder weg. Was blieb, war der Mythos „Neutralität" und die
Hochstilisierung des Konzepts zu einer existenziellen Lebensfrage, obwohl
das Verhalten der Schweiz gegenüber Hitlerdeutschland klar gemacht
hatte, dass es keine integrale Neutralität geben kann. Insofern als jede
real praktizierte Neutralität zwangsläufig zur differenziellen wird, war
die 1938 erfolgte Abwendung von ihr letztlich ein Etikettenschwindel.

Anmerkungen

[1] *Elias Canetti*, Die gerettete Zunge, Frankfurt a.M. 1979 (Nd. 2014), 312–313, 326.
[2] *Canetti*, Gerettete Zunge (Anm. 1), 114, 129, 147.
[3] *Canetti*, Gerettete Zunge (Anm. 1), 136–137, 170.
[4] *Canetti*, Gerettete Zunge (Anm. 1), 182, 186, 204.
[5] *Otto Glöckel*. Selbstbiographie. Sein Lebenswerk: Die Wiener Schulreform, Zürich 1939, 187.
[6] *Andreas Weigl*, Eine Stadt stirbt nicht so schnell. Demographische Fieberkurven am Rande des Abgrunds, in: Alfred Pfoser, Andreas Weigl (Hrsg.), Im Epizentrum des Zusammenbruchs. Wien im Ersten Weltkrieg, Wien 2013, 62–71, hier 70.
[7] Vgl. *Wolfgang Maderthaner*, Das revolutionäre Prinzip. Arbeiterbewegung und Krieg (2), in: Pfoser, Weigl (Hrsg.), Im Epizentrum des Zusammenbruchs (Anm. 6), 566–571, hier 570.
[8] Vgl. *Rudolf Jaun*, „Meuterei am Gotthard". Die Schweizer Armee zwischen preussisch-deutschem Erziehungsdrill und sozialistischer Skandalisierung, in: Roman Rossfeld, Thomas

Buomberger, Patrick Kury (Hrsg.), 14/18. Die Schweiz und der Grosse Krieg, Baden 2014, 20–47, hier 39.

9 *Weigl*, Eine Stadt stirbt nicht so schnell (Anm. 6), 70.

10 *Konard J. Kuhn, Béatrice Ziegler*, Eine vergessene Zeit? Zur geschichtskulturellen Präsenz des Ersten Weltkriegs in der Schweiz, in: Rossfeld, Buomberger, Kury (Hrsg.), 14/18 (Anm. 8), 366–387, hier 377–378.

11 Weshalb der Schlieffenplan nicht durch die Schweiz führte, erläutert *Hans Rudolf Fuhrer*, 1914 Der „Schlieffenplan" – Warum nicht durch die Schweiz?, in: Military Power Revue der Schweizer Armee 1 (2014), 46–63.

12 Vgl. *Oliver Schneider*, Diktatur der Bürokratie? Das Vollmachtregime des Bundesrats im Ersten Weltkrieg, in: Rossfeld, Buomberger, Kury (Hrsg.), 14/18 (Anm. 8), 48–71, hier 56–57, 59, 70.

13 *Maartje Abbenhuis*, An Age of Neutrals. Great Power Politics, 1815–1914, Cambridge 2014, 2.

14 *Abbenhuis*, An Age of Neutrals (Anm. 13), 19.

15 *Hanspeter Kriesi, Boris Wernli, Pascal Sciarini, Matteo Gianni*, Le clivage linguistique. Problèmes de compréhension entre les communautés linguistiques en Suisse, Bern 1996, 95–96.

16 *Paul Seippel*, Pour notre indépendance intellectuelle, in: *Paul Seippel, Emil Zürcher, Fritz de Quervain, Leonhard Ragaz*, L'indépendance intellectuelle de la Suisse, Zürich 1917, 7, 17, 19.

17 *Leonhard Ragaz*, Des éléments essentiels à notre neutralité suisse. Un vote, in: *Seippel, Zürcher, de Quervain, Ragaz*, L'indépendance intellectuelle (Anm. 16), 40, 46, 50–51.

18 *Carl Spitteler*, Gesammelte Werke, Bd. 8: Land und Volk, Zürich 1947, 579–594.

19 Vgl. *Magnus Wieland*, Carl Spittelers Schreibtischgefechte. Zur Entstehung der epochalen Rede „Unser Schweizer Standpunkt", Neue Zürcher Zeitung 242 (2014).

20 Vgl. *François Vallotton*, Ainsi parlait Carl Spitteler. Genèse et réception du „Notre point de vue suisse" de 1914, Lausanne 1991, 84–87.

21 *Hans Rudolf Fuhrer*, Die Schweizer Armee im Ersten Weltkrieg, Zürich 1999, 535, zit. nach: *Georg Kreis*, Insel der unsicheren Geborgenheit. Die Schweiz in den Kriegsjahren 1914–1918, Zürich 2014, 131.

22 An Bundespräsident Decoppet, 11. Januar 1916, in: Diplomatische Dokumente der Schweiz (DDS), Bd. 6 (1914–1918), Bern 1981, 306–307.

23 Vgl. *Edgar Bonjour*, Geschichte der schweizerischen Neutralität. Vier Jahrhunderte eidgenössischer Aussenpolitik, Bd. II, 5. Aufl., Basel 1970, 160, 165.

24 Vgl. *Thomas Buomberger*, Kampfrhetorik, Revolutionsangst und Bürgerwehren. Der Landesstreik vom November 1918, in: Rossfeld, Buomberger, Kury (Hrsg.), 14/18 (Anm. 8), 336–365, hier 351.

25 Vgl. *Roman Rossfeld, Tobias Straumann*, Zwischen den Fronten oder an allen Fronten? Eine Einführung, in: dies. (Hrsg.), Der vergessene Wirtschaftskrieg. Schweizer Unternehmen im Ersten Weltkrieg, Zürich 2008, 11–59, hier 26.

26 Ebd., 53.

27 Vgl. *Jakob Tanner*, Die Schweiz im Grossen Krieg. Plädoyer für eine transnationale Geschichte, in: Rossfeld, Buomberger, Kury (Hrsg.), 14/18 (Anm. 8), 11.

28 Vgl. *Roman Rossfeld*, „Rechte hat nur, wer Kraft hat." Anmerkungen zur Schweizer Wirtschaft im Ersten Weltkrieg, in: Rossfeld, Buomberger, Kury (Hrsg.), 14/18 (Anm. 8), 144–171, hier 145.

29 *Leonhard Ragaz*, Mein Weg, Bd. II, Zürich 1952, 53–58.

[30] Vgl. *Christine Ragaz, Markus Mattmüller, Arthur Rich* (Hrsg.), Leonhard Ragaz in seinen Briefen, Bd. 2: 1914–1932, Zürich 1982, 92–94.

[31] Vgl. *Markus Mattmüller*, Leonhard Ragaz und der religiöse Sozialismus. Eine Biographie, Bd. II: Die Zeit des Ersten Weltkriegs und der Revolutionen, Zürich 1968, 303–312.

[32] Vgl. DDS, Bd. 6 (Anm. 22), 495–497.

[33] *Leonhard Ragaz*, Über den Sinn des Krieges. Vortrag gehalten vor der Zürcher Freistudentenschaft, Zürich 1915, 40–41.

[34] Vgl. *Mattmüller*, Ragaz, Bd. II (Anm. 31), 313–318.

[35] Protokoll der Bundesratssitzung vom 10. November 1914, DDS, Bd. 6 (Anm. 22), 107–108.

[36] Vorschlag von Bundesrat Hoffmann vom 20. November 1916, DDS, Bd. 6 (Anm. 22), 426–427.

[37] Protokoll der Bundesratssitzung vom 21. Dezember 1916, DDS, Bd. 6 (Anm. 22), 444–446.

[38] 30. Dezember 1916. *Giuseppe Motta*, Testimonia temporum 1911–1931, Bellinzona 1931, 69.

[39] Vgl. *Adolf McCarthy*, Robert Grimm. Der schweizerische Revolutionär, Bern/Stuttgart 1989, 144–148. Zum Ablauf der Affäre vgl. *Bonjour*, Neutralität, Bd. II (Anm. 23), 186–211.

[40] DDS, Bd. 6 (Anm. 22), 566–567.

[41] DDS, Bd. 6 (Anm. 22), 569, 574.

[42] Vgl. DDS, Bd. 6 (Anm. 22), 570, sowie *McCarthy*, Grimm (Anm. 39), 158–160.

[43] DDS, Bd. 6 (Anm. 22), 580.

[44] *Motta*, Testimonia temporum (Anm. 38), 219: „Er hatte das Beste gewollt. Er hatte geglaubt, dass der allgemeine Friede in jenem Zeitpunkt bereits möglich wäre."

[45] Vgl. *Josef Mooser*, Robert Grimm und die deutsche Arbeiterbewegung 1914–1933, in: Bernard Degen, Hans Schäppi, Adrian Zimmermann (Hrsg.), Robert Grimm. Marxist, Kämpfer, Politiker, Zürich 2012, 29–32.

[46] Vgl. *Bernhard Degen*, Biographischer Nachtrag, in: Degen, Schäppi, Zimmermann (Hrsg.), Grimm (Anm. 45), 190.

[47] Vgl. *Marc Vuilleumier*, Eine internationale Führungsfigur des Sozialismus, in: Degen, Schäppi, Zimmermann (Hrsg.), Grimm (Anm. 45), 69–70 und passim.

[48] *McCarthy*, Grimm (Anm. 39), 15; vgl. ebd., 151–178 (Kap. VII).

[49] *McCarthy*, Grimm (Anm. 39), 165.

[50] Zit. nach: *Bonjour*, Neutralität, Bd. II (Anm. 23), 202.

[51] *Hans Schäppi*, Zur politischen Aktualität von Robert Grimm, in: Degen, Schäppi, Zimmermann (Hrsg.), Grimm (Anm. 45), 177–178.

[52] Vgl. *Rolf Soiron*, Der Beitrag der Schweizer Aussenpolitik zum Problem der Friedensorganisation am Ende des Ersten Weltkriegs, Basel 1973, 32–43 (Basler Beiträge zur Geschichtswissenschaft, Bd. 127).

[53] Vgl. *Arthur Eugster*, Bericht über Kriegsgefangenenlager in Deutschland und Frankreich erstattet zuhanden des internationalen Komitees vom Roten Kreuz in Genf. Januar bis Juni 1915, Basel/Genf 1915.

[54] *François Walter*, Gustave Ador 1845–1928, in: Urs Altermatt (Hrsg.), Die Schweizer Bundesräte. Ein biographisches Lexikon, Zürich/München 1991, 338.

[55] Vgl. Protokoll der Bundesratssitzung vom 22. September 1914, DDS, Bd. 6 (Anm. 22), 75–76.

[56] Vgl. *Stephan Lüchinger, Theodor Brunner*, Verwundetentransport im Ersten Weltkrieg, Wettingen 2004 (Schriftenreihe für militärhistorische Studienreisen, H. 25).

[57] Vgl. DDS, Bd. 6 (Anm. 22), 195–198, 311–312, sowie *Thomas Bürgisser*, Menschlichkeit aus Staatsräson. Die Internierung ausländischer Kriegsgefangener in der Schweiz im Ersten Weltkrieg, in: Rossfeld, Buomberger, Kury (Hrsg.), 14/18 (Anm. 8), 266–289, hier 276–277.

58 *Motta*, Testimonia temporum (Anm. 38), 218.

59 Vgl. *Cédric Cotter, Irène Herrmann*, Hilfe zum Selbstschutz. Die Schweiz und ihre humanitären Werke, in: Rossfeld, Buomberger, Kury (Hrsg.), 14/18 (Anm. 8), 240–265, hier 263-264. Siehe auch *Bürgisser*, Menschlichkeit aus Staatsräson (Anm. 57), 287.

60 Vgl. *Bürgisser*, Menschlichkeit aus Staatsräson (Anm. 57), 277.

61 *Bundesrat*, Botschaft des Bundesrates an die Bundesversammlung betreffend die Frage des Beitritts der Schweiz zum Völkerbund. (Vom 4. August 1919), in: Bundesblatt Nr. 35, 3. September 1919.

62 *Bundesrat*, Zusatzbotschaft des Bundesrates an die Bundesversammlung betreffend die Frage des Beitritts der Schweiz zum Völkerbund. (Vom 17. Februar 1920), in: Bundesblatt Nr. 8, 25. Februar 1920, 334–363.

63 Vgl. *Carlo Moos*, Ja zum Völkerbund – Nein zur UNO. Die Volksabstimmungen von 1920 und 1986 in der Schweiz, Zürich 2001, 3. Kap., passim.

64 Vgl. *Ernst Laur*, Die Schweiz und der Völkerbund. Eine Wegleitung für das Schweizervolk, 1920, 16, sowie *Leonhard Ragaz*, Sozialismus und Völkerbund, Ein Wort zur Besinnung, Zürich 1920, passim.

65 Volksrecht, 15. Januar 1920; vgl. *Moos*, Völkerbund – UNO (Anm. 63), 87–89.

66 Bonjour erwähnt in seiner ausführlichen Schilderung der Vorarlberg-Frage Calonders Rücktritt nicht, vgl. *Bonjour*, Neutralität, Bd. II (Anm. 23), 292–314.

67 Vgl. *Stephen C. Neff*, The rights and duties of neutrals. A general history, Manchester 2000, 171.

68 *Ragaz*, Sozialismus und Völkerbund (Anm. 64), 14.

245

Georg Pfleiderer

Die deutschsprachige protestantische Theologie und der Erste Weltkrieg

I. Einleitung: Religion und Krieg

Der Erste Weltkrieg war kein Religionskrieg. Aber Religion war an ihm massiv beteiligt; und er hat seinerseits die europäische Religionsgeschichte der Moderne stark verändert.[1] Der Erste Weltkrieg stellt „die umfassende Katastrophe des europäischen Christentums in allen seinen Theologien dar".[2] In ihm bekämpften sich christlich geprägte Staaten, Heere und Soldaten erbittert und Letztere nicht selten wörtlich bis aufs Messer. Dies ist gleichwohl in der europäischen Religionsgeschichte der Neuzeit bekanntlich kein neues Phänomen; es steht vielmehr – in Gestalt des Dreißigjährigen Krieges – geradezu an ihrer Wiege. Überrascht hat die Zeitgenossen gleichwohl die Intensität der Involvierung von Religion in den Krieg.

Der „große Krieg" war der erste Massenkrieg der Moderne; weltweit waren an ihm mehr als 60 Millionen Soldaten beteiligt. Aufgrund des Ausmaßes, in dem er in den kriegführenden Ländern – und teilweise auch in den neutralen – in seinem Verlauf nahezu alle Bereiche des gesellschaftlichen Lebens durchdrang, hat man ihn als den ersten „totalen Krieg"[3] der Moderne bezeichnet. Er war auch der erste multimediale Propagandakrieg der Moderne. Um die riesigen Volksheere zu mobilisieren und die Opfer-

und Leidensbereitschaft der Massen zu erzeugen und aufrechtzuerhalten, bedurfte es nicht nur enormer wirtschaftlicher, politischer und logistischer, sondern auch sehr großer ideologischer Anstrengungen.[4] Religion war hier ein bevorzugtes Mittel. Anders als im Zweiten, vom nationalsozialistischen deutschen Staat ausgelösten Weltkrieg war diese ideologische Mobilisierung im Ersten Weltkrieg jedoch nicht die konzertierte Aktion einer einzelnen politischen Gruppe bzw. Partei (mit bekanntlich weit über sie hinausreichender Resonanz). An ihr beteiligten sich vielmehr nahezu alle Führungseliten der Politik, der Wirtschaft, der Kultur und eben und vor allem auch der Religion. Insbesondere die protestantisch-theologischen Führungseliten, die Universitätstheologen, Kirchenführer, aber auch die Pfarrer auf den Kanzeln und in der Gemeindearbeit taten sich darin hervor.[5] Katholische Geistliche, jüdische und freikirchliche Religionsführer standen ihnen freilich zumeist nicht nach. Doch der patriotische Nationalismus der Protestanten konnte auf eine längere neuzeitliche Tradition und auf eine breitere Basis zurückgreifen als bei jenen. Er hatte 1914 schon einen solchen Grad der Verbreitung und Selbstverständlichkeit erreicht, dass nicht mehr seine Proklamation, sondern das Setzen von kritischeren Akzenten legitimierungspflichtig erschien. Auch diskursiv etablierte theologische Legitimationsmuster standen im Protestantismus in der Regel in höherem Maße zur Verfügung als in jenen anderen Theologien.[6] Dass sich einer protestantischen Kriegstheologie gleichwohl erhebliche sachliche Schwierigkeiten in den Weg stellten, ist nicht zu bestreiten: Die Spannungen namentlich zwischen den Forderungen der jesuanischen Bergpredigt (Feindesliebe!) und den praktischen Anforderungen des modernen mechanisierten Tötungsbetriebs waren für eine so stark bibelorientierte Theologie wie die protestantische 1914 unübersehbar. Desgleichen war der – damit zusammenhängende – Widerspruch zwischen einer Einfügung des Christentums und der christlichen Kirche in die Interessen eines militärisch-politisch aufstrebenden Nationalstaats und der universalistischen Grundausrichtung des Christentums unverkennbar.[7] Allerdings hatte die protestantische Theologie seit der Reformation mit der lutherischen Zwei-Reiche-Lehre oder mit Weiterentwicklungen der klassischen Unterscheidung von sichtbarer und unsichtbarer Kirche entsprechende Modellierungsmöglichkeiten dieser Differenz geschaffen. Eine kulturgeschichtlich hochreflektierte Theologie wie diejenige von Ernst Troeltsch hatte in den Jahren vor dem Ersten Weltkrieg für solche

Modellierungen sogar ein eigenes metatheoretisches Modell der notorischen Kompromisshaftigkeit christlicher Sozialethik entwickelt.[8]

Die „Kriegspredigten des Ersten Weltkriegs"[9] legen von der Graswurzelmobilisierungsarbeit, die Sonntag für Sonntag von evangelischen Kanzeln überall in Deutschland aus erfolgte, ein beredtes, überaus vielstimmiges, aber auch varianten- und entwicklungsreiches Zeugnis ab.[10] Aufs Ganze gesehen ist – ungeachtet allen Variantenreichtums und ungeachtet insbesondere auch vereinzelter „Friedenspfarrer"[11] – die Tendenz eindeutig: Die protestantischen Kirchen haben sich zuerst als „deutsche" Kirchen verstanden. Die Pfarrer sahen ihre Aufgabe darin, die gerechte Sache Deutschlands zu verteidigen, die Opferbereitschaft der Soldaten wie auch der Zivilbevölkerung zu stärken, die Hinterbliebenen und Versehrten zu trösten, den Anfängen von – nach dem Verfliegen der Anfangseuphorie – mehr und mehr um sich greifender Kriegsverdrossenheit und Mutlosigkeit zu wehren; kurz auf diese Weise „Sinn zu stiften", oft auch dort und dann noch, wenn sie, wie etwa Feldgeistliche, den Sinnlosigkeitsattacken des modernen technischen Massenkriegs unmittelbar ausgesetzt und selbst der Verzweiflung nahe waren und oft auch zeitweise erlagen.[12]

Religion war jedoch zugleich viel mehr als nur ein Instrument der ideologischen Massenbeeinflussung in der Hand professioneller Religionsmultiplikatoren. Religion war im Ersten Weltkrieg selbstverständlich auch der alltägliche, ebenso massenhaft wie individuell gelebte Glaube. Die Kurven der in den Jahren vor dem Krieg deutlich gestiegenen Kirchenaustrittszahlen flachten zumindest in den ersten Kriegsmonaten ab. Die Beteiligung an kirchlichen Gottesdiensten, am Abendmahl, nahm wieder messbar zu – um dann im Verlauf des Krieges freilich meist wieder schwächer zu werden.[13] Beredte Zeugnisse von der in den Krieg involvierten Volksfrömmigkeit bietet die Flut von Feldpostkarten mit religiösen Motiven.[14] Gewiss sind auch diese Teil der inszenierten ideologischen Mobilisierung, aber sie sind zugleich auch Dokumente gelebter Religion: Soldaten sprachen sich damit Mut zu; Frauen vergewisserten sie ihrer Treue und Bewunderung, Trost spendeten sie den Hinterbliebenen. Auch religiöse Wunder „geschahen" im Ersten Weltkrieg.[15] Gottes wunderbare Führung und Bewahrung wurde vielfältig erfahren und wahrscheinlich noch vielfältiger erbetet und erhofft.

Die Bildmotive der Kriegspostkarten zeigen eine weithin christlich geprägte Volksreligion: Christus steht den Kämpfenden bei, der Kruzifixus tröstet die Opfer; der Vater im Himmel nimmt sie bei sich auf; Engel sind wichtige Segens- und Sehnsuchtsgestalten.[16] Neuere Forschungen weisen aber wohl zu Recht darauf hin, dass der Krieg auch sehr viel nicht christliche Frömmigkeit, vulgo „Aberglauben", freigesetzt hat.[17] Insbesondere von den Soldaten „im Feld" wurden Amulette, Stoßgebete und andere religiöse Praktiken und Symbole oft sehr geschätzt. Dabei waren die Übergänge von christlich zu nicht christlich geprägten Zeichen und Ritualen fließend: Als Amulette dienten etwa Kruzifixe, aber auch Bilder von Angehörigen u. a. Eine schwierig zu beantwortende und noch wenig erforschte Frage ist, inwiefern der Krieg das Ausmaß und die Verbreitung des christlichen Glaubens bzw. der Religion überhaupt befördert hat. In vielen Kriegstagebüchern spielen religiöse Belange oft eine erstaunlich geringe Rolle.[18] Bei den meisten Frontsoldaten scheint sich ihr Sehnen, Sorgen und Bangen vorrangig auf das nackte Überleben gerichtet zu haben. Religion trat – in Gestalt jener Stoßgebete und Amulette – oft gewissermaßen punktuell in Erscheinung. Für viele Kriegsteilnehmer waren die Fragen des – körperlichen – Überlebens: Unverletztheit, Ernährung, Witterung, Hygiene, auch Ausscheidungen und der Genuss der oft außerordentlich knappen kompensatorischen Vergnügungen (Alkohol, Musik, Sex), alles, worum sich ihr Sehnen und Trachten über lange Zeit drehte.[19] Das unmittelbare Erleben des technischen Massenvernichtungskriegs dürfte gerade bei den Soldaten religiöse Sinnpotenziale und Sinnsuchen häufig eher zerstört bzw. verhindert als ausgelöst oder verstärkt haben. Ob Martin Greschats nüchterne Diagnose zutrifft, muss gleichwohl dahingestellt bleiben: „Wer als entschiedener Christ in den Krieg ging, blieb es in der Regel auch. Ebenso verhielten sich überzeugte Atheisten. Nur sehr wenige änderten tatsächlich ihren Glauben und ihr Leben."[20]

II. Posaunen im „Krieg der Geister"

Vom ersten Tag an war der Erste Weltkrieg bekanntlich von einer ungeheuren Flut intellektueller Debatten begleitet. Zeitgleich mit den militärischen Massenmobilisierungen begann in den kriegführenden Ländern, aber auch in den neutralen Staaten eine Art „Parallelaktion", ein intellektueller „Kulturkrieg"[21] beispiellosen Ausmaßes. In den kriegführenden Ländern, insbesondere in Deutschland, Frankreich und England war das Kennzeichen dieser Debatten ein für öffentliche intellektuelle Verständigungsdiskurse über politische Grundsatzfragen höchst ungewöhnliches:

250

ihre Homogenität. Dissonante Töne, sprich: insbesondere pazifistische, gab es zwar vereinzelt, aber sie vermochten sich nach Kriegsausbruch kaum noch Gehör zu verschaffen. Die 1892 gegründete Deutsche Friedensgesellschaft etwa erklärte mit Kriegsbeginn ihre pazifistische Politik für gescheitert und die Beteiligung am Krieg für ihre Mitglieder zur nationalen Pflicht.[22] Nicht minder überraschend, aber politisch noch sehr viel bedeutsamer war bekanntlich, dass auch die internationale Sozialdemokratie in allen kriegführenden Ländern praktisch sofort und mehr oder weniger einheitlich auf den nationalen Kriegskurs einschwenkte. In Anbetracht dessen kann man von jenen intellektuellen Selbstverständigungsdebatten sagen: Gestritten wurde in ihnen nicht untereinander, sondern mit überwiegend Abwesenden, mit den ausländischen „Feinden". Ohne dass man sie dazu auffordern oder gar nötigen musste, machten sich ab dem 1. August 1914 die allermeisten Intellektuellen der kriegführenden Länder zum verlängerten Arm der politischen Eliten, zu Medien der Mobilisierung und zu Akteuren einer intellektuellen Parallelkriegführung gegen das Ausland.

An diesen nationalistischen Debatten (wenn man hochhomogene Diskurse überhaupt so nennen will) beteiligten sich Theologen und Religionsvertreter, wie gesagt, von Anfang an intensiv und oft an vorderster Front.[23] Und religiöse Ober- und Untertöne beherrschten auch die Stellungnahmen der politischen Eliten, in Deutschland insbesondere diejenigen des Kaisers, von Anfang an. Die Gründe für diese religiöse Signierung liegen, allgemein gesprochen, darin, dass in allen damaligen Gesellschaften der Krieg als eine nicht nur politisch-militärische, sondern zugleich ethisch-moralisch und damit wiederum religiös konnotierte Angelegenheit betrachtet wurde. Überall bildete sich gleichsam schlagartig so etwas wie ein politisch-militärisch-moralisch-religiöser Komplex heraus.

Die Vertreter der religiösen Deutungseliten beteiligten sich darum so intensiv an der Erzeugung und Persistierung dieser Amalgamierung, weil sie ihnen höchst willkommen war und sie sie nicht selten als Balsam auf die Wunden empfanden, die ihnen Säkularisierungsprozesse in der Vorkriegszeit geschlagen hatten. Wie in Deutschland hatten auch in anderen europäischen Ländern wie Frankreich oder England die großen Kirchen vor dem Krieg massive Mitgliedereinbußen zu verkraften; der öffentliche Einfluss der Kirchen war deutlich zurückgegangen; die Eliten von Bildung, Politik, Wirtschaft und Kultur, aber vor allem auch die Arbeiterschaft hatten sich seit der Mitte des 19. Jahrhunderts teilweise in Scharen von den

Kirchen abgewandt. Auch im bürgerlichen Mittelstand war es aufgrund vielfältiger Modernisierungsprozesse, insbesondere des Aufstiegs neuer technischer Eliten (Ingenieure), des Einflusses von naturwissenschaftlichem Denken, Darwinismus, neuen sozialen Sicherungssystemen, rasant steigender Mobilität, Internationalisierung etc. zu einem Nachlassen kirchlicher und traditioneller religiöser Bindungen gekommen. Aus der Sicht der religiösen Eliten brachte der Krieg die große Chance, religiöse Bindungen wieder neu zu festigen.

Da, wenn auch in unterschiedlichem Maße, doch mehr oder weniger alle religiösen Organisationen in allen kriegführenden Ländern von diesen Prozessen betroffen waren, lassen sich die entsprechenden Effekte bzw. Tendenzen auch bei den Deutungseliten mehr oder weniger aller Religionsgemeinschaften feststellen. Allerdings variierten die Akzentsetzungen: Während die Vertreter majoritärer Religionsgemeinschaften versuchten, den sich in den ersten Kriegsmonaten herausbildenden politisch-militärisch-moralisch-religiösen Konsens möglichst exklusiv mit ihrer jeweiligen konfessionellen Signatur zu besetzen, versuchten Vertreter religiöser Minderheiten oder solcher Religionsorganisationen, die wie etwa die deutschen Katholiken in der Vorkriegszeit einen Nachholbedarf an gesellschaftlicher Anerkennung empfanden, diesen wettzumachen, indem sie sich nicht minder intensiv, sondern möglichst noch heftiger und emphatischer in jene Diskurse einschalteten. Juden, Katholiken oder protestantische Freikirchler wollten an ihrem Patriotismus keinerlei Zweifel aufkommen lassen.

Von diesem Trend zur spontanen und selbst verursachten Homogenisierung wurden auch die positionellen Differenzen innerhalb der religiösen Deutungseliten erfasst. Die in den Vorkriegsjahren erbittert ausgetragenen theologischen Gefechte zwischen liberalen und konservativen Theologen, insbesondere im deutschen Protestantismus, erlahmten in den kriegsbezogenen Debatten mit sofortiger Wirkung; nicht selten stellten sich in den ersten Kriegsmonaten gerade die fortschrittlichsten und international höchst angesehenen liberalen Theologen wie Adolf von Harnack, Ernst Troeltsch oder Martin Rade mit ihrem publizistischen Einfluss in die erste Reihe der Mobilisierungsredner und Vorkämpfer für die deutsche Sache gegenüber dem Ausland.

Gerade die Aktivitäten der liberalen Theologen wurden wiederum im jeweiligen Ausland bzw. den ausländischen Partnerkirchen besonders intensiv wahrgenommen; sie trugen – ganz entgegen der von ihren Autoren damit verbundenen Absichten – nicht unerheblich zur Förderung der wechselseitigen religiösen Feindbilder bei. Besondere Bedeutung schrieben die Kriegspartei gewordenen Theologen dem Kampf um die Sympathie der Deutungseliten in den neutralen Staaten zu. Neben den Niederlanden und den skandinavischen Ländern spielte hier die Schweiz, aus deutscher Sicht insbesondere die deutschsprachige, größtenteils protestantische Schweiz, eine wichtige Rolle.

Über die Gründe für diese forcierte Beteiligung der religiösen Deutungseliten an jenen rapiden Nationalisierungsprozessen der intellektuellen Deutungsdebatten ist viel geschrieben worden. Außer in den angedeuteten Motiven der Kompensation von Säkularisierungseffekten und gesellschaftlichen Benachteiligungen und anderen speziellen Gegebenheiten der jeweiligen religiös-intellektuellen Felder, über die noch zu reden sein wird, sind sie in allgemeinen Mentalitätsstrukturen zu suchen, welche die Theologen mit ihren Zeitgenossen teilten: zuerst im in den Vorkriegsjahren und Jahrzehnten kontinuierlich gewachsenen Nationalismus der bürgerlichen und insbesondere bildungsbürgerlichen Schichten, der seinerseits viele Ursachen hat. Die wichtigsten sind vermutlich die durch die rapiden Industrialisierungsprozesse stark dynamisierte Konkurrenz der großen europäischen Nationalstaaten im 19. Jahrhundert, die inneren Dissoziationsprozesse und Spannungen der europäischen Gesellschaften, die – trotz eines enorm gestiegenen Welthandels – mangelnde Vertrautheit der (weniger begüterten) breiteren Bildungsschichten mit anderen europäischen Kulturen (und Sprachen). Reisen ins zumal fremdsprachige europäische Ausland gehörten bekanntlich für den durchschnittlichen Bildungsbürger während der ganzen ersten Hälfte des 20. Jahrhunderts zu den überaus seltenen biografischen Erlebnissen. So intensiv man im jeweiligen Patriotismus auf europäische Nachbarvölker negativ bezogen war, so fremd war man sich lebensweltlich. Bei Kriegsausbruch zeigte sich, dass diese Effekte viel stärker waren als alle transnationalen kulturellen Austauschprozesse, die eine bereits stark internationalisierte Wirtschaft, aber auch die Bildungswelten von Literatur, bildenden Künsten, Musik und Fremdsprachenunterricht, welche die nationalen Schul- und Bildungssysteme im Europa der Vorkriegszeit doch eigentlich – und im globalen Vergleich sogar vor allem – gekennzeichnet hatten.

Dass auch und gerade die Theologen diesen Einbindungskräften in eine forciert nationalistische und chauvinistische Intellektuellenkultur erliegen würden, kam nicht überraschend. Insbesondere in Deutschland und zumal unter deutschen Protestanten hatte sich dies seit spätestens der Reichsgründung 1870 mit zunehmender Deutlichkeit abgezeichnet. Bereits vor der Reichsgründung und seit ihr verstärkt arbeitete der national-liberale Allgemeine Deutsche Protestantenverein unter Führung etwa des theologischen Hegelianers Richard Rothe auf eine Nationalisierung des Christentums, eine protestantische Einheitskultur und die Bildung einer deutschen Nationalkirche hin.[24] Der „Kulturprotestantismus", wie ihn etwa der Göttinger systematische Theologe Albrecht Ritschl und seine im Kaiserreich überaus einflussreichen theologischen Schüler vertraten, war politisch und gesellschaftspolitisch nationalistisch ausgerichtet.[25] Die sogenannte religionsgeschichtliche Schule hatte sich um 1890 in Göttingen von der älteren Ritschlschule mit der Forderung nach einer religionsgeschichtlichen Öffnung und einer entsprechenden religionsphilosophischen Begründung der Theologie abgesetzt, weil sie auf diese Weise dem den Historismus begleitenden Relativismus ein geltungstheoretisches Recht in der Theologie zu verschaffen suchte. Als ihr Systematiker galt der in Heidelberg lehrende Ernst Troeltsch. Auch dieser stellte sich bei Kriegsausbruch zusammen mit seinem berühmten Berliner Kollegen Adolf von Harnack zu den prominenten Vertretern und Propagandisten einer deutschen Nationalideologie.[26] Beide argumentierten dem Anspruch nach historisch. Harnack war – als Balte – der Auffassung, dass zwischen der protestantisch, römisch-katholisch und durch die Aufklärung geprägten mittel- und westeuropäischen Kultur einerseits und dem durch Ostkirche und Cäsaropapismus geprägten Russland bzw. den slawischen Völkern andererseits ein kultureller Graben verlaufe. Troeltsch wiederum hob vor allem auf die kulturell-historischen Differenzen zwischen der deutschen und der westeuropäischen Moderne ab. Während es für das historisch gewordene „Wesen" des Deutschen im Unterschied zum „Wesen" des Französischen oder Englischen typisch sei, eine Kultur des Geschichtlichen und Individuellen ausgebildet zu haben, die sich als solche jedoch nur in einem monarchisch regierten, militärisch starken Staat pflegen lasse, dem sie sich gehorsam einordne, gehörten zum „Wesen" der westeuropäischen Kultur rationales Naturrecht, Empirismus, Demokratie und Parlamentarismus; diese „westlichen" Erfindungen seien jenem deutschen Wesen in der Wurzel fremd.[27] Es ist diese Differenz der Kultur eines westlichen Rationalismus versus eine Kultur des deutschen geschichtlichen Individualismus, eng verbunden mit der von Ferdinand Tönnies griffig auf die Formel gebrachten Unterscheidung von „Gemeinschaft" versus

„Gesellschaft",[28] die ein wesentliches Ferment jener „Ideen von 1914"[29] bildet, in welchen sich der intellektuell-ideelle Überbau des politischen „Burgfriedens" ab Kriegsbeginn manifestierte.

Eine andere Form von theologischem Liberalismus findet sich bei Friedrich Naumann oder Gottfried Traub. Beide kamen aus einem engagierten Sozialliberalismus und wurden bereits wie Naumann vor dem Krieg bzw. im Krieg und danach wie Traub zu führenden Vertretern eines machtpolitischen Nationalliberalismus. Nationalliberale Theologen wie diese argumentierten vor allem mit der Logik der politischen Interessen, der ein moderner Staat unterliege. Religiös begründete theologische Argumentationen hätten sich dieser entweder im Sinne der Stärkung eines politisch-nationalen Christentums einzufügen oder auf das Gebiet der frommen Innerlichkeit zu beschränken.

Eine große Gruppe unter den protestantischen Hochschultheologen, die zugleich am repräsentativsten war für die Majorität der protestantischen Pfarrer und Kirchenführer, bildeten die Vertreter eines in Deutschland vorwiegend lutherischen Konservativismus, namentlich die sogenannten „Positiven" oder „Modern-Positiven". Sie hatten während der viereinhalb Jahrzehnte des Kaiserreichs mehr und mehr begonnen, ihre zunächst eher traditionalistische, an einem statischen Modell ständisch gegliederter, kleinstaatlicher Obrigkeitsstaaten orientierte politische Ethik an den allgemeinen Modernisierungstrend der theologischen Sozialethik zur Nationalisierung des Politischen anzupassen. Die lutherische Zwei-Reiche-Lehre, die im 19. Jahrhundert neu entdeckt wurde, bot dafür je nach Interpretation zugleich Möglichkeiten, wie sie ihr auch gewisse Hindernisse in den Weg legte. Diese konnte – wie etwa bei dem Nationalliberalen Friedrich Naumann – so gedeutet werden, dass der Krieg als das Implikat der konkurrenzhaften, freien Selbstentfaltung moderner, hochindustrialisierter Machtstaaten begriffen wurde. Sie konnte aber auch noch 1914 traditionalistischer ausgelegt werden: In dieser Perspektive wurde die Schöpfungsordnung des Staates als Gottes Reaktion auf die Sünd- und Boshaftigkeit des Menschen verstanden; und der Krieg als manifester Ausbruch einerseits jener sündhaft-bösen condition humaine, andererseits als Ausdruck des göttlichen Zornes über diese. Der Kriegsausbruch war dementsprechend, so etwa bei Ludwig Ihmels,[30] durchaus nicht lauthals zu begrüßen, sondern sollte als Anlass zur Buße aufgefasst werden. „Wir wissen nichts von einem deutschen Gott und wollen nichts von ihm wissen."[31] Wurde bei den traditionalistischeren unter den konfessionalistischen Theologen der Krieg somit eher als Strafgericht Gottes über die Welt und als Aufforderung, gottergeben und kaisertreu seine Pflicht für das Vaterland zu erfüllen, betrachtet, so gab es in diesem Lager auch mehr und mehr lautstarke Vertreter einer ausgesprochen aggressiven, völkischen Theologie. Dazu zählte vor allem der publizistisch und politisch sehr aktive Berliner Theologe Reinhold Seeberg.[32]

III. Augusterlebnis und Ideen von 1914

Eine in der Tat eigene Wirkung erzeugte vor diesem Hintergrund für die Vertreter unterschiedlicher protestantischer Theologien das – bereits kurz danach als solches vielbeschworene – „Augusterlebnis".[33] Dessen Inhalt war im Falle der protestantischen Theologen weniger der Hurrapatriotismus der Schüler und Studierenden, von denen viele den Krieg – zumindest in der Mobilmachungsphase – als eine Art gehobene Pfadfinderveranstaltung mit der Gelegenheit, aus der Langeweile der Zivilisation ausbrechen und sensationelle Abenteuer und Heldentaten vollbringen zu können, empfunden zu haben scheinen.[34] Für die (in der Regel älteren) Universitätstheologen war jenes Augusterlebnis vor allem darum so begeisternd, weil sie es als summarischen Auftakt zum Gesamtvorgang der Massenmobilisierung wahrnahmen, die sie ihrerseits als das Sinnfälligwerden einer paradigmatischen kollektiven Willensbildung, der Konstituierung eines einheitlich kollektiven Handlungssubjekts mit der moralisch-idealen Zielsetzung der heldenmutigen, opferbereiten, aber zugleich technisch und logistisch hochorganisierten Selbstverteidigung deuteten. Jenes Augusterlebnis wurde von protestantischen Theologen geradezu als die Versöhnung der Moderne mit ihren religiösen Wurzeln empfunden und interpretiert. Die negativen und kontraproduktiven Effekte der modernen individualistischen Gesellschaft wurden in dieser Sichtweise zurückgenommen zugunsten der positiven: der Bereitschaft der Individuen zusammenzustehen als Volks-Heer „wie ein Mann" und die individuelle Freiheit in stellvertretender Opferbereitschaft für die „Lieben" zu verteidigen gegen die von allen Seiten hereinstürmenden, heimtückischen, bösen Feinde. Zugleich verbindet sich damit die Überwindung der für freie, individuelle Selbstentfaltung bedrohlichen Aspekte der modernen Technik und Bürokratie. Die Angst vor dem „Untergang der Persönlichkeit" angesichts der depersonalisierenden Mächte der Moderne wurde gebannt durch deren funktionalisierende Indienstnahme für den idealen Zweck der Selbstverteidigung gegen das Böse.

Diese Deutung des Augusterlebnisses steht wiederum in einem engen Korrespondenzverhältnis mit jenen „Ideen von 1914". Die erlebte Tatsache, dass individuelle Menschen sich massenhaft-kollektiv zu einem bestimmten Zeitpunkt, nämlich im Angesicht der Bedrohung, einer idealen sittlichen Zielsetzung unterwerfen und sich dabei der technisch-organisatorischen Hilfsmittel der Moderne bedienen können, ist selbst und als solches gleichsam als der Existenz- und zugleich Überlegenheitsbeweis einer Konzeption moderner Vernunft interpretierbar: nämlich der geschichtlich-individuellen Vernunft als Quelle praktisch-gemeinschaftsbezogener Sittlichkeit. Diese erweist sich gleichsam im geschichtlichen Augenblick als solche; sie unterwirft sich die „technische Rationalität" der Moderne; verweist diese auf deren – funktionalen – Platz und bannt damit die doppelte Gefahr der Entsittlichung des Individualismus zum Atomismus und der depersonalisierenden Potenz des modernen technisch-industriellen Komplexes. In den „Ideen von 1914" wird das Augusterlebnis gleichsam auf Dauer gestellt; diese und jenes bedingen und interpretieren sich wechselseitig.

Dass aber solches „tatsächlich" in der Geschichte möglich wurde, dass also Versöhnung des Geistes mit sich selbst und Unterwerfung der technoiden Zivilisation durch den sittlich-individuellen Kulturgeist „tatsächlich" geschah und erfahrbar wurde, und dass solche Koinzidenz von Erlebnis und Deutung ihrerseits zugleich je spontan individuell und wiederum kollektiv-gemeinschaftlich sich einstellt, dies „kann" in der Logik dieser Deutung bzw. solchen Erlebens seinerseits nicht nur Ausdruck subjektiver Deutung und je individuellen Handelns sein; in diesem kollektiv-individuellen Erleben und Handeln „muss" seinerseits die absolute Macht des alles geschichtlich-individuelle Handeln zu seinem Ziel führenden absoluten Geistes – Gottes – am Werk sein. Das Augusterlebnis im Verein mit den „Ideen von 1914" drängt geradezu mit innerer Notwendigkeit zu einer religiösen, näherhin geschichtstheologischen Deutung: In dieser religiös-spekulativen Letztdeutung allererst wird das Kontingente dieses Ereignisses seinerseits aufgehoben in einen absoluten Sinnzusammenhang.[35]

Dass dieses Amalgam von Erlebnis und Deutung gerade für protestantische, modernitätsaufgeschlossene Theologen von geradezu bezwingender Kraft war, dem sich auch die kritischsten und reflektiertesten

Geister – und sie womöglich am wenigsten – zu entziehen vermochten, liegt in der Logik dieser intellektuellen Wahrnehmungsweise. In keiner intellektuellen Zunft dürfte es eine so große latente Erwartungsbereitschaft, so passfähige Deutungsmuster dafür gegeben haben wie in der protestantischen Theologie. Für sie bedeutete es nichts Geringeres als die Versöhnung ihrer intellektuellen Wirklichkeitssicht mit dieser selbst bzw. mit der gelebten Volksreligion der Moderne. Gleichsam über Nacht wurden sie gewissermaßen zu den intellektuellen Hohepriestern der neu entstandenen, neu erwachten Volksreligion. Dass Harnack eine der kaiserlichen Mobilisierungsansprachen aus den ersten Kriegstagen wesentlich mitverfasste[36] und wie etwa auch Ernst Troeltsch insbesondere in den ersten Kriegsmonaten eine ganze Serie von resonanzstarken öffentlichen Reden hielt und entsprechende Texte schrieb, sind dafür aussagekräftige Belege. Dass es gleichwohl auch anders ging, dass auch eine liberale Theologie nicht mit zwingender Notwendigkeit in eine euphoristische Kriegstheologie münden musste, zeigt sich an – allerdings sehr vereinzelten – Beispielen, etwa an dem von Friedrich Siegmund-Schultze. Dieser hatte zu den Protagonisten jener internationalen kirchlich-theologischen Friedenskonferenz gehört, die justament zum Kriegsausbruch, Anfang August in Konstanz stattfand. Aber solche Positionen blieben zunächst die große Ausnahme.

Für die riesige Mehrheit der akademischen protestantischen Theologen Deutschlands lag in der großen Koinzidenz und (subjektiven) Kohärenz von Erleben und Deutung jenes Augusterlebnisses selbst schon dessen Kraft zur Persistierung. Zwei Ereigniszusammenhänge der anschließenden Wochen und Monate trugen zumindest zunächst verstärkend dazu bei: zum einen die wiederum überraschenden, ‚wunderbaren‘ und angstbefreienden militärischen Erfolge der Mittelmächte, insbesondere der deutschen Truppen. In einer geschichtstheologischen Perspektive schien dieser tatsächliche Erfolg das „Wunder" des kollektiven Opfer- und Kampfesmutes rechtfertigend zu bestätigen. Zum andern wirkte bestärkend das Bekanntwerden der „feindlichen" Propaganda, insbesondere der englischen und französischen Intellektuellenreaktionen auf die deutschen Kriegserfolge im Westen. Dass man diese dort nicht nur nicht als solche anerkannte, sondern sie zugleich auf den unmoralischen, rechtswidrigen Bruch der belgischen Neutralität zurückführte und zugleich mit heftiger Abscheu an (angeblichen) deutschen Kriegsverbrechen verband, führte bei den deutschen Theologen zu einer massiven und wiederum nachgerade kollektiven Entrüstungsreaktion. Hier, wenn man so will, erst hier, zeigt sich die selbstimmunisierende, ideologische Verfestigung jenes Deutungsschemas. Deren klassisches Dokument ist das berühmte Manifest „Aufruf an die Kulturwelt", auch das „Manifest der 93 Intellektuellen" genannt, vom 4. Oktober 1914.[37]

Dies war der Zeitpunkt, zu dem bei den betreffenden deutschen Theologen der Augustmythus gewissermaßen in die Phase der Arbeit am Mythos überging. Nun sahen sie sich in der Rolle der „Aufklärer", welche die propagandistisch irregeleiteten Kollegen im Ausland von ihrer ideologischen Verblendung zu befreien hatten. Die in der Regel ausbleibende positive Resonanz bzw. die kontraproduktiven Reaktionen, die dies auslöste, führten ihrerseits wiederum zu Verbitterungen, bei den sich von den ausländischen Kollegen verkannt fühlenden Deutschen.[38]

IV. Differenzierungen und Entwicklungen

Dass und warum die intellektuelle Verführungskraft jenes „August-14-Syndroms" gerade für deutsche liberale, „kulturprotestantische" Theologen sehr hoch war, dürfte deutlich geworden sein. Allerdings zeigten sich diesbezüglich schon bald auch Unterschiede. Diese verlaufen, wie zumindest in der Rückschau nicht anders zu erwarten, für die Deutschen in actu gleichwohl zunächst überraschend, entlang der Nationalitätengrenzen. Im deutschen Sprachraum entwickelt sich in der Schweiz die stärkste Kritik am deutschen Theologennationalismus. Als dessen markantester Kritiker positioniert sich in den von ihm herausgegebenen „Neuen Wegen" der Vordenker des Schweizer religiösen Sozialismus, Leonhard Ragaz. Er betrachtet „die mit dem Weltgeist [...]" (sc. insbesondere von Nationalismus und Imperialismus) „[...] verbundene Religion als eine ‚starke Ursache der Katastrophe'".[39] Allerdings sind bereits bei dessen Mitstreiter Hermann Kutter auch durchaus modifizierte Töne zu hören. Dieser warnt zwar im August 1914 ähnlich dezidiert wie Ragaz vor aller nationalistischen Kriegsbegeisterung,[40] aber 1915 auch vor einer falschen Friedenssehnsucht, die verkenne, dass „der Krieg vielleicht eine Notwendigkeit ist, um gewisse Schäden und faule Zustände, die der Friede großgezogen, wegzufegen, oder gar ein Gericht in der Hand Gottes über die Sünden der Menschen, das versteht sie nicht".[41] Seine emphatischen „Reden an die deutsche Nation"[42] beginnen: „Der Tag des Deutschen bricht an. Es ist keine Frage mehr: Deutschland wird die führende Macht im europäischen Staatengebilde. Der deutsche Geist fängt an, die Welt zu bestimmen. [...] Aus seiner eigenen Tiefe schöpft er die Kraft zu neuer weltumspannender Kultur. Was deutsche Wissenschaft und deutsche Technik schon lange angebahnt, ist jetzt da: die Vorherrschaft des deutschen Wesens."[43] Im „deutschen Wesen" scheine (kantisch-idealistisch gesprochen) das Allgemeine der Idee auf,[44] eben darum aber müsse die „deutsche Regierung [...] den guten Willen zum Prinzip ihrer Politik und so langsam zur Politik überhaupt erheben".[45] Die Pointe ist also die eines Appells an einen verantwortlichen Umgang der deutschen Führung mit ihrer militärisch-politischen Macht.[46]

In Deutschland beginnt die einheitlich-euphoristische Kriegstheologie vom Sommer und Herbst 1914 im folgenden Jahr bereits langsam zu bröckeln. Erste Anzeichen dazu zeigen sich etwa bei Martin Rade. Der einflussreiche Herausgeber des maßgeblichen kulturprotestantischen Publikationsorgans hatte in den ersten Kriegswochen seine Begeisterung über das „Durchzucktsein und Durchglühtsein des ganzen Volkes von einer Empfindung" und das allgemeine Vertrauen in die politische Führung, die ein vorsichtiges und kritisches Urteil über die Kriegsursachen und die ethische Bewertung des Krieges verbieten würden, geäußert[47] und die Parole ausgegeben: „Jetzt heißt es: erleben!"[48] Denn „[e]s ist wundervoll, mit welcher Ruhe, Ordnung und Sicherheit unsre Mobilmachung [sich] vollzieht. Daran müssen doch auch die Engel im Himmel ihre Freude haben."[49] Zugleich warnt er jedoch schon früh vor einer Hetze gegen Feinde und Ausländer.[50] Ein Tonartwechsel kündigt sich im Leitartikel vom 10. September 1914 an, überschrieben mit „Opfer. Nimm das Kreuz auf dich. Mark. 10, 21",[51] um dann eine Woche später in einem berühmt gewordenen Artikel nichts weniger als den „Bankerott der Christenheit" zu erklären. Dieser bestehe darin, dass „die Christenheit der europäisch-amerikanischen Kulturwelt" als einheitsstiftendes Band vollkommen versagt habe.[52] Wieder eine Woche später erklärt er im Artikel „Der Gott der Völker": „Das Christentum kennt kein auserwähltes Volk, keine auserwählten Völker, keine auserwählte Nation oder Rasse mehr."[53] Am 15. Oktober meditiert Rade im Leitartikel darüber, dass „Jesus mit im Feld" sei, aber auch bei den Christen auf der anderen Seite.[54] Die Kritik an Rades neuer Nachdenklichkeit führt zu zahlreichen Abonnementkündigungen und bringt die „Christliche Welt" wirtschaftlich in eine schwierige Lage. Das hindert ihn nicht daran, in einer Anfang 1915 separat erschienenen

Schrift einerseits zwar auch nochmals der religiösen Konnotationen des Augusterlebnisses zu gedenken, andererseits aber programmatisch einzuschärfen: „Drei Eigenschaften des Christentums machen es für jeden Krieg, so auch für diesen unbequem, seine Bußfertigkeit, seine Friedfertigkeit und sein Internationalismus."[55]

Auch bei Ernst Troeltsch und Adolf von Harnack beginnen 1915, spätestens 1916 erkennbar Modifizierungs- und Revisionsprozesse ihrer politischen Theologien. Diese werden sichtbar im Rahmen der sogenannten Kriegszieldebatte. Beide Vordenker des protestantisch-theologischen Liberalismus stellen sich hier ins Lager derjenigen, die für relativ moderate Kriegsziele plädierten.[56]

Doch auch die Gegenrichtung, die sogenannten „Annexionisten", verfügte über prominente protestantisch-theologische Unterstützung. Reinhold Seeberg war als Verfasser der nach ihm benannten Seeberg-Adresse sogar der Stichwortgeber dieser großen Gruppe.[57] Zu den führenden politisch konservativen Lutheranern gehörte der (theologisch eigentlich liberale) Lutherforscher Karl Holl, der Seeberg politisch nahe stand. Das wichtigste Organ dieser Richtung war die „Allgemeine Evangelisch-Lutherische Kirchenzeitung" (AELKZ).[58] Darin schrieben auch jüngere Theologen wie etwa der später einflussreiche Paul Althaus.[59] An seinem Beispiel wird allerdings erkennbar, wie eine politisch-konservative theologische Position einhergehen konnte mit einer gewissen Distanz gegenüber einer theologischen Aufladung des Augusterlebnisses. Als Armeekrankenpfleger in Polen sei es ihm nämlich „zur Gewissheit geworden, dass die Stimme Gottes nur denen im Kriegslärm und der Not des Kampfes deutlicher in die Seele gesprochen hat, die diese Stimme schon vor dem Kriege hörten".[60] Hinter dieser nüchternen Einschätzung stehen vor allem Beobachtungen von unter den Soldaten weitverbreiteten „geschlechtlichen Zügellosigkeiten".[61] Als völkischer Theologe war Althaus der Auffassung, dass „der Kriegsdienst" „Gottesdienst" zu sein habe, dies aber nur sein könne, wenn insbesondere die Soldaten eine entsprechend tugendhafte Haltung an den Tag legten.[62] Althaus scheint im konkreten Umgang mit den Soldaten erkannt zu haben, dass „mächtiger, herrlicher Mannesmut" verbunden mit einem „allgemeinen religiösen Patriotismus" noch keineswegs für eine umfassende Tugendhaftigkeit oder für eine „echte" persönliche Frömmigkeit standen.[63] Dazu war vielmehr „eine von Gott hervorgerufene religiöse Erfahrung oder ‚Ahnung' nötig".[64] „Die innere Erneuerung unseres Volkes, derer wir harren, ist erst dann vor Rückfall gesichert, wenn seine Männer als solche wiederkehren, die einen Hauch des Geistes Gottes gespürt haben."[65] So bereitete bei diesem jungen kulturkonservativen, völkischen Lutheraner eigene Anschauung der moralisch-religiösen Begleitumstände des Krieges bei den Soldaten zuerst ein „pastorale[s] Erweckungsprogramm"[66] und sodann eine explizite „theozentrische Wende" seiner lutherischen Theologie und damit seine Variante der sogenannten Lutherrenaissance nach dem Krieg vor,[67] die man – etwa mit Liebenberg unter Verweis auf Althaus' Schülerschaft bei Karl Holl – diesen Deutungen als „theozentrische Erlebnishermeneutik"[68] auch bereits zugrunde liegend sehen kann.[69]

Auch bei großen liberalen Theologen wie Harnack und Troeltsch ist, wie gesagt, erkennbar, wie sie – allerdings in anderer Weise als jener junge Lutheraner – in der zweiten Kriegshälfte ihre zeitdiagnostischen Deutungsmuster modifizieren. Harnack wird mehr und mehr zum Befürworter von demokratischen Reformen des politischen Systems, insbesondere von Wahlrechtsreformen.[70] Dies gilt auch für Troeltsch. Bei diesem bricht außerdem die durch die „Ideen von 1914" zwischenzeitlich erstarrte historische und politische Differenzierungsfähigkeit wieder durch und er plädiert nun für eine „Kultursynthese" „deutscher" und „westeuropäischer" Ideen und Werte. Am Kriegsende und in den Wochen und Monaten danach stellen sich beide Protagonisten des liberalen Protestantismus entschlossen ins Lager derjenigen Intellektuellen, die den demokratischen Parlamentarismus der Weimarer Republik begrüßen. In bürgerlich-liberalen Vereinigungen wie der Mittwochsgesellschaft und dem Volksbund für Freiheit und Vaterland treten sie der annexionistischen „Vaterlandspartei" entgegen und für politische Reformen ein, namentlich für ein allgemeines, geheimes und gleiches Wahlrecht auch in Preußen, zunächst noch innerhalb der konstitutionellen Monarchie.[71] Konkret fordert Harnack im Juni 1917 vor dem Hintergrund der aus seiner Sicht dramatisch stagnierenden Lage mit Resignationstendenzen nachdrücklich Wahlrechtsreformen im Rahmen eines „sozialen Kaiser- und Königtums".[72] Angesichts der „Rückständigkeit" des politischen Systems Deutschlands im Verhältnis zu demjenigen Frankreichs, Englands oder der USA seien „die inneren Reformen wichtiger als der ganze U-Boot-Krieg".[73] Zusammen mit Troeltsch unterzeichnete Harnack auch Delbrücks Aufruf zur Wahlrechtsreform vom 1. Juli 1917. Troeltsch fordert im Januar 1918 einen „weltwirtschaftsorientierte[n] *Vertragsfrieden*", eine internationale „*Demobilisierung der Geister*" auf der Basis einer allgemeinen „moralische[n] Anerkennung der Würde und Freiheit der Staaten und Nationen, ebenso wie die der einzelnen Personen"[74] sowie die Schaffung einer „Gemeinschaft von Staaten".[75] In impliziter Korrektur seiner Version der „Ideen von 1914" deutet Harnack im März 1918 den Krieg nunmehr als die „Katastrophe der Geschichte, wie sie bis jetzt unerhört war, solange es eine Geschichte der Menschheit gibt".[76] Wie andere liberale Theologen (Baumgarten, Deissmann, Jülicher, Mulert etc.) steht er der Deutschen Demokratischen Partei nahe, tritt aber anders als Troeltsch oder Rade nicht in sie ein. Im Falle Harnacks ist sein Wechsel vom (konstitutionell-)monarchistischen ins parlamentarisch-demokratische Lager, zumindest zu einem „Vernunftrepublikanismus"[77], nach Kriegsende von großen Enttäuschungen bei seinen Freunden aus dem ersteren, nicht zuletzt beim (abdankenden) Kaiser selbst, begleitet. Die Spectator-Briefe Troeltschs,[78] in denen dieser nach Kriegsende die rapiden und dramatischen politisch-kulturellen Veränderungen publizistisch begleitet, gehören zu den einflussreichsten und hellsichtigsten intellektuellen Zeitdokumenten jener Monate. Obwohl auch sie den Kriegsverlauf und die Niederlage Deutschlands als Desaster empfinden, vermögen sie doch in seinem Ausgang auch markante Chancen für die politische Gestaltung Deutschlands, auch und nicht zuletzt für die Stellung der protestantischen Kirchen und des Christentums, zu sehen.

Dies ist bei der großen Mehrzahl der protestantischen Universitätstheologen wie auch der evangelischen Pfarrer jedoch zumindest zunächst nicht der Fall. Sie erleben das Kriegsende nicht nur als politische, sondern weithin auch als ideelle Katastrophe. Hatten sie vier Jahren zuvor über den Krieg himmelhoch gejauchzt, so waren sie jetzt zu Tode betrübt. Der maßgeblich von „gottlosen" Sozialdemokraten und der katholischen Zentrumspartei getragene Weimarer Staat löst bei ihnen große Ängste aus. Das Ende des „Summepiskopats", also der deutsch-protestantischen Synthese von „Thron und Altar", und die – de facto lediglich „hinkende" – Trennung von Kirche und Staat wird als Umsturz tragender Werte des nationalen Protestantismus und als geradezu existenzielle Bedrohung für die evangelische Kirche wahrgenommen. Dass zumindest letztere Ängste angesichts der tatsächlichen Bestimmungen der Weimarer Reichsverfassung zum Status der Kirchen weitestgehend unberechtigt waren, dämmert vielen von ihnen erst, wenn überhaupt, im weiteren Verlauf der Weimarer Republik.[79] Mehrheitlich bleiben die protestantisch-theologischen Hochschullehrer, die Pfarrerschaft großmehrheitlich, politisch im Dunstkreis

der national-konservativen DNVP und damit für revanchistische Ideo-
logien und Hoffnungen auf einen politischen Autoritarismus, wie sich
spätestens 1933 zeigt, zumindest aufgeschlossen. Politisch andere Folgerungen aus dem Krieg und seinem Ende zog lediglich vor allem die kleine
Gruppe der religiösen Sozialisten, von denen sich viele im September 1919
in Tambach in Thüringen zu einer Gründungsveranstaltung versammelten. Eine andere Konsequenz (als jene großmehrheitliche) versuchte auch
der liberale Theologe und Religionswissenschaftler Rudolf Otto, mit der
von ihm inaugurierten Gründung eines „religiösen Menschheitsbundes"
in Analogie zum Völkerbund zu ziehen.

V. Der Krieg und die Kairostheologien

Dass jedoch der Erste Weltkrieg im deutschsprachigen Protestantismus
auch eine neue Form der religiös-intellektuellen Sinnsuche erzeugen konnte, zeigt sich am kometenhaften Aufstieg eines theologischen Denkers in
der Nachkriegszeit des Ersten Weltkriegs, der bei jener Gründungsver-
sammlung der religiösen Sozialisten Deutschlands in Tambach seinen
ersten großen Auftritt hatte: Karl Barth. Dort propagierte der bis dato
noch weithin unbekannte Schweizer Pfarrer eine neue dialektische Theologie der radikalen theologischen Kulturkritik. Diese trat an mit dem
emphatischen Anspruch, jegliche moderne liberale Erlebnistheologie,
wie sie sich im August 1914 als chauvinistisch-nationalistische Ideologie
decouvriert hatte, in der Wurzel zu überwinden. Theologie sollte statt
vom menschlichen Erleben im Allgemeinen oder im Besonderen entschlossen bei dem in der Bibel und namentlich von Paulus verkündeten
Evangelium von Tod und Auferstehung Jesu Christi, als dem einen Wort
Gottes auch und gerade für unsere jetzige Zeit ausgehen. Zu entfalten
sei, wie Barth in seinem voluminösen, während des Krieges entstandenen
Römerbriefkommentar wortgewaltig vorführte,[80] diese Verkündigung als
dialektische Offenbarungstheologie des Gerichts über jedweden menschlichen Versuch der Selbstrechtfertigung und Selbsterlösung, sei dieser
liberal, sozialistisch oder nationalistisch verfasst und der Gnade, die
einzig und allein dem bußfertigen Sünder sich zuwende. Damit war für
die Wahrnehmung gerade auch – aber keineswegs nur – einer jungen,
zutiefst desillusionierten und eben darum auch wieder neu theologisch
begeisterungsfähigen Nachkriegsgeneration ein neuer Ton angeschlagen,

der die zunächst euphorisierenden, dann aber umso tiefer enttäuschenden und menschliche Sinnsuche überhaupt vernichtenden Erfahrungen und Erlebnisse der Kriegszeit gleichsam höherstufig theologisch-reflexiv aufheben zu können schien.

Dass auch diese dialektische Aufhebungstheologie nicht einfach einen theologisch-reaktionären Ausstieg aus den intellektuellen Begründungspflichten akademisch-theologischen Denkens und den Bemühungen um plausibilisierenden Anschluss an den religiös-kulturellen Zeitgeist und entsprechende Zeitgeistdeutung darstellte, nahmen differenzierte und mitunter gerade kritische Beobachter dieser neuen theologischen „Bewegung" recht bald wahr. Ein Barth und seinen dialektisch-theologischen Mitstreitern gleichaltriger Theologe, der dem religiösen Sozialismus nahestehende neoidealistische Denker Paul Tillich, der anders als jene Gruppe die Schrecken des Krieges selbst (nur aber immerhin) als Feldgeistlicher erfahren hatte, wusste sich mit diesen in einer „unterirdischen Arbeitsgemeinschaft"[81] verbunden. In seiner Theologie des „Kairos" versuchte er, die Offenbarung Gottes als Durchbruch des Göttlichen in die menschliche Sinnsuche zu denken, die sich je aktual in und zugleich jenseits kultureller Symbolisierung ereigne. Dass sich eine solchermaßen kultur- und geschichtsphilosophisch anschlussfähige Theologie politisch auch noch einmal ganz anders wenden ließ, zeigt sich wiederum bei Tillichs Intellektuellenfreund Emanuel Hirsch, mit dem er in den letzten Kriegsjahren einen intensiven intellektuellen Briefwechsel pflegte.[82] Hirsch identifizierte als das geschichtstheologische Schlüsseldatum der Gegenwart den 9. November 1918, die aus seiner Sicht schmachvolle und unverdiente Niederlage Deutschlands im existenziellen Völkerringen.[83] Als die theologische Lehre des Krieges und Aufgabe während der Weimarer Jahre begriff er das ebenso geduldige wie leidenschaftlich-engagierte Hinarbeiten auf ein Kairos-Erlebnis, das er dann mit „Deutschlands Stunde" im Januar 1933 endlich für gekommen hielt.

VI. Fazit: Der Krieg, Karl Barth und die Ingredienzien theologischer Zeitdeutung

In der Rückschau von hundert Jahren erscheint der Erste Weltkrieg seinerseits als das Menetekel intellektueller Zeitdeutung der Moderne. Ihm gegenüber erwiesen sich die allermeisten der damaligen Zeitgenossen zumindest zu seinem Beginn in der Tat als „Schlafwandler"[84] oder besser als Tagträumer. Auch und gerade unter den protestantischen Theologen waren nur sehr wenige Klarsichtige. Zu ihnen zählt der – durch seinen Schweizer Beobachtungsplatz allerdings privilegierte – reformierte Theologe Karl Barth. Die radikale dialektische Theologie, wie er sie in Auseinandersetzung mit jener Problematik entwickelt hatte, kann bei oberflächlicher Lektüre (die leider nicht selten praktiziert wurde und wird) den Eindruck erwecken, als verfüge Theologie dann über ein gegenüber allen Infektionen durch einen ideologischen Zeitgeist immunisierendes Heilmittel, wenn sie sich nur recht getreulich der Bibel anvertraut. Das ist leider so nicht der Fall. Zwar zeigen die Kriegstheologien des Ersten Weltkriegs auf ihre Weise, wie sehr man den Geist etwa und gerade der Bergpredigt ignorieren muss, um daraus eine Doktrin der innerlichen Aufrüstung hasserfüllter Chauvinisten zu machen. Gerade am Beispiel des Schweizer Theologen Karl Barth lässt sich jedoch ablesen, dass gelungene theologische Zeitdeutung nicht das Ergebnis fromm-intuitiver Bibellektüre ist, sondern intellektueller Unbestechlichkeit, politischer Bildung im Verein mit ethisch-theologischer Reflexionsbereitschaft, durchaus eines frommen Sinns und persönlichen Mutes, sowie nicht zuletzt, sondern vielleicht vor allem der mögliche – aber durchaus nicht zwangsläufige – Effekt eines politisch-kulturellen Umfelds, das solche Tugenden fördert.

Anmerkungen

[1] Vgl. *Philip Jenkins*, The Great and Holy War. How World War I Changed Religion for Ever, Oxford 2014.

[2] *Martin Greschat*, Der Erste Weltkrieg und die Christenheit. Ein globaler Überblick, Stuttgart 2014, 151. Das ist übrigens von Zeitgenossen mitunter auch schon so empfunden worden; vgl. z. B. *Martin Rade*, Der Bankerott der Christenheit, in: ChW 28 (1914), 849–850.

[3] *Roger Chickering*, Freiburg im Ersten Weltkrieg. Totaler Krieg und städtischer Alltag 1914–1918, Paderborn 2009.

[4] Die Affinität von modernem Krieg, Opfer und Religion beschreibt klassisch, zeitnah und vor allem unter dem Eindruck des zurückliegenden Kriegs Max Weber: „Der Krieg als die realisierte Gewaltandrohung schafft, gerade in den modernen politischen Gemeinschaften, ein Pathos und ein Gemeinschaftsgefühl und löst dabei eine Hingabe und bedingungslose Opfergemeinschaft der Kämpfenden und überdies eine Arbeit des Erbarmens und der alle Schranken der naturgegebenen Verbände sprengenden Liebe zum Bedürftigen als Massenerscheinung aus, welche die Religionen im Allgemeinen nur in Heroengemeinschaften der Brüderlichkeitsethik zur Seite zu stellen haben. Und darüber hinaus leistet der Krieg dem Krieger selbst etwas, seiner konkreten Sinnhaftigkeit nach, Einzigartiges: In der Empfindung

eines Sinnes und eine Weihe des Todes, die nur ihm eigen ist." *Max Weber*, Gesammelte Aufsätze zur Religionssoziologie I, 9. Aufl., Tübingen 1988, 548. Herfried Münkler spricht von der mit Kriegsbeginn sich ereignenden „Transformation der *viktimen* Gesellschaft in eine *sakrifizielle* Gemeinschaft"; *Herfried Münkler*, Der Große Krieg. Die Welt 1914 bis 1918, 5. Aufl., Berlin 2014, 226; zur Transformation des Heroischen im Verlauf des Krieges vgl. 459–477.

5 Vgl. als einführenden Überblick über die protestantischen Kirchen: *Gerhard Besier*, Die protestantischen Kirchen Europas im Ersten Weltkrieg. Ein Quellen- und Arbeitsbuch, Göttingen 1984; vgl. auch *ders.*, Krieg – Frieden – Abrüstung. Die Haltung der europäischen und amerikanischen Kirchen zur Frage der deutschen Kriegsschuld 1914–1933. Ein kirchenhistorischer Beitrag zur Friedensforschung und Friedenserziehung, Göttingen 1984.

6 Dies gilt für den Vergleich mit der römisch-katholischen Theologie allerdings vor allem im Hinblick auf die Propagierung eines nationalen Christentums. Hinsichtlich der Lehrbildung vom gerechten Krieg verfügte die protestantische Theologie im Unterschied zur katholischen in der Regel nicht über eine etablierte Theorie.

7 Vgl. z. B. Mt 28, 19-20; Gal 3, 28.

8 Vgl. *Ernst Troeltsch*, Die Soziallehren der christlichen Kirchen und Gruppen, in: *ders.*, Gesammelte Schriften, Bd. 1: Die Soziallehren der christlichen Kirchen und Gruppen, 3. Aufl., Tübingen 1923, 72–79 u. ö.

9 Die Erforschung der Kriegspredigten beginnt schon im Krieg. Einen guten und differenzierten Überblick über die verschiedenen Themen und Strömungen der Kriegspredigten aus den Anfangsmonaten des Krieges bietet der Artikel des liberalen Professors für praktische Theologie Niebergall, der bereits am 15. Oktober 1914 in der „Christlichen Welt" erscheint, vgl. *Friedrich Niebergall*, Die Kriegs-Predigt, in: ChW 28 (1914), 934–936; eine erste monografische Darstellung ist: *Franz Koehler*, Der Weltkrieg im Lichte der deutsch-protestantischen Kriegspredigt, Tübingen 1915 (Religionsgeschichtliche Volksbücher für die deutsche christliche Gegenwart, Reihe 5, Weltanschauung und Religionsphilosophie, H. 19). Klassische Arbeiten sind die Berliner Dissertation des früh verstorbenen württembergischen Pfarrers *Wilhelm Pressel*, Die Kriegspredigt 1914–1918 in der evangelischen Kirche Deutschlands, Göttingen 1967 (Arbeiten zur Pastoraltheologie, Bd. 5), sowie der weitverbreitete DTV-Band *Karl Hammer*, Deutsche Kriegstheologie 1870–1918, München 1974. Beide verdienstvollen Werke haben auch zeit(geist-)bedingte Schwächen. Pressel urteilt sehr dezidiert von einer dialektisch-theologischen Position aus; Hammer neigt zu Glättungen der theologischen Differenzen, weil er in der Vielzahl der Predigten eine Art Standarddogmatik protestantischer Kriegstheologie aufzeigen möchte.

10 Dabei scheinen die Kriegspredigten der reformierten Pfarrer oft weniger kriegsbegeistert gewesen zu sein als diejenigen ihrer lutherischen Kollegen. Vgl. zur reformierten Theologie: *Hans-Georg Ulrichs* (Hrsg.), Der Erste Weltkrieg und die reformierte Welt, Neukirchen-Vluyn 2014 (Forschungen zur reformierten Theologie, Bd. 3).

11 Vgl. z. B. *Karlheinz Lipp*, Berliner Friedenspfarrer und der Erste Weltkrieg. Ein Lesebuch, Freiburg 2013 (Reihe Geschichtswissenschaft, Bd. 61).

12 Dies gilt etwa auch für den hochreflektierten Theologen Paul Tillich. Vgl. dazu *Jörg Ulrich*, „Wir kämpfen einen guten Kampf". Paul Tillichs Grabpredigten im Ersten Weltkrieg, in: Friedemann Stengel, Jörg Ulrich (Hrsg.), Kirche und Krieg. Ambivalenzen in der Theologie, Leipzig 2015, 107–118. In der „Christlichen Welt" werden, wenn ich recht sehe, die hohen Gefallenenzahlen erstmals am 1. Oktober 1914 thematisiert, und zwar von dem liberalen Theologen Hermann Mulert; Tenor: große Betroffenheit, zugleich auch Aufruf zur Tapferkeit und Hervorhebung der egalitaristischen Wirkungen der Soldatentode auf die sozial zerklüftete Kaiserreichsgesellschaft. Vgl. *Hermann Mulert*, Die Verlustlisten, in: ChW

28 (1914), 891–893. Eine spezielle Form interaktiver Kontaktpflege mit den Soldaten waren die Feldpostbriefe, die einzelne Pfarrer mit Gemeindemitgliedern wechselten. Vgl. z. B. *Ulrich Rottschäfer* (Hrsg.), „Wir denken an Euch". Feldpostbriefe eines ravensbergischen „Heimatpastors" im Ersten Weltkrieg, Bielefeld 2011.

[13] Detaillierte Statistiken für ganz Deutschland finden sich bei: *Lucian Hölscher*, Datenatlas zur religiösen Geographie im protestantischen Deutschland. Von der Mitte des 19. Jahrhunderts bis zum Zweiten Weltkrieg, 4 Bde., Berlin 2001.

[14] Vgl. *Heidrun Alzheimer* (Hrsg.), Glaubenssache Krieg. Religiöse Motive auf Bildpostkarten des Ersten Weltkriegs, Bad Windsheim 2009.

[15] Vgl. z. B. *Eva-Katharina Lang*, Das Kreuz von Saarburg – ein Wunder inmitten des Krieges?, in: Alzheimer (Hrsg.), Glaubenssache Krieg (Anm. 14), 214–220.

[16] Vgl. dazu die zahlreichen Beispiele bei *Alzheimer* (Hrsg.), Glaubenssache Krieg (Anm. 14).

[17] Vgl. für die französischen Soldaten – in Deutschland wird es nicht viel anders gewesen sein: *Ralph Winkle*, «Connaître à fond l'âme du soldat». Französische Aberglaubensformen während des Ersten Weltkriegs, in: Gottfried Korff (Hrsg.), Alliierte im Himmel, Tübingen 2006, 349–370.

[18] Dies gilt übrigens tendenziell auch für solche von evangelischen Pfarrern oder Theologiestudierenden. Vgl. z. B. *Christoph Regulski*, „Alles Gott befohlen!" Die Kriegserlebnisse des Eschborner Pfarrers Adolf Paul im Ersten Weltkrieg 1914–1918, Lübeck/Marburg 2006; religiöse und theologische Bezüge finden sich hier vor allem im Zusammenhang mit Sonntagen oder den kirchlichen Festtagen, besonders Weihnachten, vgl. 6–9,12, 52–55, 89–90.

[19] Vgl. dazu z. B. das Kapitel „Leben im Felde: Latrine und Bordell", in: *Münkler*, Der Große Krieg (Anm. 4), 377–386. Klassisch natürlich zum Soldatenleben an der deutschen Westfront: *Erich Maria Remarque*, Im Westen nichts Neues, Der Weg zurück, Köln 1975. Zum Einfluss auf die Theologie s. u. das Beispiel von Paul Althaus.

[20] *Greschat*, Der Erste Weltkrieg (Anm. 2), 39.

[21] So eine zeitgenössische Bezeichnung. Vgl. z. B. *Ernst Troeltsch*, Der Kulturkrieg, Berlin 1915 (Deutsche Reden in schwerer Zeit, Bd. 27).

[22] Vgl. *Ullrich Hahn*, Friedensakteure in Deutschland vor Beginn des Ersten Weltkriegs. Historische Möglichkeiten und Realität eines konsequent politischen Friedenshandelns, in: QuerBlick 29, Ansätze ESG-Nachrichten 1+2 (2014), 9–11.

[23] Eine (in die Jahre gekommene) Überblicksdarstellung über die verschiedenen Gruppen und Positionen protestantischer Theologie im und zum Ersten Weltkrieg findet sich in der Habilitationsschrift von *Wolfgang Huber*, Kirche und Öffentlichkeit, Stuttgart 1973, 133–219 (Forschungen und Bericht der Evang. Studiengemeinschaft, Bd. 28).

[24] Vgl. *Gangolf Hübinger*, Kulturprotestantismus und Politik. Zum Verhältnis von Liberalismus und Protestantismus im wilhelminischen Deutschland, Tübingen 1994.

[25] Dies gilt selbst für diejenigen unter seinen Schülern, die sich ab etwa 1890 theologisch vom Ritschlianismus abgewandt bzw. diesen deutlich modifiziert hatten. Wilhelm Herrmann etwa war derjenige Theologe in der – erweiterten – Ritschlschule, der gegen die Orientierung seines Lehrers an einer kommunitären Güterethik, die auf eine „starke" christliche Kirche in einem starken Nationalstaat zielte, das christliche Individuum und eine an der individuellen Autonomie orientierte Pflichtenethik ins Feld führte. Das hinderte ihn jedoch nicht daran, solchen theologischen Individualismus seinerseits mit einer theologischen Ethik des starken Nationalstaats zu verbinden, der als „Gebilde der Natur [...] nicht Liebe sein kann, sondern Selbstbehauptung, Zwang und Recht". Vgl. *Wilhelm Herrmann*, Ethik, 5. Aufl., Tübingen 1913, 217 (Grundriss der Theologischen Wissenschaften, 5. Teil, Bd. 2).

26 Vgl. zu Harnack: *Christian Nottmeier*, Adolf von Harnack und die deutsche Politik 1890–1930. Eine biographische Studie zum Verhältnis von Protestantismus, Wissenschaft und Politik, Tübingen 2004 (Beiträge zur historischen Theologie [BHTh], Bd. 124).

27 Vgl. *Ernst Troeltsch*, Nach Erklärung der Mobilmachung. Rede gehalten bei der von Stadt und Universität einberufenen vaterländischen Versammlung am 2. August 1914, Heidelberg 1914; ders., Deutscher Glaube und Deutsche Sitte in unserem großen Krieg, Berlin 1914; ders., Das Wesen des Deutschen. Rede gehalten am 6. Dezember 1914 in der vaterländischen Versammlung in der Karlsruher Stadthalle, Heidelberg 1915; vgl. dazu *Jörn Leonhard*, „Über Nacht sind wir zur radikalsten Demokratie Europas geworden". Ernst Troeltsch und die geschichtspolitische Überwindung der Ideen von 1914, in: Friedrich Wilhelm Graf (Hrsg.), „Geschichte durch Geschichte überwinden". Ernst Troeltsch in Berlin, Gütersloh 2006, 205–230 (Troeltsch-Studien, Neue Folge 1).

28 *Ferdinand Tönnies*, Gemeinschaft und Gesellschaft. Abhandlung des Communismus und des Socialismus als empirischer Culturformen, Leipzig 1887.

29 Vgl. dazu u. a. *Steffen Bruendel*, Volksgemeinschaft oder Volksstaat. Die „Ideen von 1914" und die Neuordnung Deutschlands im Ersten Weltkrieg, Berlin 2003.

30 Zu Ihmels' Kritik an einer Erlebnistheologie im August 1914 vgl. *Pressel*, Kriegspredigt (Anm. 9), 79–80.

31 Zit. nach: *Huber*, Kirche und Öffentlichkeit (Anm. 23), 146.

32 Vgl. *Günter Brakelmann*, Protestantische Kriegstheologie im Ersten Weltkrieg: Reinhold Seeberg als Theologe des deutschen Imperialismus, Bielefeld 1974; *Friedrich Wilhelm Graf*, Reinhold Seeberg, in: Wolf-Dieter Hauschild (Hrsg.), Profile des Luthertums. Biographien zum 20. Jahrhundert, Gütersloh 1998, 617–676.

33 Über die Kollektivität des Augusterlebnisses ist inzwischen viel geforscht worden. Vgl. z. B. *Jeffrey Verhey*, Der „Geist von 1914" und die Erfindung der Volksgemeinschaft, Hamburg 2000. State of the art dürfte sein, dass von ihm vor allem städtische und bürgerliche Kreise erfasst waren, insbesondere die Studenten. Auf dem Land, in der Arbeiterschaft, in Handwerkermilieus war die Begeisterung geringer. Für sie standen sehr bald neben der Sorge um das eigene Leben oder das naher Verwandter und Freunde auch wirtschaftliche Sorgen im Vordergrund. Vgl. dazu etwa die Mikrostudie *Chickering*, Freiburg im Ersten Weltkrieg (Anm. 3), 67–82. Zur Persistenz des Augusterlebnisses haben die Intellektuellen entscheidend beigetragen; *Kurt Flasch*, Die geistige Mobilmachung. Die deutschen Intellektuellen und der Erste Weltkrieg, Berlin 2000. Eine gerade auch religionstheoretisch interessante Deutung bietet im Rahmen seiner sacrificium-Theorie *Münkler*, Der Große Krieg (Anm. 4), 222–241.

34 Dass solche jugendliche Kriegsbegeisterung auch neutrale Länder ergreifen konnte, zeigt das Beispiel des Berner Theologiestudenten und Leutnants Hans Zurlinden, der den Kriegsausbruch so kommentiert: „Donner und Doria! Krieg! Willkommen tausendmal! Los!" – „Ich rieche schon Schwefel und Pulverdampf. Erfrischender Geruch, Wohlgeruch kräftig und gesund. Europa riecht gut wie lang nicht mehr. Das ist nun doch etwas. Das ist nun doch Gott sei Dank etwas Neues, Anderes. Etwas Respektvolles, Großartiges, Charaktervolles. Die Welt nimmt Haltung an. Nur mitmachen. Nur mit groß sein, stolz sein, furchtbar sein, pathetisch sein. Nur mit hinein in den fliegenden Freiheitswirbel entfesselter Leidenschaft. Europa erhebt sich, steht auf in jugendlicher Kraft. Seine Glieder strotzen vor Kühnheit, Wildheit, Blut. Europa hat Blut zum Verspritzen. Also denn, Aderlass". *Hans Zurlinden*, Letzte Ernte. Schriften, Erlenbach-Zürich/Stuttgart 1968, 123; zit. nach: *Thomas Kuhn*, „Die empfindlichsten und stacheligsten Patrioten"? Die reformierte Schweiz im Ersten Weltkrieg, in: Ulrichs (Hrsg.), Der Erste Weltkrieg und die reformierte Welt (Anm. 10), 299–326, 309.

35 Gemäß der klassischen Typologie von Hermann Lübbe handelt es sich hierbei um den neoidealistischen Typus des „August 1914". Er unterscheidet ihn vom konservativen (bis völkischen) und sozialliberalen. Vgl. *Hermann Lübbe*, Politische Philosophie in Deutschland, Stuttgart 1963, 173–238.

36 Wilhelm II. hielt in den ersten Kriegstagen mehrere Ansprachen. Das berühmte „Ich kenne keine Parteien mehr, ich kenne nur noch Deutsche" stammt in diesem Wortlaut aus der Ansprache vor dem Reichstag am 4. August. Harnacks Entwurf war für den in schriftlicher Form im Reichsanzeiger vom 6.8.1914 veröffentlichten „Aufruf an das deutsche Volk".

37 Unter den 93 Intellektuellen, die den „Aufruf an die Kulturwelt" unterschrieben, waren mindestens sechs protestantische Theologen (Adolf Deissmann, Adolf von Harnack, Wilhelm Herrmann, Friedrich Naumann, Adolf Schlatter und Reinhold Seeberg) sowie fünf katholische (Alois Knoepfler, Anton Koch, Joseph Mausbach, Sebastian Merkle, August Schmidlin). Der Text ist leicht zugänglich in: Klaus Böhme (Hrsg.), Aufrufe und Reden deutscher Professoren im Ersten Weltkrieg, 2. Aufl., Stuttgart 2014, 47–49. Zum Text und seinen Hintergründen vgl. *Jürgen von Ungern-Sternberg, Wolfgang von Ungern-Sternberg*, Der Aufruf „An die Kulturwelt". Das Manifest der 93 und die Anfänge der Kriegspropaganda im Ersten Weltkrieg. Mit einer Dokumentation, Stuttgart 1996 (HMRG, Beih.18).

38 Vgl.: „Wir haben aufgeklärt, die wahren Sachverhalte mitgeteilt. [...] Allein alles dies ist von geringer Wirkung geblieben oder hat gar Öl ins Feuer gegossen. Die Fremden und viele Neutrale wollten gar nicht aufgeklärt werden, sondern ihre Instinkte und Sympathien treiben sie zu den feindlichen Darstellungen." *Troeltsch*, Kulturkrieg (Anm. 21), 5–6.

39 *Leonhard Ragaz*, Ueber die Ursache des Krieges, in: Neue Wege. Blätter für religiöse Arbeit Nr. 8 (1914), 364–373, 372. Ragaz verallgemeinert also in seinem Aufsatz die Kriegsschuldfrage. Gleichwohl bekommt er gerade aus Deutschland sofort zornige Reaktionen. Zur anschließenden Auseinandersetzung mit Gottfried Traub vgl. *Leonhard Ragaz*, Antwort an Herrn Pfarrer Gottfried Traub, Dr. der Theologie, in Dortmund, in: Neue Wege. Blätter für religiöse Arbeit Nr. 8 (1914), 438–448. Hier ist seine Pointe: *Es sind zwei Religionen, die einander gegenübertreten. Das ist mir erschütternd klar geworden, als die Katastrophe hereinbrach.*" (447) Gemeint ist die nationalistische Religion (des Krieges) und die Religion des Reiches Gottes als Religion des Friedens.

40 Vgl.: „Und das Furchtbarste von allem: die wahnsinnige Kriegsbegeisterung, die sich wie mit einem Schlage der Bevölkerung der Kriegslande bemächtigte. Wie von Dämonen besessen tanzten sie auf den Straßen Berlins, Wiens, Petersburgs und anderer Städte herum." *Hermann Kutter*, „Ihr seid alle Brüder". Predigt am 2. August 1914 bei Gelegenheit der Mobilisation der schweizerischen Armee, 2. Aufl., Zürich 1914, 6.

41 *Hermann Kutter*, Friede auf Erden, Zürich 1915, 6.

42 *Hermann Kutter*, Reden an die deutsche Nation, Jena 1916.

43 *Kutter*, Reden an die deutsche Nation (Anm. 42), 4.

44 *Kutter*, Reden an die deutsche Nation (Anm. 42), 39.

45 *Kutter*, Reden an die deutsche Nation (Anm. 42), 58.

46 Vgl. *Kutter*, Reden an die deutsche Nation (Anm. 42), 157–158 u. ö. Diese der Intention nach kritische Pointe dürfte dafür auch der Grund für das zeitweilige Verbot dieser in Deutschland veröffentlichten Schrift (Juli bis September 1916) durch die deutsche Militärzensur gewesen sein. Vgl. dazu *Thomas K. Kuhn*, „Die empfindlichsten und stacheligsten Patrioten"? Die reformierte Schweiz im Ersten Weltkrieg, in: Hans-Georg Ulrichs (Hrsg.), Der Erste Weltkrieg und die reformierte Welt (Anm. 10), 299–326, 311.

47 *Martin Rade*, Nach der Mobilmachung, in: ChW 28 (1914), 767–768, 767.

[48] Vgl. die Fortsetzung: „[…] Erleben mit dem ganzen Menschen, mit Leib und Seele, mit Verstand und Gemüt und Gewissen. Wer ihn [sc. den Krieg] am tiefsten erlebt, wird den größten Segen davon haben." *Martin Rade*, Gottes Wille im Krieg, in: ChW 28 (1914), 769–770, 769; vgl. auch: „Wundervoll, was wir jetzt erleben an Leistungen und Triumphen der Vaterlandsliebe! Mit einem Mal wahrhaftig und wirklich: Ein Volk von Brüdern: träumen wir? Kaiser, Kanzler und Konservative mit den Sozialdemokraten Hand in Hand: geschehen noch Wunder? Und nicht in flüchtigem Rausch, nein mit klarem Verstande und zu großem, harten Handeln." *Martin Rade*, Vaterlandsliebe und Christentum, in: ChW 28 (1914), 787–788, 787.

[49] *Martin Rade*, Zum Kriege, in: ChW 28 (1914), 781–782, 781.

[50] Vgl. *Rade*, Zum Kriege (Anm. 49), 782.

[51] *Martin Rade*, Opfer. Nimm das Kreuz auf dich. Mark. 10, 21, in: ChW 28 (1914), 833–834.

[52] Die Diagnose hat auch einen zeittypisch kolonialistischen „Sound". Sie fährt nämlich fort: „Und jetzt bekämpfen sich christliche Völker an den Küsten und im tiefen Innern Afrikas angesichts und mit Hilfe der schwarzen Rasse, rufen christliche Staaten Japan zu Hilfe, unsre deutsche christliche Kultur zu Boden zu werfen." *Rade*, Der Bankerott der Christenheit (Anm. 2), 850.

[53] *Martin Rade*, Der Gott der Völker, in: ChW 28 (1914), 869–870.

[54] Vgl. *Martin Rade*, Ist Jesus mit im Feld?, in: ChW 28 (1914), 921–922, 922.

[55] *Martin Rade*, Dieser Krieg und das Christentum, Stuttgart/Berlin 1915, 23 (Der Deutsche Krieg. Politische Flugschriften, H. 29).

[56] Sie unterstützten Delbrücks Gegenerklärung zur Seeberg-Adresse (siehe die folgende Anm.). Jene verwirft Annexionsforderungen insbesondere in Bezug auf Belgien und Frankreich. Vgl. Delbrücks Gegenerklärung (9.7.1915), in: Böhme (Hrsg.), Aufrufe und Reden (Anm. 37), 135–137. Die Delbrück-Schrift ist von 141 Personen unterzeichnet worden, unter ihnen die liberalen Theologen W. Herrmann, M. Rade, O. Baumgarten und J. Wellhausen. Vgl. dazu *Nottmeier*, Adolf von Harnack (Anm. 26), 419–420.

[57] Die „Seeberg-Adresse" vom 20. Juni 1915 war bei der Einreichung von 1'347 Personen unterschrieben worden, darunter 352 Professoren; vgl. *Autor*, „Seeberg-Adresse", in: Böhme (Hrsg.), Aufrufe und Reden (Anm. 37), 125–135, vgl. dazu und zur Kriegszieldebatte insgesamt *Münkler*, Der Große Krieg (Anm. 4), 267–288. Die Schrift fordert eine beträchtliche Ausweitung des deutschen Herrschaftsgebiets im Westen (Belgien, Nordfrankreich) und Osten (polnische und russische Gebiete) und umfangreiche Reparationsleistungen der Gegner.

[58] Vgl. die (veraltete) Dissertation *Carlo Kirchner*, Die politische Berichterstattung der Allgemeinen Evangelisch-Lutherischen Kirchenzeitung (AELKZ) in den Jahren 1914 bis 1933: ihre Ursachen und Folgen, Diss. Freie Universität Berlin 1982.

[59] Vgl. zu Althaus: *Roland Liebenberg*, Der Gott der feldgrauen Männer. Die theozentrische Erfahrungstheologie von Paul Althaus d. J. im Ersten Weltkrieg Leipzig 2008 (Arbeiten zur Kirchen- und Theologiegeschichte, Bd. 22); *Gotthard Jasper*, Paul Althaus (1888–1966). Professor, Prediger und Patriot in seiner Zeit, Göttingen 2013.

[60] *Paul Althaus*, Aus einem Lazarett im deutschen Osten, in: AELKZ 47 (1914), 1150–1157; zit. nach: *Liebenberg*, Feldgraue Männer (Anm. 59), 175.

[61] Vgl. *Jasper*, Paul Althaus (Anm. 59), 64; die Folge von Althaus' Hinweisen darauf war ein Publikationsverbot des betreffenden Artikels, vgl. ebd., 65. Liebenberg scheint den sexualmoralischen Anhaltspunkt von Althaus' Beobachtungen übersehen zu haben.

[62] Vgl. *Jasper*, Paul Althaus (Anm. 59), 66–71.

[63] Vgl. *Liebenberg*, Feldgraue Männer (Anm. 59), 176–177.

[64] *Liebenberg*, Feldgraue Männer (Anm. 59), 177.

[65] Zit. nach: *Liebenberg*, Feldgraue Männer (Anm. 59), 178. Aufgrund der eigentümlichen Zitationstechnik des Autors ist das Originalzitat (für mich) nicht nachweisbar.

[66] *Liebenberg*, Feldgraue Männer (Anm. 59), 192.

[67] Vgl. *Heinrich Assel*, Der andere Aufbruch. Die Lutherrenaissance – Ursprünge, Aporien und Wege: Karl Holl, Emanuel Hirsch, Rudolf Hermann (1910–1935), Göttingen 1994.

[68] *Liebenberg*, Feldgraue Männer (Anm. 59), 211.

[69] Vgl. *Liebenberg*, Feldgraue Männer (Anm. 59), 201–220.

[70] Vgl. dazu *Nottmeier*, Adolf von Harnack (Anm. 26).

[71] Vgl. *Ernst Troeltsch*, Freiheit und Vaterland (18.01.1918), in: Böhme (Hrsg.), Aufrufe und Reden (Anm. 37), 210–218. Troeltsch versucht auch hier noch, diese Revision nicht als Übernahme von „Theorien des englischen und französischen Parlamentarismus" (212) erscheinen zu lassen, sondern sie als Ausdruck einer nationalen Gemeinschaft bzw. Solidarität zu deuten.

[72] *Adolf von Harnack*, Das Gebot der Stunde. Eine Denkschrift im Juni 1917 dem Reichskanzler eingereicht, in: Böhme (Hrsg.), Aufrufe und Reden (Anm. 37), 145–149, 146.

[73] *Harnack*, Gebot der Stunde (Anm. 72), 148. Annexionen seien zu unterlassen.

[74] *Troeltsch*, Freiheit und Vaterland (Anm. 71), 216.

[75] *Troeltsch*, Freiheit und Vaterland (Anm. 71), 217.

[76] *Nottmeier*, Adolf von Harnack (Anm. 26), 457.

[77] Vgl. *Nottmeier*, Adolf von Harnack (Anm. 26), 469.

[78] *Gangolf Hübinger* (Hrsg.), *Ernst Troeltsch*, Spectator-Briefe und Berliner Briefe (1919–1922), Berlin 2015 (Ernst Troeltsch Kritische Gesamtausgabe, Bd. 14).

[79] Signifikant ist hier *Otto Dibelius*, Das Jahrhundert der Kirche. Geschichte, Betrachtung, Umschau und Ziele, 2. Aufl., Berlin 1927.

[80] *Hermann Schmidt* (Hrsg.), *Karl Barth*, Der Römerbrief (Erste Fassung) 1919, Zürich 1985 (Karl Barth-Gesamtausgabe, Bd. 16).

[81] *Paul Tillich*, Religiöse Verwirklichung, 2. Aufl., Berlin 1930, 20.

[82] *Walter Schütte* (Hrsg.), Emanuel Hirsch – Paul Tillich. Briefwechsel 1917–1918, Berlin/ Schleswig-Holstein 1973.

[83] Vgl. *Emanuel Hirsch*, Deutschlands Schicksal. Staat, Volk und Menschheit im Lichte einer ethischen Geschichtsansicht, 3. Aufl., Göttingen 1925.

[84] *Christopher Clark*, Die Schlafwandler. Wie Europa in den Ersten Weltkrieg zog, 14. Aufl., München 2014.

Rüdiger vom Bruch (†)

Zwischen den „Ideen von 1914" und Pazifismus. Intellektuelle und der Krieg

Zwei Begriffe im Titel meiner Vorlesung sind erklärungs-, einer ist begründungsbedürftig. Ich beginne mit dem Letzteren, nämlich „Pazifismus": Der spielte unter Intellektuellen nach Kriegsausbruch praktisch keine Rolle, übrigens auch nicht sehr viel mehr die moderate Version internationale Verständigung. Stimmen wie die des deutschen Arztes Georg Friedrich Nicolai blieben im akademischen Kriegstaumel des Herbsts 1914 die absolute Ausnahme – und Gleiches galt auf französischer Seite für den Musikwissenschaftler Romain Rolland. Aber ignorieren müssen wir Pazifismus als Haltung nicht, verdanken wir ihm doch ein bedeutendes Dokument. Erklärungsbedürftig sind die Begriffe „Ideen von 1914" und „Intellektuelle". Begrifflich etabliert wurden jene „Ideen" erst durch eine 1915 auf Deutsch erschienene Schrift des schwedischen Staatswissenschaftlers Rudolf Kjellén, auf deutsche Positionen zugespitzt 1916 durch den Münsteraner Soziologen Johann Plenge. Doch worum es ging, nämlich konstruierte Gegensätze zwischen deutscher Kultur und Gemeinschaft einerseits, westlicher Zivilisation und Gesellschaft andererseits, jeweils vor einer historischen Bezugsfolie, 1813 als positiver, 1789 als negativer Wertmaßstab, das wurde bereits im August 1914 Gemeingut intellektueller Propaganda in Deutschland. „Intellektuelle" schließlich meint in der Regel Literaten und Gelehrte als argumentative Sinnstiftung und kritische Zeitdiagnostik. Das sehr komplexe Feld der Kunst klammere ich ganz aus, auch wenn etliche Künstler neue literarische Foren wie Franz Pfemperts Zeitschrift „Die Aktion" oder die „Weißen Blätter" für kriegskritische Positionen nutzten. Freilich waren das wie bei den Literaten und Gelehrten nur sehr kleine zersplitterte Randgruppen. Umgekehrt erschreckt die Radikalität, mit der sich zu Kriegsbeginn prominente Vertreter avantgardistischer Strömungen, wie etwa des Expressionismus, einer als Erlösung aus Stagnation und Materialismus gefeierten Kriegsbegeisterung überließen. Das würde meinen Rahmen indes sprengen.[1]

Gelehrte und Schriftsteller unterschieden sich kaum in den Argumentationslinien, auch nicht in der zahlenmäßigen Gewichtung, da hier wie dort nur winzige kritische Gruppen der großen Mehrheit von Apologeten des deutschen Kriegseintritts gegenüberstanden. Sofern „Intellektuelle" eine Zuschreibung von „Kritik als Beruf" meint, also gemäß dem berühmten „J'accuse" von Emile Zola in der Dreyfusaffäre, dann würde meine Vorlesung mangels Personal auf fast leerer Bühne agieren. Exemplarisch erinnere ich an den berühmten Bruderzwist im Hause Mann:[2] Jahrelang hatte Thomas Mann an seinen kurz vor Kriegsende erschienenen „Betrachtungen eines Unpolitischen" gearbeitet, einer Abrechnung mit dem Zola-Essay seines Bruders Heinrich von 1915, mit dem „Zivilisationsliteraten". Thomas, der sich 1922 zur deutschen Republik bekannte und später aus der Emigration heraus den NS-Staat bekämpfte, er war im Ersten Weltkrieg Wortführer der „Ideen von 1914" unter den Schriftstellern.

Im Novemberheft 1914 der „Neuen Rundschau" publizierte Thomas Mann „Gedanken im Krieg": „Wie die Herzen der Dichter sogleich in Flammen standen, als jetzt Krieg wurde! Und sie hatten den Frieden zu lieben geglaubt, sie hatten ihn wirklich geliebt, ein jeder nach seiner Menschlichkeit. [...] Nun sangen sie im Wettstreit den Krieg, frohlockend, mit tief aufquellendem Jauchzen – als hätte ihnen und dem Volke, dessen Stimme sie sind, in aller Welt nichts Besseres, Schöneres, Glücklicheres widerfahren können." Man missverstehe solche Formulierungen des großen Ironikers nicht, und zur Klarstellung schob Thomas Mann selbst nach: „Es wäre leichtfertig und ist völlig unerlaubt, dies Verhalten der Dichter auch nur in den untersten, bescheidensten Fällen als Neugier, Abenteurertum und bloße Lust an der Emotion zu deuten. Auch waren sie niemals Patrioten im Hurra-Sinne und ‚Imperialisten', schon deshalb nicht, weil sie selten Politiker sind."[3]

Bei diesem Streiflicht zu den Schriftstellern belasse ich es und konzentriere mich nun in dieser Vorlesung ganz auf die Gelehrten, und das meinte in Deutschland fast durchweg beamtete Universitätsprofessoren. Lediglich in einem verhängnisvoll-einflussreichen Manifest, dem „Aufruf der 93" „An die Kulturwelt" vom 4. Oktober 1914, welches ich noch in das Zentrum meiner Darstellung stellen werde, fanden Professoren und Schriftsteller, neben einigen weiteren Künstlern, zusammen. Meine Gewichtung gründet auf zeitgenössischer Prominenz und Gewichtung. Denn so berechtigt im Nachhinein das Verhalten bedeutender Schriftsteller wie der Mann-Brüder, von Gerhart Hauptmann, Stefan Zweig oder Hermann Hesse im Weltkrieg interessiert, so erdrückend war in jenen Jahren selbst im In- und Ausland die Resonanz professoraler Kundgebungen. Seit dem 19. Jahrhundert galten die Professoren als maßgebliche Träger der deutschen Kulturnation, so wurden sie wahrgenommen und so sahen sie sich selber. Dabei kamen Berlin und seiner Universität spätestens im Kaiserreich eine exponierte Rolle in gelehrter Wertschätzung und in der politischen Kultur zu. Lassen Sie mich mit einem Stimmungsbild beginnen.

I.

„Was waren das für Tage, was für Nächte zu Ende Juli und Anfang August des Jahres 1914 […] Ja, hellauf loderten die Flammen vaterländischer Begeisterung, […] So zogen sie aus, Mann für Mann, die Korporationen in geschlossenen Reihen […] Und mit ihnen zog von den Lehrern der Hochschule, wer nur irgend zum Waffendienst, zur Dienstleistung als Arzt oder Geistlicher, zur Hilfeleistung als Krankenpfleger im Felde taugte und begehrt wurde. Nur eine Losung galt: Das Vaterland zu retten."[4] Ähnlich wie hier in Tübingen durch den Juraprofessor Wilhelm von Blume wurde überall an den Universitäten des Deutschen Reiches das sogenannte Augusterlebnis beschrieben. Nicht das ganze Volk jubelte; in den Städten waren es vor allem die bürgerlichen Mittelschichten, und Studien zur ländlichen Bevölkerung vermelden in hohem Maße Skepsis und Distanz.[5] Die Universitäten hingegen avancierten rasch zu Zentren physischer und geistiger Mobilisierung; die Studenten und jüngeren Lehrer strömten als Freiwillige ins Feld, die älteren dienten dem nationalen Aufbruch in Wort und Schrift an der „Heimatfront". Warum war das so? Wie spontan war diese Erregung? Und warum nahm man die Berliner Universität als ein Zentrum solcher Bewegung wahr?

Die Berliner Universität galt nach ihrer Gründung 1810 als ein bedeutender, aber durchaus nicht einzigartiger Standort von Forschung und Lehre in der deutschen Staatenwelt. Sie bettete sich in eine vielgestaltige deutsche Universitätslandschaft ein, hatte diese aber durch frühe Reformimpulse auf dem Weg zur tendenziell freien Forschungsuniversität geprägt. Nach der Reichsgründung 1871 stieg Berlin zum Zentrum deutscher Macht- und Kulturpolitik auf – und mit ihr seine Universität. Ausländer strömten zum Studium hierher, und eine Professur an der Friedrich-Wilhelms-Universität galt in der Regel als Endstation einer akademischen Karriere. Wie nirgend sonst versammelten sich hier Exzellenzen des Geistes, selbstbewusst in ihrem Rang als unabhängige Gelehrte, aber auch in der Nähe zur politischen Macht, von dieser gerne als Titular-Exzellenzen geehrt. Sie nahmen in ungewöhnlicher Verdichtung führende Positionen in den Netzwerken des internationalen Wissenschaftsbetriebs ein, direkte politische Aktivitäten lagen ihnen hingegen in der Regel fern. Der polternde Chauvinismus des 1896 verstorbenen Berliner Historikers Heinrich von Treitschke galt den Berliner Gelehrten nun ganz überwiegend als überholt, auch wenn viele diesen kurz nach Kriegsausbruch in glühenden Worten gegen englische Vorwürfe verteidigten und sich zu Treitschkes Militarismus bekannten. An nationalen Bekenntnissen hatten die Berliner Gelehrten bei offiziellen Feiern der Universität nicht gespart, etwa im Jahr 1913 beim Gedenken an den Freiheitskrieg hundert Jahre zuvor, doch als Kriegstreiber waren sie nicht in Erscheinung getreten, wohl aber als Ideologen deutscher Kulturüberlegenheit.

Unmittelbar nach Kriegsausbruch setzten drei weltberühmte Berliner Gelehrte je eigene Akzente. Als Rektor amtierte der Physiker Max Planck, befreundet mit Albert Einstein, den er im Vorjahr für eine Akademieprofessur aus Zürich nach Berlin gewonnen hatte. Amtliche Reden in der Universität gab es zum Rektoratswechsel Mitte Oktober und dann wieder zum Stiftungsfest am 3. August. An diesem 3. August nahm die Universität, nach Mobilmachung und ersten Kriegserklärungen, Abschied von ihren ins Feld ziehenden Angehörigen. „Max Planck sprach, nach akademischer Sitte, zunächst über ein wissenschaftliches Thema; dann wandte er sich mit einem ganz sparsamen, aber umso tiefer ergreifenden Pathos dem zu, was alle Gemüter erfüllte."[6] Zwei Monate später vermochte auch Planck sich dem Sog nationalen Aufbruchs nicht zu entziehen, unterzeichnete er doch den bereits erwähnten, berüchtigten „Aufruf der 93" und stimmte beim Rektoratswechsel in den allgemeinen vaterländischen

Ton ein, bewahrte aber eine seit 1916 zunehmend deutlicher formulierte nüchterne Skepsis und hielt die Verbindung zu dem als entschiedenen Pazifisten verfemten Albert Einstein aufrecht.[7]

Am 4. August entwarf der Theologe und Wissenschaftsorganisator Adolf Harnack für Kaiser Wilhelm II. dessen „Aufruf an das deutsche Volk", in dem er zum inneren Burgfrieden aufrief. Während der Niederschrift erfuhr Harnack von der englischen Kriegserklärung, die ihn, nach dem Zeugnis seiner Tochter, als Verrat an der westeuropäischen Kultur bis ins Mark erschütterte.[8] Wiederholt hatte sich Harnack vor dem Krieg in London und Berlin für eine deutsch-englische Verständigung eingesetzt. Nun brach es aus ihm heraus: „Diese unsere Kultur, der Hauptschatz unserer Menschheit, war vornehmlich [...] drei Völkern anvertraut: Uns, den Amerikanern und – den Engländern! Weiter sage ich nichts. Ich verhülle mein Haupt!"[9] Mit der Mehrheit nicht nur seiner Berliner Kollegen verband Harnack die Überzeugung eines den Deutschen aufgezwungenen Defensivkrieges; aber auch Defensive konnte mit arroganter Überlegenheit sich ausdrücken.

Ein Pathos selbstgerechter Empörung erfüllte die Berliner Professoren zu Kriegsbeginn, zunehmend mit religiöser Inbrunst vorgetragen, aber noch ohne aggressive Forderungen. So sprach etwa der Gräzist Ulrich von Wilamowitz-Moellendorff am 27. August im Berliner Verein für Volkswohlfahrt über „Krieges Anfang": „Wir haben den Krieg nicht gewollt, niemand, kein König, kein Staatsmann, kein Feldherr. Wir waren in unseren Grenzen zufrieden."[10] Das war sachlich falsch, aber nicht verletzend. Die Schlusspassage steigerte sich dann zur Apotheose: „Herr Gott, du bist die Wahrheit, du bist die Gerechtigkeit. [...] Für unser Deutschland bitten wir, für seine Rettung, für seine Freiheit, für seinen Sieg. Und du wirst ihn geben, denn du bist die Wahrheit und die Gerechtigkeit, und dein ist die Kraft und die Herrlichkeit in Ewigkeit!"[11] Wilamowitz sprach noch während des russischen Vorstoßes in Ostpreußen, unmittelbar vor der Tannenberg-Schlacht, dem deutschen „Wunder", aber auch vor dem französischen „Wunder" an der Marne, Anfang September, als die deutsche Offensive zusammenbrach. Die Dramatik an den Fronten spiegelte sich in verschärften Tönen der Professoren. Am 18. September sprach der prominente Berliner Jurist Otto von Gierke über „Krieg und Kultur": „Wir begrüßen diesen Krieg auch als ein durch göttliche Fügung uns gesandtes Heil! Denn der gerechte Krieg ist nicht bloß Zertrümmerer, sondern auch Erbauer [...], der mächtigste aller Kulturbringer."[12] Derartige Zeugnisse häufen sich nun, doch eine „geistige Mobilmachung" auf breiter Front, wie sie etwa Kurt Flasch eindringlich vorgeführt hat,[13] sie erfolgte konzentriert im Oktober 1914 in einem wahren Trommelfeuer von Kundgebungen und Reden an deutschen Universitäten, gesteuert von Berlin aus.

Am 16. Oktober wurde eine „Erklärung der Hochschullehrer des Deutschen Reiches" verbreitet, unterzeichnet von einer überwältigenden Mehrheit aller 4'400 deutschen Hochschullehrer, vom Ordinarius bis zum Lektor, verfasst von Wilamowitz, in der es am Ende heißt: „Unser Glaube ist, daß für die ganze Kultur Europas das Heil an dem Siege hängt, den der deutsche ‚Militarismus' erkämpfen wird [...]."[14] Diese Trias – Glaube, Kultur und Militarismus – prägte von nun an die Argumentationsfolien deutscher Gelehrter und rief im Ausland, vor allem in England, ebenso massenhaften Protest hervor. Die „Times" publizierte am 21. Oktober eine „Antwort an die deutschen Professoren", unterzeichnet von über 1'000 englischen Gelehrten. Mehr noch als gegen jene „Erklärung" richtete sich die „Antwort" an den bereits am 4. Oktober veröffentlichten „Aufruf an die Kulturwelt", unterzeichnet von 93 Professoren, Schriftstellern und Künstlern, der in thesenhafter Zuspitzung deutsche Kriegsgräuel in Belgien in plakativen „Es-ist-nicht-wahr"-Absätzen zurückwies und einen vermeintlichen Kampf gegen deutschen Militarismus als Kampf gegen deutsche Kultur stigmatisierte. Kein Dokument hat derart verheerend die internationalen deutschen Wissenschaftsbeziehungen bis weit über das Kriegsende hinaus vergiftet.

Was hatte es mit diesem Aufruf und der Liste der 93 Unterzeichner auf sich, wieso war die Betroffenheit der ersten Kriegstage in eine neue Qualität umgeschlagen? Wo blieb die vormalige Besonnenheit weltweit geachteter Gelehrter? Bevor wir die Aufrufe näher prüfen, haben wir zwei Fragen nachzugehen: Wieweit hatte sich neben der in enger Kooperation verbundenen internationalen Gelehrtenrepublik bereits vor Kriegsausbruch in Deutschland eine „universitas militans"[15] etabliert? Zum anderen: Erklärt sich die führende Rolle Berliner Professoren an der geistigen Mobilmachung allein aus deren wissenschaftlichen Prominenz, oder war sie auch in der politischen Kultur der Berliner Universität selbst verankert?

II.

Zwischen Universität und Militär gab es im Vorkriegsdeutschland vielerlei Verbindungen; häufig schon wurde auf den mit der Waffe zu sichernden Ehrenkodex in studentischen Korporationen, auf die Privilegien der Einjährig-Freiwilligen bis hin zur Chance des Reserveoffiziers hingewiesen, aber auch auf semantische Anleihen in Universitätsreden, etwa im Topos vom geistigen Waffenplatz.[16] Doch die Universitätsreden mieden unmittelbar politische Fragen; aktuelle Bezüge betrafen eher Stolz auf Tradition und Blüte der deutschen Universität, Sorge vor Unterfinanzierung der Wissenschaft und Sorgen um eine Verflachung der nationalen Kultur.

Erst in den letzten Vorkriegsjahren verschärfte sich die Tonart einiger professoraler Wortführer, seit mit der zweiten Marokkokrise im Sommer 1911 ein europäischer Krieg greifbar nahe zu rücken schien, mit den Balkankriegen 1912 und 1913 die Gefahr einer Auslösung von Bündnisautomatismen wuchs und forcierte Aufrüstung sich politischer Steuerung zu entziehen drohte. Insgesamt war die deutsche öffentliche Meinung vor 1914 auf einen möglichen Krieg eingestellt; einige meinungsführende Professoren trugen erheblich zur Beeinflussung bei, indem man auf Krieg als realistische ultima ratio der Staats- und Kulturnation einstimmte. Zugleich aber beteiligten sich zahlreiche Professoren an internationalen Verständigungsaktionen und -komitees, allerdings nur minimal im pazifistischen Sinne. Das Zauberwort hieß Realpolitik mit kalkuliertem Risiko, im Zentrum standen macht- und wirtschaftspolitische Interessen; daher dominierten in der öffentlichen Wahrnehmung Historiker und Ökonomen mit engen Kontakten zur Reichsleitung. Auch im Weltkrieg galten sie als Meinungsführer, allerdings ging es nun weniger um Aufklärung als um mobilisierende Sinnstiftung; damit schlug die Stunde der Theologen und Philosophen, neben dem unmittelbaren Kriegseinsatz von Naturwissenschaftlern, welche der Chemiker Fritz Haber auf die Formel brachte: „Im Frieden der Menschheit, im Kriege dem Vaterland".

Weniger eine Militarisierung als ein Anspruch auf vermeintlich unpolitische Wegweisung für das nationale Wohl kennzeichnete die Universität im Vorkriegsdeutschland. Im 19. Jahrhundert hatte sich die untereinander eng verflochtene deutsche Universitätslandschaft als Trägerin der Kulturnation stilisiert, als Avantgarde auf dem Weg zur nationalen Einheit, als Wächterin in den großen Fragen der Nation. Man diente der Nation als öffentliches Gewissen in Absicht auf Gut und Böse in der Politik,

man habe ihr mit der Fackel der Erkenntnis voranzuleuchten – so laute-
ten häufig beschworene Topoi. Zudem sah man keinen Bruch zwischen
wissenschaftlicher Internationalität und nationaler Selbstverpflichtung;
Harnack etwa ließ sich an internationalen Beziehungsgeflechten kaum
übertreffen. Zugleich begründete er 1909 die Kaiser-Wilhelm-Gesellschaft
als Bedingung für Deutschlands Stellung in der Welt, welche auf Wissenschaft, Wirtschaft und schimmernder Wehr beruhe. Solche Dispositionen
waren im Sommer 1914 abrufbar; der Krieg selbst entfaltete nun aber
eine Eigendynamik, welche den ideologischen Kulturchauvinismus der
Oktoberaufrufe prägte.

Lässt sich der hohe Anteil Berlins an der professoralen Aufrüstung
allein durch wissenschaftliche Prominenz und räumliche Nähe zum Zentrum der Macht erklären? Die Berliner Universität unterschied sich in
ihren Funktionen, ihren Ritualen und Selbstinszenierungen kaum von
anderen deutschen Universitäten; allerdings bewahrte sie durchgängig das
Erinnern an eine besondere Gründungskonstellation. Wilhelm von Hum-
boldt realisierte 1810 ja nicht nur die neuartige, auf Wissenschaftsfreiheit
gegründete Forschungsuniversität, sondern zugleich ein gegen Napoleon
gerichtetes Vermächtnis der Nation unter französischer Besatzung. Die
Friedrich-Wilhelms-Universität memorierte dieses Doppelte durchgängig in ihren Reden. Gar nicht aus dem Rahmen fiel daher das „geistige Leibregiment der Hohenzollern, dem Palaste des Königs gegenüber
einquartiert",[17] wie der Physiologe Emil Du Bois-Reymond im Herbst
1870 in seiner Rektoratsrede die Berliner Universität charakterisierte; die
wehrhafte Nähe zum König wurde immer wieder betont.

Als Ikone der Memorialkultur galt der 9. Februar 1813, nicht etwa
die Völkerschlacht vom Oktober. Denn nun zogen die studentischen Freikorps ins Feld, gut ein Drittel der Berliner Studentenschaft, die Letzten
begleitet von Johann Gottlieb Fichtes Rede, der zuvor schon in Jena eine
Aufbruchsstimmung von Lehrenden und Lernenden begründet hatte, aus
der heraus sich etwa die Urburschenschaft formte.[18] Zur 350-Jahr-Feier
der Universität Jena im Jahre 1909 schuf der Schweizer Künstler Ferdinand Hodler in der Aula ein monumentalflächiges Bild zum „Auszug
der Jenenser Studenten in den Freiheitskrieg 1813", das ikonografisch
auf einen künftigen Feldzug einstimmte. Als Hodler freilich 1914 einen
Protest gegen die Beschießung der Kathedrale von Reims unterzeichnete,
schlug ihm aus dem Reich heftigste Empörung und Abscheu entgegen.
Wie in Jena waren die Berliner Studenten 1813 in die Freiheitskriege

gezogen, deren Bezeichnung bis zur Hundertjahrfeier 1913 zu Befreiungs-kriegen mutierte. Im März 1813 predigte der Theologe Schleiermacher den „Heiligen Krieg", nach Verlesung des Königsaufrufs „An mein Volk", daran dachte Schleiermachers Nachfolger Harnack am 4. August 1914. Die „Ideen von 1914" grenzten sich gewiss ab von den Ideen von 1789, bedeutsamer aber war eine auf 1813 verweisende und dann im Natio-nalsozialismus anschlussfähige Konstruktion von Volksgemeinschaft.[19]

III.

Kehren wir zur akademischen „Heimatfront" im Herbst 1914 zurück.[20] Wie in Berlin stellten sich auch anderswo Professoren einer national-politischen Mobilisierung zur Verfügung, wenn auch gelegentlich mit banger Sorge wie im grenznahen Freiburg.[21] Auch anderswo wurden Aufrufe und Kundgebungen publiziert. So riefen etwa die Rektoren und Senate der bayerischen Universitäten am 3. August ihren Studierenden zu, es „entbrennt aufs Neue der Furor Teutonicus. Die Begeisterung der Befreiungskämpfe lodert auf, der heilige Krieg bricht an."[22] Mitte Oktober erschien eine über viele Wochen hin von der Universität Tübingen mit Unterstützung der Reichsleitung initiierte „Kundgebung deutscher Uni-versitäten", die an den 22 deutschen Universitäten unterzeichnet wurde, sich gegen einen „Feldzug systematischer Lüge und Verleumdung" vor allem aus England richtete, allerdings umständlich und wenig wirkungs-voll formuliert war.[23]

Zielstrebiger agierte man indes in Berlin mit der bereits erwähnten, von Wilamowitz verfassten „Erklärung der Hochschullehrer des Deut-schen Reiches" vom 16. Oktober.[24] Auch diese richtete sich gegen die Zwei-Deutschland-These des englischen Außenministers Sir Edward Grey, wonach der Krieg nicht gegen die deutsche Kultur, sondern gegen den deutschen Militarismus ziele, von der englischen gelehrten Welt vielfältig variiert. „Wir Lehrer an Deutschlands Universitäten und Hochschulen dienen der Wissenschaft und treiben ein Werk des Friedens", heißt es zu Beginn der Erklärung. Aber man sei entrüstet, dass die Feinde, „angeblich zu unsern Gunsten einen Gegensatz machen wollen zwischen dem Geiste der deutschen Wissenschaft und dem, was sie den preußischen Militaris-mus nennen. In dem deutschen Heere ist kein anderer Geist als in dem deutschen Volk, denn beide sind eins, und wir gehören auch dazu."[25]

Kultur, Wissenschaft und Militarismus als eine in der Volksgemeinschaft aufgehobene Einheit, so argumentierten mit zunächst geringer
Bandbreite die deutschen Professoren seit Herbst 1914, und ihre Wortführer lehrten in Berlin. Einige besonders wirkmächtige hatten erst um
den Kriegsbeginn herum einen Ruf angenommen, der Historiker Friedrich
Meinecke aus Freiburg und der Theologe und Sozialwissenschaftler Ernst
Troeltsch aus Heidelberg, andere lehrten schon seit Jahrzehnten in Berlin
als öffentliche Autoritäten. Mit dem Gewicht ihres Namens verwahrten
sie sich gegen die von England unterstellte Trennung von Kultur und
Militarismus, für den gebetsmühlenartig der Philosoph Nietzsche, der
Historiker Treitschke und der General von Bernhardi, 1912 Verfasser
eines Buches über „Deutschland und der nächste Krieg", angeführt wurden; insbesondere Kriegsgräuel in Belgien stritt man ab, darunter Ende
August beim sogenannten „Strafgericht von Löwen" die Zerstörung der
berühmten Universitätsbibliothek.

Ab 11. September setzte in Berlin mit großem Aufwand unter Mitwirkung des Nachrichtenbüros im Reichsmarineamt und des Auswärtigen
Amtes eine vor allem auf das neutrale Ausland zielende Protestkampagne
ein, die am 4. Oktober in den schon kurz angesprochenen Aufruf „An
die Kulturwelt!" mündete.[26] Eigentlich war es kein Professorenaufruf,
denn Autor war der Schriftsteller Ludwig Fulda in Verbindung mit dem
Erfolgsdichter Hermann Sudermann und einem Netzwerk aus Literatur
und Kunst, das sich bereits 1900 in dem freisinnigen Goethebund zur
Abwehr einer Knebelung von Kunst- und Wissenschaftsfreiheit durch
die sogenannte lex Heinze gebildet hatte, keineswegs also ein reaktio-
närer Zirkel.[27] Zustande kam schließlich eine Best-of-Liste deutscher
Kulturelite aus Malerei, Musik, Literatur und Wissenschaft.[28] Doch 58
der 93 Unterzeichner waren Professoren, davon wiederum 24 aus Berlin.
Viele unterzeichneten ohne Kenntnis des Textes, im Vertrauen auf das
Gewicht der bereits Gewonnenen. In sträflich-naiver Empathie setzte man
mit bleibenden Folgen das wissenschaftliche Ansehen aufs Spiel für die
angebliche Unwahrheit ungeprüfter Aussagen.

In plakativem Stakkato wurden fünf „Es-ist-nicht-wahr"-Behauptun-
gen aufgestellt, nämlich, dass Deutschland diesen Krieg verschuldet habe,
dass von belgischen Bürgern Leben und Eigentum angetastet worden sei,
außer in bitterster Notwehr, dass die deutschen Truppen brutal gegen
Löwen gewütet hätten, dass die deutsche Kriegführung die Gesetze des
Völkerrechts missachte und dass „der Kampf gegen unseren sogenannten

Militarismus kein Kampf gegen unsere Kultur ist". Beschwörend schloss der Aufruf: „Glaubt uns, dass wir diesen Kampf zu Ende kämpfen als ein Kulturvolk, dem das Vermächtnis eines Goethe, eines Beethoven, eines Kant ebenso heilig ist wie sein Herd und seine Scholle."

Immerhin vermerkte der Berliner Althistoriker Eduard Meyer, selbst Unterzeichner, am 7. Oktober in einem Brief an den Archäologen Theodor Wiegand: „Inzwischen ist ja auch der von Ihnen an mich vermittelte ,Aufruf an die Kulturwelt' erschienen. Dass er gerade viel helfen wird, kann ich nicht glauben, denn wir versichern darin Dinge, über die *wir* gar nichts wissen und aussagen können, außer dass wir *unseren* Behörden etc. glauben, über Löwen, über die Art der Kriegführung, über die Absicht der Verletzung der belgischen Neutralität durch England und Frankreich u. ä.; das kann kühle Beurtheiler nicht überzeugen."[29]

In der Tat erwies sich der Aufruf als verheerendster Rohrkrepierer intellektueller Propaganda im sogenannten „Krieg der Geister". Wenige Unterzeichner wie der Ökonom Lujo Brentano distanzierten sich sogleich, einige während des Krieges wie Max Planck im April 1916 in einer niederländischen Zeitung.[30] Doch der Schaden war irreparabel; das neutrale Ausland in Europa und Amerika reagierte fast durchweg abweisend; in Frankreich und England löste der Aufruf ein Trommelfeuer in der Presse aus, das von Hass hier bis kühler Distanz dort reichte.[31] In der von zahlreichen britischen Hochschullehrern verfassten Antwort vom 21. Oktober auf die deutschen Aufrufe heißt es: „Wir selbst haben eine echte und tiefe Bewunderung für deutsche Gelehrsamkeit und Wissenschaft. […] Wir bedauern tief, dass unter dem verderblichen Einfluss eines Militärsystems und seiner gesetzwidrigen Eroberungsträume, die, welche wir einst verehrten, jetzt entlarvt dastehen als der gemeinsame Feind Europas und aller Völker, welche das internationale Recht achten."[32] Bemerkenswert ist auch die in der Forschung jetzt erst genauer untersuchte Reaktion russischer Professoren, deren akademische Lehrer in hohem Maße Deutsche waren und die zugleich ihrem eigenen Staat kritisch begegneten. Konsterniert und spät reagierten sie, vermuteten – wohl gemäß eigenen Erfahrungen – staatlichen Druck auf die deutschen Unterzeichner, um dann wie Pavel N. Miljukov zu folgern: „Aber trotz aller Abhängigkeit der deutschen Professoren von der Obrigkeit […] – setzten diese Leuchten des deutschen Denkens und Wissens ihre Unterschriften wirklich nur ,aus Angst' und nicht ,aus Gewissen' darunter? […] Nein, sie haben es auch ,aus Gewissen' getan – als wahre Vertreter eben jener Kultur, auf deren Grundlage alle jene Erscheinungen gedeihen konnten, die sie nun leugnen."[33]

Zu welcher Arroganz deutscher Kulturüberlegenheit sich Berliner Professoren 1914 zu steigern vermochten, das belegt eine Durchsicht der Berliner Sammlung „Deutsche Reden in schwerer Zeit",[34] insbesondere in den Reden des Philosophen Adolf Lasson, des Juristen Otto von Gierke und des Germanisten Gustav Roethe. Gierke etwa pries den Krieg als „göttliches Gnadengeschenk" für die deutsche Kultur. Roethe erklärte: „Wir fühlen uns als eine heilige Phalanx, [...] und aufwärts steigt die Flamme heiligen Glaubens an die weltgeschichtliche Sendung des deutschen Volkes gegen (sc. östliche) Barbarei und (sc. westliche) Überkultur, eine Sendung, die noch lange nicht ihr Ende erreicht hat." Lasson wiederum erklärte die Deutschen für das „schlechthin überlegene" Volk. Im Vergleich zu anderen Völkern gelte: „Wir verbitten es uns, mit ihnen auf gleicher Stufe zu stehen."[35]

Derartige Zeugnisse liegen nicht nur für Berlin vor, wie andererseits an vielen Universitäten während der Kriegsjahre Gelehrte aus unterschiedlichen Fachdisziplinen deren Methoden und Fragestellungen auf teilweise hohem Niveau für Expertisen und Debatten mit gegnerischen oder konkurrierenden Positionen nutzten. Der aus dem Zweiten Weltkrieg bekannte Terminus vom „Kriegseinsatz der Geisteswissenschaften"[36] gilt in großem Stil bereits für den Ersten Weltkrieg, freilich in anderer Konstellation, wie etwa gewichtige Studien zur deutschen Kriegstheologie oder zum Krieg der Philosophen im deutsch-englischen Vergleich belegen.[37] Das kann hier nicht genauer betrachtet werden. Wiederum außerhalb von Berlin entwickelte etwa in Münster der bereits erwähnte Soziologe Johann Plenge die folgenreiche Denkfigur der „Ideen von 1914" als einer historisch gewachsenen, sittlich idealistischen Vergemeinschaftung in Deutschland in Abgrenzung zu den französischen Ideen von 1789.[38] Steffen Bruendel hat den Einfluss jener Ideen von 1914 auf die Volksgemeinschaftsideologie herausgearbeitet. Zudem konstruierten jene Ideen einen Gegensatz zwischen westlichem Parlamentarismus und einer weit überlegenen „deutschen Freiheit", als zukunftsweisender Kombination von individueller Freiheit und straffer staatlicher Ordnung.[39] Geistigästhetisch korrespondierte mit jenem Gegensatz eine insbesondere von Thomas Mann immer wieder beschworene Dichotomie von Zivilisation und Kultur. In seinen „Gedanken im Kriege" vom November 1914 heißt es: „Zivilisation und Kultur sind nicht nur nicht ein und dasselbe, sondern sie sind Gegensätze, sie bilden eine der vielfältigen Erscheinungsformen des ewigen Weltgegensatzes und Widerspieles von Geist und Kultur."[40]

Gequält reagierten auf derartige Pamphlete und Zuspitzungen nur wenige, wie etwa Hermann Hesse, der unter der Überschrift „O Freunde, nicht diese Töne" in der „Neuen Zürcher Zeitung" vom 3. November 1914 sich zwar zu seinem Deutschtum bekannte, aber die Neutralität derjenigen einforderte, „die als Forscher, Lehrer, Künstler, Literaten am Werk des Friedens und der Menschheit arbeiten".[41] Ein Hesse blieb in Deutschland und Frankreich ebenso ungehört wie ein Rolland, der „an die Intellektuellen, Schriftsteller und Künstler diesseits wie jenseits des Rheins (appellierte), sich eine vom unmittelbaren Kriegsgeschehen und vom nationalistischen Tagesgeschrei unabhängige Gesinnung zu bewahren".[42] Ungewöhnlich auch die Kontroverse des jungen Schweizer Theologen Karl Barth mit seinem Marburger Lehrer Martin Rade, dessen „fromme Kriegsfertigkeit" er in einem Brief vom 31. August 1914 scharf verurteilte.[43]

Beiträge zur Versöhnung leisteten die deutschen Intellektuellen bis auf wenige Ausnahmen nicht; wohl aber beteiligten sie sich an einer 1915 einsetzenden inneren Polarisierung. Auch hierbei blieben die Berliner Professoren exponiert in ihrer Autorität, in ihren Chancen zu öffentlicher Einflussnahme und in ihrer Nähe zu den Zentren der Macht. Solche Verbindungen gewannen umso mehr an Bedeutung, als sich seit dem Frühjahr 1915 Risse in der Beurteilung der Erfolgschancen und der strategischen Friedensplanung ergaben. Um jeweils wenige Professoren scharten sich die neu entstehenden Lager. Während die maßgeblichen Hardliner wie der Theologe Reinhold Seeberg, der Germanist Gustav Roethe und der Historiker Dietrich Schäfer vor allem Verbindung mit den Alldeutschen, der Schwerindustrie und Teilen des Militärs pflegten, nutzte eine gemäßigte Gruppe die engen Kontakte des Historikers Hans Delbrück zur Reichsleitung und seines Schwagers Adolf Harnack zum Chef des kaiserlichen Zivilkabinetts, spann Netzwerke mit Gleichgesinnten aus Politik und Wirtschaft, etwa in Delbrücks „Mittwochabend" bzw. der Deutschen Gesellschaft von 1914, oder diskutierte in kleinem Kreis – zumeist Delbrück mit Meinecke und Troeltsch – aktuelle Fragen auf den legendären Spaziergängen im Grunewald. Strittig zwischen beiden Lagern war die Frage der Kriegsziele – annexionistischer Siegfriede oder Verständigungsfriede? Am 20. Juni 1915 drängte eine von Seeberg verfasste Adresse an den Reichskanzler diesen, sich auf ein umfangreiches

Kriegszielprogramm festzulegen, worauf eine Gegenadresse Delbrücks vom 9. Juli für moderate Ziele warb. Ab 1916 trat neben die außenpolitische Kontroverse um Macht- oder Verständigungsfrieden ein die bisherige Lagerbildung verschärfender Streit um innere Ordnungsvorstellungen, in der Spannung von demokratischem Konstitutionalismus und von radikalnationalistischem Korporatismus. Während eine Minderheit früh schon Reformen einforderte, hielt die Mehrheit mit Durchhalteparolen an ihrer Endsieghoffnung fest.[44]

Die mit dem „Aufruf der 93" gerufenen Geister wurde man nicht wieder los; sie hatten die innere Spaltung nicht verhindert und sie belasteten dauerhaft die deutschen Wissenschaftsbeziehungen zum Ausland. Doch empört, trotzig oder schweigend verweigerten sich die noch zu ermittelnden Unterzeichner des Aufrufs im Frühjahr 1919 einer Aktion des Völkerrechtlers Hans Wehberg, welcher für Rücknahme ihrer Unterschrift plädierte.[45]

Aber hatte es im Oktober 1914 keine Gegenreaktion in Deutschland selbst gegeben? Am 3. Oktober erhielt in der Schweiz der Musikhistoriker Romain Rolland von Gerhart Hauptmann den Aufruf „An die Kulturwelt!" übersandt und notierte fassungslos: „Findet sich denn kein einziger Mensch, um die Seele seines Volks zu retten?"[46] Dieser eine fand sich in dem Berliner Medizinprofessor Georg Friedrich Nicolai, der als Physiologe an der Charité lehrte und als Berater der Kaisergattin Zugang zum Hof hatte. Gleichwohl organisierte er eine pazifistische Vorlesungsreihe an der Universität zur „Biologie des Krieges", wurde nach Graudenz in der Provinz verbannt, dort denunziert und schließlich zum Gemeinen degradiert. 1916 schmuggelte er das Manuskript seiner „Biologie des Krieges" in die Schweiz, das 1917 in Zürich als Buch erschien, seitdem großes internationales Aufsehen erregte und insbesondere auch Nicolais „Aufruf an die Europäer" enthielt, ein von ihm im Oktober 1914 verfasstes Manifest, für das er an der Berliner Universität ebenso eifrig wie erfolglos um Unterschriften warb. Unterzeichnet haben lediglich Albert Einstein, der sonst unbekannte Privatgelehrte Otto Buek sowie der greise Astronom Wilhelm Foerster, der kurz zuvor auch den „Aufruf der 93" unterschrieben hatte.[47] Hellsichtig hieß es in dem Aufruf: „[…] der heute tobende Kampf wird kaum einen Sieger, sondern wahrscheinlich nur Besiegte zurücklassen. Darum scheint es nicht nur gut, sondern bitter nötig, daß gebildete Männer aller Staaten ihren Einfluss dahin aufbieten, daß [...] die Bedingungen des Friedens nicht die Quelle künftiger Kriege werden."

Albert Einstein beobachtete die Haltung seiner Berliner Kollegen mit kopfschüttelnder Besorgnis. 1917 vermerkte er in einem Brief an Rolland unter ihnen eine „Art Machtreligion", sie „beherrscht fast alle Gebildeten".[48] Bereits Anfang August 1915, also in der Kriegszieldiskussion nach den Adressen von Seeberg und Delbrück, schrieb Einstein: „In Berlin ist es sonderbar. Die Naturwissenschaftler und Mathematiker sind als Wissenschaftler streng international gesinnt und wachen sorglich, dass ja kein unfreundlicher Schritt gegen Kollegen, die im feindlichen Ausland leben, erfolge. Die Historiker und Philologen aber sind größtenteils chauvinistische Hitzköpfe."[49] Und er fügte hinzu: „Es scheint, dass die Menschen stets ein Hirngespinst brauchen, demzuliebe sie einander hassen können, früher wars der Glaube, jetzt ist er der Staat."[50]

Bereits vor dem Weltkrieg hatte sich ein professorales Selbstverständnis, der Nation als öffentliches Gewissen mit der Fackel der Erkenntnis voranzuleuchten, zunehmend als Chimäre erwiesen, angesichts einer fortschreitenden Professionalisierung von Wissenschaft als Beruf und von Politik als Beruf; im Krieg schien noch einmal eine einzigartige Chance zu nationaler Sinnstiftung und Wegweisung gegeben, die sich indes als Selbstbetrug entlarvte. Der Pflicht der Intellektuellen zu Kritik als Beruf wurden in Deutschland nur sehr wenig gerecht. Nüchtern vermerkte der Historiker Friedrich Meinecke im Nachhinein: „Wir standen mehr in der Front als vor der Front."[51] Noch präziser formulierte es der große Rechtslehrer Gustav Radbruch 1926: „Mit den Gesten der Führerschaft waren die Universitäten vielfach Geführte, wo nicht Angeführte des Zeitgeistes."[52]

Anmerkungen

[1] Vgl. *Wolfgang J. Mommsen*, Einleitung: Die deutschen kulturellen Eliten im Ersten Weltkrieg, in: ders. (Hrsg.), Kultur und Krieg. Die Rolle der Intellektuellen, Künstler und Schriftsteller im Ersten Weltkrieg, München 1996, 1–16, 9–16.

[2] *Hanjo Kesting*, Heinrich Mann und Thomas Mann. Ein deutscher Bruderzwist, Göttingen 2003.

[3] Vgl. *Eckart Koester*, ‚Kultur' versus ‚Zivilisation': Thomas Manns Kriegspublizistik als weltanschaulich-ästhetische Standortsuche, in: Mommsen (Hrsg.), Kultur und Krieg (Anm. 1), 249–258, 249–250.

[4] *Wilhelm von Blume*, In Memoriam! (Kriegszeitung der Universität Tübingen 1915), zit. nach: *Sylvia Paletschek*, Tübinger Hochschullehrer im Ersten Weltkrieg. Kriegserfahrungen an der „Heimatfront" Universität und im Feld, in: Gerhard Hirschfeld, Gerd Krumeich, Dieter Langewiesche, Hans-Peter Ullmann (Hrsg.), Kriegserfahrungen. Studien zur Sozial- und Mentalitätsgeschichte des Ersten Weltkriegs, Essen 1997, 83–106, 83.

[5] Vgl. etwa *Tillmann Bendikowski*, Sommer 1914. Zwischen Begeisterung und Angst – wie die Deutschen den Kriegsbeginn erlebten, München 2014; ferner *Wolfgang Kruse* (Hrsg.), Eine Welt von Feinden. Der Große Krieg 1914–1918, Frankfurt a.M., 1997; *Jeffrey Verhey*, Der „Geist von 1914" und die Erfindung der Volksgemeinschaft, Hamburg 2000; *Benjamin Ziemann*, Front und Heimat. Ländliche Kriegserfahrungen im südlichen Bayern 1914–1923, Essen 1997.

[6] *Agnes von Zahn-Harnack*, Adolf von Harnack, Berlin 1936, 443.

[7] Vgl. *Dieter Hoffmann*, Kollegen im Widerstreit: Max Planck und Albert Einstein, in: Spektrum der Wissenschaft 5 (2008), 32–39.

[8] *Zahn-Harnack*, Adolf von Harnack (Anm. 6), 444. Zur Beziehung zwischen Harnack und dem Kaiser vgl. *Rüdiger vom Bruch*, Adolf von Harnack und Wilhelm II., in: *ders.*, Gelehrtenpolitik, Sozialwissenschaften und akademische Diskurse in Deutschland im 19. und 20. Jahrhundert, Stuttgart 2006, 82–94.

[9] Zit. nach: *Christian Nottmeier*, Adolf von Harnack und die deutsche Politik 1890–1930, Tübingen 2004, 385; ebd., 379–384 eine kluge Analyse von Harnacks sozialliberalen Reformstrategien im Krieg.

[10] *Ulrich von Wilamowitz-Moellendorff*, Krieges Anfang, in: Klaus Böhme (Hrsg.), Aufrufe und Reden deutscher Professoren im Ersten Weltkrieg, 2. Aufl., Stuttgart 2014, 63.

[11] Ebd., 65.

[12] *Otto von Gierke*, Krieg und Kultur, in: Böhme (Hrsg.), Aufrufe (Anm. 10), 66–67.

[13] *Kurt Flasch*, Die geistige Mobilmachung. Die deutschen Intellektuellen und der Erste Weltkrieg. Ein Versuch, Berlin 2000.

[14] Abdruck bei *Böhme* (Hrsg.), Aufrufe (Anm. 10), 49–50. Grundlegend hierzu wie auch zum „Aufruf der 93" *Bernhard vom Brocke*, „Wissenschaft und Militarismus". Der Aufruf der 93 „An die Kulturwelt!" und der Zusammenbruch der internationalen Gelehrtenrepublik im Ersten Weltkrieg, in: William M. Calder III, Hellmut Flashar, Theodor Lindken (Hrsg.), Wilamowitz nach 50 Jahren, Darmstadt 1985, 649–719; *Jürgen von Ungern-Sternberg, Wolfgang von Ungern-Sternberg*, Der Aufruf „An die Kulturwelt!" Das Manifest der 93 und die Anfänge der Kriegspropaganda im Ersten Weltkrieg, 2. Aufl., Frankfurt a.M. 2013; *Steffen Bruendel*, Volksgemeinschaft oder Volksstaat. Die „Ideen von 1914" und die Neuordnung Deutschlands im Ersten Weltkrieg, Berlin 2003.

[15] *Trude Maurer*, Universitas militans. Von der Militarisierung der deutschen Universität im späten Kaiserreich bis zur Rechtfertigung des Militarismus im Ersten Weltkrieg, in: dies. (Hrsg.), Kollegen – Kommilitonen – Kämpfer. Europäische Universitäten im Ersten Weltkrieg, Stuttgart 2006, 57–74.

[16] Zusammengetragen bei *Maurer*, Universitas militans (Anm. 15), als Belege für eine Militarisierung der deutschen Universität.

[17] *Emil Du Bois-Reymond*, Der deutsche Krieg. In der Aula der Berliner Universität gehaltene Rektoratsrede, in: *ders.*, Reden von Emil Du Bois-Reymond. Erste Folge: Literatur. Philosophie. Zeitgeschichte, Leipzig 1886, 65–94.

[18] *Klaus Ries*, Ehre und Nation. Die Bildung einer intergenerationellen Wertegemeinschaft aus dem Geist des Freiheitskrieges, in: Matthias Berg, Jens Thiel, Peter Th. Walther (Hrsg.), Mit Feder und Schwert. Militär und Wissenschaft – Wissenschaftler und Krieg, Stuttgart 2009,

95–106; vgl. weiterführend *Klaus Ries*, Wort und Tat. Das politische Professorentum der Universität Jena im frühen 19. Jahrhundert, Stuttgart 2007.

[19] Vgl. dazu detailliert *Bruendel*, Volksgemeinschaft (Anm. 14).

[20] Vgl. besonders *Paletschek*, Tübinger Hochschullehrer (Anm. 4); *Andreas Wettmann*, Heimatfront Universität. Preußische Hochschulpolitik und die Universität Marburg im Ersten Weltkrieg, Köln 2000.

[21] Vgl. *Christian Geinitz*, Kriegsfurcht und Kampfbereitschaft. Das Augusterlebnis in Freiburg. Eine Studie zum Kriegsbeginn 1914, Essen 1998; *Roger Chickering*, Freiburg im Ersten Weltkrieg, Paderborn 2009.

[22] *Modris Eksteins*, Tanz über den Gräben. Die Geburt der Moderne und der Erste Weltkrieg, Reinbek 1990, 147.

[23] Abdruck bei *Böhme* (Hrsg.), Aufrufe (Anm. 10), 51–54. Zu Hintergrund und Resonanz vgl. *vom Brocke*, Wissenschaft (Anm. 14), 656.

[24] Abdruck bei *Böhme* (Hrsg.), Aufrufe (Anm. 10), 49–50; vgl. dazu *vom Brocke*, Wissenschaft (Anm. 14), 650–654.

[25] *Böhme* (Hrsg.), Aufrufe (Anm. 10), 49.

[26] Abdruck bei *Böhme* (Hrsg.), Aufrufe (Anm. 10), 47–49; wichtige Forschungsliteratur vgl. oben Anm. 14; ferner *Rüdiger vom Bruch*, Geistige Kriegspropaganda. Der Aufruf von Wissenschaftlern und Künstlern an die Kulturwelt, in: Rüdiger Hohls, Iris Schröder, Hannes Siegrist (Hrsg.), Europa und die Europäer. Quellen und Essays zur modernen europäischen Geschichte, Stuttgart 2005, 392–394; *Ulf-Gerrit Meyer-Rewerts, Hagen Stöckmann*, Das „Manifest der 93". Ausdruck oder Negation der Zivilgesellschaft?, in: Johanna Klatt, Robert Lorenz (Hrsg.), Manifeste. Geschichte und Gegenwart des politischen Appells, Bielefeld 2011, 113–134.

[27] Detailliert zu Entstehungsgeschichte, Verfassern, Intentionen und Wirkungen des Aufrufs *Ungern-Sternberg, Ungern-Sternberg*, Aufruf (Anm. 14), 19–118.

[28] Zu Verbindungslinien vgl. *Mommsen* (Hrsg.), Kultur und Krieg (Anm. 1).

[29] Abdruck als Dok. 18 in *Ungern-Sternberg, Ungern-Sternberg*, Aufruf (Anm. 14), 274–275.

[30] Abdruck als Dok. 19 in *Ungern-Sternberg, Ungern-Sternberg*, Aufruf (Anm. 14), 276–277.

[31] Eine detaillierte Pressedokumentation bietet *vom Brocke*, Wissenschaft (Anm. 14), 666 für Frankreich, 669 für England.

[32] Zit. nach: *Peter Hoeres*, Krieg der Philosophen. Die deutsche und die britische Philosophie im Ersten Weltkrieg, Paderborn 2004, 129.

[33] Zit. nach: *Trude Maurer*, Der Krieg der Professoren. Russische Antworten auf den deutschen Aufruf „An die Kulturwelt", in: *Ungern-Sternberg, Ungern-Sternberg*, Aufruf (Anm. 14), 163–201, 179.

[34] *Zentralstelle für Volkswohlfahrt, Verein für volkstümliche Kurse von Berliner Hochschullehrern* (Hrsg.), Deutsche Reden in schwerer Zeit, Bd. 1, Berlin 1915.

[35] Auszug aus einer Blütenlese nach Durchsicht jener Reden bei *Flasch*, Geistige Mobilmachung (Anm. 13), 90–92.

[36] Vgl. *Frank-Rutger Hausmann* (Hrsg.), Die Rolle der Geisteswissenschaften im Dritten Reich 1933–1945, München 2002.

[37] Vgl. *Karl Hammer*, Deutsche Kriegstheologie (1870–1918), München 1971; *Hoeres*, Krieg der Philosophen (Anm. 32); zur Einordnung ferner *Matthias Berg, Jens Thiel, Peter Th. Walther*, Einleitung, in: dies. (Hrsg.), Feder und Schwert (Anm. 18), 9–23.

[38] Vgl. *Bruendel*, Volksgemeinschaft (Anm. 14), 110–132.

[39] *Mommsen*, Einleitung (Anm. 1), 3.

[40] *Koester*, Kultur versus Zivilisation (Anm. 3), 252.

[41] *Ungern-Sternberg, Ungern-Sternberg*, Aufruf (Anm. 14), 76–77.

[42] *Mommsen*, Einleitung (Anm. 1), 3.

[43] Abdruck des Briefes in *Jürgen Moeller* (Hrsg.), Historische Augenblicke. Das 20. Jahrhundert in Briefen, München 1999, 26–29.

[44] Vgl. *Bruendel*, Volksgemeinschaft (Anm. 14), 219–299; vgl. auch *Klaus Schwabe*, Wissenschaft und Kriegsmoral. Die deutschen Hochschullehrer und die politischen Grundfragen des Ersten Weltkrieges, Göttingen/Zürich/Frankfurt a.M. 1969.

[45] *Hans Wehberg*, Wider den Aufruf der 93! Das Ergebnis einer Rundfrage an die 93 Intellektuellen über die Kriegsschuld, Charlottenburg 1920; vgl. zur Aktion auch *Ungern-Sternberg, Ungern-Sternberg*, Aufruf (Anm. 14), 82–87.

[46] Grundlegend *Bernhard vom Brocke*, Wissenschaft versus Militarismus: Nicolai, Einstein und die „Biologie des Krieges", in: Jahrbuch des italienisch-deutschen historischen Instituts in Trient 10 (1984), 405–508, Zitat 409.

[47] *Georg Friedrich Nicolai*, Die Biologie des Krieges. Betrachtungen eines Naturforschers den Deutschen zur Besinnung, Zürich 1917, 9–11.

[48] Brief von Albert Einstein an Romain Rolland vom 21.08.1917, zit. nach: *vom Brocke*, Wissenschaft versus Militarismus (Anm. 46), 409.

[49] Ebd., 410.

[50] *Vom Brocke*, Wissenschaft (Anm. 14), 649.

[51] *Friedrich Meinecke*, Drei Generationen deutscher Gelehrtenpolitik, wieder abgedruckt in: *ders.*, Werke, Bd. IX, Stuttgart 1979, 476, 479. Vgl. dazu *Rüdiger vom Bruch*, Friedrich Meinecke. Ein Gelehrtenleben zwischen Bismarck und Adenauer, in: *ders.*, Gelehrtenpolitik (Anm. 8), 285.

[52] Zitat bei *vom Brocke*, Wissenschaft (Anm. 14), 716 (Abb. A120).

Geschlecht und Körperlichkeit im Krieg

Karen Hagemann

Soldatenfrauen, Krankenschwestern und Etappenhelferinnen: Fraueneinsatz im Ersten Weltkrieg

Marie Elisabeth Lüders, von 1916 bis 1918 Leiterin der Frauenarbeits-Zentralstelle im Kriegsministerium des Deutschen Reiches, schrieb in ihrem 1937 veröffentlichten Buch „Volksdienst der Frau":

> „Das Wort ‚Volksheer' hat heute einen ganz anderen Sinn und Inhalt wie ehedem. Die Wandlung begann mit der Bildung der Begriffe ‚Heimatheer' und ‚Heimatfront', die es vor dem Kriege nicht gab und in denen das ‚Arbeitsheer' zum ersten Male eine ausgesprochen militärische Rolle spielte, von deren Durchführung das Schicksal der äußeren Front wesentlich mitbestimmt wurde. Dieses neuartige Volksheer ist der Träger des permanenten Krieges, dessen Kennzeichen die Mobilisierung des ganzen Volks in tausend Formen ist."[1]

Lüders hatte ab 1909 Nationalökonomie an der Friedrich-Wilhelms-Universität zu Berlin studiert und 1912 über die Aus- und Fortbildung von Frauen in gewerblichen Berufen promoviert. Nach der Promotion war sie bis 1915 als erste Wohnungspflegerin in Berlin-Charlottenburg tätig und leitete danach die Frauenarbeits-Zentralstelle. Bis 1922 gehörte sie zudem dem Vorstand des Bundes Deutscher Frauenvereine an. 1919 wurde sie als Kandidatin der Deutschen Demokratischen Partei in die Nationalver-sammlung gewählt. Im Reichstag, dem sie bis 1930 angehörte, engagierte sie sich weiterhin vor allem für soziale Fragen. Nach der Machtübernahme der Nationalsozialisten am 30. Januar 1933 verlor sie alle administrativen und politischen Ämter.[2] Ungeachtet dessen unterstützte sie mit ihrer Schrift die Vorbereitung eines nächsten Krieges. Sie glaubte aufgrund ihrer Erfahrungen im Ersten Weltkrieg, dass der nächste Krieg in noch viel stärkerem Maße von allen Teilen der Bevölkerung in je spezifischer Weise unterstützt werden müsste und dass die Grenzen zwischen „Front" und „Heimat" noch fließender als im letzten Krieg sein würden. Zur Vorbereitung auf diesen nächsten Krieg plädierte sie für die Einführung eines „weiblichen Pflichtjahres" parallel zur „männlichen Wehrpflicht", die im März 1935 entgegen den Bestimmungen des Versailler Vertrages vom NS-Staat wieder eingeführt worden war.[3]

Während Lüders und vielen anderen Zeitgenossen und Zeitgenossinnen aufgrund ihrer eigenen Erfahrungen während des Ersten Weltkrieges sehr bewusst war, dass weder dieser Krieg noch jeder folgende ohne die aktive Unterstützung der Zivilbevölkerung einschließlich der Frauen zu gewinnen war, haben Historiker dies lange verkannt. Die Mainstream-Geschichtsschreibung zu Militär und Krieg hat sich auf beiden Seiten des Atlantiks den Herausforderungen der Frauen- und Geschlechterforschung bestenfalls am Rande gestellt. Diese anhaltende Ausblendung ist umso bemerkenswerter, als sich die Frauen- und Geschlechtergeschichte bereits seit den 1980er-Jahren intensiv mit dem Thema Militär und Krieg beschäftigt hat.[4] Sie konnte unter anderem zeigen, dass eine Geschlechterperspektive zentral für unser Verständnis des neuen Verhältnisses von Krieg, Militär und Zivilgesellschaft ist, das den Ersten Weltkrieg als ersten „totalen Krieg" auszeichnet. Wenn ein solcher „totaler Krieg" sich – wie Roger Chickering es formulierte – von früheren Formen des Krieges vor allem durch „seine eigentümliche Intensität und Ausdehnung" und seine tendenzielle Aufhebung der Grenzen zwischen „Front" und „Heimat" unterscheidet, dann ist die Geschlechterdimension ein zentraler Indikator für die „Totalität" eines Krieges.[5] Im Folgenden werde ich dies am Beispiel der Mobilisierung von Frauen während des Ersten Weltkrieges zu zeigen versuchen. Mein regionaler Fokus ist das Deutsche Reich, das ich vergleichend in den europäischen Kontext einordnen werde.

I. Mobilisierung für den Krieg

Der Erste Weltkrieg, der offiziell mit der Kriegserklärung Österreich-Ungarns an Serbien am 28. Juli 1914 begann, war nicht nur ein globaler Krieg, sondern zugleich der erste hochindustrialisierte Massenkrieg. 38 Nationen waren mit ca. 60–70 Millionen Soldaten in diesen Krieg involviert, der mit fast 10 Millionen toten, 20 Millionen verwundeten und 8 Millionen kriegsgefangenen Soldaten endete. Hinzu kamen ca. 7–8 Millionen zivile Opfer.[6] Diese verlustreiche Form der Massenkriegführung war nur möglich, weil die meisten kriegsbeteiligten Nationen für den Kriegsdienst mithilfe der allgemeinen Wehrpflicht mobilisierten. In Deutschland wurden bis Ende 1916 bereits 10 Millionen Männer eingezogen, ein Drittel der männlichen Gesamtbevölkerung, von denen wiederum ein Drittel verheiratet war. Nur die Länder des britischen Commonwealth begannen den Krieg mit Freiwilligenheeren. Großbritannien führte erst im Januar 1916 mit dem *Conscription Service Act* die allgemeine Wehrpflicht ein, Kanada ein Jahr später. Zunächst war die Mobilisierung für das britische Freiwilligenheer auch durchaus erfolgreich gewesen. Bis Anfang September 1914 hatten sich bereits 225'000 Mann gemeldet. Doch im Verlauf des Krieges übertraf der Bedarf an Soldaten bei Weitem die Zahl der freiwilligen Meldungen.[7]

Abb. 1: Plakat „Women of Britain Say ‚Go!'"
Grafik: E. J. Kealey. Hrsg.: Parliamentary
Recruiting Committee. London 1915.[8]

Abb. 2: Plakat „Remember Belgium –
Enlist Today". Grafik: Unknown. Hrsg.:
Parliamentary Recruiting Committee.
London December 1914.[9]

Die Mobilisierung der Männer für den Kriegseinsatz erfolgte in der Propaganda aller kriegsbeteiligten Nationen mit dem Argument des „Verteidigungskrieges". Die Männer wurden als „Verteidiger der bedrohten Heimat" dargestellt, deren Aufgabe es war, Frauen und Kinder, Heimat und Vaterland vor dem heranrückenden Feind zu beschützen. Dies war ein Bild von der Geschlechterordnung des Nationalkrieges, das bis in die Zeit der Napoleonischen Kriege zurückreicht. Männer, die sich dieser Aufgabe entzogen, wurden als „unmännlich" dargestellt. Dass die zu beschützenden Frauen und Familien in der Heimat in der Realität des Krieges häufig schwerlich zu beschirmen waren, stellte dieses Bild der Geschlechterordnung des Krieges nicht infrage.[10] Zu den ersten Regionen, in denen die Zivilbevölkerung die Wucht des Krieges zu spüren bekam, gehörten 1914 an der Westfront neben Elsass-Lothringen Belgien und der Nordosten Frankreichs. Allein hier vertrieb der deutsche Einmarsch ca. 3 Millionen Menschen und machte mittelfristig eine weitere halbe Million zu Heimatlosen, die in die unbesetzten französischen Territorien fliehen mussten. An die 6'500 belgische und französische Zivilisten wurden im Zuge des deutschen Einmarsches bei gewaltvollen Übergriffen getötet. Diese „*German Atrocities*" wurden von der britischen und französischen und später auch amerikanischen Propaganda als „*Rape of Belgium*" dargestellt und wiederum intensiv für die eigene Kriegsmobilisierung genutzt.[11]

Ansonsten waren Frauen und Familien in der ersten Kriegsphase vor allem durch die erzwungene Trennung von ihren männlichen Angehörigen sowie Erwerbslosigkeit vom Krieg betroffen. Im Zuge der Umstellung von der Friedens- auf die Kriegswirtschaft wurden vor allem Frauen in den alten „Frauengewerben" wie der Textil- und Bekleidungsindustrie erwerbslos. In Berlin stieg beispielsweise die Erwerblosenquote der weiblichen Gewerkschaftsmitglieder von 2 Prozent im Juli 1914 auf 18 Prozent im September 1914 an.[12] Doch schon bald setzte auch die Mobilisierung der Zivilbevölkerung an der „Heimatfront" ein. Der hochindustrialisierte Massenkrieg erforderte in den Kriegsjahren 1914 bis 1918 einen bis dahin unbekannten Grad der Mobilisierung nicht nur von Soldaten, sondern auch von Zivilisten. Die überkommenen Grenzen zwischen Militär und Zivilgesellschaft gerieten aufgrund der veränderten Anforderungen der Kriegführung mehr und mehr ins Wanken. Nicht zufällig wurde die „Heimat" im Ersten Weltkrieg in der Propaganda erstmals explizit zur „Heimatfront" erklärt. Der Krieg wurde im Zuge seiner Industrialisierung stärker als je zuvor durch die Bereitschaft der männlichen wie weiblichen Zivilbevölkerung an der „Heimatfront" entschieden, ihn zu unterstützen und hierfür in nicht nachlassendem Maße Material und Menschen bereitzustellen.[13]

Aufgrund der verbreiteten Vorstellung eines „Blitzkrieges" war nicht nur die Führung des Deutschen Reiches, sondern waren auch die Regierungen der anderen kriegsbeteiligten Staaten hierauf allerdings nur unzureichend vorbereitet. Vor allem die Umstellung auf eine länger anhaltende Kriegswirtschaft erwies sich überall als erhebliches Problem. Die föderale Struktur des Kaiserreiches und das „polykratische Chaos" in seinen Funktionseliten erschwerten die Lösung, wie sich zeigen sollte, jedoch in besonderem Maße.[14] Auch das bestehende System der öffentlichen Sozialfürsorge wurde schon aufgrund der Dimensionen des hochindustrialisierten Massenkrieges in den meisten beteiligten Nationen mit völlig neuen Herausforderungen konfrontiert, die alles Bekannte bei Weitem übertrafen.

II. Staatliche Kriegsfürsorge und weiblicher Kriegsalltag

Zu den ersten sozialpolitischen Maßnahmen fast aller kriegsbeteiligten Staaten gehörte der Versuch, die soziale Situation der „Kriegerfrauen und Kriegerfamilien" durch eine Unterstützung abzusichern. Hierdurch sollte vor allem der Kampfwille der Soldaten an der Front gefördert werden, indem ihnen das Gefühl gegeben wurde, dass Frau und Kinder sowie andere abhängige Familienangehörige daheim versorgt wären. Im Deutschen Reich wurde die Familienunterstützung „der in den Dienst eingetretenen Mannschaften" durch ein bereits im Februar 1888 verabschiedetes Gesetz geregelt. Als „unterstützungsberechtigt" galten alle Kinder unter 15 Jahren sowie bisher versorgte Verwandte ersten Grades des Eingezogenen und seiner Frau. 1915 wurden bereits 4 Millionen Familien von den Kommunen unterstützt. Bis Ende 1917 stieg die Zahl auf knapp 15 Millionen. Damit war knapp ein Drittel aller Haushalte auf die Familienunterstützung angewiesen. Die geleisteten Zahlungen waren allerdings alles andere als ausreichend; ihre Höhe hing von der Bedürftigkeit und der Kinderzahl ab.[15] Auch Frankreich bezahlte Angehörigen von Soldaten nur im Falle der Bedürftigkeit eine Familienunterstützung; hier waren lediglich Kinder unter 13 Jahren anspruchsberechtigt. Anders war die Situation in Großbritannien, das bis 1916 ein Freiwilligenheer hatte. Die Regierung betrachtete hier die vergleichsweise großzügige *Separation Allowance*, die an die finanziell abhängigen Angehörigen gezahlt wurde, als wichtiges Mittel der Rekrutenwerbung. Der bisherige Lebensstandard der Soldatenfamilien sollte erhalten werden, um den Soldaten das Gefühl zu geben, dass ihre Lieben nicht unter ihrem freiwilligen und opferbereiten Kriegseinsatz zu leiden hatten.[16]

Zudem wurden in fast allen kriegsbeteiligten Staaten mit Kriegsbeginn die Mieten eingefroren, die im Budget von Mittel- und Unterschichtsfamilien ein erheblicher Ausgabeposten waren. Erst später setzte die Rationierung von Lebensmitteln und Brennmaterial ein, mit der versucht wurde, deren schnell zunehmende Knappheit zu regulieren. Fast alle Kriegsmächte hatten aufgrund ihrer mangelhaften Kriegsvorbereitung schon bald erhebliche Versorgungsprobleme, da der Krieg länger als geplant anhielt. In Deutschland und Österreich-Ungarn war die Versorgungslage allerdings aufgrund der Wirtschaftsblockade der Alliierten besonders schwierig. Hier erreichte der Mangel ab 1915 immer extremere Ausmaße. Betroffen waren vor allem Familien der städtischen Unter- und Mittelschichten. Stundenlanges Schlangestehen nach rationierten Lebensmitteln, „Hamsterfahrten" auf das Land, illegale Tauschaktionen, der Einkauf auf dem Schwarzmarkt, kurz die Bewältigung der alltäglichen Not, war vor allem eine Aufgabe der Frauen. Der Haushalt und mit ihm das Überleben

Abb. 3: Plakat „The Kitchen is the Key to Victory: Eat Less Bread". Grafik: Unknown. Hrsg.: British Ministry of Food. [o. O.] 1914/18.[17]

der Familie beruhten in zunehmendem Maße auf ihrer zeitaufwendigen Subsistenzwirtschaft. Die Notlage war in vielen Städten Deutschlands und Österreich-Ungarns ab 1916 so groß, dass es zunehmend zu spontanen Hungerprotesten und Lebensmittelunruhen kam, die vor allem von Frauen und Jugendlichen getragen wurden. Bis zum Ende des Krieges starben etwa 700'000 Zivilisten infolge von Hunger und Krankheit.[18]

III. Freiwillige weibliche Kriegshilfe

Die unzureichende praktische Kriegsvorbereitung der staatlichen Administrationen und der Militärführungen konnte auch durch die nach Kriegsbeginn allerorts schnell einsetzende private freiwillige Kriegshilfe nicht ausgeglichen werden, die überwiegend von Frauen getragen wurde. Mit Beginn des Krieges hatte in allen kriegsbeteiligten Nationen die Mehrheit in den Gewerkschaften und den Arbeiterparteien sowie in der sozialistischen Frauenbewegung ihre bisherige Opposition zum Krieg eingestellt. Nur eine kleine Minderheit von christlichen Pazifisten, wie den Quäkern, unabhängigen sozialistischen Kriegsgegnern und linksli-

299

beralen Frauenrechtlerinnen agitierte zunächst weiter gegen den Krieg.[19] Die weit überwiegende Mehrheit der bürgerlichen und der sozialistischen Frauenbewegung, die vor dem Ersten Weltkrieg nicht nur in Ländern wie Deutschland, Frankreich, Großbritannien und Österreich-Ungarn erheblich an Einfluss gewonnen hatte, unterstützte den Krieg ihrer Nation und die Rhetorik des „Verteidigungskrieges". Die Kriegspropaganda forderte überall, dass nun alle politischen und sozialen Differenzen überwunden werden und alle Kräfte der Nation zusammenarbeiten müssten. In der Folge schlossen sich in allen großen Kriegsmächten die unterschiedlichsten Frauenorganisationen auf der nationalen und der lokalen Ebene zur weiblichen Kriegshilfe zusammen und kooperierten dabei eng mit den jeweiligen staatlichen Stellen. Die explizit artikulierte oder stillschweigend gehegte Hoffnung der in der Kriegshilfe aktiven Frauen war, dass ihr patriotischer Kriegseinsatz an der Heimatfront ihnen nicht nur neue Berufsfelder öffnen würde, sondern ihnen endlich auch zur politischen Gleichberechtigung, d. h. zu einem aktiven und passiven Wahlrecht verhelfen würde, das dem der Männer entsprach.[20]

Ein Beispiel ist die größte britische Frauenorganisation, die *National Union of Women's Suffrage Societies* (NUWSS) mit ca. 100'000 Mitgliedern, die ihre politische Agitation für das Frauenwahlrecht während des Krieges einstellte und stattdessen begann, sich intensiv in der Kriegsfürsorge und Kriegskrankenpflege zu betätigen.[21] Auch die im Bund Deutscher Frauenvereine (BDF) zusammengeschlossene bürgerliche Frauenbewegung des Deutschen Reiches verfolgte eine ähnliche Politik. Der BDF, der 2'200 Vereine mit 500'000 Mitgliedern repräsentierte, hatte bereits Ende Juli 1914 den Nationalen Frauendienst mit dem Ziel gegründet, Frauen für die „vaterländische Arbeit an der Heimatfront" zu mobilisieren. Zunächst konzentrierte der Nationale Frauendienst seine Tätigkeit auf die Mitwirkung bei der Organisation der Kriegskrankenpflege, die Mitarbeit bei der Lebensmittelversorgung und -verteilung, die Fürsorge für die Soldatenfamilien und die Unterstützung der kriegsbedingt Erwerbslosen. Doch schon bald weitete er sein Tätigkeitsfeld aus und engagierte sich nun verstärkt auch in der Kinder- und Jugendfürsorge, dem Wöchnerinnen- und Säuglingsschutz sowie der Obdachlosenfürsorge.[22] Ein weiteres Tätigkeitsfeld war die Aufklärung über die Bedeutung der Hausarbeit für die Kriegswirtschaft. Mit Sparappellen, Kriegsrezepten und Kriegskochkursen sollten vor allem Soldatenfrauen aus der Arbeiterschaft dazu erzogen werden, mit den wenigen rationierten Lebensmitteln und Brennstoffen besser auszukommen.[23]

Abb. 4: Plakat „Krieg und Küche".
Grafik: Käte Spanier.
Hrsg.: Nationaler Frauendienst.
[o. O.] 1914/18.[24]

Die Bewältigung seines umfangreichen Tätigkeitsfeldes war dem Nationalen Frauendienst nur möglich, weil sich ihm – ganz im Sinne der vom
Kaiser erklärten Politik des „Burgfriedens" – bereits Anfang August 1914
auch das Frauensekretariat beim Parteivorstand der SPD und das Arbeiterinnensekretariat der Generalkommission der Freien Gewerkschaften
angeschlossen hatten, die beide damit erstmals das bisher praktizierte
Prinzip einer strikten politischen Trennung von den bürgerlichen Kräften
aufgaben. Ziel der Führerinnen der sozialdemokratischen Frauenbewegung war es, durch eine Mitarbeit im Nationalen Frauendienst nicht nur
eine Zersplitterung der Kräfte zu vermeiden. Sie hofften zudem, ähnlich
wie die Führerinnen des BDF, dass den Frauen als Anerkennung für ihre
Leistungen in der Kriegshilfe und Kriegsfürsorge nach dem Krieg endlich
das Frauenwahlrecht gewährt werden würde. Da die politischen Staatsbürgerrechte der Männer im politischen Diskurs mit deren Pflicht zur Vaterlandsverteidigung gerechtfertigt wurde, erwarteten die Führerinnen der
Frauenbewegung, dass die freiwillige zivile „Pflichterfüllung" der Frauen
an der „Heimatfront" ihnen endlich gleiche politische Staatsbürgerrechte
bringen würde. In der Öffentlichkeit setzten sie deshalb den Zivildienst

der Frauen an der „Heimatfront" mit dem Militärdienst der Männer an der „Kriegsfront" gleich.[25]

Als im Kriegsverlauf die Mobilisierung breiter Frauenkreise für die Arbeit in der Kriegswirtschaft immer wichtiger wurde, übernahm der Nationale Frauendienst, ähnlich wie die Frauenorganisationen in anderen Ländern, auch die Organisation der weiblichen Arbeitsvermittlung und die notwendig werdende begleitende Sozialfürsorge, zu der die Organisation von Kinderbetreuung und Mittagstischen gehörte. Ein erheblicher Teil dieser Arbeit wurde zwar ehrenamtlich geleistet, doch schon bald zeigte sich in den meisten Ländern, dass das nicht reichte. Es setzte eine Professionalisierung der weiblichen Kriegsfürsorge ein, in deren Zuge sich für entsprechend qualifizierte Frauen aus der Mittel- und Oberschicht bezahlte Positionen in der öffentlichen Gesundheits- und Sozialfürsorge, der Wohnungspflege oder der Gewerbeaufsicht öffneten. So wurden bis Kriegsende 752 Fabrikpflegerinnen im Deutschen Reich neu eingestellt, von denen 469 eine entsprechende Ausbildung hatten. Sie sollten die Arbeitsbedingungen der wachsenden Zahl von Arbeiterinnen in der Kriegsindustrie kontrollieren.[26]

Abb. 5: Plakat „The Frenchwoman in War-Time." Grafik: G. Capon. Hrsg.: Section Cinématographique de l'Armée Française. Paris 1917.[27]

IV. Frauen in der Kriegswirtschaft

Um den wachsenden Arbeitskräftebedarf der Kriegswirtschaft zu decken, wurden Frauen im Verlauf des Krieges zu einer immer wichtigeren Reservearmee. Sie ersetzten in mehr und mehr Zweigen der Industrie, des Handels, des Transportwesens und der Verwaltung die eingezogenen Männer. Auf den ersten Blick stieg der Anteil der erwerbstätigen Frauen während des Krieges dramatisch an: in Deutschland von 21 Prozent im Jahr 1913 auf 36 Prozent im Jahr 1918, in Frankreich von 32 Prozent im Jahr 1914 auf 41 Prozent im Jahr 1918, in Großbritannien im gleichen Zeitraum von 24 Prozent auf 38 Prozent und in Russland von 32 Prozent auf 42 Prozent.[28] Der reale Zuwachs an erwerbstätigen Frauen war aber weit weniger dramatisch, als diese Prozentzahlen nahelegen. Er hielt sich in allen kriegsbeteiligten Ländern im Rahmen des allgemeinen Trends einer Zunahme der ganztägigen, außerhäuslichen Frauenerwerbsarbeit in Industrie, Handel und Verwaltung, der bereits vor der Jahrhundertwende eingesetzt hatte.

Der Zuwachs erschien stärker, weil wichtige Gruppen weiblicher Erwerbstätiger, die in den Kriegsindustrien zu arbeiten begannen, in der Statistik der Vorkriegswirtschaft nur unzureichend erfasst worden waren: zum einen junge und unverheiratete Frauen, die als mithelfende Familienangehörige in der Landwirtschaft oder als Personal in den häuslichen Diensten tätig gewesen waren; zum anderen verheiratete Frauen, die in gewerblicher Heimarbeit oder Teilzeit- und Saisonarbeit in der Industrie zum Familieneinkommen beigetragen hatten. Beide Gruppen nahmen während des Krieges in großer Zahl ganztägige Arbeit in den kriegswichtigen Industrien und dem Transportwesen auf, nicht zuletzt weil Frauen hier geregeltere Arbeitsbedingungen und höhere Löhne geboten wurden. Für junge Frauen aus der Mittelschicht beschleunigte der Krieg den Trend ihrer Beschäftigung in Handel und Verwaltung.[29]

Abb. 6: Plakat „Women Are Working Day & Night To Win The War." Grafik: Unknown. Hrsg.: Young Women's Christian Association. London 1915.[30]

Vor allem der Fraueneinsatz in der Industrie, wo un- und angelernte weibliche Kräfte in wachsendem Maße gelernte Arbeiter ersetzen mussten, war häufig nur durch eine Umstrukturierung der Produktion, insbesondere eine verstärkte Taylorisierung, möglich. Doch diese kostenintensive Investition war für die Arbeitgeber nur interessant, wenn sie die weiblichen Arbeitskräfte langfristig weiterbeschäftigen konnten. Dagegen erhob sich jedoch in allen Ländern massiver Widerstand vonseiten der von Männern dominierten Gewerkschaften, die die billigere und zumeist gewerkschaftlich nicht organisierte weibliche Konkurrenz fürchteten. Die Gewerkschaftsführungen forderten deshalb allerorts, dass Frauen während des Krieges nur dann auf „Männerarbeitsplätzen" eingesetzt werden sollten, wenn es absolut unumgänglich war. Sie verlangten zudem die Garantie, dass die Arbeitgeber alle zwischen 1914 und 1918 eingestellten Frauen im Zuge der Demobilmachung wieder entlassen sollten, um ihre Arbeitsplätze für die heimkehrenden Soldaten zu räumen.[31] Dieser Interessenkonflikt war ein weiterer Faktor, der dazu beitrug, dass der Zustrom von Frauen in die Kriegswirtschaft in allen kriegsbeteiligten Ländern nicht ausreichte, um die schnell wachsende Arbeitskräftenachfrage zu decken und mehr Männer für den Kriegsdienst freizusetzen.

Wichtige Faktoren waren zudem die unerwartet hohen Verlustzahlen und der enorme Materialverschleiß infolge der Industrialisierung der Kriegführung, der eine Ausweitung der Produktion erforderlich machte. In der Folge war bereits 1916/17 der Arbeitskräftebedarf so groß, dass alle Regierungen verschiedene Mittel und Wege erörterten, wie die fehlenden Arbeitskräfte beschafft werden könnten. In Großbritannien ging die Einführung der allgemeinen Wehrpflicht im August 1916 mit der Einführung eines *National Registers* einher, das Alter, Geschlecht und Beruf aller Frauen und Männer zwischen 16 und 65 erfasste. Aber es wurde nur eine Arbeitspflicht für Männer, nicht für Frauen implementiert, da die britische Regierung massiven öffentlichen Widerstand befürchtete.[32] In Deutschland trat im Dezember 1916 das „Gesetz über den Vaterländischen Hilfsdienst" in Kraft, das „alle männlichen Deutschen vom vollendeten 17. bis zum vollendeten 60. Lebensjahr soweit sie nicht bereits zum Kriegsdienst eingezogen" waren als „hilfsdienstpflichtig" einstufte. Frauen wurden auch hier explizit ausgenommen. In beiden Ländern wurde jedoch schnell sichtbar, dass der angestrebte Erfolg ausblieb, weshalb die britische und deutsche Regierung ab 1917 eine verstärkte Anwerbung von weiblichen Freiwilligen für die Arbeit in der Kriegsindustrie versuchten.

In Deutschland wurde die Umsetzung des Hilfsdienstgesetzes dem im November 1916 errichteten Kriegsamt übertragen. Um die Beschaffung und Verteilung der von der Rüstungswirtschaft benötigten weiblichen Arbeitskräfte zu organisieren, wurde in diesem Amt eine Frauenarbeits-Zentralstelle eingerichtet, deren Leitung in den Händen von Marie Elisabeth Lüders lag. Unterstützt wurde die Tätigkeit der Frauenarbeits-Zentralstelle durch den „Nationalen Ausschuß für Frauenarbeit im Kriege", dem 37 Organisationen angeschlossen waren. Das Kriegsamt betrieb in Kooperation mit der Frauenarbeits-Zentralstelle unter dem Motto „Jede Kraft wird gebraucht" bis zum Kriegsende eine intensive Werbung für den zivilen Kriegsdienst von Frauen. Zudem war die Frauenarbeits-Zentralstelle für die Werksfürsorge verantwortlich, die die Arbeiterinnen in der Kriegsindustrie betreuen sollte. Mehr als 1'000 Frauen aus der Mittelschicht wurden bis 1918 als Fürsorgerinnen eingestellt.[33]

Abb. 7: Plakat „Deutsche Frauen arbeitet im Heimatheer!" Grafik: Fritz Gottfried Kirchbach. Hrsg.: Kriegsamtstelle Magdeburg. Magdeburg ca. 1917.[34]

Doch aufgrund einer ganzen Reihe von Problemen blieb der Erfolg der Anwerbung von Arbeiterinnen für die Kriegsindustrie nicht nur in Deutschland weit hinter den Erwartungen zurück. Zwei wichtige Gründe waren, dass zum einen die Arbeitskraftreserve der jungen ledigen Frauen aus der Arbeiterschaft 1916/17 bereits weitgehend ausgeschöpft war, zum anderen für verheiratete Arbeiterfrauen aufgrund der sich seit 1915 anhaltend verschlechternden Versorgungslage die Belastungen der überlebenswichtigen alltäglichen Subsistenzarbeit so groß geworden waren, dass sie die Aufnahme einer Vollzeitstelle in der Kriegsindustrie zu vermeiden suchten. In der Folge erreichten die Werbeaufrufe für die Frauenarbeit in der Kriegsindustrie vor allem in Deutschland und Österreich-Ungarn wenig. Erschwerend kam hinzu, dass das Deutsche Reich, anders als etwa Frankreich und Großbritannien, jedes nennenswerte Erwerbseinkommen der Soldatenfrauen auf deren Familienunterstützung anrechnete. Erwerbsarbeit lohnte sich infolgedessen für sie nicht.[35] Verheiratete Arbeiterfrauen wurden nur Vollzeit in der Kriegsindustrie erwerbstätig, wenn sie keine Alternative sahen, und sie arbeiteten nur so lange, wie es ihnen absolut notwendig erschien. Dies führte zu einem häufigen Arbeitsplatzwechsel, der zudem die übliche und einzig Erfolg versprechende Strategie von Arbeiterinnen war, ihre Arbeitsbedingungen und Entlohnung zu verbessern. Dieses Verhalten und ihre während des Krieges wachsende Bereitschaft zu spontanen Streiks, die sich in vielen Ländern zeigte, wurden von der bürgerlichen Öffentlichkeit als „Unzuverlässigkeit", „fehlende Opferbereitschaft" und „mangelnder Patriotismus" gewertet.[36]

Weiter erschwert wurde die Lage der Kriegsindustrien durch den Tatbestand, dass selbst bei einer Produktionsumstellung weiterhin ausgebildete männliche Fachkräfte benötigt wurden, was dazu führte, dass eine erhebliche Zahl männlicher Facharbeiter bis Kriegsende in allen Ländern vom Kriegsdienst freigestellt werden musste. Der zunehmende Einsatz männlicher Kriegsgefangener als Zwangsarbeiter in der Kriegsindustrie konnte den Bedarf an Fachkräften nicht decken, obgleich deren Zahl gegen Ende des Ersten Weltkrieges Hunderttausende erreichte. Allein im Deutschen Reich arbeiteten 1917 beispielsweise 390'000 Kriegsgefangene in kriegswichtigen Industrien.[37]

V.   Auxiliaries, Etappenhelferinnen und Soldatinnen

Ab 1916/17 führte die schnell wachsende Zahl gefallener Soldaten zu massiven „Ersatzproblemen" aller Armeen, die nicht nur immer mehr Männer zum Militärdienst rekrutierten, sondern zudem möglichst viele männliche Rekruten im Frontdienst einsetzen wollten. Ein Versuch, um dieses Problem zu lösen, war die zunehmende Beschäftigung von zivilen weiblichen Hilfskräften, *Auxiliaries* und Etappenhelferinnen im Militär. Im Vergleich zum Zweiten Weltkrieg blieb der Umfang des militärischen Fraueneinsatzes allerdings noch gering.

Frankreich und Großbritannien mobilisierten die größte Anzahl von Frauen für den Militärdienst. In Frankreich stellte die Armee bis Kriegsende 120'000 Frauen als zivile Angestellte und Arbeiterinnen ein, die vor allem im Servicesektor des Militärs als Küchen- und Reinigungskräfte, in der Militärverwaltung und im Transportwesen arbeiteten. Bevorzugt wurden lokale Kräfte beschäftigt. Lediglich für Tätigkeiten, die eine besondere Ausbildung erforderten, wie beispielsweise Telefonistin, Stenotypistin oder Fahrerin, wurden Frauen aus anderen Regionen eingestellt. Der Fahrdienst in der *Direction des Services Automobiles* (DSA) wurde von der französischen Öffentlichkeit zwar als die abenteuerlichste Form des militärischen Fraueneinsatzes wahrgenommen, aber insgesamt waren nicht mehr als 300 Frauen für die DSA tätig. Da Fahrerinnen äußerst gesucht waren, war ihr Stundenlohn mit 10 Franc doppelt so hoch wie der einer Köchin.[38]

In Großbritannien dienten ca. 90'000 Frauen im *Women's Army Auxiliary Corps* (WAAC), das im März 1917 vom Kriegsministerium gegründet worden war, sowie im *Women's Royal Navy Service* und im *Women's Royal Air Force Service,* die im November 1917 bzw. im April 1918 eingerichtet worden waren. Die *Auxiliaries* trugen extra für sie entworfene Uniformen, die Funktionalität und Weiblichkeit zugleich betonten und die Frauen sichtbar in die Armee eingliederten. Die *Auxiliaries* waren Militärangehörige und damit der Militärgesetzgebung unterworfen. Sie arbeiteten wie ihre französischen Schwestern vor allem als Küchen- und Reinigungskräfte sowie als Angestellte in der Verwaltung und im Transportwesen. Sie wurden nicht nur in Großbritannien selbst eingesetzt, sondern auch hinter der Frontlinie in Belgien und Frankreich.[39]

Abb. 8: Plakat „Women Urgently Wanted for the WAAC". Grafik: Unknown. Hrsg.: British Women's Army Auxiliary Corps. [o. O.] 1917.[40]

Auch die deutschen Militärbehörden versuchten zunehmend, Soldaten für den Frontdienst freizumachen, indem sie Frauen anwarben. Bis März 1917 stellten sie 52'600 Frauen als Militärpersonal in der Verwaltung des Reiches ein. Bis zum Ende des Krieges stieg die Zahl der in der Militärverwaltung angestellten Frauen auf 88'000 an. Zudem wurden Frauen seit 1917 auch als Etappenhelferinnen eingestellt. Die „Etappe" lag unmittelbar hinter der Front und hatte den Nachschub einer Heeresgruppe, den Heeresbedarf, zu organisieren. Frauen rückten als Etappenhelferinnen so in unmittelbare Nähe zur Kampfzone. Sie waren damit zwar den gleichen Gefahren ausgesetzt wie jeder männliche Soldat der Etappe, galten aber nicht als Militärpersonen, sondern lediglich als Teil des „Heeresgefolges". Etappenhelferinnen waren auch, anders als die britischen *Auxiliaries* des WAAC, nicht uniformiert. Überwiegend verrichteten sie als Angestellte ihren Dienst, seltener als Arbeiterinnen. Diese neue Möglichkeit des weiblichen Militärdienstes wurde von einer bemerkenswert großen Anzahl von Frauen wahrgenommen. Bis zum Ende des Krieges hatten sich gut 17'000 überwiegend junge und ledige Frauen als Etappenhelferinnen gemeldet, angelockt vor allem durch die Aussicht auf eine vergleichsweise gute Bezahlung, die deutlich höher als der durchschnittliche Fabriklohn und selbst der Soldatensold war. Organisiert wurde der Einsatz der Etappenhelferinnen ebenfalls von der Frauenarbeits-Zentralstelle, die auch hierbei wieder mit dem Kriegsamt zusammenarbeitete.[41]

Der letzte Versuch des deutschen Kriegsministeriums zum Aufgebot weiblicher Kräfte für den Kriegsdienst war im Juli 1918 der Erlass zur Gründung eines „Weiblichen Nachrichtenkorps". Vorbild hierzu war das britische *Women's Army Auxiliary Corps*.[42] In den Ausführungsbestimmungen zum „Weiblichen Nachrichtenkorps" hieß es:

> „Um Unteroffiziere und Mannschaften für die Front freizumachen, werden zur Verwendung in allen Stellen des Nachrichtendienstes zunächst in der Heimat, in den Generalgouvernements, den Gebieten der Ober Ost [Gebiet des Oberbefehlshabers Ost des Deutschen Heeres, KH] und in der Etappe soweit als irgend möglich Hilfskräfte eingestellt. Sie bilden gemeinsam mit den notwendigen Fürsorgebeamtinnen, dem sonstigen nichttechnischen Hilfs- und dem Sanitätspersonal in ihrer Gesamtheit das ‚Weibliche Nachrichtenkorps'. Die im Betriebsdienst verwendeten Frauen heißen ‚Nachrichterinnen'."[43]

Durch diesen Erlass sollte der zunehmend katastrophaler werdenden „Ersatzlage" des deutschen Heeres begegnet werden. Die Oberste Heeresleitung hoffte, durch diese Maßnahme „100'000 Mann baldigst" für den Frontdient freistellen zu können.[44] Angesichts dieses hochgesteckten Zieles wurde für die neue Einrichtung mit allen Mitteln moderner Werbung – Anzeigen, Plakaten, ja selbst dem neuen Medium Film – geworben. Typisch war ein Plakat vom Juli 1918 mit dem Text: „Fernspruch: Das Vaterland braucht gebildete Frauen und Mädchen beim weibl. Nachrichtenkorps".[45] Wie dieser Werbespruch zeigt, sollten vor allem gebildete junge Frauen für den Dienst an Fernsprechern, Fernschreibern, Funkgeräten usw. angeworben werden. Nur ihnen wurde zugetraut, nach einer nur vierwöchigen Ausbildungszeit ohne Beanstandungen den Nachrichtendienst verrichten zu können. Sie mussten sich zu einem zwölfmonatigen Dienst vertraglich verpflichten und unterstanden in dieser Zeit dem Militärrecht. Anders als die Etappenhelferinnen sollten die „Nachrichtlerinnen" als rechtlich anerkannte „Militärpersonen" auch uniformiert werden, wozu es aufgrund des baldigen Kriegsendes aber nicht mehr kam.[46] Allerdings wurde in der Werbung trotz oder vielmehr wegen ihrer Uniform die attraktive Weiblichkeit der jungen „Nachrichtlerinnen" betont, ganz ähnlich wie bei den *Auxiliaries* des WAAC. Damit sollte der Öffentlichkeit signalisiert werden, dass die jungen „Nachrichtlerinnen" trotz ihres freiwilligen Militärdienstes „ganz Frau" blieben und die Geschlechterhierarchie nicht gefährdeten. Mit diesem Erlass wurden deutsche Frauen erstmals offiziell in die Armee integriert und dem Militärrecht unterstellt. Die „Nachrichtlerinnen" kamen zwar während des Ersten Weltkrieges nicht mehr zum Einsatz, doch der Aufbau eines „Weiblichen Nachrichtenkorps" wurde vom Kriegsministerium auch nach Kriegsende weiterbetrieben.[47]

Das einzige Land auf dem europäischen Kontinent, das während des Ersten Weltkrieges Frauen auch als Soldatinnen einsetzte, war Russland. Nach der Februarrevolution 1917 gestattete die neue Regierung unter Kerenski die Bildung von Frauenbataillonen. In vielen Städten waren im Kontext der Revolution Frauenorganisationen entstanden, die die Einbeziehung von Frauen in das Militär forderten, um den Krieg aktiv unterstützen zu können. Diese Organisationen umfassten Tausende von Frauen. Die Kerenski-Regierung verpflichtete mehr als 6'000 Freiwillige für Frauenbataillone. Eines der bekanntesten wurde das sogenannte „Todesbataillon" unter der Führung von Maria Bochkareva.[48] Sie betrachtete es als eine Hauptaufgabe ihrer Einheit, die kriegsmüden Soldaten durch den weiblichen Kriegseinsatz zu beschämen und in den Kampf zu treiben. Die patriotische Kriegspropaganda stilisierte Bochkareva zur „russischen Johanna von Orléans". Der weibliche Kampfeinsatz war allerdings nicht von langer Dauer. Die Bolschewiki lösten die Frauenbataillone während der Oktoberrevolution 1917 auf. Nur vereinzelt kämpften Soldatinnen der Frauenbataillone im folgenden Bürgerkrieg aufseiten der konterrevolutionären Weißen Armee weiter.[49]

In allen Armeen stieß der Einsatz von Frauen während des Ersten Weltkrieges auf ähnliche Widerstände. Die Militärführung setzte sie lediglich ein, weil die erheblichen Ersatzprobleme anders nicht zu lösen waren, und begegnete ihnen mit Misstrauen und Vorbehalten. Die kriegsmüden Soldaten begrüßten *Auxiliaries*, Etappenhelferinnen und Soldatinnen mit wenig Wohlwollen, wenn nicht gar mit offener Feindseligkeit. Je mehr sich Kriegsmüdigkeit und Friedenssehnsucht unter den Soldaten ausbreiteten, desto feindlicher wurde ihre Reaktion. Den Frauen warfen sie vor, durch ihren Einsatz den Krieg unnötig zu verlängern und Männer an die Front zu zwingen. Von der Öffentlichkeit wurde *Auxiliaries* und Etappenhelferinnen jeder Patriotismus abgesprochen. Sie standen unter dem Generalverdacht von Abenteuerlust und sexueller Unmoral. Ähnlich wie bei den jungen und ledigen Arbeiterinnen in der Kriegsindustrie war auch ihr Versuch, durch Mobilität ein höheres Einkommen zu erlangen, moralisch verdächtig.[50]

VI. Weibliche Kriegskrankenpflege

Ganz anders als der Dienst von *Auxiliaries*, Etappenhelferinnen und Soldatinnen wurde die weibliche Kriegskrankenpflege wahrgenommen. Diese Form des Kriegsdienstes von Frauen wurde in den Medien als Ausdruck weiblichen Patriotismus und hoher Opferbereitschaft gepriesen. Der Erste Weltkrieg war der erste militärische Konflikt, in dem professionell ausgebildete Krankenschwestern in großer Zahl im Einsatz waren. Viele von ihnen arbeiteten für die nationalen Organisationen des Roten Kreuzes. Die Arbeit der professionellen Krankenschwestern wurde von freiwilligen Krankenpflegerinnen unterstützt. Eine der bekanntesten Organisationen der freiwilligen Kriegskrankenpflege war das *Voluntary Aid Detachment* (VAD), das 1909 vom britischen Roten Kreuz geschaffen worden war

Abb. 9: Plakat „V.A.D. Nursing Members, Cooks, Kitchen-Maids, Clerks, House-Maids, Ward-Maids, Laundresses, Motor-Drivers, etc: Are Urgently Needed". Grafik: Joyce Dennys. Hrsg.: Voluntary Aid Detachment. [o. O.] 1915.[51]

und den Freiwilligen eine Vielzahl von Betätigungsfeldern weit über die eigentliche Krankenpflege hinaus bot, wie ein VAD-Plakat von 1915 zeigt. Das VAD organisierte während des Krieges die Arbeit von insgesamt 66'000 Schwestern und Pflegerinnen: 32'000 arbeiteten als professionelle Krankenschwestern, 23'000 als freiwillige Krankenpflegerinnen und 11'000 als *General Service Auxiliaries*, die vor allem als Küchenhilfen, Reinigungspersonal und Krankenwagenfahrerinnen eingesetzt wurden.[52]

In Frankreich waren insgesamt 63'000 Frauen als Krankenschwestern und -pflegerinnen im Rahmen des *Service de santé militaire* unter Aufsicht des französischen Roten Kreuzes in 1'480 Hospitälern und Sanitätseinheiten im Einsatz. Das Militär hatte ebenfalls bereits 1909 mit der Ausbildung von Krankenschwestern begonnen; 23'000 erhielten bei Kriegsbeginn einen Mobilisierungsbefehl. Um dem wachsenden Bedarf zu decken, eröffnete der *Service de santé militaire* 1916 Freiwilligen die Möglichkeit, als angelernte Krankenpflegerinnen tätig zu werden. Diese wurden allerdings wie in den anderen Ländern nicht bezahlt, sondern erhielten nur eine geringe Aufwandsentschädigung.[53]

Auch in Deutschland wurde die Kriegskrankenpflege weitgehend vom Roten Kreuz organisiert. Das Deutsche Rote Kreuz (DRK) war bereits

1863 gegründet worden und hatte schon seit den 1860er-Jahren in Zusammenarbeit mit den Vaterländischen Frauenvereinen die Ausbildung von Kriegskrankenschwestern betrieben. Bei Beginn des Ersten Weltkrieges bestand die Gesamtorganisation des DRK aus 6'297 Vereinen mit mehr als eine Million Mitgliedern. 3'000 davon waren Frauenvereine, denen allein 800'000 Mitglieder angehörten, die die Arbeit des Roten Kreuzes an der Heimatfront unterstützten und dabei mit dem Nationalen Frauendienst zusammenarbeiteten. Eine zentrale Aufgabe war zunächst die Spendensammlung für die Kriegskrankenpflege. Hinzu kamen im Verlauf des Krieges die Verwundetenpflege in der Heimat sowie die Fürsorge für die im Felde stehenden Soldaten und deren Angehörige. In der Krankenpflege selbst, die allgemein vom DRK organisiert wurde, waren während des Krieges insgesamt 92'000 Frauen als Krankenschwestern und Schwesternhelferinnen tätig, die damit 40 Prozent des Sanitätspersonals des deutschen Militärs stellten. Von den 28'000 professionell ausgebildeten Kriegskrankenschwestern waren 19'800 DRK-Schwestern und 8'200 Diakonissinnen.[54]

In allen Ländern waren es überwiegend ledige Frauen aus der Mittel- und Oberschicht, die in der Kriegskrankenpflege tätig wurden, da nur sie die notwendige Ausbildung zur Krankenschwester oder Pflegerin bezahlen und es sich zudem leisten konnten, nicht erwerbstätig zu sein. Sie mussten ihren Unterhalt während ihres Kriegsdienstes aus eigenen Mitteln bestreiten. Die ihnen gewährte geringe Aufwandsentschädigung reichte dafür nicht aus. Vor allem die freiwillige Kriegskrankenpflege wurde in der öffentlichen Wahrnehmung aller Kriegsnationen als weiblicher Patriotismus wahrgenommen und mit dem Militärdienst gleichgesetzt.[55] Dies lag nicht an den extrem harten Bedingungen, unter denen Krankenschwestern und Pflegerinnen in der Regel arbeiteten, die auch in Frontnähe in der Verwundetenpflege und den Seuchenlazaretten eingesetzt wurden und dort, wie autobiografische Erinnerungen zeigen, die Auswirkungen des Krieges in all ihrer Brutalität kennenlernten. Von dieser Realität der weiblichen Kriegskrankenpflege erfuhr die Öffentlichkeit während und nach den Kriegen in allen kriegsbeteiligten Ländern lange Zeit nur sehr wenig.[56] Es war vielmehr das Bild der Kriegskrankenschwester in der Propaganda der Medien, das es erlaubte, die weibliche Kriegskrankenpflege zur Inkarnation weiblichen Patriotismus zu stilisieren: Hier wurden Krankenschwestern und -pflegerinnen zu in adrettem Weiß gekleideten rettenden Engeln der Soldaten stilisiert.[57]

Abb. 10: Plakat „For the French Red Cross. Please Help. July 14. France's Day. In Aid of the French Red Cross." Grafik: Amédée Forestier. Hrsg.: Lord Mayor of London. London 1915.[58]

VII. Resümee: Der Fraueneinsatz im Ersten Weltkrieg und seine Nachwirkungen

Die beschriebenen Formen der weiblichen Kriegsunterstützung von der Kriegshilfe und Kriegsfürsorge, über die Frauenarbeit in der Kriegswirtschaft und den Einsatz als Hilfspersonal im Militär, bis hin zur Kriegskrankenpflege wurden während des Ersten Weltkrieges von einer bemerkenswert großen Zahl von Frauen freiwillig oder notgedrungen angenommen. Frauen wurden nicht nur an der „Heimatfront" als Hausfrauen in der subsistenzwirtschaftlichen Notökonomie, Arbeiterinnen in der Kriegsindustrie und Fürsorgerinnen in der Kriegshilfe und Kriegswohlfahrt benötigt, sondern auch in Frontnähe als *Auxiliaries*, Etappenhelferinnen, Krankenschwestern und Pflegerinnen. Umstritten war die weibliche Kriegsunterstützung immer dann, wenn Frauen dabei herkömmliche Geschlechtergrenzen zu offensichtlich überschritten und in als männlich konnotierte Bereiche eindrangen: sowohl in der Kriegswirtschaft, vor allem in Industriezweigen und Gewerben, wie der Rüstungsproduktion und dem Transportwesen, die bis dahin nur Männern vorbehalten waren, als auch im Dienst für das Militär. Dieser

kriegsnotwendige Fraueneinsatz außerhalb der Frauen traditionell zuge-
wiesenen als „weiblich" konnotierten Arbeitsbereiche musste öffentlich in
besonderem Maße legitimiert werden. Dies war weit weniger der Fall, wenn
Frauen in anderer Form den Krieg unterstützen: etwa durch ihre Arbeit
im Haushalt, in der Landwirtschaft oder in typischen Frauengewerben,
wie der Textil- und Lebensmittelindustrie, oder durch ihre traditionsreiche
Betätigung in der Kriegskrankenpflege und Kriegsfürsorge.[59] Besonders umstritten war in der Öffentlichkeit des Ersten Weltkrieges überall der Einsatz
von Frauen als militärische Hilfskräfte, da sie damit in das vom Militär
repräsentierte Zentrum männlicher Macht eindrangen und unmittelbar
Soldaten ersetzten und für den Fronteinsatz freimachten. In der politischen
Rhetorik der Zeit war die männliche Pflicht zum Militärdienst mit dem
Recht politischer Staatsbürgerschaft unmittelbar verknüpft, das damit zum
männlichen Privileg wurde. Aus diesem Grund sprengte die Tätigkeit von
Auxiliaries und Etappenhelferinnen besonders deutlich die Grenzen der
Geschlechterordnung und wurde deshalb schon während des Krieges in
der Öffentlichkeit durch den Vorwurf von „Eigennutz" und „Unmoral" zu
diskreditieren versucht. Verstärkt wurde die ungleiche Wahrnehmung von
Arbeiterinnen, *Auxiliaries* und Etappenhelferinnen einerseits und Sozial-
fürsorgerinnen, Krankenschwestern und Krankenhelferinnen andererseits
durch die Unterschiede in der sozialen Herkunft beider Gruppen. Die einen
leisteten Kriegsunterstützung gegen Bezahlung, die anderen konnten es sich
leisten, ehrenamtlich tätig zu sein. Geschlecht und Klasse spielten so bei
den verschiedenen Formen der Kriegsunterstützung von Frauen, bei der
Bestimmung ihrer Handlungsspielräume und bei der öffentlichen Bewertung ihres Kriegsdienstes eine ebenso erhebliche Rolle wie im nationalen
Gedächtnis.[60] Während die Leistungen der Kriegskrankenschwestern als
weibliches Komplement zu den Frontsoldaten im nationalen Gedächtnis
der Nachkriegszeit in allen Nationen in ehrenvoller Erinnerung gehalten
wurden, gerieten der Einsatz und die Erfahrungen von Soldatenfrauen,
Arbeiterinnen in der Kriegsindustrie, zivilen Angestellten in der Militärverwaltung, *Auxiliaries* und Etappenhelferinnen schnell und nachhaltig in
Vergessenheit.[61]

Dieses aktive Verdrängen im nationalen Gedächtnis war ein wichtiger
Bestandteil der Nachkriegspolitik, die gesellschaftliche Stabilität durch
die Wiederherstellung der Vorkriegs-Geschlechterordnung auf dem Arbeitsmarkt und in der Familie zu schaffen versuchte. Wichtige Mittel
hierzu waren:

1. Eine Demobilmachungspolitik, die festschrieb, dass Frauen ihre im Krieg eingenommenen Arbeitsplätze wieder zu räumen haben, um den heimkehrenden Soldaten Platz zu machen und ihnen ihre Position als Familienernährer zu sichern.

2. Eine Arbeitsmarkt-, Sozial- und Familienpolitik, die von dem bürgerlichen Ideal der „Normalfamilie" ausging, in der Männern als Ernährer der Familie die Funktion des Haushaltsvorstands zukam und Frauen sich auf ihre Rolle als Hausfrau und Mutter beschränken konnten und sollten. Erwerbsarbeit von Frauen wurde nur bis zur Heirat akzeptiert. Verheiratete „Doppelverdienerinnen" sollten entlassen werden, selbst dann, wenn ihre Familien auf das zweite Einkommen angewiesen waren. Staatliche Sozialleistungen waren an dem Ideal des langjährig Vollzeit erwerbstätigen Mannes ausgerichtet und schlossen so breite Frauengruppen aus, deren Erwerbsmuster aufgrund ihrer spezifischen Arbeits- und Lebensbedingungen anders war.

3. Eine Bevölkerungs- und Gesundheitspolitik, deren Ziel es war, die hohen Kriegsverluste durch eine Steigerung der Geburtenrate auszugleichen, was zur Beibehaltung einer frauenfeindlichen Strafgesetzgebung beitrug, die die Geburtenkontrolle massiv erschwerte.[62]

Diese Versuche, mittels einer familienorientierten Nachkriegspolitik und einer intensiven Bearbeitung des nationalen Gedächtnisses die Sozial- und Geschlechterordnung der Vorkriegszeit nach 1919 wiederherzustellen, waren allerdings aufgrund der durch den Krieg beförderten wirtschaftlichen, sozialen und politischen Veränderungen, zu denen in einer ganzen Reihe von Ländern auch die Einführung des Frauenwahlrechts gehörte, nur bedingt erfolgreich, was nicht nur zu massiven sozialen Konflikten, sondern auch zu „Geschlechterkriegen" führte.[63]

Anmerkungen

[1] *Marie Elisabeth Lüders*, Volksdienst der Frau, Berlin-Tempelhof 1937, 15.

[2] *Ludwig Luckemeyer*, Marie Elizabeth Lüders, in: Neue Deutsche Biographie 15 (1987), 454–456

[3] *Lüders*, Volksdienst (Anm. 1).

[4] Einen einführenden Überblick zur Geschlechtergeschichte des Ersten Weltkrieges bieten: *Susan R. Grayzel*, Women and the First World War, Harlow 2002; *Kimberly Jensen*, Volunteers, Auxiliaries, and Women's Mobilization: The First World War and Beyond (1914–1939), in: Barton C. Hacker, Margaret Vining (Hrsg.), A Companion to Women's

Military History, Leiden 2012, 189–231; *Christa Hämmerle, Oswald Überegger, Birgitta Bader-Zaar* (Hrsg.), Gender and the First World War, Basingstoke 2014. Speziell zu Deutschland: *Ute Daniel*, Arbeiterfrauen in der Kriegsgesellschaft. Beruf, Familie und Politik im Ersten Weltkrieg, Göttingen 1989; *Birthe Kundrus*, Kriegerfrauen. Familienpolitik und Geschlechterverhältnisse im Ersten und Zweiten Weltkrieg, Hamburg 1995; *Belinda J. Davis*, Home Fires Burning. Food, Politics, and Everyday Life in World War I Berlin, Chapel Hill 2000; *Karen Hagemann, Stefanie Schüler-Springorum* (Hrsg.), Heimat – Front: Militär und Geschlechterverhältnisse im Zeitalter der Weltkriege, Frankfurt a.M. 2002; *Robert L. Nelson*, German Soldier Newspapers of the First World War, Cambridge 2011. Zu Österreich: *Maureen Healy*, Vienna and the Fall of the Habsburg Empire. Total War and Everyday Life in World War I, Cambridge 2004; *Christa Hämmerle*, Heimat/Front. Geschlechtergeschichte/n des Ersten Weltkriegs in Österreich-Ungarn, Wien 2014. Zu Russland: *Laurie S. Stoff*, They Fought for the Motherland. Russia's Women Soldiers in World War I and the Revolution, Lawrence 2006. Zu Großbritannien: *Angela Wollacott*, On Her Their Lives Depend. Munitions Workers in the Great War, Berkeley 1994; *Deborah Thom*, Nice Girls and Rude Girls. Women Workers in World War I, London 1998; *Susan R. Grayzel*, Women's Identities at War. Gender, Motherhood, and Politics in Britain and France during the First World War, Chapel Hill 1999; *Nicoletta F. Gullace*, "The Blood of Our Sons". Men, Women, and the Renegotiation of British Citizenship During the Great War, New York 2002; *Janet S. K. Watson*, Fighting Different Wars. Experience, Memory, and the First World War in Britain, Cambridge 2004; *Lucy Noakes,* Women in the British Army. War and the gentle sex, 1907–1948, London 2006. Zu Frankreich: *Margaret H. Darrow*, French Women and the First World War. War Stories of the Home Front, Oxford 2000. Zur Kriegskrankenpflege: *Christine E. Hallett,* Containing Trauma. Nursing Work in the First World War, Manchester 2009; *Anne Powell*, Women in the War Zone. Hospital Service in the First World War, Stroud 2009; *Alison S. Fell, Christine E. Hallett* (Hrsg.), First World War Nursing. New Perspectives, New York 2013.

5 Vgl. *Karen Hagemann*, Heimat – Front. Militär, Gewalt und Geschlechterverhältnisse im Zeitalter der Weltkriege, in: Hagemann, Schüler-Springorum (Hrsg.), Heimat–Front (Anm. 4), 13–52, 16–18; *Roger Chickering*, Militärgeschichte als Totalgeschichte im Zeitalter des totalen Krieges, in: Benjamin Ziemann, Thomas Kühne (Hrsg.), Was ist Militärgeschichte?, Paderborn 2000, 301–312; *Roger Chickering*, Total War. The Use and Abuse of a Concept, in: Manfred F. Boemeke, Roger Chickering, Stig Förster (Hrsg.), Anticipating Total War. The German and American Experiences, 1871–1914, Cambridge 1999, 13–28.

6 Zur Geschichte des Ersten Weltkrieges vgl.: *Jay Winter, The Editorial Committee of the International Research Centre of the Historial de la Grande Guerre* (Hrsg.), The Cambridge History of the First World War, 3 Bde., Cambridge 2014; als Überblick jüngst: *Jörn Leonhard*, Die Büchse der Pandora. Geschichte des Ersten Weltkriegs, 5. Aufl., München 2014; speziell zu Deutschland: *Roger Chickering*, Imperial Germany and the Great War, 1914–1918, 2. Aufl., Cambridge 2004.

7 *Ute Daniel*, Frauen, in: Gerhard Hirschfeld, Gerd Krumeich, Irina Renz (Hrsg.), Enzyklopädie Erster Weltkrieg, Paderborn 2009, 116–134, 121; *Leonhard*, Die Büchse (Anm. 6), 154–160.

8 © Imperial War Museums (Art.IWM PST 2763).

9 Courtesy of the Council of the National Army Museum, London.

10 Vgl. *Hagemann*, Heimat – Front (Anm. 5), 13–15.

11 *Daniel*, Arbeiterfrauen (Anm. 4), 117. Vgl. auch: *John N. Horne, Alan Kramer*, German Atrocities, 1914. A History of Denial, New Haven 2001; *Alan Kramer*, Dynamic of Destruction: Culture and Mass Killing in the First World War, Oxford 2007, insb. Kap. 1;

Ruth Harris, The "Child of the Barbarian": Rape, Race and Nationalism in France during the First World War, in: Past & Present 141 (1993), 170–206.

12 *Daniel*, Frauen (Anm. 7), 118.

13 Vgl. *Elizabeth Domansky*, Militarization and Reproduction in World War I Germany, in: Geoff Eley (Hrsg.), Society, Culture, and the State in Germany, 1870–1930, Ann Arbor 1996, 427–463; *Chickering*, Imperial Germany (Anm. 6), 94–129; *Grayzel*, Women (Anm. 4).

14 Vgl. *Chickering*, Imperial Germany (Anm. 6), 32–64.

15 *Daniel*, Arbeiterfrauen (Anm. 4),169–183; *Kundrus*, Kriegerfrauen (Anm. 4), 33–97.

16 *Grayzel*, Women (Anm. 4), 22–26.

17 © Imperial War Museums (Art.IWM PST 6541).

18 Vgl. *Davis*, Home Fires (Anm. 4); *Belinda Davis*, Heimatfront. Ernährung, Politik und Frauenalltag im Ersten Weltkrieg, in: Hagemann, Schüler-Springorum (Hrsg.), Heimat−Front (Anm. 4), 128–149; *Healy*, Vienna (Anm. 4); *Hämmerle*, Heimat/Front (Anm. 4).

19 Vgl. *Annika Wilmers*, Pazifismus in der internationalen Frauenbewegung 1914–1920. Handlungsspielräume, politische Konzeptionen und gesellschaftliche Auseinandersetzungen, Essen 2008; *Jo Vellacott*, Pacifists, Patriots and the Vote. The Erosion of Democratic Suffragism in Britain during the First World War, Basingstoke 2007; *Grayzel*, Women (Anm. 4), 79–98.

20 Vgl. *Barbara Greven-Aschoff*, Die bürgerliche Frauenbewegung in Deutschland 1894–1933, Göttingen 1981, 150–158; *Angela K. Smith*, Suffrage Discourse in Britain during the First World War, Burlington 2005; *Grayzel*, Women's Identities (Anm. 4), 190–225.

21 *Grayzel*, Women (Anm. 4), 35–38. Zur Geschichte der NUWSS: *Leslie Parker Hume*, The National Union of Women's Suffrage Societies 1897–1914, New York 1982.

22 Vgl. *Greven-Aschoff*, Die bürgerliche Frauenbewegung (Anm. 20), 150–158; *Kundrus*, Kriegerfrauen (Anm. 4), 98–123; *Ursula von Gersdorff*, Frauen im Kriegsdienst 1914–1945, Stuttgart 1969, 15–20, 167–232. Zu Österreich: *Hämmerle*, Heimat/Front (Anm. 4), 85–104.

23 Vgl. *Karen Hunt*, A Heroine at Home. The Housewife on the First World War Home Front, in: Maggie Andrews, Janis Lomas (Hrsg.), The Home Front in Britain. Images, Myths and Forgotten Experiences since 1914, Basingstoke 2014, 73–91; *Kundrus*, Kriegerfrauen (Anm. 4), 124–142, 200–212; *Healy*, Vienna (Anm. 4), 163–210.

24 Bundesarchiv, Koblenz, Plak 001-010-032 / Grafik: Käte Spanier.

25 Vgl. *Karen Hagemann*, Frauenalltag und Männerpolitik. Alltagsleben und gesellschaftliches Handeln von Arbeiterfrauen in der Weimarer Republik, Bonn 1990, 516–523.

26 Vgl. *Daniel*, Arbeiterfrauen (Anm. 4), 102, 100–106; *Grayzel*, Women (Anm. 4), 35–37.

27 © 2018, ProLitteris, Zürich; Foto: DUKAS/TOP.

28 *Antoine Prost*, Workers, in: Winter (Hrsg.), The Cambridge History of the First World War, Bd. 2: The State (Anm. 6), 325–357, 334; *Laura Lee Downs*, War work, in: ebd., Bd. 3: Civil Society (Anm. 6), 72–95.

29 Vgl. *Prost*, Workers (Anm. 28), 344–346; *Daniel*, Arbeiterfrauen (Anm. 4), 35–124; siehe auch *Thom*, Nice Girls (Anm. 4); *Darrow*, French Women (Anm. 4), 169–228; *Wollacott*, On Her (Anm. 4).

30 © Imperial War Museums (Art.IWM PST 13196).

31 Vgl. *Laura Lee Downs*, Manufacturing Inequality. Gender Division in the French and British Metalworking Industries, 1914–1939, Ithaca 1995, 15–46; *Thom*, Nice Girls (Anm. 4), 53–77; *Susanne Rouette*, Sozialpolitik als Geschlechterpolitik. Die Regulierung der Frauenarbeit nach dem Ersten Weltkrieg, Frankfurt a.M. 1993.

32 *Grayzel*, Women (Anm. 4), 27–36.

[33] *Gersdorff*, Frauen (Anm. 22), 20–27; *Daniel*, Arbeiterfrauen (Anm. 4), 74–99.

[34] Deutsches Historisches Museum, Berlin / I. Desnica.

[35] *Gersdorff*, Frauen (Anm. 22), 20–27; *Daniel*, Arbeiterfrauen (Anm. 4), 183–232; *Grayzel*, Women (Anm. 4), 22–26.

[36] *Daniel*, Arbeiterfrauen (Anm. 4), 74–96; *Gersdorff*, Frauen (Anm. 22), 20–27; *Angela Woollacott*, "Kaki Fever" and its Control: Gender, Class, Age and Sexual Morality on the British Homefront in the First World War, in: Journal of Contemporary History 29 (1994), 325–347.

[37] *Prost*, Workers (Anm. 28), 332.

[38] Vgl. *Darrow*, French Women (Anm. 4), 229–267.

[39] *Noakes*, Women (Anm. 4), 39–81.

[40] © Imperial War Museums (Art.IWM PST 13171).

[41] Vgl. *Daniel*, Arbeiterfrauen (Anm. 4), 74–96; *Gersdorff*, Frauen (Anm. 22), 27–30.

[42] *Gersdorff*, Frauen (Anm. 22), 31–34.

[43] Ausführungsbestimmungen zum Erlass zur Gründung eines „Weiblichen Nachrichtenkorps" vom 27. Juli 1918, in: *Gersdorff*, Frauen (Anm. 22), 32.

[44] Major von Massow, Chef des Stabes des Nachrichtenchefs, zitiert nach: *Gersdorff*, Frauen (Anm. 22), 31.

[45] Plakat „Fernspruch: Das Vaterland braucht gebildete Frauen und Mädchen beim weibl. Nachrichtenkorps". Grafik: Adolf Köglsperger. Hrsg.: Kriegsamt. Berlin 1918. Landesarchiv Baden-Württemberg, Stuttgart.

[46] *Gersdorff*, Frauen (Anm. 22), 31–34; *Bianca Schönberger*, Mütterliche Heldinnen und abenteuerlustige Mädchen. Rotkreuz-Schwestern und Etappenhelferinnen im Ersten Weltkrieg, in: Hagemann, Schüler-Springorum (Hrsg.), Heimat—Front (Anm. 4), 108–127.

[47] *Gersdorff*, Frauen (Anm. 22), 33–36.

[48] Vgl. *Maria Botchkareva*, Yashka. My Life as Peasant, Exile and Soldier, as set down by Isaac Don Levine. London 1919.

[49] *Stoff*, They Fought (Anm. 4), 90–162; *Melissa K. Stockdale*, "My Death for the Motherland Is Happiness": Women, Patriotism, and Soldiering in Russia's Great War, 1914–17, in: The American Historical Review 109 (2004), 78–116.

[50] Vgl. *Grayzel*, Women (Anm. 4), 53–56; *Schönberger*, Mütterliche Heldinnen (Anm. 46).

[51] © Imperial War Museums (Art.IWM PST 3268); reproduced with permission of Curtis Brown Group Ltd on behalf of the Estate of Joyce Dennys. © Estate of Joyce Dennys 1915, 2015.

[52] Vgl. *Smith*, Suffrage Discourse (Anm. 20), 70–90; *Grayzel*, Women (Anm. 4), 37–41; *Thekla Bowser*, The Story of British V.A.D. Work in the Great War, London 2003.

[53] *Darrow*, French Women (Anm. 4), 133–168.

[54] Vgl. *Regina Schulte*, Die verkehrte Welt des Krieges. Studien zu Geschlecht, Religion und Tod, Frankurt a.M. 1998, 95–117; *Dieter Riesenberger*, Das Deutsche Rote Kreuz. Eine Geschichte 1864–1990, Paderborn 2002, 124–173; *Jakob Vogel*, Samariter und Schwestern. Geschlechterbilder und -beziehungen im Deutschen Roten Kreuz vor dem Ersten Weltkrieg, in: Karen Hagemann, Ralf Pröve (Hrsg.), Landsknechte, Soldatenfrauen und Nationalkrieger. Militär, Krieg und Geschlechterordnung im historischen Wandel, Frankfurt a.M. 1998, 322–344

[55] *Schulte*, Die verkehrte Welt (Anm. 54), 102; *Schönberger*, Mütterliche Heldinnen (Anm. 46).

[56] Vgl. als frühes Beispiel für eine Autobiografie, die in nachdrücklicher Offenheit die dramatischen Kriegserfahrungen einer britischen Krankenpflegerin der VAD schildert:

Vera Brittain, Testament of Youth. An Autobiographical Study of the Years, 1900–1925, London 2009 (1933).

[57] Vgl. *Schulte*, Die verkehrte Welt (Anm. 54), 102–105; *Hämmerle*, Heimat/Front (Anm. 4), 27–54.

[58] Foto: DUKAS/TOP.

[59] Vgl. *Jean H. Quataert*, Staging Philanthropy. Patriotic Women and the National Imagination in Dynastic Germany, 1813–1916, Ann Arbor 2001; *Karen Hagemann*, Female Patriots: Women, War and the Nation in the Period of the Prussian-German Anti-Napoleonic Wars, in: Gender & History 16 (2004), 396–424.

[60] Dies betonen u. a. auch: *Janet S. K. Watson*, Khaki Girls, VADs, and Tommy's Sisters: Gender and Class in First World War Britain, in: The International History Review 19 (1997), 32–51; *Woollacott*, "Kaki Fever" (Anm. 36); *Lucy Noakes*, Demobilising the Military Woman: Constructions of Class and Gender in Britain after the First World War, in: Gender & History 19 (2007), 143–162.

[61] Vgl. *Schönberger*, Mütterliche Heldinnen (Anm. 46); *Nicoletta F. Gullace*, White Feathers and Wounded Men: Female Patriotism and the Memory of the Great War, in: Journal of British Studies 36 (1997), 178–206; *Watson*, Fighting Different Wars (Anm. 4), 185–296.

[62] Vgl. *Susanne Rouette*, Sozialpolitik als Geschlechterpolitik: Die Regulierung der Frauenarbeit nach dem Ersten Weltkrieg, Frankfurt a.M. 1993; *Grayzel*, Women's Identities (Anm. 4), 226–242; *Noakes*, Women (Anm. 4), 82–94; *Susan Kent*, Making Peace. The Reconstruction of Gender in Interwar Britain, Princeton 1993, 97–144; *Mary Louise Roberts*, Civilization without Sexes. Reconstructing Gender in Postwar France, 1917–1927, Chicago 1994.

[63] *Birthe Kundrus*, Geschlechterkriege. Der Erste Weltkrieg und die Deutung der Geschlechterverhältnisse in der Weimarer Republik, in: Hagemann, Schüler-Springorum (Hrsg.), Heimat—Front (Anm. 4), 171–187.

Flurin Condrau

Medizin im Ersten Weltkrieg

I.   Einleitung

Kriege hinterlassen Erinnerungsspuren und Erinnerungsorte. Namen wie
Verdun oder Amiens, die Somme, aber auch Tannenberg oder Gumbinnen
stehen für die großen Schlachten des Krieges. Millionen toter Soldaten, die
in die jeweiligen Zivilgesellschaften zurückkehrenden verletzten Soldaten
und natürlich auch der Frieden von Versailles hinterließen ihre Spuren.
Man nennt den Ersten Weltkrieg auch den ersten industriellen Krieg, weil
er von industrialisierten Staaten mithilfe der Produkte der Eisen- und
Stahlindustrie geführt wurde und in einer Dimension Soldaten mobilisierte und auch Opfer forderte, die noch 1914 unvorstellbar gewesen waren.

Die Geschichte des Krieges und die Geschichte der Medizin liegen
nahe beieinander. So gibt es etwa viele Beispiele, in denen Krankheiten
als Kriegswaffe verwendet wurden. Klassische Beispiele hierzu sind die
Pestleichen, die bei Belagerungen im Spätmittelalter in die Städte hinein
katapultiert wurden oder Oliver Cromwells Eroberung von Irland (1649–
1653), bei der während Belagerungen die Verteidiger durch Krankheiten
zur Aufgabe gezwungen wurden.[1] Ein anderes Beispiel für den Zusammenhang von Krieg und Medizin ist der amerikanische Bürgerkrieg, wobei insbesondere die chirurgischen Amputationen auf dem Schlachtfeld zu
erwähnen sind.[2] Beim Deutsch-Französischen Krieg von 1870/71 kam der

Frage der Pockenschutzimpfung eine möglicherweise kriegsentscheidende Bedeutung zu.[3] Das Dresdner Hygienemuseum widmete 2009 gemeinsam mit der Wellcome Collection London dem Zusammenhang von Krieg und Medizin sogar eine eigene Ausstellung, die einen guten Ausgangspunkt für das Thema darstellt.[4]

Mein Beitrag untersucht den Zusammenhang von Medizin und Krieg am Beispiel des Ersten Weltkriegs. Er setzt sich zwei Ziele. Er will erstens anhand einer Auswahl von Themen den Zusammenhang von Medizin und Krieg nachzeichnen. Er will darüber hinaus und zweitens auch der Frage nachgehen, ob sich der Erste Weltkrieg günstig auf die Entwicklung der Medizin auswirkte. „Is war good for medicine?" lautet die von Roger Cooter provokativ formulierte Frage, die seither zu den Standardfragen medizinhistorischer Prüfungen gehört.[5] Damit ist natürlich nicht ein moralisches Urteil oder gar die Volkweisheit des Krieges als Vater aller Dinge gemeint. Schon gar nicht soll etwa die krude Hypothese formuliert werden, man müsse im Interesse der Medizin den Ausbruch eines Krieges gar begrüßen. Vielmehr akzentuiert die Frage nach der Rolle von Kriegs- zeiten für die Medizin die Herausforderung, die meist wenigen Kriegsjahre geeignet zu historisieren. Wenn eine der Hauptforderungen der wissen- schaftlichen Medizingeschichte lautet, die Medizin, ihre Berufe, Wissens- formen und Behandlungsarten sensibel zu historisieren, dann bietet die Untersuchung der Medizin in Kriegszeiten dazu die idealen Bedingungen, gerade weil sich Kriegs- von Friedenszeiten unterscheiden. Dabei gilt es zu beachten, dass Kriege im Rahmen einer längeren historischen Periode zu untersuchen sind, womit sich schon die Frage stellt, ob der krisenhafte Einbruch eines Krieges in die untersuchten Gesellschaften wirklich bis zur Medizin und ihrer Entwicklung durchschlug.[6] Gerade bei so harten Ereignis- bzw. Epochengrenzen, wie sie die Jahre 1914 und 1918 oder auch 1939 und 1945 darstellen, akzentuiert sich auch die Frage nach der Kontinuität oder Diskontinuität der Geschichte der Medizin. Was aber ist eigentlich Medizin? Die Medizingeschichte versteht Medizin als einen Teil der Kultur. Medizin ist damit eine historisch geschaffene und selbst historisch verlaufende Wissenschafts- und Praxisform. Sie steht damit nicht außerhalb der Geschichte, sondern ist integraler Teil historischer Prozesse. Sie formt und wird geformt in kulturellen, politischen, sozialen und wirtschaftlichen Verhältnissen.[7]

Das Erinnerungsjahr 2014 hat zu einer Flut neuer, moderner Auseinan- dersetzungen mit der Geschichte der Medizin im Ersten Weltkrieg geführt.

Allen voran zu nennen ist das magistrale Werk von Wolfgang U. Eckart, der sich seit Jahren mit der Zeit des Ersten Weltkriegs in Deutschland auseinandersetzt.[8] Analog dazu liegt mit der 2014 von Jay Winter herausgegebenen, dreibändigen Cambridge History of the First World War ein weiteres hochmodernes Standardwerk vor.[9] Schließlich publizierte Vincent Viet kürzlich eine beeindruckende Studie zur Geschichte der Gesundheit in Frankreich während des Ersten Weltkriegs.[10]

Im Folgenden soll zunächst eine „Demografie" des Krieges im Vordergrund stehen. Dabei geht es darum, anhand der Opferzahlen einen Eindruck von der Bedeutung des Krieges im Hinblick auf Rettung, Versorgung und Bewältigung der Verletzten und Gestorbenen zu erhalten. Der zweite Teil widmet sich der Frage nach der medizinischen Versorgung im Feld. Seit dem 19. Jahrhundert setzten sich jeweils unterschiedliche Disziplinen in der Medizin an die Spitze der Entwicklung, sie wurden damit zu Leitdisziplinen. Dieser Beitrag verfolgt die Hypothese, dass sich die Chirurgie im Ersten Weltkrieg zu einer solchen Leitdisziplin der Medizin entwickelte. Der dritte Teil des Beitrags widmet sich dem Gaskrieg und seinen Folgen für die Medizin. Dabei steht hier die Zusammenarbeit zwischen der Industrie und der Medizin sowie die Ausprägung der Labormedizin im Vordergrund. Im vierten Teil werden die psychischen Dimensionen der Kriegserfahrung vertieft dargestellt, zumal der Erste Weltkrieg für die Geschichte der Psychiatrie von herausragender Bedeutung war. Und schließlich trat gegen Ende des Krieges die erste Welle der Grippepandemie auf, die sich nach dem Friedensschluss und während der unmittelbaren Nachkriegszeit zur schwerwiegendsten Bevölkerungskatastrophe der jüngeren Geschichte entwickelte.

II. Tod und Verletzung im Krieg

Der Erste Weltkrieg war ein Krieg in noch nie dagewesener Form. Das hing sicher mit seinen unfassbaren Opferzahlen zusammen. Die von den jeweiligen Militärverwaltungen erhobenen Zahlen dürften zuverlässig genug sein, um die Größenordnung wiederzugeben. Angemerkt sei an dieser Stelle, dass der Erste Weltkrieg auch für die Dokumentationstätigkeit eine neue Entwicklungsstufe darstellte.[11] Demnach verloren rund 10 Millionen Soldaten sowie 10 Millionen Zivilpersonen ihr Leben im Verlauf des Krieges, wobei die einzelnen kriegführenden Länder sehr unterschiedlich betroffen waren. Aufseiten der Entente hatte das Deutsche Reich etwa 2 Millionen gefallene Soldaten zu beklagen, während diese Zahl für Österreich-Ungarn etwa 1.5 Millionen betrug. Aufseiten der Alliierten beklagte das russische Reich etwa 2 Millionen, Frankreich 1.3 Millionen und Großbritannien etwa 750'000 gefallene Soldaten, während die USA ungefähr 90'000 Soldaten verloren. Diese Zahlen sind als Schätzwerte zu verstehen, wobei frühere Werte nach oben korrigiert wurden.[12] Nimmt man darüber hinaus an, dass die meisten der gefallenen Soldaten den jüngeren Altersgruppen zugehörten, lässt sich auch erahnen, welche Folgen der Erste Weltkrieg als jahrgangsspezifisches Kohortenschicksal gehabt haben dürfte.[13] Neue Forschungen belegen, dass die Überlebenden mit Fronterfahrungen gegenüber den nach Friedensschluss geborenen Jahrgängen während ihres gesamten Lebens eine erhöhte Sterbewahrscheinlichkeit aufwiesen. Damit lässt sich von einem Kohorteneffekt des Krieges sprechen, der nicht nur die fehlenden Männer der Kriegsgeneration umfasste, sondern auch die weitere Lebenserwartung aller am Krieg beteiligten Männer betraf.[14]

Die Thematik wird erheblich unübersichtlicher, wenn man sich an die Verletztenzahlen heranwagt. Letztlich ist die Ausgangsfrage relativ direkt: Wie viele Soldaten wurden durch die Kampfhandlungen körperlich oder psychisch verletzt? Wobei sicher nur die militärisch und medizinisch registrierten Verwundungen überhaupt in die Zählung einfließen konnten. Ob zum Beispiel jeder Fall von *Trench Foot* als Verwundung gezählt wurde, muss offenbleiben. Dabei handelte es sich um die Folge des nassen Bodens und Schlamms an der Front, die im Winter auch mit Erfrierungserscheinungen einherging.[15] Die verfügbaren Berichte weisen dennoch gewaltige Zahlen an Verwundeten auf. So sollen aufseiten der Alliierten knapp 13 Millionen Soldaten verwundet worden sein, während bei den Ente-Mächten rund 8.5 Millionen Verwundete gezählt wurden. Damit lässt sich schätzen, dass in der französischen Armee mit einem Gesamtbestand von über 8 Millionen jeder zweite Soldat im Verlauf des Krieges entweder dauerhaft verwundet oder getötet wurde.[16] Seit einigen Jahren formiert sich die sogenannte historische Gewaltforschung und untersucht Gewalt und Gewalterfahrung näher. Die Soldaten wurden nicht nur Opfer des Krieges. Dem passiven Akt des Sterbens und Verletztwerdens stand auch der aktive Akt des Tötens und Verletzens gegenüber. Die Gewalterfahrung als Täter, Opfer oder Unbeteiligte prägte das Leben der Männer der damaligen Zeit.[17] Man braucht nur an die bahnbrechende Arbeit von

Klaus Theweleit über „Männerphantasien" zu erinnern, um die direkte Verbindungslinie von der Gewalt- zur Geschlechter- und letztlich auch Psychiatriegeschichte wahrzunehmen.[18] Zweitens sind die Opferzahlen, ob Tote oder Verletzte, wie Ziemann völlig zu Recht bemerkt, historisch strukturiert.[19] Für die englische Armee lässt sich beispielsweise zeigen, dass Offiziere gegenüber den Mannschaften ein höheres Verwundungs- bzw. Sterberisiko aufwiesen.[20] Demgegenüber konnte für die deutsche Armee nachgewiesen werden, dass verheiratete Soldaten ein niedrigeres Verletzungs- bzw. Sterberisiko aufwiesen als ihre unverheirateten Kollegen. Analog dazu wiesen die Jahrgänge der über 30-jährigen Soldaten ein niedrigeres Risiko als die Jahrgänge der neu eingezogenen 20-Jährigen auf. Interessant ist auch die detaillierte Analyse der Zahlen der deutschen Armee, die belegen, dass der Bewegungskrieg der ersten Kriegsmonate deutlich höhere Opferzahlen erzeugte als der spätere Stellungskrieg, obwohl der Erste Weltkrieg vor allem dank Letzterem immer noch als der große industrielle Krieg angesehen wird.[21]

Schließlich lässt sich auch die Zahl der dauerhaft durch den Krieg schwer beschädigten Soldaten beider Seiten auf ungefähr 8 Millionen beziffern.[22] Allein solche Zahlen verdeutlichen, dass der Krieg eine Zäsur in Bezug auf den Kontakt von Soldaten mit Verletzung und Tod und damit mit einem Kerngebiet der Medizin bedeutete. Wenn man in Anlehnung an Ute Frevert die Heranführung breiter sozialer Kreise an die Medizin als Medikalisierung bezeichnen will, dann wird man den Ersten Weltkrieg als einen hochwirksamen Schritt auf dem Weg zur weitgehenden Medikalisierung der am Krieg beteiligten Gesellschaften verstehen können.[23] Dieses Argument unterscheidet sich von anderen Medikalisierungskonzepten dadurch, dass hier nicht die Erweiterung des Zuständigkeitsbereichs der Medizin, sondern die Erweiterung der Klientel der Medizin im Vordergrund steht.[24]

Die Waffengattungen hatten einen entscheidenden Einfluss auf die Art der verursachten Verletzungen. Die in jeder Hinsicht bedeutsamste Waffe des Ersten Weltkriegs war die Artillerie. Während das in den ersten Kriegsmonaten in der Zeit des Bewegungskriegs noch anders gewesen sein dürfte, verschob sich der relative Anteil im Stellungskrieg eindeutig in die Richtung der Artillerie. Nach den verfügbaren Informationen sollen 76 Prozent aller verwundeten französischen Soldaten zwischen 1914 und 1917 durch Artilleriebeschuss verletzt worden sein, während im Frühjahr 1917 fast 80 Prozent aller Verwundungen in der deutschen Armee durch

Artillerie verursacht worden sein sollen. Eine Untersuchung über die englische Armee ergab einen Anteil an Granatsplittern von 58.5 Prozent aller verletzten Soldaten. Schusswunden, insbesondere durch Maschinengewehrfeuer, spielten nach der Artillerie die zweitgrößte, aber im Verlauf des Krieges eine eher rückläufige Rolle, während Stichwaffen, wie Messer oder Säbel, nahezu bedeutungslos blieben; und selbst Gasangriffe gelten als quantitativ – nicht psychologisch – wenig wirksam.[25]

III. Medizin und Krieg

Um überhaupt den Beginn des Ersten Weltkriegs in Bezug auf die Medizin verstehen zu können, ist mit Wolfgang U. Eckart ein kurzer Blick auf die Vorperiode angezeigt. Im Anschluss an Robert Koch und seine bakteriologische Forschung hatte sich ein Modell der Medizin etabliert, das großes Gewicht auf die Laborwissenschaften legte.[26] Die Bakteriologie erhielt dabei im Zusammenhang mit der Bekämpfung der Infektionskrankheiten eine Leitfunktion, die aber zu Beginn des 20. Jahrhunderts nicht unumstritten blieb. Insbesondere kam es zu Spannungen zwischen einer bakteriologisch-wissenschaftlichen Erklärung von Krankheiten und der ihr gegenüberstehenden sozialmedizinischen Analyse. Durch medizinische Exponenten, wie etwa Alfred Grotjahn, erster Privatdozent für soziale Hygiene und später auch gesundheitspolitischer Sprecher der Sozialdemokratie im Reichstag, bekam die Auseinandersetzung mit Gesundheitspolitik und den damit verbundenen medizinischen Fächern einen politischen Charakter.[27] Auch in der Psychiatrie wandten sich viele Psychiater immer stärker sozialen Theorien zu, wobei die Jahre vor dem Krieg von einer breiten Rezeption psychiatrischen Denkens geprägt waren und auch deshalb als „nervöses Zeitalter" bezeichnet worden sind.[28] Insgesamt kam der Verwissenschaftlichung und Spezialisierung der Medizin an Hochschulen und den großen universitätsnahen Kliniken eine besondere Rolle zu.[29] Deutschland war in vielerlei Hinsicht zum Vorbild der westlichen Medizin geworden, so empfahl etwa der US-amerikanische „Flexner-Report" von 1910 die mehr oder weniger direkte Übernahme des deutschen labor- und naturwissenschaftlichen Modells des Medizinstudiums an amerikanischen Universitäten.[30]

Unter Ärzten gab es 1914 zahlreiche Stimmen, die den Krieg als willkommene Gelegenheit betrachteten, die Errungenschaften der modernen

Medizin nachzuweisen. Nicht einmal die Niederlage vermochte an dieser Einschätzung des Krieges als Beweis der Leistungen der Medizin viel zu ändern.[31] Dabei beziehen sich diese durchaus optimistischen Einschätzungen vor allem auf die Medizin als Wissenschaft. Gerade etwa für die bakteriologische Forschung stellte der Krieg neuartige, beobachtbare, fast Laborbedingungen entsprechende Verhältnisse bereit. Hinzu kam, dass etwa im Unterschied zum Zweiten Weltkrieg die zivile Infrastruktur kaum oder gar nicht angetastet wurde, sodass in sicherem Abstand zur Front auch ein weitgehend ungestörtes Forschen weiterhin möglich war. Neuere Untersuchungen problematisieren jedoch die allgemeine Kriegsbegeisterung des Sommers 1914 und weisen darauf hin, dass sowohl die Propaganda wie auch die retrospektive Verklärung diese Euphorie erst zu einem unwidersprochenen Erinnerungsmerkmal gemacht hätten, während die Reaktionen der Bevölkerung durchaus widersprüchlicher gewesen sein sollen.[32] Die Frage, ob es unter den Medizinern tatsächlich eine allgemeine Kriegsbegeisterung gab oder ob sich die Euphorie tatsächlich mehr an den forschungspraktischen Möglichkeiten des Krieges orientierte, muss hier also offenbleiben. Für die Medizin war die enge Zusammenarbeit mit der Industrie und der Armeeführung zweifellos sehr wichtig. Der mit Kochs Schüler Paul Ehrlich verbundene Beginn der Pharmakotherapie kurz vor dem Ersten Weltkrieg spielte hier sicherlich eine wichtige Rolle. Ehrlich sprach von „magischen Kugeln" und meinte damit neue, im Kampf gegen Krankheiten Erfolg versprechende Medikamente.[33] Die sprachliche Nähe zwischen medizinischen Konzepten und militärischem Denken dürfte dabei kein Zufall sein.[34] Aber auch neue technische Errungenschaften, wie etwa der Haabsche Magnet in der Augenheilkunde oder die gänzlich neue Röntgentechnologie, weisen auf die in den Jahren vor dem Krieg kontinuierlich wachsende Zusammenarbeit zwischen Medizin und Industrie hin.[35]

IV. Gaskrieg

Anhand des sogenannten Gaskriegs lässt sich der Zusammenhang von Krieg, Medizin und Industrie konkretisieren.[36] In der Schlacht von Ypern wurde Giftgas am 22. April 1915 erstmals von der deutschen Armee eingesetzt.[37] Die dazu notwendigen Forschungen zum waffenfähigen Giftgas waren vor allem mit der Person Fritz Habers verbunden, der seit 1911 der Gründungsdirektor des Kaiser-Wilhelm-Instituts für physikalische Chemie war. Haber war nicht nur bei der Entwicklung von waffenfähigem Chlorgas seit Herbst 1914 beteiligt, er überwachte offenbar auch den ersten Einsatz bei Ypern und legte – als Wissenschaftler – selbst die Einsatzorte der Gasflaschen bzw. Blaseinrichtungen fest, zumal zu diesem Zeitpunkt der Einsatz von Gas noch nicht durch Spezialgranaten erfolgen konnte.[38] Habers Frau Clara ertrug diese aktive Rolle ihres Mannes bei der Entwicklung und beim Einsatz von Massenvernichtungswaffen allerdings nicht und beging kurz nach dem ersten großen Einsatz von Giftgas mit der Dienstwaffe ihres Mannes Selbstmord.[39] Es verging nur wenig Zeit, bis die britische Armee ihrerseits Giftgas einsetzte, während beispielsweise Frankreich und Russland nicht über die industriellen Voraussetzungen verfügten, um entsprechende Programme rasch umzusetzen.[40] Gerade am Beispiel der britischen Erfahrungen mit dem Gaskrieg wird deutlich, welchen Einfluss diese neue Waffe auf die medizinische Entwicklung hatte. Dabei gelang vor allem den Vertretern der Physiologie der Durchbruch, weil sie in der Versorgung von gasverletzten Soldaten über neue Methoden verfügten, die den bislang dominanten Klinikvertretern nicht zur Verfügung standen.[41] Der Gaskrieg steht in Großbritannien damit neben einigen anderen medizinischen Spezialgebieten stellvertretend für die nachgeholte Verwissenschaftlichung der Medizin, die vor dem Ersten Weltkrieg noch von den einflussreichen Klinikern behindert worden war.[42] Diese spezialisierende, technisierende und verwissenschaftlichende Rolle des Krieges für die britische Medizin war auch für die Reform des Medizinstudiums an englischen Universitäten verantwortlich.[43]

V. Krankenhausmedizin im Krieg

Das örtliche Zentrum der medizinischen Versorgung hatte sich seit dem 18. Jahrhundert vom Bett des Kranken in seiner Wohnung zunehmend ins Krankenhaus verschoben.[44] Das Krankenhaus übernahm in der Zeit nach der Französischen Revolution von Paris ausgehend eine zentrale Funktion für die wissenschaftliche Medizin, die auf eine kontinuierliche Versorgung mit Patienten für Lehr- und Forschungszwecke angewiesen war.[45] Das bedeutete allerdings keine allgemeine Akzeptanz des Krankenhauses, das über weite Strecken des 19. Jahrhunderts in Deutschland, Großbritannien und auch anderswo vorwiegend Menschen sozialer Unterschichten als

Patienten aufnahm.[46] Der bereits angesprochene Medikalisierungsschub durch den Ersten Weltkrieg dürfte damit durch seine großen Zahlen an Verwundeten und deren Pflege in Feldlazaretten und Krankenhäusern auch eine zentrale Rolle in der gesellschaftlichen Durchsetzung des Krankenhauswesens gespielt haben. Der Charakter des Stellungskrieges, in dem sich der Frontverlauf über Jahre nur wenige Kilometer verschob, erlaubte den Aufbau und den Unterhalt von Feldlazaretten relativ nahe an der Front. Rettung im Schützengraben und Rückführung der Verletzten in Stationen zur ersten Hilfe bzw. zur Weiterleitung in die Feldlazarette wurde damit logistisch durchaus machbar. Im Bereich des Rettungswesens sticht besonders die Durchsetzung des Prinzips der Triage hervor. Der belgische Chirurg Antoine Depage hatte mit einer besonderen Logistik bereits vor dem Ausbruch des Ersten Weltkriegs experimentiert. Er hielt im Frühjahr des Jahres 1914 sogar schon Vorträge über die Herausforderung moderner Kriege für die Chirurgie.[47] Nach dem Ausbruch der Feindseligkeiten verließ Depage Brüssel und konnte in der französischen Armee nach dem Beginn des Stellungskriegs ein festes Protokoll der Rettung durchsetzen. Das Ziel der sogenannten Triage (frz. trier = sortieren) bestand in der raschen Priorisierung von Fällen, sodass etwa die Rettung Sterbender nicht den Transport von leichter verwundeten Soldaten behindern sollte.[48] Die Erstversorgung leistete Wundreinigung und erste Hilfe in unmittelbarer Frontnähe. Der Transport in die rückwärtig gelegenen Feldlazarette erlaubte schließlich auch die Verteilung der Verwundeten auf weiter entfernte Krankenhäuser bis hin zur Rücksendung in zivile Krankenhäuser, beispielsweise in Paris, London oder Berlin.[49] Auch hier ist bemerkenswert, dass beim Ausbruch des Krieges eine solche Organisation zwar noch nicht vorhanden war, sie aber relativ rasch geschaffen wurde und dadurch dem Ersten Weltkrieg eine Bedeutung für das beginnende Rettungswesen zukam. Die auf Depage zurückgehende Triage wird bis heute als grundlegendes Element der Rettungs- und Katastophenmedizin betrachtet. Ein Feldpostbrief aus dem Jahr 1915 verdeutlicht den Kerngedanken der Triage im Krieg: „Bauch- und Kopfschüsse lassen wir gewöhnlich 1-2 Tage bei uns, leider sind die Leute dann auch meist tot […]. Brustschüsse geben eine sehr gute Aussicht auf Heilung, wenn nicht eine Infektion eintritt."[50]

Das Rettungswesen des Ersten Weltkriegs war darauf ausgerichtet, die Verwundeten so rasch wie möglich in krankenhausähnlichen Einrichtungen zu versorgen. Schon die Feldlazarette, erst recht aber die

Krankenhäuser in der Etappe bzw. die zivile Infrastruktur, sollten den Strom an Verletzten aufnehmen. In der englischen Armee ergaben sich nach Kriegsausbruch sofort Planungsfehler. Man hatte im Unterschied zur französischen und deutschen Armee die Entwicklung der Armeemedizin eher vernachlässigt, sodass man auf die Hilfe ziviler, freiwilliger Sanitäter, Ärzte und Pflegekräfte angewiesen war, was sich dann auch in einer Verschlechterung der zivilen Gesundheitsversorgung äußerte. Darüber hinaus hatte man sehr große Kapazitäten in den Evakuierungszentren am Ärmelkanal bereitgestellt und dafür die frontnahen medizinischen Zentren vernachlässigt.[51]

Ein besonderes Problem stellten Wundinfektionen dar. Bekanntlich hatte die Medizin seit Semmelweis und Lister begonnen, die hygienischen Verhältnisse in den Krankenhäusern zu verbessern. Aber trotzdem blieben Wundinfektionen bzw. postoperative Infektionen ein großes Problem der Krankenhausorganisation.[52] Noch viel schwerer wogen aber die katastrophalen hygienischen Verhältnisse an der Front. Schlamm, Schmutz und Feuchtigkeit boten ideale Voraussetzungen für den Ausbruch von Infektionskrankheiten. Die englische Armee hatte sich auf Basis des Burenkriegs in Südafrika auf die medizinischen Herausforderungen eines neuen Krieges vorbereitet. Die bakteriologischen Analysen im Laufe der ersten Kriegsmonate zeigten aber, dass man es an der Front in Frankreich mit neuartigen Problemen zu tun hatte. Nicht nur das Klima und die Umweltbedingungen in der oft reich gedüngten, landwirtschaftlichen Zone Frankreichs waren völlig anders, sondern auch die Bedeutung von Artilleriesplittern. Denn durch diese konnten ansteckende Keime direkt ins Körperinnere getragen werden und dort schwere Infektionen verursachen, die mit antiseptischen Verbänden nicht mehr aufzuhalten waren. Die ersten Monate des Krieges bedeuteten deshalb besonders für die Prävention bzw. Bekämpfung von Infektionen für alle Kriegsparteien eine Zeit sehr intensiver, praxisbezogener Forschungstätigkeit. So konnte etwa durch das von Emil von Behring vor dem Krieg entwickelte Tetanusserum die Bedrohung durch häufig tödlich verlaufende Tetanusinfektionen weitgehend kontrolliert werden.[53]

VI. Chirurgie im Krieg

Die Operationstätigkeit in den Feldlazaretten und Krankenhäusern verlief unter schwierigen Bedingungen. Ein englischer Feldarzt beschrieb es laut dem Kriegsberichterstatter Philip Gibbs so: „This is our Butcher's Shop. Come and have a look at my cases. They're the worst possible, stomach wounds, compound fractures, and all that. We lop off limbs here all day long, and all night. You've no idea."[54] Die im Stellungskrieg immer wieder befohlenen Sturmangriffe der Infanterie auf feindliche Gräben („over the top") führten durch das Ineinandergreifen von schwerem Artilleriebeschuss und Maschinengewehrfeuer zu Kopf- und Oberkörperwunden, die die Medizin vor größte Herausforderungen stellte.[55] Aber wer nur Wunden abbekam, hatte sogar noch Glück. Die Zerstörungskraft der industriellen Waffen ließ oft nichts mehr zurück, das hätte medizinisch versorgt werden können. Eckart beschreibt nüchtern, wie Handgranaten, Artilleriegeschosse oder schwere MG-Salven die Körper heranstürmender Soldaten in Sekundenbruchteilen vollkommen zerfetzten, Gliedmaßen abrissen oder Köpfe von Rümpfen trennten. Das soll immer wieder in Erinnerung rufen, womit es die Medizin im Ersten Weltkrieg zu tun hatte: mit einer unmöglich angemessen zu erfüllenden Aufgabe.

Dem Ersten Weltkrieg kommt deshalb auch in der Geschichte der Pflege eine besondere Bedeutung zu, weil Militärmedizin ohne Militärkrankenpflege völlig undenkbar gewesen wäre. Florence Nightingale hatte als „Lady with the Lamp" schon im Krimkrieg (1853–1856) zur Professionalisierung der Krankenpflege aufgerufen.[56] Aber der Erste Weltkrieg war für die Verberuflichung der Krankenpflege eine zentrale Phase. Dank neuerer Arbeiten, etwa von Christine Hallett oder Astrid Stölzle, lässt sich heute bilanzieren, dass die Kriegskrankenpflege im Ersten Weltkrieg entscheidend für die Versorgung der Verwundeten und umgekehrt auch sehr zentral für die Entwicklung des Pflegeberufes im 20. Jahrhundert war.[57] Dabei steht die praktische Arbeit der Pflege in Kriegslazaretten, Hospitälern und Rekonvaleszentenheimen im Vordergrund.

Ein besonderer Quellentyp stellt die Feldpostkarte dar, auf denen auch Krankenschwestern sehr präsent waren. Die Bildhaftigkeit der Feldpostkarte lässt sich deshalb der vorwiegend über die Sprache des Textes vermittelten Fronterfahrung gegenüberstellen. Das Lazarett und die Bildkarte verbanden einerseits die Soldaten mit der Heimat und stellten andererseits auch eine Art Kriegspropaganda dar, die deshalb markant auffällt, weil sie vieles nicht darstellt, das im Feldlazarett sichtbar gewesen sein muss.[58]

Der Erste Weltkrieg gilt als zentrale Epoche für die wiederherstellende Gesichtschirurgie. Die medizinischen Publikationen der Zeit, aber auch Erinnerungsdokumente, sind mit fürchterlich entstellten Gesichtern von Soldaten gefüllt.[59] Die Wiederherstellung der Gesichter zur Reintegration in den Militärdienst und später in den Arbeitsmarkt stellte eine wesentliche Leistung der Militärchirurgie dar.[60] Alleine in der britischen Armee wurden über 60'000 Gesichts- und Augenverletzte gezählt. Die Nachwirkungen der Kriegserlebnisse, die Erinnerungen an das Gesehene und Erlebte, aber auch die Erfahrung der Wiederherstellungschirurgie dürfte aus medizinhistorischer Sicht eine wesentliche Dimension des Ersten Weltkriegs darstellen.[61] Damit wird der Erste Weltkrieg zu einer Schlüsselphase für die entstehende ästhetische Chirurgie, deren Geschichte ohne den Krieg kaum vorstellbar wäre.[62] Ganz allgemein gehörte die Chirurgie zu den Fachrichtungen, die enorm vom Krieg profitierten. Das lag zunächst daran, dass sich die Chirurgie bereits vor dem Krieg in einem Transformationsprozess befand.[63] Die verwundeten, relativ jungen Männer wiesen oft vergleichbare Wunden auf, die ein regelrechtes Üben der chirurgischen Techniken unter erschwerten Bedingungen erlaubten. Das wiederum schlug sich nach dem Krieg in einem neuen Prestige der Chirurgie als medizinischer Disziplin nieder. So lässt sich etwa zeigen, dass die Lungenchirurgie vor dem Krieg lediglich als Experimentaltherapie für Lungentuberkulose betrachtet wird. Nach dem Krieg zeigt sich besonders in Deutschland eine rasche Verbreitung einer lungenchirurgischen Infrastruktur und der dadurch möglichen Eingriffe in den Sanatorien und Krankenhäusern für Lungenkranke.[64] Nicht im gleichen Ausmaß, aber doch in analoger Weise, profitierten auch andere Fachgebiete vom Krieg. Zu nennen wäre dabei etwa die Kardiologie. Obwohl erst der Zweite Weltkrieg als Schlüsselperiode der Herzoperationen gilt, gelang es der Kardiologie doch bereits im Ersten Weltkrieg, sich als Disziplin für die auftretenden Herzprobleme der Armeeangehörigen zu etablieren.[65] Damit lässt sich festhalten, dass der Krieg nicht nur die Medizin insgesamt forderte und förderte, sondern darüber hinaus Prozesse der Spezialisierung beschleunigte, die schon vor dem Krieg begonnen hatten.

VII. Psychiatrie im Krieg

Das Fortschreiten der Spezialisierung der Medizin erreichte auch die Psychiatrie. Als Disziplin hatte sie im 19. Jahrhundert zwar eine enorme Entwicklung durchgemacht, aber insbesondere in ihren therapeutischen Anstrengungen blieben ihre Erfolge letztlich überschaubar. Die Anstaltspsychiatrie um 1900 bedeutete oft eine Langzeitverwahrung ohne Aussicht auf Heilung.[66] Im Krieg kam es zu enormen psychischen Belastungen unter den Militärangehörigen an der Front und in der Etappe. Grundsätzlich waren alle kriegführenden Länder von diesen psychischen Folgen des Krieges zunächst überfordert.[67] So wurden diese Fälle als Feigheit vor dem Feinde verstanden. In der britischen Armee wurden beispielsweise über 300 Soldaten hingerichtet, weil sie angeblich den Dienst verweigerten und Krankheiten lediglich simulierten.[68] Der englischen Psychiatrie gelang es erst im Verlauf des Krieges, die Armeeführung davon zu überzeugen, dass es sich um ein psychiatrisches und damit prinzipiell medizinisch behandelbares Problem handelte.[69] Allerdings kam den Psychiatern zugute, dass niemand genau wusste, was Shell Shock, so der englische Sammelbegriff für die verschiedenen psychischen Erkrankungsfolgen des Krieges, genau bedeuten sollte. Die breit angelegten empirischen Studien hatten im Krieg ergeben, dass keine einheitliche Erfahrung das Auftreten von Krankheitssymptomen erklären konnte.[70] Granatfeuer, Maschinengewehrbeschuss oder einfach die Angst vor dem nächsten Einsatz konnten am Anfang einer Erkrankung stehen. Aber es traf genauso Mitglieder der Versorgungseinheiten, die gar keinen Feindkontakt hatten. Deshalb untersucht die Medizingeschichte den Shell Shock als eine Krankheitskategorie, die von verschiedenen an der Diskussion beteiligten Gruppen wie etwa Frontärzten, Neurologen, Sozialpolitikern oder Armeeoffizieren unterschiedlich konzeptualisiert wurde.[71] So gelang es der englischen Psychiatrie, sich eine Position zu erarbeiten, die sie vor dem Krieg noch nicht hatte: als respektierte medizinische Spezialdisziplin. Allerdings blieben psychische Beschädigungen – ob diagnostiziert oder nicht – nach dem Krieg wirkungsmächtig und eine ganze Generation junger Männer litt über Jahrzehnte unter den psychischen Folgen des Krieges.[72]

Einen anderen Weg beschritt die Psychiatrie im Deutschen Reich. Der Krieg hat die deutsche Psychiatrie nicht etwa weniger beeinflusst, als dies in anderen Ländern der Fall war. Aber in der deutschen Psychiatrie empfand man den Krieg vor allem als klärendes Ereignis.[73] Der dominante

Begriff der „Kriegshysteriker" verband die psychischen Probleme der männlichen Soldaten mit einer typisch weiblichen Diagnose, was eine Selbstverschuldung des Problems durch die Soldaten andeutete.[74] Im Verlauf des Krieges kam es zu intensiven wissenschaftlichen Auseinandersetzungen, bei der sich spätestens ab 1916 die Anhänger der sogenannten Degenerationstheorie durchsetzten. Die auf den französischen Psychiater Bénédict Augustin Morel (1809–1873) zurückgehende Degenerationshypothese reagierte auf die Krise der Anstaltspsychiatrie, indem sie die große Zahl psychisch Kranker nicht etwa der eigenen Diagnosetätigkeit oder den begrenzten therapeutischen Erfolgen zuschrieb, sondern eine sozialdarwinistische Interpretation dafür vorlegte.[75] Im Krieg stellten damit die aus psychischen Gründen dienstunfähigen Soldaten gemäß den Psychiatern nicht nur eine an Simulation grenzende und damit ungebührliche militärische Schwächung dar, sondern verschuldeten darüber hinaus auch noch die Behandlungs- und Pflegekosten selbst. Das wurde als sich selbst verstärkende Effekte der Degeneration angesehen.[76] Die therapeutischen Interventionen während des Krieges waren demzufolge darauf ausgerichtet, möglichst viele Soldaten so schnell wie möglich wieder in die Truppenverbände zurückschicken zu können. Dazu standen prinzipiell suggestive und disziplinierende Methoden zur Verfügung, wobei offenbar die disziplinierenden Verfahren, wie z. B. die Elektroschocktherapie, bevorzugt wurden.[77] Der Krieg führte damit in der deutschen Psychiatrie zu einer Durchsetzung der Degenerationshypothese. Damit einher ging eine starke Favorisierung disziplinierender Therapieverfahren, die den Kranken durch besonders schlimme Folgen der Behandlung zur Einsicht bringen wollten. Die Psychiatrie begann sich damit im Ersten Weltkrieg endgültig auf einen Entwicklungspfad zu begeben, der schließlich zu den fürchterlichen Auswüchsen der Psychiatrie des Nationalsozialismus hinführte.[78]

VIII. Spanische Grippe und das Kriegsende

Die Zivilbevölkerung litt auch dann unter den direkten Kriegsfolgen, wenn sie nicht selbst ins Feuer geriet wie in Ostfrankreich oder in Russland. In Deutschland spielte die prekäre Versorgungslage eine zentrale Rolle. Spätestens ab dem harten Winter von 1916/17, dem sogenannten Steckrübenwinter, trug eine massive Unterversorgung der deutschen Bevölkerung zu einer Lebensstandards- und Gesundheitskrise bei.[79] Nach Jahrzehnten des Rückgangs stiegen in dieser Zeit auch die Erkrankungs- und Sterblichkeitsraten für Tuberkulose wieder markant an, was schon damals als Indikator für die prekären Lebensbedingungen der deutschen Bevölkerung interpretiert wurde.[80] Allerdings blieben jedenfalls im Westen die kriegführenden Länder im Krieg von größeren Seuchenzügen verschont. Das änderte sich mit dem Ausbruch der Grippe, die zum bedeutendsten Seuchenzug seit den verheerenden Pestepidemien des Mittelalters und der frühen Neuzeit wurde. Die sogenannte Spanische Grippe gehört aus mehreren Gründen zur Geschichte des Ersten Weltkriegs.[81] Die entbehrungsreichen Kriegsjahre erklären mindestens teilweise die Virulenz, also die Aggressivität dieser Krankheit. Die erste Welle der Grippe traf zeitlich ungefähr mit der militärischen Entscheidung im Frühsommer 1918 zusammen. Die Demobilmachung von Millionen von Soldaten führte ab dem Herbst 1918 zur unkontrollierbaren und raschen Weiterverbreitung dieser Infektionskrankheit. Eckart schreibt, dass es mittlerweile als gesichert gilt, dass die Influenza mit den US-amerikanischen Soldaten aus den USA an den Kriegsschauplatz Europa gebracht wurde – und nicht etwa umgekehrt, wie in den USA seit 1918 immer wieder betont wurde. Allerdings kam es dann auch wieder zu einem Rücktransport der Grippe in die USA durch heimkehrende Soldaten.[82] Die Spanische Grippe war zweifellos ein globales Phänomen. Genaue Zahlen über die Influenzaopfer sind schwer zu erhalten, aber es dürften im Vergleich zu den Kriegstoten des Ersten Weltkriegs wohl mehr Menschen an der Influenza gestorben sein. Schätzungen gehen jedenfalls von mindestens 50 Millionen Toten aus und beziffern die Zahl der klinisch manifesten Erkrankungsfälle auf ungefähr 500 Millionen.[83] Für die einzelnen kriegführenden Länder war die Influenza-Erfahrung trotz unterschiedlicher Rahmenbedingungen letztlich vergleichbar. Die Strukturen des öffentlichen Gesundheitswesens, die als Seuchengesetzgebung während der zweiten Hälfte des 19. Jahrhunderts etwa im Rahmen der Cholera- oder Typhusbekämpfung erlassen wurden, stellten keine adäquaten Maßnahmen zur Bewältigung einer Pandemie diesen Ausmaßes zur Verfügung. So galt beispielsweise im Deutschen Reich bzw. in der in revolutionären Wirren befindlichen Zeit nach dem Friedensschluss das Reichsseuchengesetz von 1900, demzufolge Influenza noch nicht einmal eine meldepflichtige Krankheit war. Die zweite Welle der Pandemie traf in Deutschland auf ein faktisch kaum verwaltungs- und regierungsfähiges Territorium, das logistisch und medizinisch von der Krankheit vollkommen überfordert war.[84] Analog stellte sich die Situation in Großbritannien dar, das zwar ohne eine größere politische Krise den Weg zurück in die Friedensgesellschaft fand, aber auch hier war das System der öffentlichen Gesundheit, basierend auf dem System der *Medical Officers of Health*, von der zweiten Welle der Pandemie vollkommen überfordert.[85] Ein zentrales Merkmal der Spanischen Grippe, das auch mitverantwortlich für die hohe Mortalität gewesen sein dürfte, bestand im Auftreten der sogenannten sekundären Lungenentzündungen. Im vorantibiotischen Zeitalter stellte die bakterielle Lungenentzündung eine lebensbedrohende Infektion dar, die gemäß neueren Schätzungen die Mehrzahl der Todesfälle verursachte.[86] Friedensschluss und Influenzapandemie stellten damit nicht nur die kriegführenden Ländern vor gewaltige Probleme, sondern globalisierten endgültig auch die schwerwiegenden Krisenjahre ab 1914. Erst 1920 verschwand die Influenza wieder – gerade rechtzeitig möchte man sagen angesichts der beginnenden deutschen Hyperinflation.[87]

IX. Schlussbetrachtung

Eine Standardaufgabe der Geschichtswissenschaft bezieht sich auf das Denken in Epochen. Worin unterscheiden sie sich, was sind ihre Grenzen und wie steht es um Kontinuitäten oder Diskontinuitäten entlang der Epochengrenzen? Ob der Erste Weltkrieg in sich eine Epoche im eigentlichen Sinn darstellt, kann hier nicht abschließend geklärt werden. Aber allein der schlaglichtartige Blick auf die Medizin im Krieg verdeutlicht, dass es sich lohnt, die Jahre 1914–1918 als fundamental bedeutsame Jahre zu verstehen. Als globales Ereignis und als erster „totaler Krieg" mobilisierte der Erste Weltkrieg die Länder Europas in einer vorher nicht beobachteten Intensität. Dass dabei auch die Medizin voll in den Krieg einbezogen bzw. von ihm erfasst wurde, ist wenig überraschend. Historiografisch ist aber doch einigermaßen erstaunlich, dass die Medizingeschichte erst in den letzten zwei Jahrzehnten erkannt hat, wie bedeutsam der Erste Weltkrieg für die Geschichte der Medizin tatsächlich war.

Mit Roger Cooter fragt dieser Beitrag, ob der Erste Weltkrieg gut für die Medizin war. Insgesamt bewirkte der Krieg einen enormen Medikalisierungsschub. Erst mit den Kriegsjahren setzte sich die akademische, wissenschaftliche Medizin auch in der Versorgung durch. In England gingen die Machtkämpfe um die „richtige" Medizin tatsächlich erst mit dem Krieg zu Ende. Darüber hinaus stellte der Erste Weltkrieg aber auch für einzelne Disziplinen innerhalb der Medizin eine Chance dar. So konnte sich etwa die Chirurgie dank der Erfahrungen im Feld als Leitdisziplin innerhalb der Medizin formieren. Der Krieg beschleunigte und vereinfachte damit medizinische Entwicklungen. Auch für die Pflege gilt insgesamt, dass der Krieg die Chancen auf eine Verberuflichung der Krankenpflege entscheidend verbesserte. Ähnliches gilt für die Psychiatrie, wenn auch in unterschiedlichem Ausmaß in den beteiligten Ländern. So vermochte sich die englische Psychiatrie im Krieg als Disziplin zu etablieren. Demgegenüber gelang es der deutschen Psychiatrie ihre Degenerationshypothese zu konkretisieren. Man kann die weitere Entwicklung der Medizin in Weimar, die schließlich die Medizin zu einer großen Stütze des Nationalsozialismus werden ließ, kaum ohne den Ersten Weltkrieg verstehen.

In diesem Sinne hat der Krieg eindeutig Gewinner hervorgebracht. Andere Gruppen dürften zurückgedrängt worden sein – verwiesen sei beispielsweise auf die englischen Klinikärzte, die sich mehr oder weniger widerwillig dem naturwissenschaftlichen Konsens der deutschsprachigen Medizin anschlossen, weil sie vom Krieg praktisch dazu gezwungen wurden. Der Krieg war aber auch der Ursprung einer der größten zivilen Bevölkerungskrisen der Medizin der jüngeren Vergangenheit. Vor dem Krieg wurde der Rückgang verschiedener Infektionskrankheiten als Erfolg der Medizin bezeichnet. Der Ausbruch der Influenza im Verlauf des Jahres 1918 stellte diese Erfolge infrage. Die Grippepandemie ist demnach nicht nur die Folge, sondern Teil der Kriegserfahrung.

Der Erste Weltkrieg war damit insgesamt auch ein medizinhistorisches Großereignis. Man ist versucht, auf Cooters Frage bejahend zu antworten. Die Geschichte der Medizin des 20. Jahrhunderts scheint auf jeden Fall ohne den Ersten Weltkrieg kaum vorstellbar.

Anmerkungen

1   *Klaus Bergdolt*, Der Schwarze Tod in Europa. Die große Pest und das Ende des Mittelalters, München 1994; *Micheal O Siochru*, God's Executioner. Oliver Cromwell and Conquest of Ireland, London 2008.
2   *Shauna Devine*, Learning from the Wounded. The Civil War and the Rise of American Medical Science, Chapel Hill 2014.
3   *E. P. Hennock*, Vaccination Policy Against Smallpox, 1835–1914: A Comparison of England with Prussia and Imperial Germany, in: Social History of Medicine 11 (1998), 49–71.

[4] *Melissa Larner, James Peto, Colleen M. Schmitz* (Hrsg.), Krieg und Medizin, Göttingen 2009.

[5] *Roger Cooter*, Medicine and the Goodness of War, in: Canadian Bulletin of Medical History 7 (1990), 147–159.

[6] *Roger Cooter*, Surgery and Society in Peace and War. Orthopaedics and the Organization of Modern Medicine, 1880–1948, Basingstoke 1993.

[7] *Roger Cooter, Claudia Stein*, Writing History in the Age of Biomedicine, New Haven 2013.

[8] *Wolfgang U. Eckart*, Medizin und Krieg. Deutschland 1914–1924, Paderborn 2014.

[9] *Jay Winter*, The Cambridge History of the First World War, 3 Bde., Cambridge 2014.

[10] *Vincent Viet*, La santé en guerre, 1914–1918. Une politique pionnière en univers incertain, Paris 2015.

[11] *Micheal Clodfelter*, Warfare and Armed Conflicts. A Statistical Encyclopedia of Casualty and other Figures, 1494–2000, 3. Aufl., Jefferson 2008.

[12] *Antoine Prost*, The dead, in: Jay Winter (Hrsg.), The Cambridge History of the First World War, Bd. III: Civil Society, Cambridge 2014, 561–591.

[13] *Virginia Nicholson*, Singled Out. How two Million Women survived without Men after the First World War, London 2008. Vgl. dazu auch URL: <http://www.lost-generation.eu/> (zuletzt besucht am 30.07.17).

[14] *Nick Wilson, Christine Clement, Jennifer A. Summers, John Bannister, Glyn Harper*, Mortality of first world war military personnel: comparison of two military cohorts, in: BMJ 349 (2014), g7168.

[15] *Robert L. Atenstaedt*, Trench Foot: The Medical Response in the First World War 1914–18, in: Wilderness & Environmental Medicine 17 (2006), 282–289.

[16] *Anthony Clayton*, Paths of Glory. The French Army 1914–18, London 2003.

[17] *Svenja Goltermann*, Der Markt der Leiden, das Menschenrecht auf Entschädigung und die Kategorie des Opfers. Ein Problemaufriss, in: Historische Anthropologie 23 (2015), 70–92.

[18] *Klaus Theweleit*, Männerphantasien, Frankfurt 1977.

[19] *Benjamin Ziemann*, Gewalt im Ersten Weltkrieg. Töten – Überleben – Verweigern, Essen 2013, 25.

[20] *Jay Winter*, The Great War and the British People, Basingstoke 1987.

[21] *Ziemann*, Gewalt im Ersten Weltkrieg (Anm. 19), 26.

[22] *Ziemann*, Gewalt im Ersten Weltkrieg (Anm. 19), 34.

[23] *Ute Frevert*, Krankheit als politisches Problem, 1770–1880. Soziale Unterschichten in Preußen zwischen medizinischer Polizei und staatlicher Sozialversicherung, Göttingen 1984 (Kritische Studien zur Geschichtswissenschaft, Bd. 62).

[24] *Peter Conrad*, The Medicalization of Society: On the Transformation of Human Conditions into Treatable Disorders, Baltimore 2007.

[25] Alle Angaben nach *Ziemann*, Gewalt im Ersten Weltkrieg (Anm. 19), 28.

[26] *Christoph Gradmann*, Krankheit im Labor. Robert Koch und die medizinische Bakteriologie, Göttingen 2005.

[27] Vgl. zur Person die immer noch aufschlussreiche Autobiografie: *Alfred Grotjahn*, Erlebtes und Erstrebtes. Erinnerungen eines sozialistischen Arztes. Berlin 1932. Zu Grotjahns Rolle bei der entstehenden Rassenhygiene vgl. auch *Christoph Kaspari*, Der Eugeniker Grotjahn (1869–1931) und die „Münchner Rassenhygieniker". Der Streit um „Rassenhygiene oder Eugenik?", in: Medizinhistorisches Journal 24 (1989), 306–332.

[28] *Joachim Radkau*, Das Zeitalter der Nervosität. Deutschland zwischen Bismarck und Hitler, München 1998.

[29] *George Weisz*, The Emergence of Medical Specialization in the Nineteenth Century, in: Bulletin of the History of Medicine 77 (2003), 536–575; *George Weisz*, Divide and Conquer. A Comparative History of Medical Specialization, New York 2005.

[30] *John Duffy*, From Humors to Medical Science. A History of American Medicine, 2. Aufl., Urbana 1993.

[31] *Eckart*, Medizin und Krieg (Anm. 8), 64–65.

[32] Vgl. dazu auch *Jörn Leonhard*, Geschichte des Ersten Weltkrieges, München 2014.

[33] *Axel C. Hüntelmann*, Paul Ehrlich. Leben, Forschung, Ökonomien, Netzwerke, Göttingen 2011; besonders 160–203.

[34] *Silvia Berger*, Bakterien in Krieg und Frieden. Eine Geschichte der medizinischen Bakteriologie in Deutschland 1890–1933, Göttingen 2009.

[35] *Monika Dommann*, „Das Röntgen-Sehen muss im Schweisse der Beobachtung gelernt werden". Zur Semiotik von Schattenbildern, in: traverse. Zeitschrift für Geschichte 6 (1999).

[36] *Dieter Martinetz*, Der Gaskrieg 1914–1918. Entwicklung, Herstellung und Einsatz chemischer Kampfstoffe. Das Zusammenwirken von militärischer Führung, Wissenschaft und Industrie, Bonn 1996; *Jeffrey Allan Johnson, Roy M. MacLeod*, Frontline and Factory. Comparative Perspectives on the Chemical Industry at War, 1914–1924, Dordrecht 2006.

[37] *Rudolf Hanslian, Holger Tümmler*, Gaskrieg! Der deutsche Gasangriff bei Ypern am 22. April 1915. Eine kriegsgeschichtliche Studie aus dem Jahr 1934, Wolfenbüttel 2010.

[38] *Margit Szöllösi-Janze*, Fritz Haber, 1868–1934. Eine Biographie, München 1998, hier 329–330.

[39] *Gerit von Leitner*, Der Fall Clara Immerwahr. Leben für eine humane Wissenschaft, 2. Aufl., München 1994.

[40] *Donald Richter*, Chemical soldiers. British gas warfare in World War I, London 1994.

[41] *Steve Sturdy*, From the Trenches to the Hospitals at Home: Physiologists, Clinicians and Oxygen Therapy, 1914–30, in: John V. Pickstone (Hrsg.), Medical Innovations in Historical Perspective, London 1992, 104–123.

[42] *Christopher Lawrence*, Incommunicable Knowledge: Science, Technology and the Clinical Art in Britain 1850–1914, in: Journal of Contemporary History 20 (1985), 503–520.

[43] *Steve Sturdy*, The political economy of scientific medicine: Science, education and the transformation of medical practice in Sheffield, 1890–1922, in: Medical History 36 (1992), 125–159.

[44] *Nicholas Jewson*, The Disappearance of the Sick-Man from Medical Cosmology, 1770–1870, in: Sociology 10 (1976), 225–244.

[45] *Erwin H. Ackerknecht*, Medicine at the Paris Hospital, 1794–1848, Baltimore 1967.

[46] *Alfons Labisch, Reinhard Spree* (Hrsg.), Krankenhaus-Report 19. Jahrhundert. Krankenhausträger, Krankenhausfinanzierung, Krankenhauspatienten. Frankfurt a.M./ New York 2001.

[47] *Antoine Depage*, Les Enseignements de la Chirurgies de Guerre (Instructions in the Surgery of War), New York 1914.

[48] *Richard A. Pollock*, Triage and Management of the Injured in World War I: The Diuturnity of Antoine De Page and a Belgian Colleague, in: Craniomaxillofacial Trauma & Reconstruction 1 (2008), 63–70.

[49] *M. M. Manring, Alan Hawk, Jason H. Calhoun, Romney C. Andersen*, Treatment of War Wounds: A Historical Review, in: Clinical Orthopaedics and Related Research 467 (2009), 2168–2191.

[50] Feldpostbrief von Dr. Otto Köhler, 15.03.1915, zit. nach *Eckart*, Medizin und Krieg (Anm. 8), 96.

[51] *Mark Harrison*, The Medical War. British Military Medicine in the First World War, Oxford/ New York 2010, 18–20.

[52] *Flurin Condrau*, Krankenhausinfektionen und Antibiotikaresistenzen in englischen Krankenhäusern 1930–1960, Therapeutische Umschau 72 (2015), 469–474.

[53] *Forest R. Sheppard, Martin C. Robson*, History of Bacteriology of War Wounds, in: Chandan K. Sen (Hrsg.), Advances in Wound Care, Bd. 1, New Rochelle 2010, 8–12.

[54] Zit. nach *Harrison*, The Medical War (Anm. 51), 29.

[55] Dies und das Folgende nach *Eckart*, Medizin und Krieg (Anm. 8), 72–75.

[56] *Sioban Nelson, Anne Marie Rafferty*, Notes on Nightingale. The Influence and Legacy of a Nursing Icon, Ithaca 2010.

[57] *Christine E. Hallett*, Containing Trauma. Nursing work in the First World War, Manchester 2009; *Astrid Stölzle*, Kriegskrankenpflege im Ersten Weltkrieg. Das Pflegepersonal der freiwilligen Krankenpflege in den Etappen des Deutschen Kaiserreichs, Stuttgart 2013 (Medizin, Gesellschaft und Geschichte, Beih. 49).

[58] *Wolfgang U. Eckart*, Die Wunden heilen sehr schön. Feldpostkarten aus dem Lazarett 1914–1918, Stuttgart 2013.

[59] *Melanie Ruff*, Gesichter des Ersten Weltkrieges. Alltag, Biografien und Selbstdarstellungen von gesichtsverletzten Soldaten, Stuttgart 2015 (Medizin, Gesellschaft und Geschichte, Beih. 55).

[60] *Suzannah Biernoff*, The Rhetoric of Disfigurement in First World War Britain, in: Social History of Medicine 24 (2011), 666–685.

[61] *Ana Carden-Coyne*, Reconstructing the Body. Classicism, Modernism, and the First World War, Oxford/New York 2009.

[62] *Blair O. Rogers*, The Development of Aesthetic Plastic Surgery: A History, in: Aesthetic Plastic Surgery 1 (1976), 3–24.

[63] *Thomas Schlich*, 'The Days of Brilliancy are Past': Skill, Styles and the Changing Rules of Surgical Performance, ca. 1820–1920, in: Medical History 59 (2015), 379–403.

[64] *Flurin Condrau*, Lungenheilanstalt und Patientenschicksal. Sozialgeschichte der Tuberkulose in Deutschland und England im späten 19. und frühen 20. Jahrhundert, Göttingen 2000 (Kritische Studien zur Geschichtswissenschaft, 137).

[65] *Christopher Lawrence*, Moderns and Ancients: The "New Cardiology" in Britain 1880–1930, in: Medical History 5 (1985), 1–33; dazu auch *Joel D. Howell*, "Soldier's Heart": The Redefinition of Heart Disease and Specialty Formation in Early Twentieth-Century Great Britain, in: Medical History, 29 (1985), Beih. 5, 34–52.

[66] *Andrew T. Scull*, Museums of Madness. The Social Organization of Insanity in Nineteenth-Century England, London 1979.

[67] *Jay Winter* (Hrsg.), Special Issue: Shell-Shock, in: Journal of Contemporary History 35 (2000); *Paul Lerner, Mark S. Micale* (Hrsg.), Traumatic Pasts. History, Psychiatry and Trauma in the Modern Age, 1870–1930, Cambridge 2001.

[68] *Julian Putkowski, Julian Sykes*, Shot at Dawn. Executions in World War One by Authority of the British Army Act, Barnsley 2007.

[69] *Ben Shepherd*, A War of Nerves. Soldiers and Psychiatrists, London 2000.

[70] *Peter Leese*, Shell shock. Traumatic Neurosis and the British Soldiers of the First World War, New York 2002.

[71] *Chris Feudtner*, "Minds the Dead Have Ravished": Shell Shock, History, and the Ecology of Disease-Systems, in: History of Science 31 (1993), 377–420.

[72] *Peter Barham*, Forgotten Lunatics of the Great War, New Haven 2004.

[73] *Eckart*, Medizin und Krieg (Anm. 8), 136.

[74] *Julia B. Köhne*, Kriegshysteriker. Strategische Bilder und mediale Techniken militärpsychiatrischen Wissens (1914–1920), Husum 2009; *Elisabeth Malleier*, Formen männlicher Hysterie. Die Kriegsneurosen im Ersten Weltkrieg, in: Elisabeth Mixa et al. (Hrsg.), Körper – Geschlecht – Geschichte. Historische und aktuelle Debatten in der Medizin, Innsbruck/Wien 1996, 147–163.

[75] *Erwin H. Ackerknecht*, Kurze Geschichte der Psychiatrie, Stuttgart 1967, 54–55.

[76] *Eckart*, Medizin und Krieg (Anm. 8), 141.

[77] *Maria Hermes*, Krankheit: Krieg. Psychiatrische Deutungen des Ersten Weltkrieges, Essen 2012.

[78] *Gerhard Baader*, Zwischen sozialpsychiatrischen Reformansätzen und Vernichtungsstrategien, in: Christfried Tögel, Volkmar Lischka (Hrsg.), „Euthanasie" und Psychiatrie, Uchtspringe 2005, 17–36.

[79] *Gustavo Corni*, Hunger, in: Gerhard Hirschfeld, Gerd Krumeich, Irina Renz, (Hrsg.), Enzyklopädie Erster Weltkrieg, Paderborn 2009, 565–567.

[80] *Adolf Gottstein*, Allgemeine Epidemiologie der Tuberkulose, Berlin 1931 (Die Tuberkulose und ihre Grenzgebiete in Einzeldarstellungen, Bd. 9).

[81] *Manfred Vasold*, Die Spanische Grippe. Die Seuche und der Erste Weltkrieg, Darmstadt 2009; *Marc Hieronimus*, Krankheit und Tod 1918. Zum Umgang mit der Spanischen Grippe in Frankreich, England und in dem Deutschen Reich, Berlin 2006.

[82] *Eckart*, Medizin und Krieg (Anm. 8), 197.

[83] *Jeffery K. Taubenberger, David M. Morens*, 1918 Influenza: The Mother of All Pandemics, in: Emerging Infectious Diseases 12 (2006), 15–22.

[84] *Eckart*, Medizin und Krieg (Anm. 8), 201.

[85] *Sandra M. Tomkins*, The Failure of Expertise: Public Health Policy in Britain during the 1918–19 Influenza Epidemic, in: Social History of Medicine 5 (1992), 435–454.

[86] *David M. Morens, Jeffery K. Taubenberger, Anthony S. Fauci*, Predominant Role of Bacterial Pneumonia as a Cause of Death in Pandemic Influenza: Implications for Pandemic Influenza Preparedness, in: Journal of Infectious Diseases 198 (2008), 962–970.

[87] *Gerald D. Feldman*, The Great Disorder. Politics, Economics, and Society in the German Inflation, 1914–1924, New York 1993.

Julia Barbara Köhne

Neuropsychiatrische Kinematographien weiblicher und männlicher Hysterie, 1899 – 1908 – 1918

I. (Kriegs-)Hysterie und Kinematographie

Etwa zeitgleich mit Erfindung des Films begann auch der Einsatz von Kinematographie in Medizin und Neuropsychiatrie. Film fungierte in mehreren europäischen Nationen als Medium, um neuropsychiatrische Störungen in Form von Bewegungsanomalien abzubilden, zu rekonstruieren, zu inszenieren und teilweise auch hervorzurufen oder zum Verschwinden zu bringen – unter anderem in Belgien, Deutschland, Frankreich, Großbritannien, Italien, den Niederlanden und in Rumänien.[1] Das neue technische Medium wurde verwendet, um Diagnosen zu spezifizieren, Typisierungen vorzunehmen, Vergleiche anzustellen, Wissen an Fachkollegen oder ein fachexternes Publikum zu distribuieren oder als Therapieform, um Patient/innen vorab von einer möglichen Heilung zu überzeugen.

Ein prominentes ‚Störungsbild‘ der Zeit zwischen 1899 und 1918, das durch seine theatrale und simulationsverdächtige Erscheinungsform auf besondere Weise mit der Geschichte des Mediums Film verbunden ist, war die weibliche und männliche „Hysterie“. Was im zivilen Großstadtleben, ab den 1880er-Jahren etwa im Umfeld der Pariser Salpêtrière, als gleichsam bestürzender wie faszinierender Symptomkomplex auftrat – sich wild und unzähmbar gebärdende „Hysterikerinnen“, die von Jean-Martin Charcot, Albert Londe, Paul Richer und anderen visuell aussagekräftig in Szene gesetzt wurden (schematisch, photographisch, zeichnerisch oder als Relief und Statue)[2] –, wurde im Ersten Weltkrieg zu einem Massenphänomenen. Hunderttausende Soldaten aus unterschiedlichen nationalen Kontexten waren von der sogenannten „Kriegshysterie", „Kriegsneurose", „Neurasthenie" oder von „Schüttelkrämpfen", „Lähmungserscheinungen", „Kriegszittern" und „reaktiven Störungen" betroffen – um nur einige der multiplen Fachvokabeln zur Umschreibung dieser rätselhaften ‚Störfälle' militärischer Ordnung zu nennen. Weder die Militär- noch die Sanitätsamtsführung hatten zu Beginn des Kriegs mit derartig massenhaften Zeichen für angebliche männliche Schwäche und Unordnung gerechnet. Diese schienen sich in ‚degenerativer' Weise und ‚epidemieartig' auf beachtliche Teile des militärischen Kollektivkörpers auszudehnen. In ihrer Wahrnehmung untergrub der „Kriegshysteriker" die Rationalitäts- und Männlichkeitsformen des Heers. Er schien dessen Effizienz, Stärke, Schlagkraft und Strukturiertheit auszuhöhlen und galt als „wehrkraftzersetzend"[3]. Dies schlug sich in Vokabeln wie „Drückeberger", „Simulant" oder „innerer Deserteur" nieder, die die „hysterischen" Soldaten stigmatisierten. Vor dem Ersten Weltkrieg galt die „Hysterie" aufgrund ihres altgriechischen Wortstamms *hystéra* (Gebärmutter) als typische Frauenkrankheit. Die Übertragung des Begriffs auf das männliche Geschlecht effeminierte die erkrankten Soldaten. Ihre Bedrohlichkeit wurde unterstrichen, indem oftmals von einem „Rollentausch" zwischen Frauen und Männern im Betroffensein von „hysterischen" Erkrankungen die Rede war.[4] Diese Auffassung wurde jedoch auch wieder eingeschränkt, so schrieb der Psychiater J. Bresler 1919:

> „Es wird jetzt viel von Hysterie bei Männern gesprochen, weniger bei Frauen, als ob die Rolle vertauscht wäre. [...] Diese Verschiebung ist aber nur eine scheinbare, bewirkt dadurch, daß man – leider – einen großen Teil der Ermüdungs- und Erschöpfungszeichen [...] als hysterisch ansieht, sobald sie sich als schwer erklärbar oder als schwer heilbar oder unheilbar erweisen und grobe anatomische Grundlagen nicht gefunden werden. [...] Es ist schon oft der Vorschlag gemacht worden, den Ausdruck Hysterie endlich ganz auszumerzen, da er nur Mangel ärztlichen Wissens bei vielen Krankheitsfällen verrät."[5]

Vielfach enthielten die Umschreibungen auch Bedeutungselemente, die die Patienten zusätzlich pathologisierten und desavouierten: wie „verweichlichter Schwächling", „bazillusartiger Störfaktor" oder „degenerativer Psychopath". Die Militärärzte, die bei den hier zu untersuchenden filmhistorischen Quellen auch als Filmregisseure auftraten, suchten die „hysterischen" Soldaten einerseits so schnell wie möglich wieder „arbeitsfähig" zu machen. Andererseits schickten sie die in vielen Fällen nur scheinbar rekonvaleszenten „Kriegshysteriker" in die Situation zurück, die als Auslöser oder Ursache im Zentrum der „kriegshysterischen" Störung stand: die hochtechnisierte, industrialisierte moderne Schlacht.

Mehr noch als das Schriftmedium, als Fachzeitschriftenartikel, Monographien und Patientenakten, als Schaudemonstrationen oder die wissenschaftliche Photographie[6] galt der Film als wirkungsvolles Mittel, um das „hysterische" Symptom einzufangen. Denn er schien es gemäß den Kriterien mechanischer Objektivität und Authentizität sowie automatisierter Beobachtung detailgenau und zudem in ‚lebendiger Bewegtheit' zu charakterisieren. Der Film diente jedoch vielfach auch dazu, das Gegenteil dieser Ideale zu inszenieren: die subjektivistische Beobachtung und nosologische Interpretation des filmenden Regisseurs, sein Expertenwissen und medizinisches Profil sowie seine Potenzen als Heiler. Anlässlich der Projektion verfilmter neuropsychiatrischer ‚Krankheitsbilder' durch den Turiner Professor Camillo Negro – um dessen Aufnahmen es noch ausführlicher gehen wird – schrieb die „New York Times" am 23. Februar 1908 enthusiastisch:

> „Prof. Camillo Negro of the University of Turin has succeeded in using the cinematograph for clinical purposes. The attempts hitherto made in Paris and New York to apply this system of photography to the demonstration of nervous crises have not so far been successful in clinical application, but Prof. Negro's demonstrations admirably illustrate the characteristic forms of neuropathy in a human subject. While the professor is explaining each case, the cinematograph is at the same time reproducing all the peculiar movements of which it is impossible to give an idea by a simple photographic plate. Particularly striking have been his demonstrations of cases of organic hysterical hemiplegia, epileptic seizures, and attacks of chorea. Prof. Negro's films will shortly be shown in London."[7]

Der kinematographische Apparat wird in dem Zitat als überaus erfolgreiche Reproduktionsmaschine adressiert, die die jeweilige neuropathologische Bewegungsstörung, „von der man sich unmöglich durch eine einfache photographische Platte ein Bild machen" könne, zu „reproduzieren" vermochte.

Der Film war ein wesentlicher Faktor in der Gesamtproduktion des ‚Krankheitsbilds' „Hysterie", in die von militärärztlicher Seite aus fiktive und visionäre Anteile eingebracht wurden, die jedoch in den meisten

Fällen nicht als Teil der eigenen Forschungsmethodik reflektiert wurden. Letztere fußte auf einem Zusammenspiel verschiedenster Faktoren: dem Patientendisplay und seiner Wahrnehmung, den Vorstellungen, Voreinstellungen und dem Vorwissen der Mediziner, dem jeweiligen ärztlichen Selbstverständnis, Rollenvorstellungen zu dem „Weiblichen" oder dem „Männlichen", kulturellen Deutungsmustern des Heldischen und Soldatischen sowie medizinischer Fachsprache, Sprachbildern, Referenzen zu anderen Krankheitsbildern und Mythisierungen.

II.   Vorhaben

Der vorliegende Aufsatz kombiniert Fragen der Kultur-, Film- und Medienwissenschaft sowie der Genderstudies und *Visual Culture* mit Aspekten der Psychiatrie- und Militärgeschichte. Er widmet sich aussagekräftigen experimentellen kinematographischen Aufnahmen, die zwar höchst unterschiedliche Botschaften und Symbolsysteme kreierten, um die „Hysterie" filmisch ins Bild zu setzen, die einander ergänzen oder widerstreiten, sich jedoch als dynamische Teile eines feinen intermedialen Gespinstes innerhalb der damaligen Kriegshysterieforschung entpuppen. Untersucht werden zwei Filme aus dem zivilen Kontext, in denen der weibliche „hysterische" Körper zum analytischen Spektakel wird, einer von Gheorghe Marinescu aus dem Jahr 1899 und einer von Camillo Negro aus dem Jahr 1908 sowie ein Kriegshysteriefilm von 1918, für den ebenfalls Negro verantwortlich zeichnete. Die Untersuchungshypothese ist, dass sich bestimmte Topoi und Bildsprachen, symbolische Aufladungen und Bedeutungsfacetten durch diesen engen Ausschnitt der wissenschaftlichen Filmgeschichte hindurchziehen, während andere sich verschieben: wie die Codierung weiblicher hin zu männlicher „Hysterie", die narrative Rahmung und dramaturgische Präsentation der filmischen Fallgeschichte, eine bestimmte Zeichnung der Arzt-Patient/innen-Interaktion und die damit einhergehende Wissen-Macht-Formation sowie die Frage, ob und welche Form der Heilung per Montage suggeriert wurde, obwohl realiter vielfach keine finale oder umfassende Genesung in Sicht war. Es wird gefragt, welche strategischen Wissensbilder sich in der historisch-filmischen Figur der „Hysterikerin" bzw. des „Kriegshysterikers" bündeln. Wie wurden deren Repräsentationen technisch geformt; wie wurde hier medizinisches Wissen via Film produziert und vermittelt? Welches Surplus fügte das

Medium Film diesen Figuren auf symbolischer Ebene hinzu? Wie war die Ebene der Medialisierung mit der damaligen militärpsychiatrischen und -neurologischen Forschung verzahnt?[8]

III. Weibliche Hysteriefilme

1. Seitenwechsel – Gheorghe Marinescus weiblicher Hysteriefilm von 1899

Zu den ersten wissenschaftlichen Filmen auf dem Sektor der Neurologie und Psychiatrie gehören die Filme, die in den Jahren 1898 bis 1901 unter der Leitung des rumänischen Neurologen Gheorghe Marinescu (1863–1938) in der neurologischen Klinik des „Spitalul Pantelimon" in Bukarest angefertigt wurden.[9] Was die Patientenführung, das Kamerasetting und die Montagetechnik betrifft, bereiteten diese und Negros Filme militärpsychiatrische Kinematographien zwischen 1916 und 1918 vor. Von ihm selbst als „kinematographische Studien" menschlicher Bewegungsanomalien bezeichnet, wertete Marinescu seine medizinischen Lehrfilme zwischen 1899 und 1902 in mehreren Aufsätzen in den Pariser Zeitschriften „La Semaine Médicale" (1881–1914) und „Nouvelle iconographie de la Salpêtrière" (1888–1918) aus.[10] In ihnen finden sich Beschreibungen kinematographischer Aufnahmen zu hysterisch-motorischen Störungen, die durch ihre Verfilmung eingehend, das heißt wiederholt, in Slow Motion oder per Einzelbildanalyse, studiert werden konnten. Ende der 1880er-Jahre war Marinescu als Doktorand für einige Zeit bei Jean-Martin Charcot (1825–1893) an der Pariser Salpêtrière gewesen und hatte dort sowohl diverse medizinische Visualisierungstechniken kennengelernt als auch dessen Vorlesungen zur Hypnosebehandlung bei „Hysterie" gehört. Ab 1892/93 wurden dort von Albert Londe (1858–1917), seit 1884 Leiter des photographischen Dienstes (*Service de Photographie*), chronophotographische Aufnahmen von pathologischen Bewegungsformen bei nervenkranken Patienten hergestellt[11] – Londe gilt neben Étienne-Jules Marey und Eadweard Muybridge als Pionier der Serienphotographie.[12] Hierdurch wurde eine detaillierte Analyse einzelner aufeinanderfolgender Bilder möglich, die das Studium „hysterischer" und anderer neurologischer Anomalien, in Absetzbewegung zur herkömmlichen Photographie, qualitativ beförderte. Durch einen speziellen Taktgeber und eine Schaltvorrichtung konnten bis zu zwölf Belichtungen in einer Zehntelsekunde und im Anschluss eine Einzelbildanalyse vorgenommen werden (Abb. 1–3).[13] Zusammen mit Paul Richer (1849–1933) fertigte Londe ab 1898 zudem kinematographische Aufnahmen an; in der Forschungsliteratur ist von insgesamt zehn Kurzfilmen die Rede, unter anderem einem Film über eine „attaque d'hystérie".[14]

Abb. 1: Albert Londes Serienphotographie an der Salpêtrière.[15]

Abb. 2: Chronophotographischer Apparat mit zwölf Objektiven von M. Dessondeix.[16]

Abb. 3: Filmstill aus dem chronophotographischen Film von Albert Londe, entkleideter „Hysteriker", 1889/90.[17]

Zu Marinescus Filmkorpus gehört der nur 24 Sekunden[18] dauernde Lehrfilm „Un caz de hemiplegie isterica vindecat prin sugestie hipnotica" (Ein Fall hysterischer Hemiplegie, geheilt durch hypnotische Suggestion) vom September 1899, der in Zusammenarbeit mit Marinescus Assistent Constantin Popesco entstand. Wie zahlreiche Filme dieser Zeit ist „Un caz de hemiplegie isterica" auf ein einzelnes Subjekt/Objekt, das heißt ein Krankheitsphänomen und eine Fallbeschreibung, begrenzt.[19] Wegen seiner richtungsweisenden Inszenierung der Vormachtstellung männlicher medizinischer Autorität gegenüber dem in diesem Fall femininen Untersuchungsobjekt im Medium des wissenschaftlichen Films sowie seiner besonderen Heilungsdramaturgie soll „Un caz de hemiplegie isterica" an dieser Stelle näher besprochen werden. Der Ausschnitt, gedreht mit einer Lumière'schen Filmkamera, stellt die Fallgeschichte einer 28-jährigen Patientin mit „hysterischer Hemiplegie" vor. Die halbseitige Lähmung oder „Fußheberschwäche" war laut Aussage der Patientin wegen einer Nervenkrise infolge äußerst emotionaler Streite mit ihrem Ehemann aufgetreten; diese hatten außerdem zu längeren Ohnmachtsanfällen, stundenlanger Stummheit und andauernder Schlaflosigkeit geführt. In den kurzen Schlafphasen träumte die Patientin angeblich immer von einer

Abb. 4: Prof. Gheorghe Marinescu, der Regisseur.[20]

bedrohlichen Frau, die sich ihr nähere. Weitere Details sind der ausführlichen Beschreibung dieses Bewegungsanomaliefalls in einem Artikel der
„Nouvelle iconographie de la Salpêtrière" zu entnehmen, in dem Marinescu auch die Vorteile des Kinematographen gegenüber dem bloßen
Betrachterauge lobte: „[L]e cinématographe nous montre certains faits
que l'œil ne peut pas saisir".[21] Der Artikel offenbart, dass es Marinescu
anhand dieses konkreten Falls „hysterischer Hemiplegie" um die Diffe-
renzierbarkeit einer „hysterischen" von einer normalen Ganganomalie
ging – auch wenn der ein Jahr zuvor entstandene Lehrfilm in dem Artikel
nicht explizit erwähnt wird, scheint er Marinescu bei der gründlichen
und nuancierten Auswertung des Falls gute Dienste geleistet zu haben.
Das Resultat seiner Untersuchung, die im Text seitenlang detailgenau
argumentiert wird, lautet, dass der Schritt, den das gesunde Bein der
Hysteriepatientin mache, um die Fehlleistung des schwingenden Beins
auszubalancieren, schneller ausfalle als bei der nicht hysterischen Ganganomalie.[22] Beide, Text- und Filmerzählung, geben an, dass die Patientin
letztlich durch die Anwendung von Hypnose geheilt werden konnte.

Die Filmkompilation, in die „Un caz de hemiplegie isterica" als filmische Fallgeschichte integriert ist, oszilliert zwischen den Genres Lehr-
und Spielfilm: Zu Beginn weist Marinescu sein filmisches Werk als Ge-
meinschaftswerk aus. Als Vorspann, der quasi die Starbesetzung zeigt,
werden Photographien bzw. Filmstills von erstens Marinescu selbst, zweitens seinem Aufnahmeoperator (*operator preparator*; heute: Kamera-
mann) Constantin M. Popescu, drittens Constantin Parhon (C[onstantin]
I[on] Parhon)[23], der zwischen 1903 und 1909 als Facharztanwärter im
Pantelimon-Hospital arbeitete, viertens M. Goldstein und fünftens dem
Zeichner Jean Neylies[24] nacheinander eingeblendet (Abb. 4).

Abb. 5–7: „Un caz de hemiplegie isterica": Hysteriesymptom – Zeichnung, stellvertretend für die hypnotische Kur – geheilte Patientin.[25]

Dies hat den Effekt, dass – anders als in anderen zeitgenössischen wissenschaftlichen Filmen – eine klare Identifizierung aller potenziell auftauchenden Figuren, die keine Patientinnen oder Patienten sind – denn diese bleiben durchgehend namenlos – möglich wird. Letztlich sind es jedoch nur zwei Figuren, die in dem Kurzfilm „Un caz de hemiplegie isterica" erscheinen: Parhon mit weißem Kittel und Strohhut und eine weibliche Person, die mit einer trachtenähnlichen Kopfbedeckung und hochgestecktem Rock bekleidet ist. Durch die an den Spielfilm angelehnte Rahmung des Vorspanns findet von Anfang an eine Fiktionalisierung der

351

im Weiteren präsentierten Inhalte statt; zugleich werden die darin agierenden wissenschaftlich-technischen Autoritäten etabliert und legitimiert.

Analog zur wissenschaftlichen Hysteriephotographie arbeitet der Kurzfilm mit dem Vorher-Nachher-Effekt, der die Möglichkeit einer prompten und stringenten Heilung suggeriert – aufgelöst in die dramaturgische Reihenfolge (1) Symptomdarstellung, (2) Therapiemarkierung, (3) Absenz des Symptoms. In der ersten Szene begleitet Parhon die „Hysterikerin" auf ihrem nur wenige Meter langen Weg durchs Bild. Im Bildhintergrund ist eine schlichte Häuserwand ohne nennenswerte Besonderheiten zu sehen. Auffällig ist, dass die Patientin ihr linkes Bein nach sich zieht – verknüpft mit einer merkwürdigen Auswärtsrotation des Fußes[26] – und sich gleichzeitig in rhythmischen Abständen ticartig mit einem Finger unter der Nase entlang reibt. Der ihr auf dem Fuße folgende Parhon stupst sie immer wieder in der Kreuzbeingegend an und lenkt mit seinen Blicken die Blicke der potenziellen Zuschauer auf ihre Beine.

Nach dieser kurzen Symptomvorführungssequenz wird eine Neylies'sche Strichzeichnung auf weißem Papier zwischenmontiert, die die weibliche „Hysterikerin" in introvertierter Geste mit geschlossenen Augen und entspannten Gesichtszügen zeigt (Abb. 6).[27] Dieses zeichnerische Intermezzo soll offenbar den Moment der Heilung in der hypnotischen Suggestion imaginierbar machen; es steht stellvertretend für die Überzeugungs-, Überredungs- und Suggestionskur in Hypnose, die Marinescu der Patientin zwischen den beiden Aufnahmen, der ersten und der letzten Szene, hat angedeihen lassen. In dem Artikel in „Nouvelle iconographie de la Salpêtrière" spricht Marinescu von der Anwendung von „Psychotherapie" bei der Patientin. Wider Erwarten konnten sich hinter diesem Begriff zur Zeit des Ersten Weltkriegs gewaltsame Therapiemaßnahmen wie Elektrotherapie, Isolationshaft, Zwangsexerzitien und Strafandrohung verbergen.[28] Wie die Suggestivhypnose motiviert war und vonstatten ging, beschreibt Marinescu in dem Artikel:

> „C'est dans ce but que j'ai hypnotisé la malade et que je lui ai suggéré l'idée que ses membres ne sont plus engourdis, ne sont plus lourds, qu'elle commence à les sentir, les mettre en mouvement, enfin qu'elle peut marcher. Le résultat en effet a été très encourageant, la malade a commencé à marcher, et cette guérison se maintient jusqu'aujourd'hui [...]. Quel document scientifique plus précieux que celui-ci pour l'histoire des hémiplégies hystériques!"[29]

Das Selbstlob am Ende des Zitats, das auch den letzten Satz des Artikels bildet, wirft ein Licht auf Marinescus medizinisches Geltungsbewusst-

Abb. 8: „Un caz de hemiplegie isterica" – Constantin Ion Parhon im Visier der Filmkamera.[30]

sein. Auch indem er das Zusammenspiel des Schriftmediums mit dem künstlerischen Medium der Zeichnung nutzte, bei der Vorher-Nachher-Bildmontage von kranker und genesener Patientin, schärfte er sein Profil als erfolgreich heilender Mediziner. Ähnlich wie Richer an der Salpêtrière bekleidete Neylies bei Marinescu als Kunstmaler eine strategisch wichtige Position; in den Artikel sind vier Zeichnungen von ihm eingefügt, die Momente der Symptomdarstellung und des Geheiltseins festhalten und damit als therapeutischen Fakt zementieren.

In der letzten Szene von „Un caz de hemiplegie isterica" geht die Hysteriepatientin zum zweiten Mal durchs Bild, diesmal von rechts nach links, wie um ihre Heilung zu besiegeln. Diesmal hält Parhon etwas mehr Abstand und wartet in der Bildmitte platziert darauf, dass sich die ‚gesundete' „Hysterikerin" ohne Hinkegang im linken Szenen-Off umdreht, um die Gehrichtung zu wechseln, ins Bild zurückzukehren und das Verschwundensein des Symptoms erneut zu beglaubigen (Abb. 7). Die beiden gehen gemeinsam ab. Der Facharztanwärter ist zuvor für einen Augenblick dermaßen prominent ins Bild gesetzt, dass unklar wird, ob er oder die Patientin als Untersuchungsobjekt figurieren soll. Mehrere Sekunden lang ist er allein im Bild zu sehen (Abb. 8). Wartend stützt er seine Arme in die Hüften und sieht der herannahenden Patientin entgegen, wie um Souveränität suggerieren zu wollen. Ramòn Reichert nennt dies eine „Herrschaftspose" und eine Auflösung des „stillschweigenden Wahrnehmungs- und Objektivierungsvertrags"; der Arzt werde zum Schauspieler vor der Kamera.[31] In diesem kurzen Moment des filmisch-narrativen (Sinn-)Vakuums wechselt Parhon von der Filmemacher- auf die

Darstellerseite. Drücken sein distanzloser Umgang mit der Patientin in der vorangegangenen Szene und sein zentrales Posieren in dieser Szene Macht aus, so wird er aus einer anderen Perspektive betrachtet hier selbst zum Angeschauten und damit strukturell feminisiert.[32] Parhon gerät in den Blick objektivierender Wahrnehmung und Expertise bzw. sich mit dieser Blickposition identifizierender oder von ihr abgrenzender Zuschauender. Intendiert oder nicht: Parhon hat die Seiten gewechselt, vom Forschersubjekt zum Forschungsobjekt. Damit hat er das symbolische Skript des Films umgeschrieben, das darauf zielte, die Hemiplegiepatientin als zentralen und alleinigen Punkt (pathologischer) Aufmerksamkeit zu stilisieren. Mit Michel Foucault gesprochen wird hier deutlich, das „Hysterie" nicht als essenziell aufgefasst werden kann, sondern als ein historisch situiertes Amalgam aus Patientendisplay und der ärztlichen Reaktionsweise auf die Krankheitserscheinung, die innerhalb einer bestimmten Macht-Wissens-Formation *erfunden* wurde – ein Effekt normativer und disziplinierender Diskurse und Praktiken.[33]

2. Die maskierte Frau – Camillo Negros weiblicher Hysteriefilm von 1908

Ein Jahrzehnt später entstand eine weitere Verfilmung eines weiblichen Hysteriefalls, die im Vergleich zu „Un caz de hemiplegie isterica" aus dramaturgischer Perspektive elaborierter ausfällt. Es handelt sich um eine fünfminütige Sequenz, die Teil des wissenschaftlichen Lehrfilms „La Neuropatologia" (1908)[34] des Neurologen Camillo Negro[35] (1861–1927) und seines Assistenten Giuseppe Roasenda[36] aus Turin ist. Negro bekleidete an der Universität in Turin einen Lehrstuhl für klinische und experimentelle Neurologie und begründete 1907 die italienische Gesellschaft für Neurologie mit, als deren Vizepräsident er von 1909 bis 1911 fungierte.[37] Die gesamte Filmanthologie, die zwischen 1906 und 1908 aufgezeichnet wurde, präsentiert exemplarische Fallgeschichten neuropsychiatrischer Patienten des Turiner Hospitals *Cottolengo – Piccola Casa della Divina Provvidenza* und der Abteilung für Nervenleiden der Allgemeinen Poliklinik (*Policlinico Generale*).[38] Sie entstand in Zusammenarbeit mit Roberto Omegna (1876–1948), dem (Natur-)Filmdokumentaristen und Pionier italienischer wissenschaftlicher Kinematographie,[39] der 1906 neben Arturo Ambrosio und Alfredo Gandolfi an der Gründung der späteren Ambrosio Film

Gesellschaft beteiligt war und für Negro als Aufnahmeoperateur und *Metteur en scène* arbeitete. Die damalige Kompilation mit insgesamt 24 Fallgeschichten (Hysterie, Halbseitenlähmung, Tics, Epilepsie etc.) und einer Gesamtlänge von 108 Minuten feierte am 17. Februar 1908 am Turiner Ambrosio Biograph Theater vor einem größeren Fachpublikum Premiere – in Präsenz von Cesare Lombroso. Darauf folgte eine Tournee durch mehrere Orte, Kinos und Konferenzen. Das akademische Fachpublikum in Mailand, Rom, Neapel und an der Pariser Salpêtrière begrüßte diese Form des Wissensaustauschs und visuellen Studiums von Nervenkrankheiten und nahm die Vorführung begeistert auf.[40]

Ein viereinhalbminütiger Ausschnitt aus der insgesamt ca. 49-minütigen restaurierten Fassung zeigt auf didaktisch-theatrale Weise, wie Negro, sekundiert von seinem Kollegen Roasenda (im Film Rovasenda geschrieben), bei einer Frau mittleren Alters einen großen „hysterischen" Anfall künstlich hervorruft und sie während der verschiedenen Phasen der Hysterieattacke begleitet. Die Patientin ist offensichtlich in einem Zustand hypnotischer Trance (Wachhypnose). Der Anfall wird durch die Stimulation hysterogener Punkte ausgelöst, auf die die Patientin und zu einem späteren Zeitpunkt auch Negro selbst mechanischen Druck ausüben. Dies katapultiert die Patientin, die wahrscheinlich mittlerweile als geheilt gilt, in einen hysterischen Zustand zurück. Anders als in „Un caz de hemiplegie isterica" wird die Anonymität der Patientin durch eine schwarze Maske über der Augen- und Nasenpartie gewahrt. Zugleich wird dadurch ihre Identität kaschiert; sie wird zu einer reinen visuellen Fallgeschichte. Die Anonymisierung lässt die Hysterikerin als bloßen Fall und weniger als Patientin mit eigener Stimme erscheinen, die ihre Krankengeschichte – jenseits des Stummfilms – auch selbst hätte erzählen können.

Der Film besteht aus einer einzigen langen Einstellung, die nur einen sichtbaren Schnitt enthält. Im Bildvordergrund stehen drei Personen vor einem bezogenen eisernen Bettgestell, im Hintergrund ist eine Leinwand aufgespannt, auf die eine Zimmerecke und ein Kastenfenster aufgemalt sind – ein artifizielles Filmkulissensetting. Nicht allein durch die Filmkulisse trägt die verfilmte Patientengeschichte auffällige Züge des Fiktiv-Fiktionalen.[41] Umgeben von den beiden Arztfiguren und angeleitet von Negro, der ihr die zu stimulierenden Punkte noch einmal zeigt, fasst sich die in einem hochgeschlossenen schwarzen Kleid gekleidete anonymisierte Frau wechselweise an den Hals, drückt einen Punkt am linken Beckenknochen oder greift sich mit beiden Händen an die Brustgegend. Dieses

Prozedere löst nach circa 30 Sekunden Filmlaufzeit den Anfall aus: Ihre Beine knicken ein, sie fällt rücklings auf die Matratzenkante des Bettes und droht auf den Boden zu gleiten. Als ob sie darauf gewartet hätten, greifen ihr die beiden Mediziner unter die Arme und hieven sie auf das Demonstrationsbett. Hierbei verbiegt die Patientin krampfartig ihren Oberkörper, wippt stark vor und zurück, rudert wild mit den Armen und scheint sich auch verbal zu äußern (eine Primärquelle, die ebenso wie die Aussagen Negros, der die Aufnahmen bei ihrer Vorführung kommentierte, verloren ist). Schließlich gelingt es den beiden Medizinern, ihren Körper so auf dem Bett auszurichten und an Fesseln und Stirn niederzudrücken, dass die Zuschauenden die Phasen der „hysterischen" Attacke bestmöglich bezeugen können. Die beiden sind hinter das Bett getreten, um so den Blick auf die volle Längsseite der liegenden Patientin freizugeben und ein lückenloses Beobachten des Anfalls und ihrer eigenen Eingriffe zu ermöglichen. Die konvulsivischen Bewegungen, die von dem Unterleib der „Hysterikerin" auszugehen scheinen, lassen zwischenzeitlich kurz nach, beginnen aber immer wieder aufs Neue. Die starke Mobilität der Patientin wechselt ab mit ihrer Immobilisierung durch die Mediziner, die ihren Körper wie in einer Wiederholungsschleife auf der Matratze zu arretieren versuchen. (In einem surrealen Intermezzo erobert zwischenzeitlich ein schwarz-weiß gescheckter Hund die Bühne, läuft neugierig zum Bett [und zu seinem Frauchen?] – als wenn die Krise der Frau ihn anzöge – und dann wieder aus dem Kader hinaus.)

Die Frau hinter der Maske – wie funktioniert das Blickregime in „La Neuropatologia"? Es existieren inner- und extradiegetische Blickachsen: Die beiden Mediziner schauen ihre Patientin an, konzentriert und aufmerksam, zum Teil frappiert oder auch liebevoll-paternalistisch. Dieser objektivierende Blick quittiert das asymmetrische Machtverhältnis zwischen der Arztposition und der Position der maskierten Patientin. Es ist unklar, inwiefern die Patientin diesen Blick erwidert; wegen ihrer Maske ist ihr Blickfeld zwar eingeschränkt, aber auch nicht für andere einsehbar. Ihre Maske bewirkt, dass ihre Blicke weder von den beiden Medizinern oder dem Aufnahmeoperateur noch von dem inner- oder außerfilmischen Publikum kontrolliert werden können. Einerseits wird durch ihre Anonymisierung die Privatsphäre der Patientin geschützt und sie kann blicken, ohne dabei gesehen (oder ertappt) zu werden. Andererseits fehlt ihr Retourblick, der ihre Position aktiver und handlungsmächtiger hätte erscheinen lassen, durch seine Unsichtbarkeit für eine Interpretation des

Abb. 9: „La Neuropatologia" (1908): Camillo Negro, Giuseppe Roasenda und maskierte Hysterikerin.[42]

Gefilmten.[43] In dieser Anordnung reproduziert sich die binäre Geschlechterideologie des filmischen Apparatus. Ute Holl spricht deswegen von einer Zähmung des Patientinnenblicks, einer „Blickzähmung", wobei letztlich niemand wisse, wen die Patientin mit ihrem maskierten Blick ansehe; die Maske selbst stehe für diese Potenzialität des Blickerwiderns.[44] Negro wird hiermit, genau wie Parhon im Marinescu-Film und andere Mediziner, die den medialisierten Raum selbst betreten, zu einem Teil des neuropathologischen Bildraums und damit selbst zum Objekt epistemisch-pathologischen Interesses. Hiermit wird die Objektivierungsmacht des Forschersubjekts, die eigentlich wie eine Einbahnstraße funktionieren muss, empfindlich touchiert.

In kurzen Ruheintervallen verständigt sich Negro per Blickkontakt und durch Sprache mit jemandem, der an einem anderen Platz des Raums positioniert ist, von ihm aus gesehen auf der linken Raumseite, im Szenen-Off. Er legt den Kopf schief und lächelt stolz und triumphierend aus dem Kader heraus, als wenn er die Promptheit und Wildheit des Anfalls kommentierte (Abb. 9).

Nur einmal schaut Negro länger direkt zur Kamera. Sein Kollege Roasenda dagegen schaut immer wieder in die Kamera respektive zu Omegna, wie um sich rückzuversichern, dass dieser das Demonstrierte

357

auch vollständig und korrekt aufnimmt.[45] Dieser rückkoppelnde Blick mit dem Aufnahmeoperateur mag ökonomisch motiviert gewesen sein, denn es war wichtig zu wissen, ob im Moment des Hysteriedisplays die Kamera auch wirklich lief, aber es sollten auch keine teuren Filmmeter vergeudet werden. Die frontalen Blicke beider treffen zugleich einen imaginierten akademischen Adressat/innenkreis und reißen damit die vierte Wand ein, die den theatralen Illusionsraum an der zum Publikum hin offenen Seite begrenzt.[46]

Sodann nimmt die „Hysterikerin" ihre Bewegungen wieder auf, wippt weiter in schnellen Auf- und Abwärtsbewegungen mit dem Becken, wobei die Hände Negros ihre Beckengegend fest umgreifen, wie um ihr noch mehr „Hysterie" zu entlocken. Als der Körper der Patientin gänzlich erschlafft ist – die Mediziner heben zur Probe ihren einen Arm an, der entkräftet auf die Matratze niederfällt –, beugt sich Negro zu ihr hinunter und pustet ihr wiederholt ins Gesicht. Er scheint ihr zuzureden, sie möge ,aufwachen'. Augenscheinlich beendet dieses Signal den „hysterischen" Anfall, im Zuge dessen die Patientin ihr Symptom geradezu lehrbuchmäßig präsentierte. Das Prozedere wiederholt sich kurz darauf und der Hypnosezustand[47] wird ruckartig beendet, die Patientin setzt sich auf. Erschöpft lehnt sie nun mit aufgerichtetem Oberkörper ihren Kopf an die Brust Negros, der ihre Schulter ob der gelungenen Falldemonstration sichtlich erleichtert und in priesterlicher Geste väterlich umschließt – eine geschlechtlich umgekehrte Pietà-Formel (Abb. 10). Wie um dieses Erfolgsbild und die damit einhergehende Selbstglorifizierung mit niemandem teilen zu müssen, schickt er Roasenda mit kurzen Worten von seiner Seite.

Nun folgt ein Filmschnitt, die beiden helfen der geschwächten Patientin, sich zunächst auf die Bettkante, dann auf einen Stuhl zu setzen. Sie sucht hektisch nach einem Taschentuch, würgt einige Mal in es hinein und wischt sich den Mund ab. Negro macht mit ihr Sprechübungen, die ihr mit einem Mal zu gelingen scheinen.

Zu diesem viereinhalbminütigen Ausschnitt existiert noch ein zweiteiliger 15-Sekunden-Nachfilm, der vor seiner Digitalisierung sehr stark von Filmbrand betroffen war. Nur mit Unterbrechungen ist zu erkennen, wie dieselbe Patientin, diesmal ohne Maske, in Tränen aufgelöst auf einem Stuhl sitzt – sekundiert von Negro und Roasenda. In einer weiteren Einstellung, in der die Patientin ein anderes Kleid und eine Kette trägt, sitzt sie mit geschlossenen Augen wieder zwischen Negro und Roasenda. Sie schüttelt ihre linke Hand wie in einem „hysterischen" Krampfanfall

Abb. 10: „La Neuropatologia", väterlicher Negro.[48]

oder in Paralyse. Negro hält sie am Arm und redet auf sie ein – mitunter ein Zeugnis der Wort- und Suggestionskur. Plötzlich öffnet die Patientin die Augen, Negro klopft ihr auf den Rücken. Die Patientin scheint aus einer Hypnose zu erwachen, lacht kurz darauf befreit und beginnt sofort, ihr Haar mit Haarnadeln hochzustecken, die sie aus ihrer Rockschürze hervornestelt. Die beiden Neuropathologen stimmen in ihr Lachen ein (Abb. 11). Negro winkt in die Kamera bzw. gibt Omegna ein Zeichen, die Aufnahme zu beenden. Womöglich handelt es sich bei dem zweiten Filmstück um eine Probe, ob die drei Variablen: die ihr Hysteriesymptom darstellende Patientin, Hypnose und Verfilmung, auch zusammen funktionieren. Dafür, dass dieses Material nie zur Vorführung gedacht war, spricht, dass die Patientin keine Maske trägt. Oder Negro beschloss erst später, ihre Anonymität zu wahren. (Die Anonymisierung wurde jedoch bei vergleichbaren Fallbeispielen derselben Kompilation nicht praktiziert.)

Es ist nicht leicht zu beschreiben, was genau in diesem Filmausschnitt von „La Neuropatologia" zu sehen ist. In medizinhistorischer Sicht handelt es sich um einen suggestiv hervorgerufenen Hysterieanfall (wahrscheinlich unter Hypnose), der schulbuchmäßig, inklusive *Arc-de-cercle*-Bildung abläuft. Die komplexe Interaktion zwischen Negro, Roasenda, Omegna und dem ungesehenen Beobachter im Szenen-Off-Raum zum einen und der ausagierenden „Hysterikerin" zum anderen (sowie dem

Abb. 11: „La Neuropatologia", Nachfilm, die Frau ohne Maske.[49]

involvierten außerfilmischen Publikum) lässt den Film zwischen Lehr-
und Spielfilm, Nichtfiktionalem und Fiktionalem,[50] Objektivität und
Subjektivität, hysterischem und nicht hysterischem Zustand, Anoma-
lie und Genesung, Hypnose und ‚Normalität', Aktivität und Passivität,
Expertenprofilierung und Laienschauspiel, Gewaltdemonstration und
Happy End oszillieren.

Holl vergleicht die Hysterieepisode aus „La Neuropatologia" mit
einem expressionistischen Drama, einer Dreiecksgeschichte mit sexuali-
siertem Unterton.[51] Wie bei einer Filmkulisse sei das Fenster aufgemalt,
das Licht gesetzt, die Patientenschauspieler seien kostümiert – dies alles
bringe eine Fiktion hervor. Der medizinische Sachverhalt sei „ohne die
medizinische Bühne, das Theater, die Inszenierung nicht sichtbar zu machen"[52] – unterstützt durch Photographie und Kinematographie herrsche
in der Hysterieforschung seit Ende des 19. Jahrhunderts das „Primat des
Visuellen". Der technische Blick sei in dieser Zeit in Konkurrenz zum
neurologischen Blick getreten, das technische Medium an die Stelle der
fünf Sinne – mit dem Ideal mechanisch-visueller Objektivität (L. Da-
ston, P. Galison). Durch eine Revision neurologischen Filmmaterials aus
historisch-diachroner Perspektive seien neue wissenschaftliche Erkennt-

nisse generierbar: Denn der Arzt scheine im frühen Neuropsychiatriefilm vielmehr als künstlerisch-wirkender, interpretierender Wissenschaftler auf, der eines „trainierten Auges" bedürfe, um den jeweiligen Authentizitätsgrad der „hysterischen" Erscheinung, festgehalten in laufenden Bildern, ‚richtig' einzuschätzen. Der Film an sich setze die Anamnese der Patientengeschichte der „Hysterikerin" in Szene, die sie mit den anwesenden Medizinern und einem Hund teile.[53] (Wobei es sich sicherlich nicht um die Erstanamnese handelt und auch eher anzunehmen ist, dass die Patientin eigentlich als geheilt galt und ihre Symptome nur unter Hypnose wiederkehrten.) Laut Holl gewährleistet die Kamera die visuelle objektive Aufnahme von Symptomen, sodass die Schilderung der Vorgeschichte wegfallen könne. Der Film „La Neuropatologia" reihe sich in eine größere Gruppe von Filmen, auch Kinofilmen, ein, in denen „das wissenschaftliche Interesse am Körper und die Neugier auf dessen verdrängte und nicht gesellschaftsfähige Funktionen sichtlich"[54] aufeinanderträfen. Der Mediziner übernehme die Rolle des Filmregisseurs: Er kontrolliert durch Blicke in die Kamera die Aufnahme, er wacht über die Bewegung, den Körper und den Blick. Auf symbolischer Ebene erinnert Holl diese Arzt-Patientin-Begegnung auf dem Eisenbett an eine Liebesszene – an die „seltsame Liebe eines Doktors am Valentinstag"[55] –, in der die Patientin sich ihrem Symptom (und dem es per hysterogenen Punkten immer wieder stimulierenden Arzt) beinahe hingibt.

In „La Neuropatologia" werden die Extrovertiertheit, Wildheit, Verrücktheit und das Pathos der „Hysterikerin" bildästhetisch bis zum Äußersten zelebriert. Dabei liegt die Evidenz der „Hysterie" allein im körperlichen Spektakel und in der Reinszenierung ihrer Symptome auf Zelluloid – der Filmausschnitt schließt in diesem Punkt an die Charcot'sche photographische Erfassung „weiblicher Hysterikerinnen" um 1880 in der Salpêtrière an. Gegenüber der Sexualisierung der weiblichen Zivilhysteriepatientinnen mit konvulsivisch bebendem Unterleib wurden die männlichen „Kriegshysteriker" in den meisten Fällen eher mit zuckenden Außengliedern und weniger ekstatisch abgebildet. In beiden Fällen wurde von motorischen Bewegungsstörungen auf neurologische Dysfunktionen rückgeschlossen: Die Ästhetik gilt als Ausdrucksform einer unsichtbaren neurologischen Übertragungsanomalie. Ein Großteil der europäischen Kriegshysteriefilme, die zur Zeit des Ersten Weltkriegs entstanden, filmten die „Kriegshysteriker" auf eine Weise, dass eine Heilung, Rehabilitation, Normalisierung und Reintegration in den soldatischen oder zivilen

Gemeinschaftskörper noch möglich erschienen. Sie wurden insgesamt in
‚würdigeren‘, wenn auch häufig nackten Positionen gezeigt. Im letzten
Teil des vorliegenden Aufsatzes soll es nun um eine in vielerlei Hinsicht
eher untypische filmische Falldemonstration von „Kriegshysterie" gehen,
bei der ein sich in traumatischer Trance befindlicher Patient Kriegssituationen wiederaufführt.

IV. Grabenkämpfe und arc de cercle in der Horizontalen – Negros Kriegshysteriefilm von 1918

Die Negro'sche Filmsammlung enthält auch Material aus der Zeit des
Ersten Weltkriegs, in der Negro neben seiner Leitung des Neuropathologischen Instituts an der Turiner Universität als wissenschaftlicher Berater
im dortigen Militärkrankenhaus arbeitete.[56] Die Aufnahmen entstanden
ebenfalls in Kooperation mit Omegna und zeigen verschiedene Fälle
männlicher „Kriegshysterie". Ich konzentriere mich auf ein Fallbeispiel,
das dafür zeugt, dass das Medium Film die zeitgenössische Kriegshys-
terietheoriebildung überschritt und offen für synchrone und diachrone
Interpretationen ist. Filmisch wurde hier *avant la lettre* etwas verhandelt,
das ohne eine Affirmation der Psychoanalyse, die während des Ersten
Weltkriegs therapeutisch keine nennenswerte Rolle spielte und in der
damaligen *Scientific Community* keine allzu große Lobby besaß, sowie
spätere Psychotraumatologie-Theoreme nicht tiefergehend entschlüsselt
werden kann.

Anders als der Großteil der Filmaufnahmen von Kriegshysteriefällen
aus Deutschland oder Großbritannien, die dem besagten argumentativen
Dreischritt Symptomdarstellung – Therapie – Heilung folgten,[57] ist das
italienische Beispiel auf eine Darstellung der Symptome beschränkt. Wie
in zahlreichen französischen Filmen dieser Zeit auch wird keine Heilung in Aussicht gestellt. Es handelt sich um eine knapp achtminütige
filmische Fallgeschichte über eine psychische Kriegstraumatisierung, die
sowohl von dem demonstrierten Symptomkomplex her als auch filmisch
einige Besonderheiten aufweist. Das Filmstück setzt einen mental trau-
matisierten Soldaten dramatisch in Szene, der unter der Zeugenschaft
des Kameraauges und vermutlich den Augen Negros sowie des medizinischen Fachpersonals einen ausgeprägten „Flashback" erleidet.[58] Die

fragmentarischen traumatischen Erinnerungsbilder, in denen offensichtlich (verdrängte) Erlebnisse des Grabenkriegs widerhallen, scheinen vor dem ‚inneren Auge‘ des Patienten aufzutauchen. Er ist unwillkürlich in die vergangene traumatisierende Situation zurückversetzt, intensive „Intrusionen" drängen sich ihm auf.[59] Hierbei überdeckt die Intensität der Wiedererlebenssequenz augenscheinlich seine aktuelle Wahrnehmung und es kommt zum vollständigen „Wegtreten in der Erinnerung"[60].

Der Patient wird zum Medium einer Heimsuchung, bei der er auf einem Matratzen- und Kissenlager liegend gefahrvolle, gewaltsame Kriegssituationen im Schützengraben oder auf freiem Feld imaginativ ‚wiedererlebt‘, die er entweder selbst erlebt, beobachtet oder anderen zugefügt hat (primäre oder sekundäre Traumatisierung, Tätertrauma).[61] Der Traumatisierte ist unvermittelt in die traumatisierende Situation zurückversetzt. Die Matratze wirkt wie ein transitiver Ort, von dem aus die unbewusste Zeitreise und damit die Demonstration eines komplexen Syndroms starten.

Zu Beginn des Films sitzt der Patient bewegungslos und mit geradem Rücken auf einer der Matratzen, er atmet schwer. Er ist mit einem weißen Hemd und einer Hose bekleidet, die im Genital- und Analbereich einen offenen Schlitz aufweist. Plötzlich geht ein Ruck durch seinen Oberkörper, zweimal. Vergangene Erlebnisse scheinen gefühlsmäßig, und was seine Handlungen angeht, wiederzukehren. Ob das traumatische Wiedererleben unwillkürlich einsetzt oder unter Hypnose, oder ob es einen Schlüsselreiz (Trigger) gab, den Negro kannte und für die Aufnahme bewusst einsetzte, ist in der Retrospektive schwer zu entscheiden. Der Patient ist im Weiteren offensichtlich in einer Schleife intensiven Durchlebens und Ausagierens gefangen. Seine erste Bewegung besteht darin, dass er blitzschnell einen imaginierten Karabiner zum Schießen ansetzt. Hiermit zielt er genau in Richtung Kamera und damit des ihn objektivierenden Aufnahmemediums. Das ‚Luftgewehr‘ lädt er Dutzende Male neu durch und drückt ab. Dann wirft er sich bäuchlings zu Boden und macht Bewegungen, wie wenn er jemanden erstechen würde. In Seitenlage fangen seine Beine und Füße an, in der Luft zu marschieren. Schnitt. Zu Beginn der nächsten Szene sieht man eine Person im weißen Kittel aus dem rechten Bildrand eilen. (Die Szene soll offenbar allein dem ausagierenden Patienten gehören.) Der Patient liegt noch immer – für die Kamera neu ausgerichtet – auf der hinteren Matratze. Er schießt erneut und hängt sich danach das imaginierte Gewehr wieder um seinen Hals. Sein Körper bäumt sich ruckartig auf, mit

der Beckengegend nach oben – ein *arc de cercle*, ein „hysterischer Kreisbogen" (Abb. 12), der in der Hysterieforschung vor 1900 vornehmlich
„Hysterikerinnen" zugeschrieben wurde.[62] Danach liegt er erschöpft auf
dem Rücken. Schnitt. Im nächsten Filmsegment verlassen zwei Männer
fluchtartig das Setting, zum linken und rechten Bildrand hinaus. Der Patient drückt seine rechte Leistengegend mit beiden Händen, bis sein Körper
sich erneut halbkreisförmig aufbäumt und danach in Embryonalstellung
zur Ruhe kommt – von der Kamera abgewandt. Seine Hände greifen ins
Leere. Schnitt. Für die nächste Szene hat sich die Kamera näher an den
Patienten heranbewegt. Er marschiert auf dem Rücken liegend und presst
an seinen Fingern herum. Die Handinnenflächen erscheinen zum Teil
geschwärzt (von seinem eigenen getrockneten Blut?). Zwischenzeitlich
macht es den Anschein, als drücke der Patient seine Fingernägel so tief
in seine Handballen, dass diese bluten. Lippenbewegungen sind zu sehen;
der Patient scheint etwas zu schreien. Wieder schießt er in Bauchlage, lädt
durch und feuert erneut. In einer Endlosschleife. Schnitt. Der Patient liegt
auf dem Rücken, sein Oberkörper wedelt unruhig von einer zur anderen
Seite. Er atmet schnell. Die Augen sind geschlossen. Seine Hände greifen
in die Luft. Er fährt sich mit der linken Hand in den Schritt und riecht
danach an seiner Hand. Dann kratzt er sich am Kreuzbein, an der linken
Körperflanke, am Bauch, an der rechten Oberschenkelunterseite, dann
am Unterschenkel – als habe er Läuse, die ihn mit Juckreiz plagen. Er
macht Laufbewegungen, indem er mit seinen Fußsohlen die Matratze
streift. Dann greift er sich pantomimisch eine Feldflasche, trinkt gierig
und schraubt sie wieder zu. Schnitt. Dito. Schnitt.

Er zielt wieder mit seinem Karabiner auf die Kamera, die sein Trau-
madrama abfilmt – ein Gegenschussversuch (Abb. 13)? Schnitt.

Abb. 12: „Kriegshysteriker", arc de cercle.[63]

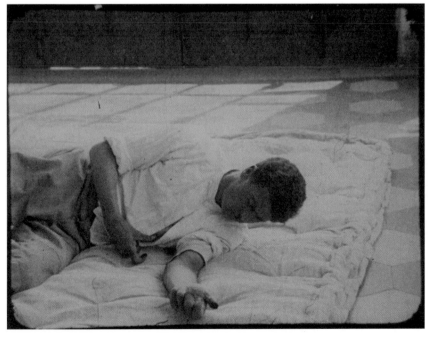

Abb. 13: Gegenschuss.[64]

Der Patient spricht mit einem imaginierten Gegenüber und gestikuliert dabei mit den Händen. Schnitt. Er zündet sich eine Zigarette an, wirft das Streichholz weg und nimmt einige Züge. Schnitt. Der Patient öffnet sein Hemd und holt etwas Nichtidentifizierbares aus seiner Brusttasche oder dem eingebildeten Brotbeutel, der den Soldaten auch zum Transport persönlicher Gegenstände oder Handgranaten diente. Danach wieder ein hoher Kreisbogen mit anschließendem Wurf zur Seite. Der Patient nestelt etwas aus seinem Patronengürtel hervor oder drückt wiederum einen hysterogenen Punkt in der Leistengegend. Er marschiert und macht Handbewegungen, als wolle er seine Patronentasche wieder auffüllen. Dann lädt und schießt er und hängt sich das Gewehr um. Er marschiert. Schnitt. Er zieht sein Bajonett (zur italienischen bewaffneten Uniform gehörte ein ans Gewehr anmontiertes Klappbajonett) und ersticht ein imaginäres Gegenüber, steckt danach die Stichwaffe zwischen die Zähne. Er scheint sich hektisch an etwas entlang zu hangeln, wirft sich in Bauchlage und schießt wiederum. Als er sich aus dem rechten Bildrand hinauszubewegen droht, zieht ihn plötzlich die Hand eines unsichtbaren medizinischen Assistenten wieder zurück in den Mittelpunkt des Bildausschnitts. Wieder robbt der Patient nach vorne, erneut greift die fremde Hand zu. Dann wiederholt sich die Episode mit dem Erstechen, er nimmt sein Bajonett aus dem Mund und sticht zweimal zu. Ein Assistent eilt zu ihm, versucht ihn wieder für die Kamera auszurichten, ordnet sein Matratzenlager, damit er sich nicht selbst verletzt. Der Patient ersticht wieder einen imaginierten Feind vor ihm auf der Matratze. Schnitt. Erneutes Marschieren, die Kamera ist noch näher herangerückt. Der Patient schlägt auf jemanden ein und schreit ihn (unhörbar) an, er entsichert seinen Karabiner, hängt ihn sich um. Schnitt. Der Patient wird wieder von einer Seite zur anderen geschleudert. Die Kamera justiert ihre Position nach. Kurze Phase der Ermattung. Er zückt sein Messer und setzt sein Gewehr an, lädt durch, schießt. Er zieht sein Messer aus den Zähnen und sticht zweimal kräftig zu, steckt das Messer wieder zwischen die Zähne. Er hangelt sich an etwas entlang, wirft sich nieder und schießt. Wieder wird er von einer körperlosen Hand zurück auf die Matratze gezogen. Er sticht mit seinem Bajonett, schlägt mit dem Gewehrkolben zu und sticht wieder zu. — Der mitgefilmte Matratzennahkampf ist zu Ende.

1. Handgreiflichkeiten: Abwesende Mediziner

In insgesamt circa 13 Einstellungen (12 sichtbaren Schnitten) entfaltet der Film das Drama der „Kriegshysterie"; welche Auslassungen dies produziert, ist unklar. Indem die Schnitte mit einer sich dem Patientenkörper sukzessive annähernden Kamera kombiniert sind, werden die Zuschauenden immer stärker in die Wiedererlebenssituation hineingezogen. Durch diesen Distanzverlust wird eine sich steigernde Emotionalisierung des Publikums und eine verbindlichere Identifizierung mit dem „Hysteriker" erreicht. Aus dem Drama scheint es kein Entkommen zu geben, weder für den Patienten noch für die Zuschauenden. Der Patient wird immer wieder ohne Vorwarnung in den Bildkader zurückgezogen, wenn ihn sein Symptom aus diesem zu ziehen droht. Die immer wieder zugreifenden Hände des medizinischen Personals vergegenwärtigen die Unerbittlichkeit und Gewaltförmigkeit dieser Versuchsanlage, obwohl sie eigentlich dazu dienen sollen, die Aufnahme zu gewährleisten (die Haltungen und Bewegungen des Patienten sind zu ca. 80 Prozent kameraaffin) oder den Patienten vor Selbstverletzung zu schützen. Auf einer übergeordneten Ebene symbolisieren diese körperlosen Hände jedoch den machtvollen, kontrollierenden Zugriff auf das Forschungsobjekt. In diesem Kriegshysteriefilm werden zur Domestizierung und Kontrolle des Patienten nicht nur Blicke eingesetzt, sondern das medizinische System wird handgreiflich (ungeachtet der Frage, inwiefern dies den ‚innerlich weggetretenen' Patienten vielleicht zusätzlich irritieren könnte). Der Patient kann dem „hysterischen" Drama, das die Neuropathologie hier mit ihm betreibt, auch insofern nicht entkommen, als er wiederholt dazu angehalten wird, hysterogene Punkte seines Körpers zu stimulieren. Vermutlich fordert Negro ihn hierzu aus dem Off auf, sodass sein Flashback nicht enden möge – er behält auf diese Weise die Kontrolle über das Hysteriespektakel. Eine Endlosschleife, ein *perpetuum mobile*, bei dem die „Hysterie" sich selbst zu reproduzieren scheint. Oder hält der Patient das Symptom selbst am Laufen? Hat der Patient die ärztliche Macht auf eine Weise internalisiert, dass die Mediziner gar nicht mehr als äußere Autoritäten auftauchen müssen? Ähnlich wie die ihn traumatisierende Kriegssituation trägt er womöglich stellvertretende Repräsentanzen von ihnen in sich. So wirkt es im Verlauf des Films immer naheliegender, dass der Patient nicht nur den Krieg in sich reproduziert (Marschieren und Schießen in Liegeposition, Nahkampf und Erstechen eines Kriegsgegners durch ein

Abb. 14: Negros siegreiches Konterfei.[65]

Luft-Bajonett, Lausbefall, Trinken), sondern mit seinem „hysterischen"
Kriegsspiel auch die kriegerischen Angriffe der Bilder schießenden Kamera
und Mediziner abzuwehren sucht. Hierbei scheint der Patient zu siegen:
Abgesehen von ihren Armen halten sich die medizinischen Assistenten
nie länger als wenige Sekunden im Bild auf; sie ‚fliehen' es oder bleiben
abwesend.[66] Die Arzt-Patienten-Beziehung zeichnet sich in diesem Kriegshysteriefilm also einerseits durch Internalisierung und Selbstläufigkeit aus
und andererseits durch die szenische Abwesenheit Negros. Warum blieb
der Neurologe fern? Etwa weil seine Deutungs- und Heilkunst angesichts
der traumatischen Trancesequenz an ein Ende kam? — Negros siegreiches
Konterfei erscheint, jedenfalls in der jetzigen Schnittversion, an einem
ganz anderen Punkt der Filmkompilation (Abb. 14).

2. Der Kriegshysteriker als Speichermedium und die filmische Potenz
des Speicherns

Eine mediengeschichtliche Forschungslinie könnte die schwer deutbaren
körperlichen Zeichen des „Kriegshysterikers" als Aufzeichnungen der

auditiven und visuellen Ereignisse des Kriegs verstehen. Die vom Patienten vorgeführten Kriegsszenen könnten als vom Körper gespeicherte und wieder abgespielte Erlebnisse angesehen werden. Zu vergleichbaren Fällen im deutschen Kriegshysterieforschungskontext schreibt der Medizinhistoriker Hans-Georg Hofer im Jahr 2000:

> „Zu den verstörendsten Figuren der Nachkriegsöffentlichkeit gehörten jene Veteranen, die – äußerlich meist unverletzt – das Kriegserlebnis über ihre Körpersprache unaufhörlich zu reproduzieren schienen."[67]

In dieser Deutung wird der Soldat im Ersten Weltkrieg als Speichermedium aufgefasst, das den Krieg mit seinen medialen Mitteln immer wieder ab- und durchspielte. Der Kulturwissenschaftler Wolfgang Schäffner beschreibt 1995 in „Ordnung des Wahns. Zur Poetologie psychiatrischen Wissens bei Alfred Döblin" eine ähnliche Szene:

> „Die Traumen der Kriegsneurotiker [...] liefern präzise phono- und photographische Effekte von Kriegssituationen und machen die Frage nach ihrer Realität überflüssig. [...] Der Kriegsneurotiker trägt die durch Detonationsblitz und -knall verstärkte traumatische Szene in sich und wird auf ein entsprechendes Stichwort hin als ‚Gelegenheitsapparat' [Bleuler] anspringen und die Szene wieder und wieder originalgetreu abspielen."[68]

Das Zitat verschleiert jedoch, dass es sich weniger um „präzise" oder „originalgetreue" Wiederaufführungen der erfahrenen Kriegssituationen handelte, sondern vielmehr um verstellende, verfremdende Umschriften, komplizierte Verschiebungen und komplexe Translationen des Erlebten.

Filmhistorisch ist der vorliegende Negro'sche Kriegshysteriefilm interessant, da er belegt, zu welchem Grad das Medium Film in der Lage war, traumatische Erinnerungsflashbacks und tranceartige Tagträume nachzubilden. Diese historische Quelle bezeugt einen Flashback, der spontan, durch manuellen Druck oder aber durch Hypnose ausgelöst auftritt. Der Soldat reinszeniert hier seine eigene (seelische Verwundungs-)Geschichte – Handlungen, Wahrnehmungen, Gefühle –, ohne dabei jedoch Kontrolle über deren Verlauf zu besitzen oder intervenieren zu können (es sei denn über hysterogene Stimulationspunkte). Das plötzliche Wiedererleben der Traumatisierungssituation eröffnet eine Erzählung, deren ‚reales' Gegenstück weder der die Szene verfilmende Mediziner Negro noch die Filmzuschauer, noch der amnestische Patient selbst kennen. Der Patient wird stattdessen selbst zum filmisch-erzählerischen Medium (zu seinem eigenen Zeugen), in seinen Bewegungen und in seiner (im Stummfilm unhörbaren) Sprache spielt sich etwas ab, das vermutlich ein Amalgam aus verschiedenen traumatisierenden Situationen des Kriegs ist oder nur eine Szene in Variation endlos wiederholt. Anders als beim fiktionalen Film und Backstorywound-Erinnerungsrückblenden erhalten die Zuschauenden jedoch kein Gegenstück, nicht die ‚wahre‘ Geschichte, mit der das Gesehene abgeglichen werden könnte. Außerdem gibt es hier keine Rahmung in Form von Zwischentiteln oder eines auflösenden Endes, etwa das Beenden des Wiedererlebens durch das Beenden der Hypnose durch den Arzt (wie in Max Nonnes Hypnosefilmen). Zusammen mit dem Patienten werden die Zuschauer im Moment der (Re-)Traumatisierung, zu der das Schauspiel des Patienten hin- beziehungsweise verführt, zurückgelassen.

3. Psychologische Deutung: Tätertrauma?

Insgesamt zeugt der oben beschriebene Film von einer paradigmatischen epistemologischen Wende, die nicht zuletzt durch die Erfahrungen des Ersten Weltkriegs befördert wurde und hier visuell gestützt wird: von einer Abkehr von hereditären und dispositionellen Faktoren, die transgenerationelle oder physische Ursachen der Krankheit betonten, hin zu Erklärungsmodellen, die psychische Ursprünge in den Vordergrund stellen. Eine tiefergehende Analyse des Filmstücks setzt psychologisches, teilweise psychoanalytisches Wissen voraus. Dies koinzidiert mit der historischen Szene, in der die massenhaft auftretenden „Kriegshysteriker“ die tendenzielle Überzeugung in neuropsychiatrischen Fachkreisen bewirkten, dass im Krieg eigentlich eine psychologische Deutung *und* Betreuung der seelisch Verwundeten nötig gewesen wäre, wie dies auch Sigmund Freud in seiner Rede von 1920 unterstrich.[69] Zudem affirmiert Negros Kriegshysterikerfilm die wissenspolitisch und militärstrategisch relevante Annahme, dass der Krieg selbst Vorbedingung für das Entstehen von soldatischer „Hysterie“ ist, indem das Filmstück die Verbindung zum Krieg, die sich in den zeichenhaften Bewegungen des Patienten spiegelt, ausgestaltet und nicht verbirgt. In zahlreichen zeitgleich entstandenen Schriften und Filmen aus anderen Nationen wie etwa der Mehrzahl der Quellen aus Deutschland sollte der Konnex Krieg – Hysterie dagegen stets verleugnet werden – zugunsten anlagebedingter und prädispositioneller Faktoren.

Die Besonderheit bei diesem Filmausschnitt ist, dass seine Spezifik mit der an die weibliche „Hysterie" erinnernden Vokabel „Kriegshysterie" nicht zu fassen ist. Die neuropsychiatrische Perspektive kam hier an ihre Grenzen und es ist nötig, den Traumabegriff hinzuzuziehen, der damals jedoch noch nicht so ausgeprägt und auch nicht konsensuell verankert war (wie Jahrzehnte später, etwa ab den 1980er-Jahren infolge der Politisierung der Vietnamkriegsveteranen).[70] Der Traumabegriff bezieht sich mit Einschränkung auf eine tatsächlich vorhandene traumatisierende Situation. Freud nahm an, wie dies in dem Kriegshysteriefilm mustergültig zu sehen ist, dass es nachträglich zu Situationen unfreiwilligen Wiedererlebens des traumatisierenden Ereignisses und zum wiederholten Ausagieren des Verdrängten in traumatischen Symptomen kommen kann.[71] Bereits in „Erinnern, Wiederholen, Durcharbeiten" von 1914 betonte Freud die Momente des Einbruchs und der Wiederholung, die auch für spätere (Psycho-)Traumatologietheoriephasen leitend waren.

In dem Negro'schen Kriegshysteriefilm muss aus retrospektiver Sicht offenbleiben, auf welche(s) und wessen Erlebnis(se) der Patient mittels seiner Körpersprache – und mit Lauten und Sprache, die wegen des Stummfilmcharakters des Films jedoch nicht zu verstehen sind – verweist. Abgesehen von dem körperlichen Leiden unter Lausbefall, ist das, was der Patient hier fragmentarisch mittels seines Körpers ‚erinnert', interessanterweise nicht seine Opferrolle, sein Verwundetwerden. Er spielt vielmehr Kampfhandlungen nach, die er selbst ausführte: Er erschießt ein imaginäres Gegenüber, ersticht es oder befeuert es mit einer Handgranate. Psychoanalytischen Parametern folgend kann gefragt werden: Erlebt der Patient sich hier in der Rolle eines kriegerischen Täters bzw. – je nach Perspektive – Mörders wieder oder als in Selbstverteidigung begriffen? Handelt es sich mitunter um einen früh dokumentierten Fall von „Tätertrauma"?[72] Ist der Soldat niemals ein Kriegsverwundeter im herkömmlichen Sinn gewesen, sondern ist das Trauma eher Ausdruck verdrängter Schuldkomplexe oder ungelöster Ich-Konflikte zwischen seinem alten „Friedens-Ich" und dem neuen „kriegerischen Ich"?[73] Oder aber: Es handelt sich, noch komplexer, um eine Täter-Opfer-Inversion, um eine „Identifizierung mit dem Aggressor", wie sie Anna Freud 1936 beschrieben hat.[74] Bei diesem unbewussten Abwehrmechanismus macht sich das Opfer entweder selbst für die erlebten Angriffe verantwortlich, in dem unbewussten Versuch, das passiv Erlebte aktiv zu kontrollieren.

Oder die gefürchtete Person (hier der kriegsgegnerische Soldat) wird physisch oder moralisch imitiert, „Angst in lustbetonte Sicherheit" verwandelt – Agieren statt Reagieren.[75] Die Machtsymbole, die den Angreifer kennzeichnen, werden angeeignet, dessen Aggressivität, Stärke und Männlichkeit, so Anna Freud, nachgeahmt und wieder abgespielt. Dies lasse das schwache, hilflose Ich mächtig und omnipotent erscheinen,[76] das Opfer verschmelze mit dem Aggressor, sodass es sich als aktiv statt passiv, sicher statt orientierungslos, bedrohlich statt bedroht erlebe.[77] Ist dies die versteckte intrapsychische Referenz und Matrix hinter der geschilderten Kriegsreenactment-Szene im Negro-Film?

V. Conclusio

Die oben besprochenen Lehrfilme über weibliche und männliche „Hysterie" sind in ihrer historischen Validität mehr als seltene Dokumente der (Militär-)Medizingeschichte, die neuropsychiatrische Fakten über die Zeit hinweg transportieren oder Sozialallegorien darstellen. Durch ihre spezifische Filmsprache lieferten sie neue Zeichensysteme zur Signifizierung der Pathologien „Hysterie" und „Kriegshysterie" und beeinflussten auf diese Weise die visuelle Produktion dieser ‚Krankheitsbilder', bei denen anomale Körperbewegungen für unsichtbare Nervenleiden zeugen sollten. Für die epistemologische Ebene bedeutet dies: Die Obsession, durch den filmtechnischen Apparat mechanisch sehen zu können, die positivistischen Strömungen dieser Zeit inhärent war, wird von den vorliegenden Filmen gestört. Die theatrale Art der Darbietung der in Szene gesetzten Hysteriepatient/innen und der interagierenden charismatischen Ärzte torpedierte das Konzept mechanischen Sehens. Der Film war hier kein neutrales Instrument der Wissenserzeugung, sondern ein wichtiger Teil der Wissensproduktion und -kommunikation, der unter anderem auch eine Emotionalisierung des Zuschauers herbeiführen konnte. Die markanten ästhetischen Expressionen der Lehrfilme, bedingt durch das Setting und das sich in ihnen abspielende Schauspiel, brachten sie immer wieder in die Nähe des Spielfilmgenres.

Darüber hinaus eröffnen die Lehrfilme späteren Betrachtenden Einblicke in das von Macht charakterisierte Verhältnis zwischen Arzt und Patient/in und in die Instabilität von Therapieverständnissen. (In Anschluss an Foucault können die Filme als Dokumente aufgefasst werden, die weniger über den Zustand des jeweiligen Patienten, der Patientin als über den Mediziner selbst Auskunft geben.) Die ersten hier analysierten verfilmten Fallgeschichten, „Un caz de hemiplegie isterica vindecat prin sugestie hipnotic" (1899) und „La Neuropatologia" (1908), enthalten Elemente, die von Heilung handeln oder diese in Aussicht stellen (Aufwachen aus der Hypnose und Beenden der Symptomschau, Szenen der Entspannung und Erleichterung, gemeinsames Lachen etc.). Obwohl auch diese Filme die Grenzen der Abbildbarkeit der „Hysterie" in sich tragen, zielten sie dennoch auf eine finale Heilung ab. Dagegen lassen andere historische Quellen wissen, dass die Symptome die Filmzeit überdauerten und wiederkehrten und die Wissenschaft kein ‚Allheilmittel' gegen die zivile oder soldatische „Hysterie" parat hatte. Auch dem zuletzt besprochenen Film Negros über den mit einem imaginären Gegner kämpfenden „Kriegshysteriker" fehlen jegliche Elemente, die eine Heilung versprechen. Es sind – jenseits der Ebene des Schnitts und der Montage – auch nur minimale Elemente zu erkennen, die eine narrative Rahmung darstellen – es gibt weder eine Kapiteleinteilung noch Überschriften, kein Ein- und Abblenden oder eine Dreiteilung in die konsekutiven Phasen: Symptomschau – Therapie oder Platzhalter für die Therapie – Heilung. Die medizinische Macht, die hinter dieser Aufnahme steht, bleibt in den Filmszenen weitgehend unsichtbar. Tauchte Negro bei früheren Kriegshysterie-Fallgeschichten, die die Filmkompilation zeigt, prominent als potente Arztfigur auf, die das Symptom hervorrief oder aggravierte und sich am Ende durch eine die erfolgreiche Therapie krönende Abschlusseinstellung in den Vordergrund stellte, so blieb er seinem oben besprochenen Kriegshysteriefilm als heroisierte charismatische Arztfigur fern. (War hier in seinen Augen keine Heilung in Sicht, kam die Neuropsychiatrie an ihre Fachgrenzen und wären die Symptome nur mittels Psychologie und Psychoanalyse lesbar gewesen?) Dennoch verdeutlicht der Film die gewaltförmigen Anteile der Arzt-Patienten-Spannung: Position und Haltung des Patienten werden im Film durch körperlose Hände mehrfach vehement korrigiert. Der Patient wird an Armen und Beinen regelrecht in den Kaderausschnitt zurückgezerrt, nachdem die ruckartigen, impulsiven, zum Teil dramatischen Körperbewegungen, die durch den Flashback ausgelöst wurden, ihn immer wieder aus dem Darstellungsrahmen hinauszutreiben scheinen. Dieser Kriegshysteriefilm widerlegt die Vermutung, dass die die „Kriegshysterie" verfilmenden Mediziner einem ungeschriebenen Gesetz folgten, das besagte, dass die (ex-)soldatischen Patienten – anders als ihre weiblichen

Hysterievorgängerinnen in Zeichnung, Photographie und Film – immer nur so wild gezeigt werden durften, dass eine Genesung und militärische Reintegration noch möglich erschienen. Der Film mit dem in die Luft schießenden Patient-Soldaten durchbricht diese stille Zensur und das unmittelbare Heilungsprimat. Er legt offen, dass die damalige Militärmedizin den Kampf gegen die massenhaft hysterisierten Männer nicht gewinnen konnte. Oder wenn doch, dann nur durch filmische Tricks. Er steht stellvertretend für die zahlreichen verbliebenen Spuren traumatischer Verletzung infolge des Ersten Weltkriegs, für die Spätfolgen, Rückfälle und therapeutischen und menschlichen Grenzen.

Anmerkungen

[1] *Peter J. Koehler*, Early Neurological Films at Medical Congresses, in: World Neurology 28/2 (2013), 1, 11. Zu deutschen, britischen und französischen Filmen siehe: *Julia Barbara Köhne*, Medizinische Kinematographie: Das abgedrehte Symptom, in: *dies.*, Kriegshysteriker. Strategische Bilder und mediale Techniken militärpsychiatrischen Wissens, 1914–1920, Husum 2009, 178–242; *dies.*, Militärpsychiatrisches Theater. Französische Kinematographie der Kriegshysterie, 1915 bis 1918, in: Berichte zur Wissenschaftsgeschichte 36 (2013), 29–56.

[2] Siehe z. B. *Christina von Braun*, Nicht ich. Logik – Lüge – Libido, Frankfurt a.M. 1985; *Georges Didi-Huberman*, Erfindung der Hysterie. Die photographische Klinik von Jean-Martin Charcot, München 1997.

[3] *Wolfgang U. Eckart, Christoph Gradmann*, Medizin im Ersten Weltkrieg, in: Rolf Spilker, Bernd Ulrich (Hrsg.), Der Tod als Maschinist – Der industrialisierte Krieg 1914–1918, Osnabrück 1998, 203–215.

[4] Siehe auch: *Hans Toepel*, Über die Häufigkeit geistiger Erkrankungen vor und nach dem Kriege, in: Monatsschrift für Psychiatrie und Neurologie XLIX (1921), 323–342, 337–338; *Dorion Weickmann*, Rebellion der Sinne. Hysterie – Ein Krankheitsbild als Spiegel der Geschlechterordnung (1880–1920). Frankfurt a.M./New York 1997, 92.

[5] *J. Bresler*, Seelenkundliches. [Fortsetzung] Hysterie ohne Ende, in: Psychiatrisch-Neurologische Wochenschrift 20/41/42 (1919), 262–267, 262.

[6] Diese Medienformate konkurrierten teilweise miteinander, vor allem bezüglich der Ätiologie und Heilbarkeit der „Kriegshysterie": So kündeten bspw. die Patientenakten von einer anderen Ursachenlehre und Art der Symptomatik als die wissenschaftlichen Photographien. In Zeitschriftenartikeln wurde eine andere Rückfallquote bei männlichen „Hysterikern" angegeben, als die wissenschaftlichen Filme nahelegten.

[7] „Moving Pictures of Clinics. Prof. Negro Successfully Uses Them in Demonstrating Nervous Diseases." By Marconi Transatlantic Wireless Telegraph to *The New York Times*, February 23, 1908, Section The Marconi Transatlantic Wireless Dispatches, Page C1, Column, words, mit dem Zusatz: „Rome, Feb. 22. (by telegraph to Clifden, Ireland; thence by wireless".

[8] In diesem Aufsatz steht die Ebene der Personen-, Institutionen- und Therapiegeschichte eher im Hintergrund; sie ist an anderer Stelle nachlesbar.

[9] *Mircea Dumitrescu*, O privire critică asupra filmului românesc, Bukarest 2005.

[10] Vgl. *Ramòn Reichert*, Im Kino der Humanwissenschaften. Studien zur Medialisierung, Bielefeld 2007, 164–166.

[11] *Albert Londe*, Appareil chronophotographique, in: *ders.*, Notice sur les titres et travaux scientifiques. Avec 46 figures dans le texte, Paris 1911, 1–76, 20.

[12] Für einen Überblick über die Übergänge der Geschichte wissenschaftlicher Photographie zur Serienphotographie und zur Kinematographie: *Geneviève Aubert*, From Photography to Cinematography, Recording Movement and Gait in a Neurological Context, in: Journal of the History of the Neurosciences 11/3 (2002), 255–264.

[13] Eine Liste der entstandenen chronophotographischen Aufnahmen befindet sich hier: *Londe*, Notice sur les titres et travaux scientifiques (Anm. 11), 23; *ders.*, La photographie médicale. Application aux sciences médicales et physiologiques, Paris 1893.

[14] *Londe*, Application de la cinématographie à l'etude des démarches pathologique, des tremblements nerveux et de l'attaque d'hystérie (En collaboration avec le Dr. P. Richer), in: *ders.*, Notice sur les titres et travaux scientifiques (Anm. 11), 24; *Geneviève Aubert*, Arthur van Gehuchten takes neurology to the movies, in: Neurology 59 (2002), 1612–1918, 1614.

[15] Collection de la Société française de photographie, Paris (coll. SFP), ref.: 254-N-048, Albert Londe, „Piste de la Salpêtrière dispositif de la piste chronophotographique de la salpêtrière", 1893.

[16] *Albert Londe*, Appareil chronophotographique, in: *ders.*, Notice sur les titres et travaux scientifiques: avec 46 figures dans le texte, Paris 1911 [1893], 1–76, 21.

[17] "The Origins of Scientific Cinematography – Technical Developments around the Turn of the Century". Zusammenstellung: Virgilio Tosi, Rom 1992.

[18] T. H. Weisenburg begründete die relative Kürze der Filme mit der begrenzten Aufmerksamkeitsspanne des Zuschauers: „The onlooker becomes tired of seeing the same thing for more than that period. […] Then again, experience teaches just what is illustrative. In one's enthusiasm one may have a subject photographed at length only to find that many of the pictures when thrown on the screen are of no value". *Ders.*, Moving Picture Illustrations in Medicine with Special Reference to Nervous and Mental Diseases, in: The Journal of the American Medical Association (JAMA) LIX/26 (1912), 2310–2313, 2310.

[19] *Christian Bonah, Anja Laukötter*, Moving pictures and medicine in the first half of the 20th century: Some notes on international historical developments and the potential of medical film research, in: Gesnerus 66 (Special Issue: Film and Sciences) (2009), 121–145, 126.

[20] Archiv der Verfasserin.

[21] Siehe z. B. *M. G. Marinesco*, Un cas d'hémiplégie hystérique guéri par la suggestion hypnotique et étudié à l'aide du cinématographe, in: Nouvelle iconographie de la Salpêtrière XIII (1900), 176–183. Siehe auch das Voice-Over des Dokumentarfilms "The Origins of Scientific Cinematography – Early Applications". Zusammenstellung: Virgilio Tosi, Rom 1993.

[22] Siehe z. B. *Marinesco*, Un cas d'hémiplégie hystérique (Anm. 21), 176, 181.

[23] Constantin Ion Parhon (1874–1969) befasste sich mit Endokrinologie, unterrichtete als Dozent für Neurologie und Psychiatrie in Bukarest und später an der Universität in Iaşi. Dort leitete er zwischen 1917 und 1930 ein Krankenhaus, gründete die Forschungsgesellschaft für Neurologie, Psychiatrie und Psychologie (und später auch Endokrinologie) und ging Ende der 1940er-Jahre in die Politik. Zwischen 1947 und 1952 war er Staatsoberhaupt der Volksrepublik Rumänien und kehrte danach in die Wissenschaft zurück. Vgl. Eintrag: „Constantin Parhon", in: Munzinger Online/Personen – Internationales Biographisches Archiv 15/1973 vom 2. April 1973, URL: <www.munzinger.de/document/00000001722> (zuletzt besucht am 30.07.17).

[24] Marinescu lernte den Kunststudenten Neylies (1869–1938) in Paris kennen und bat den Maler im Jahr 1897, ihm nach Bukarest zu folgen und Illustrationen für seine Neurologievorträge anzufertigen, die seine Thesen veranschaulichen sollten. Vgl. *Céleste Cazaux, André Berthoumieu*, Natif de la région toulousaine, voleurs s'enfuient à cause de la pauvreté peinture le destin roumain d'un jeune coiffeur doué pour le chant et la peinture, in: Les Nouvelles de Roumanie. Lettre d'information bimestrielle 46 (2008), 42–43.

[25] Archiv der Verfasserin.

[26] In Anlehnung an Robert Bentley Todd spricht Marinescu in dem Artikel in „Nouvelle iconographie de la Salpêtrière" von „décrire au pied un arc de cercle" (*Marinesco*, Un cas d'hémiplégie hystérique [Anm. 21], 178); vgl. *Robert Bentley Todd*, Clinical lectures on paralysis, certain diseases of the brain, and other affections of the nervous system, 2. Aufl., London 1856, 20.

[27] In anderen Filmausschnitten desselben Kompilationsfilms werden ebenfalls Zeichnungen eingeblendet, hier aber mit der Funktion, körperliche Entstellungen, sprich Symptomansichten, im Wortsinn noch einmal zu untermalen.

[28] Siehe *Susanne Michl*, Im Dienste des „Volkskörpers". Deutsche und französische Ärzte im Ersten Weltkrieg, Göttingen 2007, 218.

[29] *Marinesco*, Un cas d'hémiplégie hystérique (Anm. 21), 183.

[30] Archiv der Verfasserin.

[31] *Reichert*, Im Kino der Humanwissenschaften (Anm. 10), 165.

[32] Vgl. Laura Mulveys Begriff „to-be-looked-at-ness", *dies.*, Visual Pleasure and Narrative Cinema, in: Philip Rosen, Narrative, Apparatus, Ideology. A Film Theory Reader, New York 1986, 198–209, 203, 208.

[33] Z. B. *Michel Foucault*, Der Wille zum Wissen. Frankfurt a.M. 1983, 102 (Sexualität und Wahrheit, Bd. I).

[34] Meiner Analyse liegt eine Version der Filmkompilation „La Neuropatologia" aus dem Jahr 2011 (basierend auf der 1997 restaurierten Version) zugrunde, die mir freundlicherweise das *Museo Nazionale del Cinema* in Turin zur Verfügung gestellt hat, das diese in Kooperation mit den Neurowissenschaften der Universität Turin (*Università degli Studi di Torino*) herausgebracht hat. Angekündigt ist eine kritische Neuauflage der Filmkompilation auf DVD. Auf den Film verweisen in Kürze auch Stella Dagna und Claudia Gianetto, online verfügbar, URL: <www.tmgonline.nl/index.php/tmg/article/view/69/112> (zuletzt besucht am 30.07.17).

[35] *Camillo Negro*, Patologia e clinica del sistema nervoso. Lezioni del prof. Camillo Negro. Torino 1912.

[36] Roasenda (geb. 1871) veröffentlichte zu Suggestions- und Überredungskuren, zur Anwendung von elektrischen Strömen auf das Kleinhirn, zu Muskelatrophie und -dystrophie, zu Augenlidbewegungsstörungen sowie Dysfunktionen der Stimmgabel, siehe z. B. *Giuseppe Roasenda*, Suggestione e persuasione (psicoterapia) nella cura delle malattie nervose [Suggestion und Überredung (Psychotherapie) bei der Behandlung von Nervenkrankheiten]. Turin 1927; *ders.*, La neuropatologia e la psichiatria all'Università di Torino nella prima meta del secolo 20. (Ricordi personali) [Neuropathologie und Psychiatrie an der Universität von Turin in der ersten Hälfte des 20. Jahrhunderts] Sori o. J.

[37] Siehe URL: <www.treccani.it/enciclopedia/camillo-negro_%28Dizionario_Biografico%29/> (zuletzt besucht am 30.07.17).

[38] *Stella Dagna, Claudia Gianetto*, The neuropathological films in the collection of the Museo Nazionale del Cinema in Turin (18. Juni 2012, Kinemathek), online verfügbar, URL: <www. tmgonline.nl/index.php/tmg/article/view/69/112> (zuletzt besucht am 30.07.17).

[39] *Francesco Paolo De Ceglia*, From the laboratory to the factory, by way of the countryside: Fifty years of Italian scientific cinema (1908–1958), in: Public Understanding of Science 21/8 (2011), 949–967, 953.

[40] *Virgilio Tosi*, Il pioniere Roberto Omegna (1876–1948), in: Bianco e Nero XL/3 (Mai, Juni 1979), 2–68, 3.

[41] 1983 hebt Alberto Farassino die Nähe zu Schauspiel, Künstlichkeit, Spektakulärem, Fake und Simulation hervor. Er attestiert dem Film ein genaues Drehbuch und präzises Timing und Negro eine Neigung zur Skopophilie und Scharlatanerie: *Alberto Farassino*, Il gabinetto del dottor N. (analisi di un film psichiatrico del 1908), in: aut aut. Rivista di filosofia e cultura 197-198 (1983), 151–170.

[42] Collezioni Museo Nazionale del Cinema di Torino.

[43] Guiliana Bruno weist darauf hin, dass die Ikonographie der Maske auch eine sexuelle Lesart transportiere. Weibliche Protagonistinnen früher Erotikfilme seien ebenfalls maskiert gewesen. Hierdurch hätten sie ein besonderes Zentrum des Begehrens gebildet, das ein blickloses Angeblicktwerden ermöglicht bei gleichzeitiger Unklarheit über den Blick der Maskenträgerin. *Guiliana Bruno*, Panorama of an Analytical Spectacle, in: *dies.*, Streetwalking on a ruined Map. Cultural Theory and the City Films of Elvira Notari, Princeton, New Jersey 1993, 69–76, 70–71.

[44] *Ute Holl*, Neuropathologie als filmische Inszenierung, in: Martina Heßler (Hrsg.), Konstruierte Sichtbarkeiten. Wissenschafts- und Technikbilder seit der Frühen Neuzeit, München 2006, 217–240, 236–238.

[45] Omegna berichtet 20 Jahre später von den technisch-logistischen Schwierigkeiten, die für eine gute, objektiv wirkende Filmaufnahme überwunden werden mussten. Verschiedenste Faktoren müssten orchestriert werden: das abgefilmte Objekt, die Anweisungen und (Wunsch-)Vorstellungen des Wissenschaftlers (dessen „geistiges Auge" nicht selten sein „körperliches Auge" zu täuschen versuche), die Lichtsetzung, das Chemisch-Physikalische, die Balance und die Geduld etc. Im Idealfall sei der Aufnahmeoperateur ein Wissenschaftler und umgekehrt: „L'ideale sarebbe che l'operatore fosse uno scienziato e viceversa", zit. nach: *Roberto Omegna*, Cinematografia scientifica, in: Bianco e Nero III/11 (1939), 58–61.

[46] Der direkte Blick in die Kamera war zur Zeit der Entstehung des Films und einige Jahre danach, sowohl im fiktionalen als auch im nicht fiktionalen Kino, nichts Ungewöhnliches. Er hatte nicht die gleiche Konnotation wie in Spielfilmen späterer Jahrzehnte, in denen die geschlossene diegetische Welt nur entstehen konnte, wenn die Blicke kaderintern, d. h. zwischen den Filmfiguren, verblieben. Vgl. *Holl*, Neuropathologie (Anm. 44), 235–236.

[47] Hypnose war mitunter nicht die einzige Therapieform, die Negro in diesem Fall angewandt hatte, war er doch Ende der 1880er-Jahre mit Behandlungsformen wie Elektrotherapie in Berührung gekommen, vgl. URL: <www.treccani.it/enciclopedia/camillo-negro_%28Dizionario_Biografico%29/> (zuletzt besucht am 30.07.17). Vgl. *ders.*, Le correnti unipolari indotte nello studio della eccitabilità elettrica del cervello. Ricerche fatte nel laboratorio di fisiologia di Heidelberg, Biella 1888.

[48] Collezioni Museo Nazionale del Cinema di Torino.

[49] Collezioni Museo Nazionale del Cinema di Torino.

[50] Für das Zusammenspiel von fiktionaler und nicht fiktionaler Ebene in Psychiatriefilmen und Spielfilmen über die menschliche Psyche siehe: *Veronika Rall*, Wahnsinnige Bilder – Zu einer medialen Wissensgeschichte des Psychischen um 1900, in: Berichte zur Wissenschaftsgeschichte 37 (2014), 379–394, 383–385.

[51] *Holl*, Neuropathologie (Anm. 44), 217.

[52] *Holl*, Neuropathologie (Anm. 44), 217.

[53] *Holl*, Neuropathologie (Anm. 44), 222.

54 *Holl*, Neuropathologie (Anm. 44), 218.

55 *Holl*, Neuropathologie (Anm. 44), 238.

56 Vgl. *Camillo Negro*, Annotazioni di neurologia di guerra, in: Giornale della R. Accademia di Medicina di Torino 79 (Serie IV, Vol. 2; 1916), 377–389, 470–476.

57 *Köhne*, Medizinische Kinematographie (Anm. 1), 179–241.

58 Ob für die Verfilmung dieses Falls verschiedene Flashbacksequenzen zusammengefasst wurden oder es sich um *eine* lange Wiedererlebenssequenz handelt, bei der immer wieder geschnitten oder neu angesetzt wurde, ist aus dem Material nicht ersichtlich. Es enthält weder eine Überschrift noch Untertitel oder eine sonstige narrative Rahmung.

59 Späteres psychotraumatologisches Theoriewissen erklärt Inhalte von Intrusionen und Flashbacks als vom Alltagsbewusstsein abgekoppelt. Diesem Mechanismus gingen Selbstschutzmaßnahmen voraus, die bei der psychischen Traumatisierung selbst einsetzten, um ‚den Schaden zu begrenzen' bzw. um traumakompensatorische Vorkehrungen zu treffen, damit der/die Traumatisierte mit einer Erfahrung leben kann, mit der sich nicht leben lässt. Vgl. z. B. *Gottfried Fischer, Peter Riedesser*, Lehrbuch der Psychotraumatologie, München 1998, 352, oder *Peter Fiedler*, Dissoziative Störungen, Göttingen 2013, 1.

60 *Michaela Huber*, Trauma und die Folgen. Trauma und Traumabehandlung, Teil 1, 4. Aufl., Paderborn 2009, 74.

61 Die Folgen einer unerträglichen seelischen Angst, die für den Patienten in vollem Bewusstsein vielleicht gar nicht zugänglich gewesen wären, scheinen sich hier in repetitiven Kampfhandlungen zu manifestieren. Mitunter leidet der Patient auch an Erinnerungsverlust oder -lücken, dissoziativen Störungen, Depersonalisation, Derealisation und episodischem Identitätswechsel – es sieht so aus, als erkenne er die ihn umgebenden Personen und Umwelt nicht mehr. Laut jüngerem Psychotraumatologiewissen wird dies hervorgerufen durch besonders belastende Erlebnisse. Befindet sich der Patient während der Filmprozedur in einem „situativ ausgelösten Abwesenheits- oder Trancezustand" oder einem extremen Tagtraum, wie es heutige Psychotraumatologen formulieren würden? Vgl. URL: <www.psychotherapie-prof-bauer.de/gewaltundtrauma.html> (zuletzt besucht am 30.07.17).

62 Die Darstellung ist insgesamt durch große Wildheit und Überwältigtsein gekennzeichnet, wobei der Soldat die umgebende Situation komplett auszublenden scheint. Im Gegensatz zu deutschem, französischem und britischem Filmmaterial zu „Kriegshysterie" (Filme von Ferdinand Kehrer, Max Nonne, Clovis Vincent), in denen die Wildheit immer ihre Grenzen hatte, scheint das italienische Filmmaterial in seiner Dramatik überbordend zu sein.

63 Collezioni Museo Nazionale del Cinema di Torino.

64 Collezioni Museo Nazionale del Cinema di Torino.

65 Collezioni Museo Nazionale del Cinema di Torino.

66 Die Assistenten tauchen mehrere Male von den Rändern des Kaders her auf. Manchmal ist auch nur ihr ausgestreckter Arm zu sehen, ihre Hand zieht den Körper des „hysterischen" Soldaten wieder auf das Matratzenlager zurück, damit die vollständige Phänomenologie des ausagierenden „hysterischen" Männerkörpers sichtbar wird.

67 Vgl. *Hans-Georg Hofer*, Nerven-Korrekturen. Ärzte, Soldaten und die „Kriegsneurosen" im Ersten Weltkrieg, in: Zeitgeschichte 27 (2000), H. 4, 249–268, 252.

68 *Wolfgang Schäffner*, Ordnung des Wahns. Zur Poetologie psychiatrischen Wissens bei Alfred Döblin, München 1995, 361–367.

69 *Sigmund Freud*, Gutachten über die elektrische Behandlung der Kriegsneurotiker. Auszug aus dem Verhandlungsprotokoll vom 14.10.1920, in: Psyche. Zeitschrift für Psychoanalyse und ihre Anwendungen 26 (1972), 942–951.

70 Der Traumabegriff wurde während des Ersten Weltkriegs vor allem mit Hermann Oppenheim in Verbindung gebracht, der an eine organische Veränderung im Körper glaubte und im

Gegensatz zu vielen seiner Fachkollegen meinte, die Pathogenese sei abhängig von einem konkret erlebten Trauma (wie z. B. Verschüttung, Granatschock). *Hermann Oppenheim*, Stand der Lehre von den Kriegs- und Unfallneurosen, in: Berliner klinische Wochenschrift 54 (1917), 1169–1172.

[71] Im vorliegenden Film weist nichts auf ein bewusstes, etwa vom Therapeuten angeleitetes „Durcharbeiten" oder kognitiv gesteuertes Erinnern hin, das sich etwa in Sprache übersetzen ließe. Vgl. Sigmund Freud; Freud entwickelte eingehende Traumatheoriemodelle, die sich unter dem Einfluss des Ersten Weltkriegs wandelten: Von „Zur Ätiologie der Hysterie" von 1896 zu „Aus der Geschichte einer infantilen Neurose" von 1918 und „Jenseits des Lustprinzips" von 1920. Ging Freud zunächst – vor allem bei weiblichen Hysteriefällen – von einer Verletzung im frühkindlichen sexuellen Erleben aus, so änderte er seine Auffassung durch die massive Präsenz der Kriegshysterikerfälle des Ersten Weltkriegs, und seine Thesen gewannen auch erst durch die kollektive Kriegserfahrung an hermeneutischer Relevanz. Freud stellte nunmehr den durch eine traumatisierende Situation ausgelösten unmittelbaren Schockzustand ins Zentrum seiner Überlegungen, der ein Ungleichgewicht in der Ökonomie des seelischen Apparats hervorrufe.

[72] Vgl. zu späteren mehr oder weniger stark fiktionalisierten Verfilmungen von „Tätertrauma" in der israelischen Spielfilmkultur: *Raya Morag*, Waltzing with Bashir. Perpetrator Trauma and Cinema, London 2013.

[73] Freud zufolge durchzöge das Individuum im Krieg, das später eine traumatische Neurose ausbilde, ein „Ichkonflikt" „zwischen dem alten friedlichen und dem neuen kriegerischen Ich des Soldaten". Akut werde der Konflikt, „sobald dem Friedens-Ich vor Augen gerückt wird, wie sehr es Gefahr läuft, durch die Wagnisse seines neugebildeten parasitären Doppelgängers ums Leben gebracht zu werden". Das „alte Ich schütze sich durch die Flucht in die traumatische Neurose gegen die Lebensgefahr […]. Das Volksheer wäre also die Bedingung, der Nährboden der Kriegsneurosen […]". Die Furcht vor dieser Schädigung sei der „innere Feind" des Kriegsneurotikers. Siehe *Sigmund Freud*, Einleitung zu Zur Psychoanalyse der Kriegsneurosen [1918/9], in: *ders.*, Gesammelte Werke. Chronologisch geordnet, Vorreden, Bd. 12, Frankfurt a.M. 1966, 321–324, 323.

[74] Hierbei handelt es sich um einen unbewussten Abwehrmechanismus, bei dem sich ein Individuum in andauernder Todesangst mit dem Angreifer, hier dem Kriegsgegner, identifiziert. Vgl. *Anna Freud*, Die Identifizierung mit dem Angreifer [1936], in: *dies.*, Das Ich und die Abwehrmechanismen, München 1964, 85–94 (Geist und Psyche).

[75] *Freud*, Angreifer (Anm. 74), 86.

[76] *Jean Laplanche, Jean-Bertrand Pontalis*, Identifizierung mit dem Angreifer, in: *dies.*, Das Vokabular der Psychoanalyse, Frankfurt a.M. 2005, 224–225; *Thomas Auchter, Laura Viviana Strauss*, Kleines Wörterbuch der Psychoanalyse, Göttingen 1999, 83–84.

[77] *Freud*, Angreifer (Anm. 74), 87–88.

Autoren und Herausgeber

Prof. Dr. Arnd Bauerkämper ist Professor für die Geschichte des 19. und 20. Jahrhunderts an der Freien Universität Berlin.

Prof. em. Dr. Rüdiger vom Bruch war emeritierter Professor für Wissenschaftsgeschichte an der Humboldt-Universität zu Berlin.

Prof. Dr. Marc Chesney ist Professor für Quantitative Finance an der Universität Zürich.

Prof. Dr. Flurin Condrau ist Professor für Medizingeschichte an der Universität Zürich.

Prof. Dr. Oliver Diggelmann ist Professor für Völkerrecht, Europarecht, Öffentliches Recht und Staatsphilosophie an der Universität Zürich.

Prof. Dr. Karen Hagemann ist James G. Kenan Distinguished Professor of History und Adjunct Professor of the Curriculum in Peace, War and Defense an der University of North Carolina at Chapel Hill und lehrt deutsche, europäische und transatlantische Geschichte der Neuzeit, die Geschichte von Militär und Krieg und Frauen- und Geschlechtergeschichte des späten 18. bis späten 20. Jahrhunderts.

Prof. em. Dr. Rudolf Jaun ist emeritierter Professor für Geschichte der Neuzeit und Militärgeschichte an der Universität Zürich.

Prof. Dr. Julia Barbara Köhne ist derzeit Gastprofessorin für Kulturgeschichte am Institut für Kulturwissenschaft der Humboldt-Universität zu Berlin und ebenda wissenschaftliche Mitarbeiterin in einer DFG-Eigenen Stelle zum Thema „Trauma-Translationen. Inszenierungen und Imaginationen in Film und Theorie". Publikationen: Kriegshysteriker. Strategische Bilder und mediale Techniken militärpsychiatrischen Wissens, 1914–1920, Husum 2009 (Diss.); Geniekult in Geisteswissenschaften und Literaturen um 1900 und seine filmischen Adaptionen, Wien/Köln/Weimar 2014 (Habil.).

Prof. Dr. Jörn Leonhard ist Professor für Neuere und Neueste Geschichte Westeuropas an der Albert-Ludwigs-Universität Freiburg (i.Br.). Zu seinen für den vorliegenden Band einschlägigen Publikationen zählen: Die Büchse der Pandora. Geschichte des Ersten Weltkriegs, 5. Aufl., München 2014; 2018 erscheint der Folgeband: Der überforderte Frieden. Eine Weltgeschichte 1917–1923.

Prof. em. Dr. Carlo Moos ist emeritierter Professor für Neuere Allgemeine und Schweizer Geschichte an der Universität Zürich.

Prof. Dr. Herfried Münkler ist Professor für Theorie der Politik an der Humboldt-Universität zu Berlin.

Prof. Dr. Georg Pfleiderer ist Professor für Systematische Theologie/Ethik an der Universität Basel.

Prof. Dr. Dirk Schumann ist Professor für Neuere und Neueste Geschichte an der Georg-August-Universität Göttingen.

Lea Schwab ist Assistentin am Lehrstuhl von Prof. Dr. Andreas Kley an der Universität Zürich.

Prof. em. Dr. Jakob Tanner ist emeritierter Professor für Allgemeine und Schweizer Geschichte der Neuzeit an der Universität Zürich.

Prof. Dr. Andreas Thier M.A. ist Professor für Rechtsgeschichte, Kirchenrecht, Rechtstheorie und Privatrecht an der Universität Zürich.

Reihe Zürcher Hochschulforum – weitere Bände

Meret Fehlmann, Margot Michel, Rebecca Niederhauser (Hrsg.)
Tierisch! Das Tier und die Wissenschaft
Ein Streifzug durch die Disziplinen
Zürcher Hochschulforum Band 55
2016, 192 Seiten, zahlreiche Abbildungen
Format 17 x 24 cm, broschiert
ISBN 978-3-7281-3596-4
auch als eBook erhältlich

Tiere sind „in" – in den Herzen der Menschen, in den Medien, im Alltag, aber auch in den Wissenschaften. Die unterschiedlichen Vorstellungen wissenschaftlicher Bearbeitung des Mensch-Tier-Verhältnisses werden in vielfältiger Weise im wissenschaftlichen Diskurs sichtbar: als philosophisch-ethische Reflexion des Mensch-Tier-Verhältnisses, als naturwissenschaftlich geprägte Verhaltensforschung, als geistes- und sozialwissenschaftliche Analyse kultureller Bedeutungen, als ökonomische Berechnung des Nähr- und Nutzwertes, als forschungsorientierte Experimente mit Körpern oder als normativ strukturierendes Tierschutzrecht. Doch was macht eine Wissenschaft der Tiere aus? Welchen Theorien, welchen Inhalten und Methoden kann eine solche Forschungsrichtung folgen? Was sind Tiere überhaupt, an sich und für sich betrachtet.

Mit Beiträgen von: Hans-Johann Glock, Marta Manser, Barbara Klein, Herwig Grimm, Markus Wild, Rebecca Niederhauser, Gieri Bolliger, Michelle Richner, Hanno Würbel, Petra Mayr, Carola Otterstedt, Christoph Ammann, Rainer Hagencord, Aline Steinbrecher, Roland Borgards, Mieke Roscher

 vdf Hochschulverlag AG an der ETH Zürich, VOB D, Voltastrasse 24, CH-8092 Zürich
Tel. +41 (0)44 632 42 42, Fax +41 (0)44 632 12 32, verlag@vdf.ethz.ch, www.vdf.ethz.ch

Reihe Zürcher Hochschulforum

Die Publikationen der Reihe «Zürcher Hochschulforum» entstehen auf Grundlage der interdisziplinären Veranstaltungsreihen von Universität und ETH Zürich.

Band 54   Isabel Klusman, Effy Vayena (Hrsg.)
             Personalisierte Medizin
             Hoffnung oder leeres Versprechen?
             2016, 232 Seiten, ISBN 978-3-7281-3575-9, auch als eBook erhältlich

Band 53   Nina Jakoby, Brigitte Liebig, Martina Peitz, Tina Schmid, Isabelle Zinn (Hrsg.)
             Männer und Männlichkeiten
             Disziplinäre Perspektiven
             2014, 224 Seiten, ISBN 978-3-7281-3540-7, auch als eBook erhältlich

Band 52   Elvira Glaser, Agnes Kolmer, Martin Meyer, Elisabeth Stark (Hrsg.)
             Sprache(n) verstehen
             2014, 240 Seiten, ISBN 978-3-7281-3502-5, auch als eBook erhältlich

             Expertinnen und Experten aus verschiedenen Disziplinen erläutern, wie sich die Forschung
             mit wechselnder Perspektive dem Phänomen der Sprache nähert.

Band 51   Hans-Ulrich Rüegger, Evelyn Dueck, Sarah Tietz (Hrsg.)
             «Abschied vom Seelischen?
             Erkundungen zum menschlichen Selbstverständnis
             2013, 304 Seiten, ISBN 978-3-7281-3424-0, auch als eBook erhältlich

             Von der Antike bis in die Neuzeit stehen Vorstellungen von der Seele im Zentrum der Selbstbesinnung des Menschen. Umso faszinierender ist zu beobachten, wie kontrovers sich
             unterschiedliche Auffassungen präsentieren.

Band 50   Thomas Forrer, Angelika Linke (Hrsg.)
             Wo ist Kultur?
             Perspektiven der Kulturanalyse
             2014, 216 Seiten, ISBN 978-3-7281-3348-9, auch als eBook erhältlich